썰의
흑역사

CONSPIRACY

썰의 흑역사

톰 필립스 •
존 엘리지 지음

홍한결 옮김

인간은
믿고 싶은

이야기만
듣는다

추천의 글

"공정성을 잃은 나머지 '사실'과 '의견'도 구분하지 못하는
언론인들 (…) 오랫동안 교착상태에 빠져서 시급한 국내 문제,
심지어 예산안 통과 같은 기본적인 문제도 해결하지 못하는
의회 (…) 심지어 변호사와 판사, 심사숙고하는 '현자'도
민주주의의 보루인 우리의 헌법을 마구 유린하고 있다.
모두 방만한 태도로 정책결정자처럼 행동한다. 우리가 뽑은
관료들이 당파 싸움에 매몰되어 있기 때문이다."

사실과 의견도 구분하지 못하는 언론을 비판하고, 민주주의의 보루인
헌법의 수호를 외치는 이 글은 누가 썼을까? 2015년 대선에 뛰어들었
던 트럼프의 저작 『불구가 된 미국』의 서문의 일부 내용이다. 정치인
트럼프에 대한 심도 있는 평가를 늘어놓기 전에, 그가 매우 자극적이
고 극단적인 행보를 보여왔으며 그로 인해 미국의 정치가 새로운 국
면을 맞이하고 있다는 것은 자명한 사실이다. 트럼프가 이야기하는
언론의 공정성은 무엇일까? 그의 이런저런 행보를 지켜보는 우리로
서는 매우 막연하고 자의적이라는 느낌을 지울 수 없다.

그는 다음과 같은 엉뚱한 말을 하기도 한다. "나는 다른 사람들에게 금전적으로 도움을 받을 필요가 없고, 내가 하는 말이나 행동을 허락받을 필요도 없다. 단지 올바른 일만 하면 되는 것이다." 자신이 자수성가한 부동산업자이므로 대기업의 정치 자금을 받을 필요가 없고, 따라서 무엇이든 마음대로 할 수 있는 정치인이라는 뜻이리라. 앞의 이야기에 비추어 본다면, 그는 민주주의 질서를 지키는 것과 자신의 힘을 과시하는 것 사이에서 혼란스러운 판단을 내리고 있음이 분명하다. 그의 입에서 나오는 여러 가지 말로 인해 음모론의 굴에 빠져버린 미국 대선, 그리고 최근에 불고 있는 정치적 혼란을 생각한다면 쉽사리 넘길 이야기는 아니다. 물론 앞뒤 안 맞는 말을 하는 정치인, 정치권을 맴도는 각종 음모론에 관해서는 어느 나라도 피할 수는 없을 것이다. 우리나라도 마찬가지다.

놀랍게도 세상은 항상 이렇다. 인간은 언제나 진실이 아닌 이상한 이야기를 만들고, 극단적인 해석을 내놓았다. 이렇게 등장한 '썰'은 강력한 힘을 지니곤 했다. 심지어 몇몇은 역사를 바꾸었다. 중세 유럽에는 '사제 존의 왕국'에 대한 설이 널리 믿어졌다. 동방 어딘가에 사제 존이 세운 기독교 왕국이 있고, 그들이 십자군을 도와 이슬람인을 몰아낼 것으로 여긴 것이다. 사람들은 비록 현재는 열세지만 또 다른 기독교 왕국과의 연대한다면 이슬람이라는 적그리스도 세력과의 싸움에서 승리할 수 있다고 생각했다. 포르투갈이 신항로를 개척했던 것도 이 믿음과 관련이 깊다. 대서양을 거쳐 인도양으로 가는 동방항로는 오늘날에는 향신료를 비롯한 경제적 이득만을 고려한 처사라 여겨지지만, 당시에는 그렇지 않았다. 포르투갈은 아프리카 어딘가에 기독교 왕국이 있다고 믿었다. 이들은 대서양을 횡단하는 과정에서 기독교 왕국에 대한 정탐 활동을 포기하지 않았다. 끝내 기독교 왕국을 찾지는 못했지만, 그들의 활동은 유럽의 세계 지배를 불러일으켰다.

오늘날에도 고전적인 음모론이 사실인 듯 여겨지는 경우가 많다. 프리메이슨 같은 단체가 과장되어 해석되고, 여전히 유대인을 비롯한 소수의 인물이 세계를 지배한다는 음모론이 주목받고 있다. '유대인 세계 지배설'의 경우, 19세기 말 제정러시아의 비밀경찰이 만든 소책자에서 시작된 이야기이다. 당시 제정러시아와 동유럽은 반유대주의를 통해 민족주의를 강화하고자 했다. 반유대주의 소책자의 핵심이 된 이 설은 유럽을 넘어 미국까지 소개되었고, 자동차왕 헨리 포드를 경도시키기에 이르렀다. 포드는 사재를 털어 반유대주의 잡지를 발간했다. 이에 크게 고무된 인물이 있었으니, 히틀러였다. 히틀러의 악행이 포드 때문이라고 단정 지을 수는 없겠지만(심지어 포드는 평화주의자였다), 근거 없는 설 하나가 너무나 비극적인 세계 역사를 만들어낸 셈이다.

그리고 오늘, 우리에게 이 책 『썰의 흑역사』가 쥐어 있다. 목차부터 눈길을 끈다. 과거부터 오늘날까지 음모론의 역사를 체계적으로 풀어가고 있기 때문이다. 미시적인 접근도 흥미롭다. 음모론은 사람들의 사사로운 주관적 확신이 역사화되는 과정이다. 이 책은 이를 설명하는 면에서 탁월하다.

언제나 그랬듯, 다시 음모론이 횡행하고 있다. 이 책을 통해 세상을 향한 냉철하고 합리적인 시각을 만들어보자. 읽고 빠져들자. 자칫하면 당신과 내가 음모론의 신봉자가 될 수도 있지 않은가.

심용환
역사학자, 심용환역사N교육연구소 소장

1부 썰, 그 화려한 이야기의 역사

2부 썰은 무엇을 먹고 자라는가

3부 썰, 세상을 움직이기 시작하다

일러두기

1. 저자 주는 본문 내에 ◆ 기호로 표시했습니다.

2. 옮긴이 주는 '―옮긴이'라고 별도 표시했습니다.

3. 본문의 용어 중 일부는 원서의 의미와 가장 가까운 우리말로 옮기기 위해 일상에서
   사용하는 속된 말도 과감히 사용했습니다.

자꾸만 '혹'하게 되는
당신을 위한 안내서

2021년 1월 6일, 한 남자가 미국 상원 회의장의 의장석에 서서 기도 의식을 이끌었다. 본래 이 자리에는 상원의장을 겸임하는 부통령이 있어야 하는데, 남자의 신분은 부통령이 아닌 듯했다. 일단 부통령이 상원에서 종교 행사를 이끄는 일도 흔치 않거니와, 남자가 한 손에는 메가폰을, 다른 손에는 뾰족한 창을 들고 있었기 때문이다. 창에는 미국 국기가 달려 있었다. 무엇보다 결정적인 단서는 남자의 외모였다. 얼굴에는 붉은색, 흰색, 푸른색 무늬가 칠해져 있고, 가슴팍에는 북유럽 신화에 나오는 심벌이 문신으로 새겨져 있었다. 웃통은 시원하게 벗고, 머리에는 양쪽으로 뿔이 달린 털가죽 모자를 쓴 채였다.

남자의 이름은 제이크 앤젤리. 한때 미 해군 수병으로 복무한 그의 본명은 제이컵 챈슬리였지만, 2021년 당시에는 '큐어논의 샤먼'이라는 별명으로 더 잘 알려져 있었다. 그의 말을 듣고 있는 좌중 역시 상원의원이 아니라 도널드 트럼프 지지자, 활동가, 음모론자 들이 어우러진 무리였다. 경찰관 몇 명이 불편한 표정으로 이 모습을 지켜보고 있었다.

원래는 이렇게 될 일이 아니었다. 상원 회의장에는 당연히 상원 의원들이 있어야 했고, 의원들은 조 바이든을 제46대 미국 대통령으로 인준할 참이었다. 그러나 화를 피해 모두 줄행랑을 치고 없었다. 상원의 인준을 주관해야 할 마이크 펜스 부통령도 마찬가지였다. 시위대와 대체로 같은 편이라 할 수 있는, 인준에 반대표를 던지겠다고 공언한 14명의 공화당 상원의원과 140명의 공화당 하원의원도 달아나고 없었다. 폭도의 난입이 계속되는 가운데, 의사당 안에서 일하는 사람은 대부분 너나 할 것 없이 숨거나 도망가느라 바빴다.

수천 명의 시위대가 무슨 수를 써서라도 인준을 막겠다는 일념으로 들이닥친 마당이었으니, 그럴 만도 했다. 무장한 시위자도 많았다. 혼자 화염병 열한 개를 든 사람도 있었다. 의사당 밖에서는 교수대 모형을 세워놓고 "마이크 펜스를 교수형에 처하라"라고 외치고 있었다. 그날 하루 동안 현장을 취재하던 언론인 여러 명이 폭행을 당했고, 경찰관 15명이 병원으로 이송됐다. 상원 경비 임무를 맡았던 51세의 하워드 리벤굿 경관은 이 일이 있고 며칠 후 스스로 목숨을 끊었다. 폭도 중 미 공군에서 복무했던 35세의 애슐리 배빗은 의사당 내의 막힌 문을 뚫고 진입하려다가 어깨에 총을 맞고 사망했다.

전 세계가 생방송으로 지켜보는 가운데, 폭도가 들이닥쳐 민주적 선거의 결과를 뒤집으려 하고 있었다. 일부 폭도는 자신이 민주주의를 '구한다'고 진심으로 믿었다. 후에 사법기관의 판단은 이와 다르다는 사실을 알고 역시 진심으로 충격받은 이도 많았다.

도대체 왜, 민주주의를 핵심 가치로 삼는 나라의 시민 수천 명이 세계인이 지켜보는 앞에서, 쿠데타까지는 아닐지라도 쿠데타에 준하는 시도를 벌인 것일까? *이 부분을 놓고 학계에서는 약간의 논쟁이 있는데,

결국 '쿠데타를 어떻게 정의할 것이냐'의 문제다. 그 답은 음모론에 있다. 하나라기보다 여러 음모론이 여기에 관여되어 있는데, 대부분 사실이 아니고 딱 하나만 사실이라 할 수 있다.

사실이 아닌 대표적 음모론은 트럼프 대통령이 선거 당일인 11월 4일 아침에 올린 간결한 게시글에서 확인할 수 있다. 트럼프는 평소처럼 시프트키를 연신 눌러가며 이런 트윗을 올렸다. "우리가 '크게' 앞서고 있다. 그런데 저들이 선거를 '도둑질'하려 하고 있다We are up BIG, but they are trying to STEAL the Election."[1]

민주당이 구체적으로 어떻게 '선거를 도둑질'하려 했느냐에 관해서는 수많은 설이 나왔지만, 대부분은 앞뒤가 맞지 않는 얘기였다. 투표용지를 자루째 내버렸다고도 했고, 새 투표용지가 든 의문의 가방이 발견되었다고도 했다. 우편투표는 부정이 만연하다고 했다. 불법 이민자와 사망자가 무더기로 투표했다는 이야기도 나왔다. 개표기를 교묘하게 조작해 트럼프의 표가 바이든의 표로 둔갑했다는 주장도 제기됐다. 애리조나주에서는 선거가 끝난 지 6개월 후까지도 투표용지가 중국에서 유입되었음을 증명하고자 대나무 성분을 찾는다며 투표용지를 현미경으로 감식하는 엉터리 '감사'가 벌어지기도 했다.[2] 비백인 인구가 많은 대도시 지역에 주로 의혹이 집중됐다는 사실도 주목할 만하다. 트럼프가 오히려 대도시 지역에서 득표율을 대폭 끌어올렸으며 교외 지역에서 밀렸음에 비추어 볼 때, 그러한 주장에 불씨가 붙은 요인을 일부 짐작하게 한다.

그렇다면 민주당이 선거를 '도둑질'하려고 한 이유는 뭘까? 그 답은 참으로 다양했다. 기본적인 권력욕 때문이라거나 마르크스주의자들의 장악 기도라는 주장도 있었다. 한편 트럼프 대통령이 '딥 스테이트'*Deep State. 정부 내에서 암약하며 선출 권력을 조종하거나 방해하며 기득권을 유지한다고 하는 비밀 조직—옮긴이와 홀로 싸움을 벌이고 있다고 믿는 사람도 많았다. 이들은 식인을 자행하고 악마를 숭배하는 소아성애자로, 한 피자집 지하에 근거지를 두고 활동하는 것으로 추정되며 임박한 사법적 심판을 모면하기 위해 선거를 조작해야만 했다는 것. 마지막 주장의 출처는 '큐어논QAnon'이라는 이름의 방대한 음모론이다. 트롤링(분탕질)이 판치는 웹사이트 '4chan'에 한 익명의 사용자가 올린 글에 주로 기반한 음모론으로, 뿔 달린 털모자를 쓴 제이크 앤젤리가 신봉했던 이론이기도 하다.

어쨌거나 미국의 보수 유권자들은 지난 수십 년간 과장되었거나 근거 없는 선거 부정 주장을 접하면서 선거의 공정성에 의구심을 품고 있던 참이었다. 그리고 수개월 전부터 트럼프 대통령이 거듭해서 민주당이 승리를 도둑질하려 한다고 주장하자 의심이 한껏 부풀어 오른 상태였다. 참고로, 트럼프는 이미 4년 전에 자신이 '당선된' 선거조차 자신에게 불리하게 조작되었다고 주장한 전력이 있는 사람이다. 많은 사람이 예측했던 대로 선거 당일 밤에 일어난 블루 시프트 현상도 우려를 증폭하는 데 한몫했다. 블루 시프트란, 다양한 지역에서 다양한 유형의 표가 집계에 포함되기 시작하면서 민주당의 득표율이 늘어나는 현상이다.

모두 이미 예상됐던 일이었다.[3] 하지만 자신의 대통령이 패배할 수 있다는 가능성을 상상조차 하지 못했던 사람의 눈에는 모든 것이 의심스러워 보였다. 알고 보니 상당수의 미국인이 여기에 해당됐다. 2021년 5월에 시행된 한 여론조사에 따르면 공화당 지지자의 과반수가 선거가 조작되었고 진짜 대통령은 여전히 트럼프이며, 국회의사당 폭동은 좌파 시위꾼들이 트럼프의 이미지 실추를 노리고 주도했다고 믿는 것으로 나타났다.[4]

아닌 게 아니라 누군가가 2020년 대선을 도둑질하려고 음모를 꾸몄다는 상당히 강력한 증거가 있었으니, 그 인물은 바로 트럼프다.

개표 결과가 어떻게 나오든 근거가 무엇이든 상관없이 트럼프 캠프에서 조기 승리를 선언하고 선거에 의혹을 제기하려는 계획을 세웠다는 사실은 선거일 한참 전부터 보도된 바 있었다.[5] 선거 후의 혼란 속에서 대통령은 보수 성향 우위의 대법원이 자신에게 승리를 안겨주리라는 기대감을 공개적으로 표현했다. 뿐만 아니라 트럼프 캠프와 측근들은 여러 주에서 투표 결과를 뒤집고자 60건 이상의 소송을 제기했고, 주 선거 관리 당국자들은 압박에 시달렸다. 대통령이 직접 나서서 압력을 가하기도 했다.[6]

이 모든 시도는 급기야 1월 초에 참신한 법률적 해석이 등장하면서 정점에 달했다. 부통령에게 선거 결과를 일방적으로 거부하고 자신이 여전히 부통령임을 선언할 권한이 있다는 주장이었다. 이 계획이 세상에 알려진 것은 주모자들이 친절하게 내용을 기록해둔 덕분이다. 음모를 글로 남겨서는 안 된다는 '스트링어 벨 규칙'을 어긴 셈이다. *드라마 〈더 와이어〉에서 마약 조직의 고문을 맡은 스트링어 벨은 경제관념에 밝은 인물로, 코카인과 헤로인 밀매 사업에 현대적 경영 기법을 도입하려 한다. 그런데 한 조직원이 그 뜻을 받들어 열심히 해보려는 마음에서 라이벌 조직과의 회의 중 회의록을 작성한다. 스트링어 벨은 조직원의 노트를 낚아채며 말한다. "임마, 범죄 음모를 꾸미는데 그걸 메모하고 있어? 대가리에 무슨 생각이 박힌 거야?"

유일하게 사실이었던 음모론은 바로 이것이다. 이 '진짜' 음모는 다른 수많은 음모론에 기대어 탄생했으며, 결국 400명이 넘는 사람들이 연방 범죄 혐의로 입건되고 웃통 벗은 남자가 상원에서 기도를 이끄는 결과를 낳았다. 이 이야기에서 주목할 만한 점이 몇 가지 있다. 우선 트럼프 캠프가 주장한 각종 음모론은 대통령과 그 동조자들이 꾸몄던 진짜 음모와 놀랄 만큼 닮았다는 점이다. 또 하나는 흔히 아웃사이더, 괴짜 등 주류 사회에서 배제된 이들의 전유물로 치부되곤 하는 음모론적 사고를 다른 사람도 아닌 미국 대통령이 퍼뜨렸다는 것이다.

마지막으로, 음모론이 실제로 적잖은 파문을 초래했다는 점이다. 사람이 죽었고, 미국은 나라 역사상 처음으로 평화적으로 권력을 이양하는 데 실패하고 말았다. 남북전쟁 중 치러진 대선 때도 없었던 초유의 사태다. 이쯤 되면 묻지 않을 수 없다. 어쩌다 이 지경이 됐을까?

미국 국회의사당 폭동의 도화선이 된 음모론이 현대 사회의 산물임은 두말할 필요가 없다. 4chan이라는 음습한 인터넷 공간에서 태어나 유튜브와 페이스북으로 퍼져나갔으며, 트위터 정치를 일삼고 케이블 TV 뉴스를 정보원으로 삼는 대통령이 앞장서서 퍼뜨리지 않았는가. 최근 몇 년 전부터는 음모론이 그 어느 때보다 세계 정치에 큰 영향력을 행사하고 있다는 느낌이 든다. 소셜미디어 덕분에 음모론이 퍼지기 쉬워졌고, 끊임없이 영상 시청을 유도하는 알고리즘은 사람들을 더 극단적인 콘텐츠로 끌어들이는 컨베이어 벨트 노릇을 하고 있다.

자신의 목적 달성을 위해 음모론을 이용하고 퍼뜨린 국가 지도자라면 트럼프가 가장 유명할지는 몰라도 유일한 예는 절대 아니다. 헝가리(오르반 빅토르 총리)나 브라질(자이르 보우소나루 대통령)의 최근 정치사만 봐도 알 수 있다. 음모론이 번성한 계기는 그뿐만이 아니었다. 우리는 코로나19 팬데믹이 시작되면서 중국에서 박쥐 한 마리가 콜록거린 결과 수백만 명이 사망했다는 사실을 받아들여야 했다 (그리고 살아남은 사람들은 1년 넘게 집에 갇혀 뜻하지 않게 금욕 생활, 백수 생활 또는 베이킹 취미 생활을 해야 했다).

비록 지금 우리가 의심증의 황금기를 살고 있는 것처럼 보인다 해도, 음모론의 역사는 그야말로 유구하다. 음모론은 고대 그리스와 로마의 정치권에서도 돌았다.[7] 세월의 안개 속에 사라진 것도 많지만, 여전히 남아 있는 음모론도 있다. 앞으로 살펴보겠지만, 미국 국회의사당 폭동의 발단이 된 음모론 가운데 상당수는 그 뿌리가 몇백 년 전으로 거슬러 올라간다.

사실 2021년 1월의 그날 음모론에 휘청거렸던 미국의 '민주주의' 자체도 애당초 음모론적 사고를 바탕으로 탄생했다. 일부 역사학자에 따르면 미국 독립선언서는 영국의 은밀한 전제 통치 돌입 계획을 암울하게 경고하는가 하면 영국이 권력을 "남용"하고 자치권을 "강탈"했다는 사례를 장황하게 열거하는 등, 음모론을 언급한 정도가 아니라 음모론 그 자체였다.[8] 음모론이 지금 나름의 전성기를 구가하고 있다 해도, 이는 새로운 현상이 아니다.

음모론이 난데없이 뚝딱 생겨나는 경우는 드물다. 이전부터 있던 형태가 새로운 사회적 맥락에 맞게 수정·보완되어 등장하는 게 보통이다. 때로는 악당으로 지목된 개인이나 단체, 또는 민족이나 종교 전체가 세월이 흐르면서 바뀌기도 한다. 그런가 하면 지난 1000여 년 동안 유럽 정착을 시도했던 유대인들이 증언하듯, 악당이 고정불변인 경우도 있다.

음모론은 보통 '대중이 지배계층을 바라보는 관점'이라는 통념이 있다. 힘없는 자들이 힘 있는 자들에 반발하는 차원이라는 것이다. 물론 그럴 때도 있지만, 음모론은 지배계층이 만들어 퍼뜨리는 경우가 허다하다. 음모론이 소외층이나 교육 수준 낮고 정보에 어두운 이들의 전유물이라는 안이한 관점은 사실과 거리가 멀어도 너무 멀다. 이 책에서 만나볼 음모론 신봉자 가운데는 군주와 정치 지도자, 법률가와 사업가, 수학자와 화학자, 저명한 물리학자와 선구적인 발명가도 있다. 군 장교도 수두룩하고 성직자도 꽤 많다. 노벨상 수상자에 '20세기 최고의 지성'으로 꼽히는 사람도 한 명 있다.

우리 누구도 음모론에 빠지지 않는다는 보장은 없다. 당신이 정치적으로 좌파든 우파든 중도든 마찬가지다. 우리 뇌는 패턴 찾기에 워낙 능해서 때로는 존재하지 않는 패턴도 보인다고 착각한다. 게다가 세상은 마치 누군가가 의식적으로 설계한 듯한, 보이지 않는 힘에 크게 좌우될 때가 많다. 그러한 힘은 사회 변화에서부터 질병의 양상, 시장의 작용에 이르기까지 다양하다.

애덤 스미스가 1776년 『국부론』에서 한 말을 빌리면, 그러한 힘의 상당수는 "인간의 지혜가 작용한 결과가 아니라" 단순히 "인간 본성에 내재된 어떤 성향이 초래한 결과"에 불과하다.[9] 우리는 평생을 끊임없이 보이지 않는 손에 이리저리 휘둘리고 쿡쿡 찔리면서 살아간다. 그런 우리가 때때로 그 손의 주인이 있으리라고 상상하는 게 과연 이상한 일일까? 우리는 음모론 덕분에 그러한 보이지 않는 힘에 얼굴을 달아줄 수 있다. 우리를 괴롭히는 가장 원초적인 두려움과 깊숙한 불안에 이름을 붙일 수 있다. 누군가를 '탓할' 수 있게 되는 것이다.

각론으로 들어가기 전에 또 한 가지 분명히 짚고 넘어가자. 음모론이 사실일 때도 있다.

물론 지구가 둥글다는 것은 의심하지 않아도 된다. 비행기가 지나간 자리에 남는 이른바 '켐트레일'이 비밀 생물 무기가 아니라 수증기의 무해한 응결물이라는 것도 의심할 필요 없다. 빌 게이츠가 백신 접종 사업을 이용해 인류를 자기 휘하의 노예 군대로 만들려고 한다는 것도 사실이 아니다. 그러나 1956년에 영국과 프랑스가 이스라엘의 이집트 침공을 비밀리에 조율하여 평화유지군으로 개입하고 수에즈 운하를 장악할 명분을 만들고자 한 것은 사실이다. 실행까지 이어지지는 않았지만, 미국 국방성이 자국 땅에서 테러 자작극을 벌일 계획을 세운 것도 사실이다. 그리고 미국 공중보건국과 질병관리본부가 아프리카계 미국인 수백 명의 매독을 수십 년간 치료하지 않고 방치하면서 건강하다고 거짓으로 알리고 결과를 관찰하는 실험을 벌였던 것도 사실이다. 한때 터무니없는 괴담으로 치부되었으나 사실로 드러난 음모론만 모아도 책 한 권은 쓸 수 있다.

누군가가 당신을 노린다는 생각이 꼭 착각이라고는 할 수 없다. '아마도' 착각일 가능성이 높을 뿐. (그런데 착각이 아닐 수도 있다.)

음모론이 우리 사회에서 하는 역할을 이해하려면, 다시 말해 음모론이 정치와 문화에 영향을 미치고 사람들을 망상과 집착의 토끼굴에 빠뜨리는 원리를 이해하기 위해서는 음모론의 역사를 알 필요가 있다. *이 책에서 '토끼굴'로 옮긴 'rabbit hole'은 루이스 캐럴의 『이상한 나라의 앨리스』에서 유래한 표현으로, 앨리스가 토끼굴을 타고 떨어져 이상한 나라에 간 것처럼 복잡하고 기이한 주제에 빠져 헤어나지 못하는 상황을 비유적으로 이른다—옮긴이 음모론은 어디서 유래하며 사람들은 왜 음모론을 믿는지, 음모론은 왜 특정 상황에서 더 잘 출현하며 우리 뇌는 어떤 이유로 음모론에 쉽게 빠져드는지 알아야 한다.

이 책의 앞부분에서는 음모론의 이론적 배경을 알아본다. 음모론이란 무엇이고 어떤 유형이 있으며, 우리 뇌는 왜 음모론에 사족을 못 쓰는가? 그런 다음에는 혁명, 암살, UFO, 팬데믹에 이르기까지 개별 사건을 설명하려는 음모론의 역사를 살펴본다. 그중에는 터무니없다고도, 또 그럴싸하다고 하기에도 애매한, 경계선에 걸친 것이 많다.

다음으로는 외연을 넓혀가면서 현실과 동떨어져버린 음모론을 살펴본다. 세상이 우리가 알고 있는 것과 다르고, 세계에서 일어나는 각종 사건이 악의적으로 기획되었으며, 일루미나티나 외계인처럼 베일에 싸인 집단이 모든 것을 조종하고 있다는 주장이다. 그런 음모론이 역사적으로 어떻게 발전해왔는지 알아보고, 역사라는 것 자체가 거짓일 가능성도 짚어본다.

끝부분에서는 다시 현재로 돌아와 오늘날 우리가 살고 있는 시대를 조명해보고, 마지막으로 토끼굴에 빠지는 것을 피할 방법 몇 가지를 제시하겠다. 허황한 음모론과 진짜 음모를 어떻게 구분해야 할까?

이 책은 수없이 많은 음모론을 다루고 있다. 그중엔 서로 맞물리는 것도 있지만, 대개는 맞물리지 않는다. 그래도 책 후반부로 갈 수록 사람들이 어떻게든 맞물려놓은 여러 사례를 볼 수 있을 것이다. 또 음모론이 오늘날의 세상을 만드는 데 기여했을 뿐 아니라 우리 사회와 자신의 모습을 반영하는 거울임을 알 수 있을 것이다. 일루미나티는 실제로 세상을 은밀히 변화시킬 생각이었다. 그러나 그게 말처럼 소름 끼치는 계획은 아니었으며, 무엇보다 알려진 것만큼 그리 유능한 집단이 아니었음을 알게 될 것이다. 우리가 알던 상식이 전부 틀렸다고 할 때 느껴지는 전율만 있고 딱히 근거가 없는 음모론도 있다는 것을 알게 될 것이다. 음모론은 괴상한 것도 많고, 우스꽝스러운 것도 있고, 섬뜩한 것도 있음을 알게 될 것이며, 누구도 음모론에 빠지지 않는다는 보장은 없음을 알게 될 것이다.

그 전에 먼저 생각해봐야 할 질문이 있다. 음모론이란 과연 무엇인가?

1부

썰,
그 화려한
이야기의 역사

1부에서 알 수 있는 것들

음모론이란 무엇인가?

왜 음모론은 사라지지 않을까?

우리는 왜 음모론에 끌릴까?

어떤 사람이 특히 음모론에
빠지기 쉬울까?

누가 음모론을 만들까?

1장

집단적 흑역사의 출발

숲속에서 소년의 시신이 발견된 것은 1144년, 부활절 전날인 성토요일 새벽이었다. 사실 한 번이 아니라 여러 번 발견되었다고 해야 할 것이다. 시신을 처음 발견한 몇몇 사람은 조용히 신고를 그다음 사람 일로 미루었다. 죽은 사람에 대해 신고했다가는 귀찮은 일이 꼬리를 물고 이어지기 마련이니까. 한 농부와 한 수녀가 소년의 시신을 보고는 말없이 지나갔다. 결국 농부가 숲지기에게 알렸고, 숲지기는 자기가 그 숲의 관리자였으니 문제를 떠안을 수밖에 없었다.

소년의 이름은 윌리엄이었고, 소년이 발견된 숲은 소프우드라고 하는, 잉글랜드의 노리치 북동쪽에 넓게 펼쳐진 지대였다. 수백 년간 이어진 삼림 벌채로 오늘날은 예전만큼 숲이 남아 있지 않다. 따라서 현재로서는 당시 윌리엄의 시신이 놓여 있었던 정확한 위치를 알 수 없지만, 현 노리치 도심에서 몇 마일 떨어진 곳(A1024 간선도로 부근, 아마 '홈베이스' 철물점과 'DFS' 가구점 맞은편쯤)으로 추정된다. 그곳의 한 참나무 밑에서 12세 소년이 죽은 채 발견되면서 역사상 손꼽힐 만큼 생명력 강하고 파괴적인 음모론이 시작된다.

월리엄의 죽음에서 기원한 음모론은 '피의 중상'이라는 이름으로 불린다. 유대인들이 기독교도 아이들을 살해해 유대교 예식에 그 피를 쓰려 한다는, 완전히 날조된 주장이다. 이 음모론은 이후 노리치를 기점으로 중세 유럽 전역과 그 밖으로까지 퍼져나갔고, 군주, 정치인, 성직자들이 이를 수용하고 비판하고 활용하면서 세계 여러 대륙 문화권의 신념 체계에 뿌리내리게 된다. 수많은 음해와 끔찍한 재판을 부추기고 수백 년에 걸친 종교적 박해와 제노사이드, 대량 학살을 야기하기에 이른다. 오늘날까지도 많은 사람이 믿고 있고, 현대의 여러 음모론에도 그 흔적이 남아 있다. 그 사례는 1980~1990년대에 악마 숭배자들이 아이들을 제물로 바친다는 공포가 확산됐던 '사탄 공황'에서 2021년 1월 6일 미국 국회의사당 폭동을 조장한 큐어논 음모론에 이르기까지 다양하다.

오늘날 피의 중상은 보통 음모론이라는 명칭보다는 전설, 설화, 반유대적 낭설 등으로 불린다. 물론 모두 맞는 말이지만, 이런 표현은 무언가 영속적이고 불가피한 것이라는 인상을 줄 우려가 있다. 인류가 예로부터 집단적으로 갖고 있던 편견과 미신의 바다에서 그냥 불쑥 출현한 현상이라고 말하는 듯하다. 그러나 피의 중상이 만들어진 구체적 배경을 알고 나면 그렇지 않음이 분명해진다. 곧 살펴보겠지만, 여기엔 비통한 삼촌, 방탕한 기사, 야심 찬 수도사가 관여된 한 스토리가 있었다.

피의 중상이 퍼져나갔던 이유는 이것이 음모에 관한 이론이었기 때문이다.

요즘은 걸핏하면 '음모론'을 들먹인다. 유명인의 가십을 다룬 트위터 게시글도 음모론이라고 부른다. 정설로 받아들여지는 역사 해석도 자기 마음에 들지 않으면 음모론이라고 낙인찍는다. 정치인들은 자기에게 누가 무슨 비판이라도 했다 하면 음모론이라고 비난하며, 심각한 표정으로 공적 담론의 수준이 떨어졌다고 개탄하곤 한다.

사람들은 학생들이 학교 운동장에서 수군거리는 소문에서부터 SNS에 떠도는 도시 전설에 이르기까지 모든 설을 다 음모론이라고 칭한다. 음모론이라는 표현을 굉장히 느슨하게 사용할 뿐 아니라, 누구 또는 무엇에 음모론 딱지를 붙이는 게 옳은지를 놓고 입씨름하느라 힘을 뺀다. 그 딱지는 거의 항상 경멸적인 의미다. 이런 식이다. "음모론자는 내가 아니라 너야. 난 궁금한 걸 물었을 뿐이라고."

반드시 짚고 넘어갈 필요가 있다. '음모론'이란 말은 정확히 무엇을 뜻하는가?

언뜻 간단해 보이지만 파고들면 금방 복잡해지는 문제다. 일단 '음모론'이란 단어를 자세히 들여다보자. 이 단어는 두 가지 요소로 이루어져 있다. 그렇다, 음모론은 '음모'에 관한 '이론'이다. 당연한 소리 아닌가 싶겠지만, 느슨하게 음모론이라고 칭하는 이야기 중에는 두 요소 중 하나가 빠진 경우가 많다.

가장 흔한 건 비밀리에 협력하는 집단이 없는 경우다. 사람들은 유명인의 가십이든 외계인의 존재든, 이전까지 알려지지 않았던 사실이면 무엇이든 음모론이라고 부르곤 한다. 하지만 그 사실을 숨기려고 애쓰는 무리가 없다면 음모라고 할 수 없다. 음모를 꾸민 사람이 없는데 음모가 있을 수 없다. 그러나 언론에서는 그런 점에 구애받지 않고 음모란 말을 쓰기도 한다. 최근에 음모론으로 표현된 사례 중 몇 가지만 들어보자. 먼저 "네스호의 괴물이 실존한다." 이는 음모론이 아니라 그냥 사변 생물학이다. 다음으로 "배우 앤 해서웨이는 셰익스피어의 부인 앤 해서웨이가 환생한 사람"이라는 설은 음모론이 아니라 그냥 동명이인의 오해다. "안나와 엘사의 남동생이 타잔"이라는 설도 음모론이 아니다. 안나와 엘사는 애니메이션 〈겨울왕국〉에 나오는 가공의 캐릭터들이니, 역시 가공의 캐릭터인 타잔과의 관계는 전적으로 상상하기 나름이다. *참고로 디즈니의 〈타잔〉(1999)을 감독하고 〈겨울왕국〉을 공동 감독한 크리스 벅은 안나와 엘사의 남동생이 타잔이라는 설에 동의한다고 밝혔다. 뭐, 그렇다고 한다.

　　그런가 하면, '여러 사람이 비밀리에 뭔가를 한다'는 조건도 그것만으로는 음모가 되기에 부족하다. 바깥세상에 무언가 영향을 미치려는 시도가 있어야 한다. 가령 이득을 취한다거나 남의 뒤통수를 친다거나 역사를 바꾼다거나 하는 의도로 말이다. 예컨대 영국 정부의 내각 회의 말미에 항상 은밀한 난교 파티가 벌어진다는 주장이 있다고 하자. 글쎄… 상상만 해도 참 불편하고 끔찍한 얘기긴 한데, 그렇다고 해서 음모가 되지는 않는다. 음모라면 자신들만의 테두리를 넘어 외부에 어떤 영향을 구체적, 의도적으로 끼쳐야 한다. 아니라면 음모라기보다는 회원 전용 비공개 클럽 활동에 가깝다.

　　음모를 '여러 사람이 비밀리에 뭔가를 하는 것'으로 정의할 때 의외로 까다로운 측면이 또 하나 있다. 바로 비밀이란 무엇이냐 하는 것이다. 비밀리에 무엇을 한다는 말은 단순히 공개적으로 하지 않는다는 뜻이 아니다. 공개적으로 하지 않는다면 비공개적으로 한다는 뜻인데, 사람은 원래 일상사의 대부분을 비공개적으로 한다. 즉 비밀이란 말에는 자신이 하는 일을 감추기 위해 적극적으로 손을 쓴다는 뜻이 담겨 있다.

　　무언가가 비밀이었다는 주장은 음모론의 핵심이자, 우리가 음모론에 끌리는 이유이기도 하다. 타블로이드 신문을 보면 알 수 있지 않은가. 비밀이라는 말만 갖다 붙이면 세상 무슨 일이든 음산하거나 야릇한 느낌이 난다(기사 제목을 "은밀한 사랑의 둥지"라고 뽑으면 "동거인과 거주하는 아파트"보다 얼마나 더 자극적인가). 사람은 원래 자기 몫이 아니었던 정보를 무척 좋아하니, 비하인드 스토리를 공개하겠다는 약속만큼 관심을 확실히 끄는 방법도 없다. 하지만 당신이 이전까지 몰랐던 정보였다고 해서 꼭 누군가 적극적으로 그 정보를 감추려 했다고는 할 수 없다. 코로나19 팬데믹 기간에 불거진 여러 백신 음모론에서는 저마다 비밀 정보를 입수했다고 했지만, 실상은 이미 몇 달전에 관련 기관에서 일반인들에게 공개한 정보였다.

더군다나 공개, 비공개, 비밀을 가르는 경계는 모호해서 선을 어디에 그어야 하는지를 놓고 의견이 나뉘기 일쑤다. 우리 삶에 크고 작은 영향을 미치는 일들은 사실 아무도 지켜보지 않는 애매한 공간에서 벌어질 때가 많다. 악행은 안 보이는 곳에서 벌어지기도 한다. 그건 맞다. 그런데 일상사의 대부분도 안 보이는 곳에서 벌어진다. 우리는 둘을 잘 구분하지 못하다 보니 모든 것을 음모로 보는 경향이 있다.

노리치 살인사건 음모론의 전말

다시 노리치 소년 윌리엄의 사연으로 돌아가보자. 윌리엄의 시신이 발견된 후 음모 혐의가 처음 제기되기까지는 오랜 시간이 걸리지 않았다.

윌리엄의 어머니에 따르면, 아들의 마지막 모습은 한 남자와 함께 동네 유대인 가족의 집으로 들어가는 것이었다. 남자는 소년에게 부주교의 집 주방에서 일하는 좋은 일자리를 주겠다고 약속한 사람이라고 했다. 그 증언이 얼마나 신빙성이 있는지는 의문이다. 소년의 어머니는 유대인들에게 폭행당하는 꿈을 꾸었다고 했는데, 어쩌면 이 증언 역시 그 꿈에 기초한 것인지도 모른다. 그러나 유일했던 그 증거는 곧 덩치를 키워나갔다. 유대인의 집 안에서 무슨 일이 있었으리라는 추측이 무성해졌고, 얼마 지나지 않아 노리치의 유대인 사회 전체를 대상으로 혐의가 잇따라 제기되었다.[1]

이 과정은 통상적이지만 꽤 암울한 수순으로 전개됐다. 노리치의 유대인들은 최근에 이주해 온 소수 집단이었기에(혐의가 제기되기 이전에는 노리치에 유대인 사회가 존재했다는 기록조차 찾기 어렵다) 온갖 의심과 원망을 한 몸에 받고 있었다. 게다가 당시 사회적 상황 역시 문제를 한층 증폭시켰다. 노르만 정복자들이 잉글랜드를 점령한 지 100년도 안 된 시점에 유대인들은 노르만 지배층과 매우 가까운 존재로 여겨졌고, 부유하다는 인식이 있었다. 그리고 잉글랜드와 노르망디 양국에서 왕위 계승 전쟁이 20년간 잔혹하게 이어지고 있었다. 후에 '무정부시대'라는 이름으로 불린 이 기간에 지역사회는 분열되고 무질서가 난무했으며, 의심과 피해망상의 분위기가 만연했다. 더군다나 1140년대에 유럽 곳곳에서 반유대 정서가 고조되고 있었다. 이를 부추긴 원인 중 하나는 십자군 전쟁이었다. 종교적 폭력의 분위기가 팽배했던 데다, 원정에 나서려면 돈을 빌려야 했으므로 참여자들은 유대인 대금업자들에게 빚을 지기도 했다.

최초 고발자는 윌리엄의 어머니였는지 몰라도, 이 사건을 놓고 유대인을 가장 강력히 규탄했던 사람은 소년의 삼촌이자 노리치의 신부인 고드윈이었다. 그는 성직자 연례 회의에서 유대인들을 교회 법정에 세워 고문에 의한 재판을 받게 해야 한다고 주장했다. 여기서 눈길을 끄는 점은, 지역사회에서 명망이 높은 인물이 혐의를 제기했는데도 다른 신부들은 대체로 회의적이었다는 것이다. 고드윈의 연설이 유대인에 대한 주민들의 반감을 자극하기는 했지만 재판은 결국 열리지 않았고, 존 드 셰니라는 노르만인 치안관이 사태가 진정될 때까지 지역의 치안을 맡아 유지했다.

이 최초의 혐의 제기에서 가장 주목할 만한 점은 분위기가 대단히 빠르게 수그러들었다는 사실이다. 이후 사태는 놀랄 만큼 급속도로 진정되었다. 주민들의 걱정거리는 그것 말고도 많았다. 대부분은

집단적 흑역사의 출발

몇 년 지나지 않아 윌리엄 사건을 거의 까맣게 잊었다. 그러던 어느 날, 빚에 시달리던 어느 기사가 채권자를 살해하는 사건이 발생했다.

기사는 자신을 변호할 논리가 필요했다. 문제의 기사는 시몽 드 노베르라는 인물이었다. 그가 어쩌다 그리 큰 빚을 졌는지는 확실치 않지만, 역사학자 E. M. 로즈는 저서 『노리치의 윌리엄 살인 사건The Murder of William of Norwich』에서 그가 2차 십자군 원정에 참여했기 때문이라는 설명이 가장 타당하다고 말한다. 대실패로 끝난 이 원정으로 인해 1140년대 말에 수많은 하급 귀족은 빈털터리로 고향에 돌아와 빚더미에 올라앉아야 했고, 그들을 영웅으로 반겨주는 사람은 아무도 없었다.

이유가 무엇이었건, 1149년 드 노베르는 사람을 시켜 자신의 채권자를 노리치 외곽 숲길에서 매복 공격해 살해하게 했다. 희생자는 노리치에서 손꼽힐 만큼 부유한 사람이었다. 그리고 유대인이었다.

당시의 문화적 기준을 감안해도, 또 아무리 내전이 한창인 상황이라 해도 결코 용납될 수 없는 일이었다. 유대인 사회는 법의 심판을 요구했고, 스티븐 국왕은 법질서가 무너지지 않았음을 보여주어야 했다. 드 노베르 역시 자기가 범행을 저질렀다는 사실을 감출 생각이 없어 보였으니, 빠져나갈 구멍이 없었다. 1150년 국왕 앞에서 열린 재판의 결과는 원래대로라면 명백해 보였다. 그런데 드 노베르의 변호를 맡은 노리치의 주교 윌리엄 튀르브가 교활한 술수를 쓴다.

튀르브는 자신의 변호 논리가 궁색함을 깨닫고, 도리어 공격에 나서기로 결심한다. 그 방법은 고드윈이 조카의 죽음을 놓고 제기했던 주장을 다시 끄집어내는 것이었다. 튀르브는 아무 근거 없이, 피살자가 윌리엄 살인을 배후에서 주모한 자라고 주장했다. 드 노베르는 빚을 갚지 않으려고 그를 죽인 것이 아니라 정의의 심판을 내렸을 뿐이라는 것이다. 논리에 딱히 설득력은 없었지만, 그러면 어떤가. 오히려 이 점이 튀르브에겐 다행이었다. 그저 혐의를 충분히 들이밀고 상황을 모호하게 만들면 그만이었다. 그러면 타락한 기사에 대한 단순 명료한 재판도 로즈가 말했듯 "이중 재판"으로 바꿔놓을 수 있었다. 별안간 노리치의 유대인들도 재판에 연루되어 버린 것이다.

계획은 맞아떨어졌다. 재판이 뜻밖에 복잡하고 혼란스러운 양상으로 흘렀다. 정치적 지지 기반이 불안정해 어느 이해 당사자의 심기도 거스를 수 없었던 국왕과 참모들이 택한 결론은… 그냥 판결하지 않는 것이었다. 사건은 보류되었고, 다시는 거론되지 않았다. 시몽 드 노베르는 남은 평생을 노리치 지역을 활보하며 계속 망나니처럼 살았다. 한편 유대인 사회의 아동 살해 혐의는 입증도 반박도 이루어지지 않은 채 영원한 의혹의 회색지대에서 마냥 곪아갔다.

이로써 이 음모설은 지속력이 있으며 힘 있는 자들이 자신의 목적을 위해 얼마든지 휘두를 수 있다는 점이 분명해졌다. 그러나 한낱 음모설이 본격적인 이론의 형태를 갖춘 것은 어느 야심 찬 수도사의 공이었다.

음모론이란 무엇인가

음모론의 실제 역사는 매우 길지만, '음모론'이라는 말은 비교적 최근에 만들어졌다. 그 말의 유래에 관한 음모론이 존재하는 것도 이상하지 않다. 존 F. 케네디 대통령 암살 사건에 관한 워런 위원회의 「워런 보고서」에 불신의 눈초리를 던지는 이들을 깎아내리기 위해 1967년 CIA에서 만든 말이라는 주장이 있는데, 사실이 아니다. 증거로 지목된 CIA 문서에는 당시 CIA에 제기된 비판을 '음모론'으로 표현한 대목이 있지만, 읽어보면 당시에 이미 흔히 쓰이던 말임을 알 수 있다.[2]

음모론의 의미는 시대에 따라 변화해왔다. 이 표현이 1800년대 말 언론에 처음 등장했을 때는 오늘날 우리가 생각하는 뜻과 좀 달랐다. 어찌 보면 수백 년 전 노리치의 유대인 주민들에게 제기됐던 음모설에 훨씬 가까운 의미였다. 범죄가 발생하면 신문에 보도가 실렸고, 경찰 당국이 마치 '방화설'을 제기하듯 '음모설'을 제기하기도 했던 것.[3] 이 말이 오늘날의 뜻으로 많이 쓰이기 시작한 것은 그로부터 수십 년이 지난 1950년대 무렵부터다.

그 변화는 음모론이라는 단어의 두 번째 요소인 '이론'에서 사람들이 떠올리는 의미가 달라진 데 기인한다. 오늘날 우리는 음모론을 단순히 '이렇게 저렇게 된 것 같다'는 의견이 아니라 완전한 설명으로 보고, 세상을 이해하는 틀의 일부로 삼으려 한다. 그리고 음모론은 경쟁 이론의 존재를 암시한다는 점도 중요하다. 어떤 '공식적 서사'가 따로 있고, 음모론은 그에 대한 대안 구실을 한다.

음모를 대하는 사람들의 태도에도 같은 변화가 나타난다. 중세 후기에서 근대 전기 유럽의 지배층은 종교적 분열, 잦은 전쟁, 온갖 궁중 계략에 시달리면서 거의 누구나 음모에 대한 두려움을 안고 살았다. 놀랄 일은 아니다. 현대 민주주의의 여러 특징, 예컨대 왕을 비판해도 목이 날아가지 않는다는 보장을 누리지 못하던 당시 사회에서는 무엇을 시도하든 거의 음모에 기대야 했으니까. 그러니 16세기 궁정의 공작과 남작들이 보기엔 사방이 음모 천지였을지라도, 그들이 음모를 보는 관점은 오늘날의 개념과는 아주 달랐다. 꼭 다른 서사에 대한 대안을 제시하는 것은 아니었기 때문이다. 모든 일이 보이지 않는 곳에서 이루어졌으니, 음모와 통상적 정치 행위를 구분할 기준 자체가 딱히 없었다.

어떤 믿음이 음모론으로 간주되기 위해 꼭 모든 디테일을 완벽히 설명할 필요는 없다. 앞으로 알아보겠지만, 음모론 중에는 영 그러지 못한 것이 많다. 하지만 어떠한 사실에 대해 어느 정도 조리 있는 대안적 해석을 제시하는 것은 필수다. 예컨대 "저스틴 비버는 사실 죽었다!" "소라는 동물은 사실 로봇이다!" "태양은 사실 원통 모양인데 각도상 구체로 보일 뿐이다!"라고 마구잡이로 주장한다고 해서 음모론이 되지는 않는다. 그냥 좀 이상한 사람이 될 뿐. 제대로 된 음모론이라면 어떤 식으로든 설명이 제시되어야 한다. 적어도 어떤 상황이 '어떻게' 그리고 '왜' 벌어졌는지를 어느 정도 밝혀주어야 한다. 그러지 못한다면 기껏해야 음모설에 불과할 뿐이다.

노리치의 윌리엄 이야기를 집착적으로 파고든 웨일스 출신 수도사가 있었으니, '몬머스의 토머스'로 불리는 인물이다. 단순한 혐의에 지나지 않았던 사건은 그에 의해 차츰 거대한 음모로 탈바꿈하기에 이른다. 그가 음모를 설명하는 이론을 제시한 덕분이다. 토머스는 '피의 중상'을 퍼뜨리는 데 그 누구보다 결정적인 역할을 한 사람으로, 그 중심에는 그가 약 20년에 걸쳐 집필한 『노리치 출신 윌리엄의 삶과 순교The Life and Passion of William of Norwich』라는 두꺼운 책이 있다. 그가 집필을 시작한 시점은 시몽 드 노베르의 재판이 열린 해였다.

중요한 점은 책에 기록된 사건 중 토머스 자신이 직접 목격한 것은 하나도 없다는 사실이다. 토머스는 윌리엄 사망 당시 노리치에 있지도 않았고, 사건이 발생한 지 몇 년이 지난 1140년대 말에야 불쑥 나타났다. 그가 윌리엄에 관심을 두게 된 계기는 아마도 당시 노리치의 교계 내부에 흐르던 어떠한 인식 때문이었던 것으로 보인다. 바로 드 노베르의 처벌을 막고자 튀르브 주교가 펼쳤던 변론을 다른 목적으로 활용할 수 있으리라는 발상이었다. 윌리엄이라는 선한 기독교 아동이 끔찍한 종교적 살인에 희생된 것이 사실이라면, 순교자의 조건이 충족된다. 그리고 순교자는 성인으로 추대할 수 있다.

노리치는 당시 잉글랜드에서 두 번째로 큰 도시이자 교역과 학문의 중심지였지만, 성인이 한 명도 없었다. 반면 노리치보다 작은 여러 도시에는 성인이 있었다. 성인은 도시의 지위에 무척 중요한 요소였기에, 성인의 부재는 뼈아픈 약점이었을 것이다. 그래서 토머스는 윌리엄이 성인으로 추대될 자격이 있음을 앞장서서 주창하기로 결심했다. 이를 위해 윌리엄 가족의 최초 고발과 튀르브의 변론에서 빠져 있던 '어떻게'와 '왜'를 채워 넣었다. 토머스의 주장에 따르면, 유대교의 유월절 예식을 치르기 위해서는 기독교도 아이를 제물로 바쳐야 했다. 따라서 유대인 주민들이 부활절 며칠 전에 윌리엄을 희생양으로 낙점하고, 가짜 가시관을 씌워 아이를 고문한 뒤 십자가의 수난을 조롱하고자 십자가형에 처했다는 것이다.[4] 토머스는 음모의 범위를 윌리엄의 살해 공모 이상으로 넓혀, 현지 치안관이었던 드 세니도 한 패였다고 주장했다. 살인범들이 치안관을 매수하여 자신들에게 화가 미치지 않도록 보호를 요청했다는 것이다.

토머스의 저서는 약 800년 전에 쓰였으나 오늘날 개진되는 음모론의 특징을 많이 갖추고 있다. 지면의 많은 부분이 윌리엄의 유해와 관련된 기적 사례를 열거하는 데 할애되어 있지만(기적도 성인 추대의 필수 요건이었다), 살해 자체를 다룬 부분은 후대에 길이 참고가 될 본보기가 되었다. 우선 막후에서 일어난 사건들을 생생하게 서술하고 있다. 저자가 전혀 알지 못했을 내용이다. 그리고 주장을 뒷받침하는 '증거'를 무수히 늘어놓는다. 하나씩 놓고 봤을 때는 어느 것도 설득력이 없지만, 이미 개진된 음모 주장에 비추어 모두 함께 읽으면 뭔가 확실한 듯한 느낌이 든다. 사실을 바탕으로 한 근거가 전혀 없는데도 말이다. 또 저자가 범죄 현장을 찾아가 결정적 단서를 캐내는 등 끈질기게 진실을 추적하는 수사관의 역할을 한 것으로 묘사되어 있다. 실제로 어느 학자에 따르면 이 책은 '공식 직함이 없는 아마추어 수사관의 활약을 그린 탐정소설'이라는 영국 특유의 장르를 개척한 첫 사례로 볼 수 있다고도 한다.[5]

토머스라는 사람이 20년에 걸쳐 노리치의 유대인 주민들을 비방하는 책을 집필해 죽은 뒤 거의 잊힌 아이가 성인으로 추대될 수 있었다는 데서 이야기가 끝났다면, 지금 우리는 이 이야기를 하고 있지 않았을 것이다. 토머스는 하나의 음모설을 음모론으로 확대함으로써 복제가 가능하게 만들었다. 어떤 이론이 한 사건을 설명할 수 있다면, 이를 활용해 다른 사건도 설명할 수 있는 법이다. 윌리엄이 성인으로 추대될 수 있다는 소식이 퍼져나가자, 다른 지역 주민들도 지역 내에서 나름대로 안타깝게 죽은 사람을 성인 후보로 내세울 수 있지 않을까 고민하기 시작했다.

토머스의 이론은 이후 수십 년에 걸쳐 여러 지역에서 재활용된다. 처음에는 잉글랜드 땅에서 맴돌다 이내 해외로 퍼져나간다. 피의 중상은 바야흐로 앞으로 오래도록 계속될, 치명적인 여정에 오른다.

음모론적 사고의 유형

음모론이라고 해서 다 같진 않다. 토머스가 처음에 써낸 책은 하나의 특정한 사건을 다룬 특정한 이론이었을 뿐이다. 그 이론이 변화와 확장을 거듭하며 수 세기에 걸쳐 끔찍한 일들을 무수히 설명하고 정당화하는 데 쓰였으니, 이는 처음과는 사뭇 다른 양상이었다. 1903년에는 『시온 장로 의정서The Protocols of the Elders of Zion』라는 이름으로 또 하나의 악명 높은 반유대 음모론이 등장했다. 여러 문헌을 표절해 갖다 붙여 유대인의 세계 장악 음모를 기술한 이 조잡한 위작은 분명 음모론이 또 한 차례 진화한 모습이었다.

다양한 음모론의 갈래를 짓고 이름을 붙이는 방법은 여러 가지가 있지만, 여기서는 지면 제약상 가장 흥미로운 두 가지만 다루고자 한다. *흠, 저자들이 대체 뭘 숨기려고…? 정치학자 마이클 바컨은 2003년 펴낸 『음모의 문화A Culture of Conspiracy』라는 저서에서 음모론을 분류하고 이해하는 데 매우 유용한 틀을 제시했다. 그에 따르면 음모론은 크게 세 유형으로 나뉜다. 바로 사건 음모론, 체제 음모론, 초음모론이다.

사건 음모론

사건 음모론은 음모론의 기본적인 형태다. 하나의 사건 또는 밀접하게 연관된 일련의 사건을 놓고 배후에 숨은 음모를 상정하여 설명하려는 시도다. 예컨대 비행기 추락, 정권의 몰락, 질병의 확산, 왕세자비의 자동차 사고사 등 우연의 일치나 복잡한 사회적 요인의 결합으로 설명할 수 있는 사건에 대해 어느 비밀 집단이 자신들의 목적을 위해 술책을 쓴 결과라고 주장한다. 심지어 알려진 인물이 공개적으로 행한 행위로 설명할 수 있는 사건에 대해서도 마찬가지다.

사건 음모론을 판별할 수 있는 특징을 하나 꼽자면 '그들은 무엇을 원하는가?'라는 질문에 비교적 간단한 답을 제시한다는 것이다. 즉 음모자들의 목적이 명확하고 한정적이며 이해하기 쉽다. 이를테면 종교의식을 수행한다거나, 정치적 이익을 노린다거나, 대법관 두 명을 암살하여 대법원에서 루이지애나주 천연보호구역의 석유 시추 사업을 승인하는 판결이 나오게 한다거나 하는 것이다. 음모자들은 목표와 단계별 계획이 있고, 성공 기준도 명확하다. 만약 자기들끼리 모여 연간 결산 회의라도 한다면 외부인이 들여다봐도 이해하기 어려운 내용은 없을 것이다.

사건 음모론은 상대적으로 좁은 범위에 국한된다. 따라서 사건 음모론을 하나 믿는다고 해서 믿는 사람의 세계관 전체가 꼭 큰 영향을 받지는 않는다. 실제로 '비밀 집단이 막후에서 꾸민 음모'라는 설명이 잘 들어맞는 사건은 분명히 있지만, 그렇다고 해서 세상 모든 사건이 다 음모가 되진 않으니까.

체제 음모론

규모와 범위가 더 큰 음모론이다. 개별적인 사실이나 사건을 설명하려고 하는 사건 음모론과 달리, 체제 음모론은 여러 곳에서 장기간에 걸쳐 일어나는 다양한 분야의 광범한 사건을 음모로 본다. 음모자들은 특정한 행위에 국한하지 않고 조직적으로 정부, 기업, 학계, 언론 등 각계각층에 침투하여 영향을 미치고 있는 것으로 간주된다.

체제 음모의 목표는 사건 음모보다 더 야심적인 한편 모호한 편이어서, 권력이나 통제권을 노린다는 식으로 두루뭉술하게 묘사되곤 한다. 목표를 관통하는 이념적, 종교적 동기가 있는 경우도 많다. 이 음모론은 워낙 포괄적이어서 신봉자의 세계관에 큰 영향을 미칠 수 있다. 신봉자들은 음모의 실상을 모르고서는 현대 세계의 여러 측면을 정확히 이해하기 어렵다고 생각하기에 이른다. 음모에 대처하는 일이 무엇보다 중요하게 여겨지고, 정치와 문화의 상당 부분이 음모자들과 음모를 저지하려는 사람들의 싸움으로 재해석되기도 한다. 역사학자 리처드 호프스태터는 고전이 된 평론 「미국 정치의 편집증적 양상」에서 그 관점을 다음과 같이 표현하기도 했다. "역사란 거의 초월적인 힘을 지닌 사악한 세력이 추진하는 음모이며, 이를 타도하기 위해서는 통상의 정치적 타협이 아닌 전면적 투쟁이 필요하다고 본다."[6]

초음모론

음모론의 마지막 유형은 초음모론으로, 여러 가지 음모가 한데 모여 벌이는 잔치판이라고 할 수 있다. 초음모론은 형태만 놓고 보면 체제 음모론과 근본적으로 다르지 않지만, 규모에서 차이가 있다. 여러 음모론이 하나로 합쳐져 있기 때문이다. 초음모의 세계에는 단일한 음모 조직이 존재하지 않는다. 수많은 음모가 방대한 네트워크 또는 위계구조를 이루고 있으며, 중심부에 가까울수록 더 비밀스럽고 사악해진다. 예컨대 일루미나티가 외계인 밑에서 일하고 있다는 식이다. 아니, 외계인이 일루미나티 밑에서 일하는지도 모른다. 어쩌면 일루미나티와 외계인 둘 다 어떤 수수께끼의 막강한 집단 밑에서 일하고 있는지 모른다. 마블 시네마틱 유니버스의 음모론 버전이라고 할까? 수많은 계략이 서로 겹치고 이어지면서 얽히고설킨 관계다.

초음모론은 신봉자의 세계관을 완전히 장악한다. 급기야 신봉자들은 세상 모든 일을 오로지 음모 네트워크의 관점에서만 이해하고 설명하는 지경이 된다. 그들에게 음모란 세상을 움직이는 압도적인 동력이고, 사실상 모든 개인이나 단체는 어떤 식으로든 음모에 연루되어 있다는 의심에서 자유로울 수 없다.

이 분류 체계에서 주목할 점 하나는 사건 음모론에서 초음모론으로 갈수록 일이 점점 커지는 경향이 있다는 것이다. 개인이 음모론에 빠져드는 과정도 그렇고(단순한 음모론에 입문한 후 차츰 더 복잡한 음모론으로 진입한다), 뒤에서 살펴보겠지만 시간이 흐를수록 음모론이 진화하는 모습도 그렇다. 처음에는 사건 음모론으로 시작하지만 이론이 발전하면서 차츰 체제 음모론으로 변해간다. 바컨에 따르면 초음모론은 1980년대부터 폭발적으로 확산했으니 본격적으로 부상한 지 수십 년밖에 되지 않았지만, 오늘날 우리가 일반적으로 생각하는 음모론 문화의 상당 부분을 차지하고 있다. 음모론을 이렇게 분류하는 방식은 음모론 자체의 내용에 따른 것이다. 해당 음모론이 얼마나 타당한지는 딱히 알려주지 않는다.

그렇다면 이제 타당성을 고려한 음모론 분류법을 살펴보자. 미국 연구자 애비 리처즈가 2020년 9월 동영상 플랫폼 틱톡에 올린 영상에서 '음모론 분류도'라는 이름으로 소개한 방법이다. 바컨의 분류법과 달리 리처즈의 분류법은 음모론 자체의 내용이 아니라 음모론의 현실성에 주목한다. 역피라미드를 몇 구간으로 나눈 형태이며, 맨 밑에는 '현실에 근거함', 맨 위에는 '현실에서 괴리됨'이라고 적혀 있다.

맨 아래 칸에 들어 있는 것은 실제로 일어난 일들이다. 이를테면 MK 울트라 계획과*CIA에서 캐나다인들을 피험자로 삼아 LSD를 이용해 세뇌와 마인드컨트롤을 시도하는 등 엽기적인 실험을 벌인 불법 프로젝트. 작가 존 론슨의 『염소를 노려보는 사람들The Men Who Stare At Goats』 등 여러 작품의 소재가 되었다. 코인텔프로처럼*FBI에서 '체제 전복적' 단체와 개인을 무력화하기 위해 15년간 운용한 불법 프로그램. '방첩 프로그램Counter Intelligence Program'의 약칭이다. 흑표당 지도자 프레드 햄프턴의 실질적 암살, 배우 진 세버그의 자살을 야기했을 가능성이 있는 악성 루머 유포 등을 수행했다. 사실로 입증된 음모론들이다. 거기서 추측 경계선을 넘어가면 뒷받침하는 증거는 없지만 사실로 밝혀진다 해도 현실과 근본적으로 상충되지 않는 음모론이 등장한다. 예를 들면 존 F. 케네디 암살 관련 음모론, 비밀에 싸인 미국의 군사기지 51구역 관련 음모론 등이다.

다음으로는 현실 이탈 경계선을 넘어가게 된다. 이제 증거가 없을 뿐 아니라 우리가 아는 세상의 지식과 완전히 상충되는 음모론들이 나오기 시작한다. 여기엔 외계인 납치설이나 엘비스 프레슬리 생존설처럼 비교적 무해한 것들도 있지만 백신 음모론처럼 해악이 큰 것도 있다. 현실에서 차츰 괴리되면서 점점 더 위험해지는 양상이다. 마지막으로 '돌이킬 수 없는 반유대주의'라는 경계선을 넘어가면서, 리처즈의 표현에 따르면 "하나를 믿으면 보통 대부분을 믿게 되는" 음모론들이 등장한다. 이 최상층에는 시온 장로 의정서, 큐어논, 일루미나티, 화성 식민지설, 나치 달 정착설 등이 위치한다.

바컨과 리처즈의 분류 체계를 비교해보면 서로 기준이 다름에도 꽤 잘 맞아떨어진다. 리처즈의 피라미드에서 상대적으로 현실에 많이 근거한 아래쪽 단계일수록 단순한 사건 음모론이 많은 편이고, 위로

음모론 분류도 (2021)

현실에서 괴리됨

큐어논	딥 스테이트	일루미나티	샌디 훅 참사 날조설	신세계 질서	홀로코스트 허구설	할리우드 동성애 조장설
거대 대체론	사탄 숭배 의식	시온 장로 의정서	아드레노크롬	피자게이트	조지 플로이드 사망 연출설	로스차일드 중앙은행 장악설
트랜스 어젠다	지구 공동설	문화적 마르크스주의	빌 게이츠 인구 감소설	렙틸리언 지배설	유대인 레이저 방화설	
NESARA	지구평면설	조지 소로스		나치 달 정착설		

비밀에 싸인 막강한 권력 집단이 세계를 지배한다고 믿음. 주변부 집단에 대한 증오와 폭력을 부추김.

돌이킬 수 없는 반유대주의

안티파 미국 국회의사당 폭동설	브라 속 RFID 추적 장치	백신 마이크로칩 주입설	코로나19 조작설	웨이페어 인신매매설
이버멕틴 코로나 치료 효능설	미국 대선 조작설	지구온난화 허구설	달 착륙 조작설	코로나19 생물무기설
야생인간설	세계무역센터 폭파설	5G 통신망 유해설	에센셜 오일 만병통치설	바이든 로봇설
	유령시대설	타르타리아 제국	콩 섭취 여성화	고대 거목설
				켐트레일

신봉자 본인과 타인에게 위험을 초래

현실 부정

마이클 잭슨 생존설	그레타 툰베리 시간여행자설	스티비 원더 맹인 연기설
타이타닉 침몰 조작설	찰스 왕세자 흡혈귀설	매트리스펀드 세탁설
투팍 생존설	카일리 제너 클론설	테드 크루즈·조디악 킬러 동일인물설
에이브릴 라빈 대역설	엘비스 생존설	
외계인 납치		

명백히 거짓이지만 대체로 무해함

현실 이탈

지미 호파 실종	세상은 시뮬레이션	엡스틴 타살설	찰스 맨슨 CIA 요원설
51구역	JFK 암살	덴버 국제공항	UFO

의혹이 존재

추측의 영역

정유업계 기후변화 은폐	담배업계 발암 위험 은폐
페이퍼클립 작전	FBI 마틴 루터 킹 사찰
나이라 증언 조작	MK 울트라 계획
NSA 대국민 감시	터스키기 실험
코인텔프로	모킹버드 작전
프리브리트니	워터게이트

실제로 일어난 일들

현실에 근거함

올라갈수록 체제 음모론이 많아진다. 최상층에는 초음모의 세계를 구성하는 음모론들이 보인다. 베이컨은 묵시적으로, 리처즈는 명시적으로 어느 지점에 이르러서는 하나의 음모론을 믿으면 거의 모든 음모론을 믿게 되는 경향이 있다고 밝히고 있다. 베이컨과 리처즈의 분류법을 종합하면 많은 음모론 신봉자가 걷게 되는 길이 보인다. 수많은 사람이 빠져들고 마는 토끼굴의 지도라 할 수 있다.* 음모론의 분류 방식을 두어 가지만 더 간단히 소개한다. 《리즌》의 제시 워커는 적의 성격에 따른 구분법을 제시했다. 이에 따르면 음모론이 상정하는 적은 외부, 내부, 상부, 하부의 적, 선의의 세력으로 나뉜다. 마지막 유형은 드물게 적이 존재하지 않는 경우를 이른다. 한편 경제사학자 머리 로스바드는 피상적 음모론과 심층적 음모론을 나누어 설명한다. 전자는 누가 이득을 보느냐에 비추어 쉽게 결론을 내리는 유형, 후자는 어떤 직감에서 출발해 나름대로 조사를 벌여나가는 유형을 가리킨다.

그렇다면 음모론적 사고를 어떻게 구별할 수 있을까? 실제로 일어난 음모를 이야기하는 것과 무엇이 다른가? 대화 상대방이 토끼굴에 깊이 빠진 사람인지, 아니면 그저 토끼를 만나본 사람인지를 어떻게 구분해야 할까?

한 가지 중요한 단서는 반대 증거를 마주했을 때 보이는 반응이다. 우리 뇌는 일반적으로 자기가 틀렸음을 인정하길 꺼린다. 우리는 자기 믿음에 어긋나는 증거를 마주하면 주로 무시하는 방법을 택한다. 불편한 진실은 사뿐히 넘겨버리고 우리 생각에 부합하는 증거만 입맛대로 취한다. 반면 음모론적 사고의 경우는 반대 증거에 대처하는 방법이 몇 가지 있다.

우선 이론의 내용을 바꾸는 방법이 있다. 음모론은 하나의 고정된 상수를 중심으로 굉장히 유연하게 변하는 경향이 있다. 신봉자들이 꼭 사실로 믿고 싶어 하는 하나의 주장만은 절대 변하지 않는다. 그 상수는 어떤 사건의 결과일 수도 있고("선거가 조작됐다!"), 사건의 배후 동기일 수도 있다("그들은 세계 인구를 감소시키려고 한다!"). 혹은 주모자의 정체인 경우도 많다("사건의 정확한 실상은 모르겠지만, 좌우지간 틀림없이 일루미나티가 배후에 있다!"). 이 고정 상수를 중심으로 나머지 요소는 무엇이든 소급 조정해 새로운 증거와 서사에 맞추면 된다. 서사의 주목적에 부합하기만 한다면 누가, 무엇을, 어떻게, 왜 벌였는지 등은 모두 바뀔 수 있다.

그 방법이 통하지 않는다면, 언제든 기댈 수 있는 음모론계의 고전 수법이 있다. 음모론에 어긋나는 모든 증거가 바로 그 음모의 일환이라고 주장하는 것이다. 이렇게 되면 음모론은 '반증 불가능'해진다. 성공적인 음모론이 세월을 버티는 비결 중 하나다. 모든 반대 증거가 음모라면 음모론을 반증할 방법이 없으니, 이보다 유리한 장사가 또 어디 있겠는가.

물론 증거에 맞게 이론을 바꾸거나 증거의 타당성을 의심하는 행동은 일반적으로 바람직하게 여겨진다. 비판적 사고의 기본 중 기본 아닌가. 우리 뇌가 자기 마음에 들지 않는 정보는 그냥 무시해버리는 성향이 있음을 생각하면 거의 칭송받아야 할 일인 듯 보이기도 한다. 실제로, 언뜻 의외로 여겨지는 음모론의 특징 하나는 증거를 무척 좋아한다는 점이다. 증거까지는 아닐지라도 증거처럼 '느껴지는' 것들을 좋아한다. 호프스태터의 표현을 빌리면, 음모론자는 '증거'를 거의 집착적인 수준으로 세심하게 축적하여,[7] 모조리 꼼꼼히 출처와 각주를 단다.

그런데 그 비판적 사고를 자신의 이론에는 적용하지 않으니 문제가 된다. 증거를 축적할지는 몰라도 증거를 평가하는 일은 드물다. 새 정보를 반영해 이론을 바꿀지는 몰라도, 고정된 상수는 절대 건드리지 않는다. 증거를 의심한다는 것도 마음에 들지 않는 증거를 전부 거짓말로 치부하는 식이라면 이야기가 달라진다. 그쯤 되면 증거를 의심한다기보다 취사선택한다고 해야 맞을 것이다.

　음모론이 시간이 갈수록 크기가 불어나고 차츰 신봉자의 현실 인식을 송두리째 장악하는 경향이 있는 것도 같은 이유다. 반대되는 증거는 모두 싸잡아 음모의 일환이라고 비난하니, 점점 세상의 많은 부분이 음모에 포함된다. 앞서 살펴본 몬머스의 토머스가 최초 고발에 수긍하지 않았던 치안관을 가리켜 음모자들과 한패였다고 주장한 것도 한 예다. 바컨과 리처즈의 분류 체계에서 일이 점점 커지는 것도 같은 원리다. 단순한 사건 음모론이 체제 음모론으로 변해가는 것도, 현실에 근거한 추측에서 출발해 점차 현실을 벗어나 공상의 영역으로 접어드는 것도 같은 이유로 설명할 수 있다.

　이는 음모론에 오래 몸담을수록 거기에서 벗어나기 어려워지는 한 가지 이유이기도 하다. 음모론이 포괄적일수록, 그리고 지금까지 무시해온 증거가 많을수록 다시 현실을 제대로 인식할 기회는 줄어든다. 설령 그럴 기회가 와도 자기가 완전히 틀렸다는 사실을 뼈아프게 인정해야 한다는 어려움이 있다.

　이렇게 음모론자가 믿음을 포기하기 어렵기도 하지만, 음모론자가 아니었던 사람이 토끼굴에 빠지는 수순을 밟기도 한다. 자기가 갖고 있던 믿음이 사실이 아닌 것으로 밝혀진 경우다. 세상에는 그 자체로 음모론은 아니되 압도적인 증거 앞에 방어하기 어렵게 된 설이 수두룩하다. 이때 '진실을 은폐하려는 음모가 있다'는 믿음을 방패로 삼는 경우가 있는데, 이 책에서는 그런 유형을 가리켜 '묵시적 음모론'이라 부를 것이다. 예를 하나만 들면, 코로나19 팬데믹 초기에는 코로나19의 치명률이 0.1퍼센트 정도에 불과하리라는 믿음이 팽배했다. 이는 음모론이 아니다. 그러나 반대 증거가 쌓여가면서, 계속 그렇게 주장하려면 '보건 당국이 팬데믹을 부풀리기 위해 통계를 조작하고 있다'는 상상에 기대지 않고는 힘들게 되었다. 참고로, 이는 영국의 한 주요 신문 칼럼니스트가 실제로 제기한 설이다. 아닌 게 아니라, 특정한 이해관계가 걸린 상황에서 오류를 인정하느냐 음모론자가 되느냐의 기로에 놓였을 때 후자를 택하는 사람이 우려스러울 만큼 많다.

음모론과 정설

맞고 틀리는 이야기가 나온 김에 간단히 살펴볼 문제가 하나 있다. 음모론은 반드시 거짓이어야 하는 걸까? 실제로 음모론이라는 말은 흔히 그런 식으로 쓰인다. 정치인이 자신에 대한 의혹을 음모론으로 치부하는 데는 그러한 주장이 터무니없다는 뜻이 함축되어 있다. 비록 대놓고 부인하지는 않을지라도.

물론 음모론이라는 말을 그렇게 쓴다고 하여 나무랄 생각은 없다. 우리는 음모론 용어 바르게 쓰기 운동 본부에서 나온 사람들이 아니니까.*흠, 어쩌면 맞을지도? 어쨌든 이 책에서는 그 용어를 중립적으로 사용할 것이다. 세상의 무언가를 '어떤 집단이 목표를 이루기 위해 비밀리에 모의한 결과'로 설명하려는 시도라면 사실 여부와 관계없이 음모론으로 간주한다. 여기엔 실질적인 이유가 가장 크다. 정확한 실상은 단언하기 어려울 때가 많다. 진실을 밝혀낸다는 건 쉬운 일이 아니다. 현재의 사건 다수도 그렇지만, 특히 세월 속에 묻힌 사건에 대해서는 가설이 틀렸다고 단정할 증거가 충분치 않다. 언젠가 나온다는 보장도 없는 증거가 나올 때까지 기다렸다가 음모론인지 아닌지 결정한다고 하면 할 수 있는 일이 많지 않다. 영원히 답보 상태일 것이다.

또 틀린 얘기만 음모론이라고 고집하면 일종의 순환논리가 되어버리는 문제도 있다. 음모론이라는 말이 경멸적인 뜻으로 워낙 자주 사용되니, 그럴 우려가 더 크다. 이런 식의 무한 루프에 갇히는 것이다. "그게 왜 틀린 얘기야?" "음모론이니까." "왜 음모론인데?" "틀린 얘기니까."

자신과 생각이 다르면 싸잡아 다 같은 부류라고 주장하는 것이 음모론의 흔한 특징임을 생각하면, 음모론이라는 개념 자체를 그렇게 취급하지는 않는 게 현명할 듯하다. 또 유용한 면도 있다. 무엇이 음모론이고 음모론이 아닌지를 따져보는 과정에서 흥미로운 사실이 드러날 수도 있다.

한 예로 '크롭 서클'을 생각해보자. 크롭 서클은 음모론일까? 아마 그렇다고 생각하는 사람이 많을 것이다. 우리 두 저자도 이 책에서 다룰 음모론 후보를 뽑으면서 그렇게 생각했다. 그도 그럴 것이, 크롭 서클은 상당히 괴짜다운 변두리 관심사로, 1990년대의 초자연적 현상 및 UFO 관련 음모론 붐과 맞물려 부상했다. 이와 관련한 온갖 희한한 가설이 제시된 바 있다. 외계인이 남긴 메시지라는 설, 복수의 고대 유적이나 지형지물을 일직선으로 잇는다고 하는 가상의 선, '레이 라인'의 교차점에서 어떤 신비로운 힘으로 저절로 만들어졌다는 설, 구상 번개에 의해 생겨났다는 설… 심지어 지구가 기후변화를 멈춰달라고 인간에게 호소하는 메시지라는 설도 있다.

모두 흥미롭지만, 그 어느 것도 음모론은 아니다. 이론이긴 해도 음모랄 게 없다. 사실 크롭 서클에 대한 설명 중 음모론으로 볼 수 있는 것은 하나뿐이다. 바로 이 서클이 교묘한 장난질이라는 것이다. 다시 말해, 몇몇 사람이 밤중에 로프와 널빤지를 가지고 밀밭을 납작하게 눌러가며 인위적으로 만들었다는 것.

바꿔 말하면 이 경우는 따분하고 합리적인 정설이 음모론이다. 그리고 자세한 이유는 뒤에서 알아보겠지만, 과감히 단언하건대 그것이 옳은 설명이다. 레이 라인 신봉자들에게는 심심한 사과를 드린다.

사람은 자기가 틀렸다는 사실뿐 아니라, 자기가 전혀 모르는 것이 있다는 사실도 인정하기 힘들어한다. 노리치 소년 윌리엄의 사망을 둘러싼 수수께끼는 앞으로도 풀리지 않을 것이고, 오로지 추측만 가능할 뿐이다. 그 시절에는 누가 끔찍하게 죽었다고 해서 특별히 이상하게 생각할 일도 아니었다. 당시 나라는 전쟁 중이었고, 법질서는 무너져 있었다. 군인이나 도적이 사람을 죽이는 일이 드물지 않았고, 가학적인 고문과 신체 훼손을 가하는 경우도 허다했다.

윌리엄이 입었다고 하는 부상도 그런 가능성과 꽤 잘 맞아떨어진다. 그러나 이는 후에 예수의 수난을 조롱한 행위로 해석된다. 윌리엄이 주변 지인의 손에 희생되었을 가능성도 충분하다. 온갖 사소하고 악랄한 이유로 흔히 일어나는 일이었다. 아니면 윌리엄의 죽음은 타살이 아니었을 수도 있다. 로즈는 이 사건을 다룬 저서에서 윌리엄이 자살했을 가능성도 충분히 생각해볼 수 있다고 말한다. 가족들이 살인 혐의를 맹렬히 제기한 것은 자살을 종교적으로 강하게 금기시하던 당시 분위기에 비추어 자연스러운 반응일 수 있다.

하지만 이 같은 추측은 서사적으로 만족스럽지 못하다. 사실 모든 일의 실상이란 그럴 때가 많다. 마치 흥미진진한 범죄 퍼즐을 풀듯이 접근하고 싶은 유혹이 든다. "외부인을 열심히 비난했던 그 삼촌이란 사람, 좀 수상하지 않아?" 하고 말이다. 그러나 우리가 경계해야 할 것이 바로 그 유혹이다.

그런가 하면 이 모든 것을 오로지 비이성적인 행태로 규정하고 미신이나 증오의 산물로 치부하려는 유혹 역시 경계해야 한다. 윌리엄 이야기에서 알 수 있듯이, 음모론은 단순히 부족한 증거를 가지고 사건의 실체를 설명하려는 시도에서 비롯되는 경우가 많다. 그렇게 시작된 음모론이 점점 커지고 지속되는 이유는 따로 있다. 우리가 가진, 권력을 키우고 비난을 피하고 세상을 어떻게든 설명하려는 욕구를 충족해주기 때문이다. 로즈는 이렇게 지적했다. "'비이성적이고' '기이한' '문학적 수사'라고 하지만 사실은 명쾌하고 설득력 있는 논변의 산물이었다. 고위 협의회에서 신중하고 세심한 논의를 거쳐 맑은 정신의 소유자들이 꼼꼼하게 판단한 결과였으며, 무분별한 군중의 폭력에 밀려 결정한 것도 아니었다."[8]

이 책에서 다룰 수많은 음모론 중에는 참으로 황당해 보이는 게 많을 것이다. 그 모든 음모론이 저마다 어떤 시작점이 있었다는 사실을 기억할 필요가 있다. 결국엔 공상의 세계로 뻗어나갔다 해도, 그 시작점은 전혀 그런 게 아니었던 경우가 많다. 음모론은 본래 특성상 계속 커질 수밖에 없으니 계속 커진 것이다.

그다음으로 이어지는 질문은 물론 이것이다. 우리는 왜 이런 음모론에 이토록 끌릴까?

2장

인간은 왜 음모론에 사족을 못 쓸까

군중의 환호가 워낙 열렬하여 카퍼레이드는 예정보다 늦게까지 이어졌다. 지붕을 열어젖힌 전용차가 딜리 광장에 들어서자, 텍사스 주지사 부인 넬리 코널리는 존 F. 케네디에게 이렇게 말했다. "대통령님, 댈러스에서도 인기가 좋기만 하신데요."[1] 케네디는 매릴린 먼로의 마음을 사로잡았던 겸손한 태도로 이렇게 대답했다고 한다. "확실히 그런 것 같네요." 그가 남긴 마지막 말이었다.* 이 마지막 말은 재클린 케네디 여사가 워런 위원회 조사에서 증언한 바에 따른 것이다. 다만 기억이 불분명하다고 했다("내가 기억하는 건지 아니면 어디서 읽은 건지 모르겠다."). 여사가 그날 정신이 온전치 않았다 해도 이상한 일은 아니다. 코널리 주지사도 비슷한 말을 들었다고 했지만, 조금 다르게 표현했다("'정말 누가 봐도 그렇네요'라던가 그런 뜻의 말이었다.").

잠시 후 세 발의 총성이 교과서 보관소 건물의 창문에서 울렸고, 대통령은 쓰러져 부인의 품에 안겼다. 댈러스는 케네디의 암살 장소로 길이 이름을 남겼으니, 총격 직전 그가 남긴 마지막 말은 그야말로 얄궂은 아이러니였다.

사실 케네디의 마지막 순간을 둘러싼 모든 것이 아이러니처럼 느껴진다. 한 시민이 사건 현장을 촬영한 영상을 보고 있노라면 떠오르는 의문이 한둘이 아니다.*여담으로, 누구나 스마트폰만 있으면 역사적으로 유명한 이 암살 장면을 언제든 볼 수 있다는 사실은 무척 기이하다 하지 않을 수 없다. 한층 더 기이한 사실은 똑똑한 알고리즘이 그다음으로 추천하는 영상이 "당신이 몰랐던 '스타워즈'의 다섯 가지 비밀"이라는 것. 러시아풍 스카프를 얼굴에 두른 여성이 잔디밭에 서서 카메라를 들고 있는 건 왜일까? 한 남성이 해가 쨍쨍한 날씨에 우산을 들고 있는 이유는?

그게 도대체 무슨 '의미'일까? 그들이 역사적 비극을 곧 목도하리라는 생각은 꿈에도 하지 못한 채 그저 대통령의 차량 행렬을 구경하고 있었을 가능성을 우리의 두뇌는 받아들이지 못한다. 아서 골드워그는 『컬트, 음모, 비밀결사Cults, Conspiracies and Secret Societies』(2009)라는 책에서 이렇게 지적했다. "중대한 사건이 일어나면 사건 전후의 모든 것이 중대해 보인다. 아무리 사소한 것이라도 의미심장한 기운을 내뿜는 듯하다."

사건 후 제기된 상당수의 가설에도 비슷한 심리적 욕구가 작용했다. 무의미하게 뒤섞인 온갖 사건에 만족스러운 서사를 부여하려는 욕구였다. 43세에 취임한 케네디는 지금까지도 미국 역대 최연소 선출 대통령으로 남아 있으며, 그의 당선은 권력의 세대교체로 일컬어졌다.*미국 역대 최연소 대통령은 그보다 약간 더 젊었던 시어도어 루스벨트다. 선출된 것이 아니라 윌리엄 매킨리 대통령이 두 번째 임기를 시작한 지 6개월 만에 암살되자 부통령으로서 대통령직을 승계했다. 국가 원수의 사망은 그 자체로 충격적이지만, 이를 떠나 케네디가 한창나이에 꺾여버린 것은 '부당'한 일로 여겨졌다. 단지 한 암살자의 결단으로 이렇게 됐다는 것은 수천만 명이 받은 크나큰 충격을 설명하기에 미흡해 보였다. 다시 골드워그의 말을 옮기면, "사람은 참사로 인한 압박과 스트레스에 시달리게 되면 사건의 중대성에 걸맞은 의미심장한 무언가를 애타게 찾는다. (…) 세월이 흘러 혼란이 가라앉은 지 오래여도 그러한 욕구는 사라지지 않는다."[2]

우리가 음모론을 믿는 이유

이 장에서는 두 가지 물음에 답해본다. 우리는 왜 음모론을 믿는가, 그리고 어떤 사람이 음모론에 빠지기 쉬운가 하는 것이다. 곧 알게 되겠지만, 그중 한쪽이 다른 한쪽보다 훨씬 답하기 쉽다.

먼저 음모론자라고 하면 어떤 이미지가 떠오르는가? 아마 다음과 같은 이미지가 연상될 것이다. 남자일 테고, 상태가 좀 단정치 못하다. 옷차림이 형편없고 건강도 좋아 보이지 않는다. 머리는 덥수룩하거나 숱이 없다. 하루 종일 인터넷을 하고, 부모 집에 얹혀산다. 대화할 때 상대방과 눈을 못 맞추고, 무슨 말이든 거의 땅을 보고 한다.

우리 마음을 편하게 해주는 이미지다. 음모론자는 우리가 아니라 다른 사람, '남'이라고 말해주고 있으니까. 그런데 그렇지가 않다. 음모론자는 다름 아닌 우리일 가능성이 크다. 미국인의 절반 이상이 정부가 9·11 테러에 관한 사실을 숨겼다고 믿는다. 3분의 1이 버락 오바마가 해외에서 출생했다는 음모론이 어느 정도 사실이라고 믿는다.[3] 5분의 1은 뉴멕시코주 로즈웰에 외계인이 실제로 불시착했다고 믿는다.[4] 1970년대 중반 케네디 암살이 단독 범행이 아니라고 믿는 미국인의 비율은 81퍼센트에 달했고, 덜 뒤숭숭한 시절에도 그 숫자는 한번도 50퍼센트 밑으로 내려간 적이 없다. 미국인의 과반수가 음모론의 정의에 완벽히 부합하는 개념을 죽 지지하고 있는 것이다.[5] 미국인만 그런 경향이 있는 것도 아니다. 2018년에 시행된 조사에 따르면 유럽 각국에서 정부가 이민자 수에 관한 진실을 은폐하고 있다고 믿는 사람은 상당 비율에 달했다. 스웨덴 29퍼센트, 영국 30퍼센트, 프랑스 32퍼센트, 독일 35퍼센트, 헝가리 48퍼센트 등이다.[6]

그렇다, 음모론자가 다 애니메이션 〈심슨 가족〉에 나오는, 뚱뚱하고 장발에 성격 괴팍한 만화방 주인 같은 모습은 아니다. 생각해보면 그럴 수가 없다. 음모론자는 모든 연령대, 인종, 정치적 성향, 성별을 아우르니까.[7]

음모론자의 프로필이 어떻다고 단정 짓는 데는 문제가 또 있다. 바로 우리가 음모론자에 대해 아는 사실이 의외로 굉장히 적다는 것. 이 분야의 학술 연구 대부분은 놀랄 만큼 최근에야 이루어졌으며, 연구 간에 결론이 상충되기도 한다. 음모론에 휘말리려면 새로운 사상에 개방적인 성격이어야 한다고도 하고, 음모론을 고수하려면 새로운 사상을 거부하는 성격이어야 한다고도 한다. 교육 수준이 높은 사람은 음모론에 빠질 가능성이 적다는 연구가 있는가 하면, 지능이 높은 사람이 자기 믿음을 합리화하는 데 능해서 더 쉽게 빠진다는 연구도 있다. 설상가상으로 얼마 되지 않는 연구마저 언론에서 왜곡하기 일쑤여서, 상관관계를 인과관계로 제시하거나 전체 집단에서 나타나는 경향을 개인에 적용해 설명하기도 한다.[8]

물론, 무엇이 음모론에 해당하느냐 하는 까다로운 문제도 있다. 특히 틀린 음모론이 무엇인지가 문제다. 연구 참여자들에게 제시된 질문 가운데는 이런 진술에 얼마나 동의하는지 묻는 것도 있었다. "우리 사회가 민주주의 사회라고는 해도 늘 소수의 사람이 매사를 주도하기 마련이다."[9] 많은 음모론자가 동의할 진술임은 틀림없지만, 읽기에 따라서는 대의민주주의의 자명한 특성 또는 현대 중앙집권 국가의 평범한 현실로 생각될 수 있다. 1999년에 발표된 한 연구에서는 아프리카계 미국인들이 "흑인이라는 사실 때문에 경찰에게 괴롭힘을 당하고 있으며 형사사법 제도가 흑인에게 공정하지 않다"는 '음모론'을 놀랄 만큼 강하게 믿고 있다며 호들갑을 떨기도 했다.[10]

그렇다고 해서 몇 가지 경향성이 나타나지 않는 것은 아니다. 그나마 가장 뚜렷이 나타나는 인구 집단별 특성은 여러 음모론 중에서도 어떤 음모론을 믿기 쉬운가 하는 데 있다. 즉 아프리카계 미국인은 에이즈 유행이나 마약 문화가 성행하는 게 정부 탓이라고 믿는 비율이 높은가 하면, 백인 미국인은 정부가 사회주의적 세계정부의 기반을 닦기 위해 총기 소유를 금하려 한다고 생각하는 비율이 높다.[11] 좌파는 악덕 기업을, 우파는 진보적 학계를 비난하는 경우가 많다거나[12] 하는 현상 또한 마찬가지다.[13]

많은 사람이 한때 이런저런 음모론을 믿기 마련이지만, 남들보다 음모론의 영향을 더 받기 쉬운 개인적 특성이 존재하는 것으로 보인다. 정치적 극단주의자는 상대적으로 음모론을 믿기 쉽다. 이는 복잡한 정치적 문제에 간단한 해법이 있다고 믿는 성향과 관련이 있는 듯하다.[14] 미국인을 대상으로 한 어느 설문조사에 따르면 배우자를 불신하거나 정부를 불신하는 사람도 음모론을 더 믿기 쉬운 것으로 나타났다. 어쩌면 당연하겠지만, 총기 소유 여부 그리고 지구 종말이 자신의 생애 중에 오리라는 믿음도 음모론 신봉 정도와 상관관계가 있는 것으로 보인다.[15]

2013년, 영국 골드스미스대학의 심리학자 세 명이 이 모든 논란을 정리하고자 나섰다. 연구팀이 공고히 입증해낸 사실 하나는, 한 가지 음모론을 믿는 사람은 다른 음모론도 믿기 쉽다는 것이다. 설령 본인이 이미 가진 믿음과 상충되는 이론이라거나 연구자들이 즉석에서 만들어낸 이론이라 해도 예외가 아니었다. 즉 음모론 신봉자는 음모론의 증거 하나하나를 꼭 이성적으로 검토하고 나서 믿는 게 아니다. 똑같은 세상을 보아도 남들보다 음모가 잘 보이는 사람이 있는 것이다. 연구팀은 이러한 특성을 '음모론적 사고'라고 명명했다. 연구팀은 더 나아가 음모론에 빠지기 쉬운 성향은 낮은 대인 신뢰, 편집증, 특이한 신념에 대한 수용성 등 몇몇 성격적 특성과 관련이 있는 것으로 보인다고 밝혔다.[16]

이를 배경으로 연구팀은 '일반적 음모론 신념 척도'라는 것을 고안했다. 특정한 음모론과 관련 없이 일반적 문항으로 이루어진 테스트로, 각 문항에 대해 동의하는 정도를 표시하면 음모론적 사고 성향을 대략적인 수치로 나타내준다. 예를 들면 "소규모 비밀 집단이 전쟁 등의 주요 결정을 모두 내리고 있다." "첨단 신기술의 존재가 업계에 피해를 준다는 이유로 은폐되고 있다." 등의 문항이다.* 우리 두 저자도 테스트를 해보았다. 한 사람은 음모론적 사고 성향이 평균보다 약간 낮게 나왔고, 다른 한 사람은 평균보다 약간 높게 나왔다. 누가 누구인지는 밝히지 않겠다. 높게 나온 사람이 독자를 믿지 못하기 때문이다. 그러나 유의하자. 이 테스트는 상관관계를 드러낼 뿐이고, 상관관계가 인과관계가 아님은 물론 상식이다. 이 테스트를 소개한 논문은 "음모론 신봉에 관한 심리는 아직까지 명확하게 규명되지 않았다"라는 말로 첫머리를 시작하고 있다. 이를테면 유전과 성장 환경이 똑같은 쌍둥이 형제라 해도 다를 수 있다. 어째서 형은 1년 내내 큐어논에 빠져 있는데 동생은 큐어논에서 점점 발을 빼고는 형이 유튜브를 못 보게 막으려고 하는지, 연구자들은 아직 설명하지 못한다.

사람마다 음모론적 사고 성향에 차이가 있는 이유가 과학적으로 아직 잘 규명되지 않았지만, 인간의 뇌가 일반적으로 음모론에 끌리는 이유는 비교적 잘 규명되어 있다. 이미 잘 입증되어 있듯이, 우리는 몇 가지 인지적 편법과 심리적 편향 탓에 사실이 아닌 것을 쉽게 믿곤 한다.[17]

그중 가장 중요한 두 가지 현상은 케네디 암살 사건을 둘러싼 각종 가설에서도 나타난 바 있다. 하나는 '사후 확신 편향hindsight bias'이라는 것으로, '잠행적 결정론creeping determinsm', '그럴 줄 알았어 현상' 등으로도 불린다. 쉽게 말해 이미 일어난 일을 놓고 당연하게 생각하는 경향이다. 본래 불확실하거나 우발적이었던 사건을 두고 필연적이고 예측할 수 있었다고 보는 것이다. 이 편향은 워낙 강력해서 자신이 실제로 사전에 어디까지 알았는지에 대한 기억조차 왜곡되곤 한다. 또, 사건이 예측할 수 있었다면 틀림없이 누군가가 실제로 예측했다고 보는 것도 큰 무리는 아니다. 급기야 '정부 일각에서 케네디 암살 기도를 사전에 알고 있었다'는 확신에 이르면, '왜 암살을 막지 않았나?'라는 의문이 이어질 수밖에 없다. 결국 모처의 누군가가 암살 저지를 원하지 않았다는 결론이 나온다.

연관된 현상으로 '비례성 편향proportionality bias'이 있다. 일반적 음모론 신념 척도의 공동 고안자인 롭 브로서튼의 표현을 빌리면 "큰 사건에는 반드시 큰 원인이 있었으리라고 생각하는 경향"이다. 예를 들어 케네디 암살의 경우, 음모론자들은 고작 불만에 찬 총잡이 한 명이 그토록 막대한 피해를 초래했다는 설명이 미흡해 보였기에 다른 여러 요인을 끌어들여 균형을 맞추려 했다. 거론된 음모론의 범위는 다양했다. 엄밀히 말해 음모론에 속하지만 딱히 거대한 모의를 상정하지 않는 작은 스케일의 주장도 있다. 대체로 제2의 저격수가 잔디 언덕에 서 있었으며 공범이 존재했다는 내용이다. 큰 스케일로 가면 러시아나 쿠바나 복수의 정부 기관이 방대한 규모로 결탁해 베트남전 확전을 막으려던 대통령을 제거하려 했다는 주장에 이른다. 어쨌거나 '단 한 명의 총질'이라는 원인은 결과의 중대성에 영 걸맞지 않아 보였던 것이다.

실제로 음모가 있었던 상황이라 해도 비례성 편향은 일어날 수 있다. 알카에다 조직원 수십 명이 세계무역센터와 미 국방성 등을 표적으로 비행기 자살 테러를 감행하기 위해 모의한 것은 사실이다. 그렇지만 이조차도 세계 초강대국의 심장부에서 3000명이 넘게 사망한 사건을 설명하기에는 충분치 않아 보였기에, 사람들은 뭔가 다른 원인이 있었을 것이라고 확신하기 시작했다. 정부 내의 누군가가 수동적으로 사건 발생을 용인했거나 심지어는 전쟁 등을 유도하기 위해 능동적으로 주모했으리라는 주장이 대두했다. 국가 기관 내에 암약하는 세력이 의도적으로 이런 일을 벌였다고 생각하면, 막강한 미국 정부가 무방비로 그토록 큰 공격을 당했고 뉴욕이 테러에 취약하다는 현실을 인정하는 것보다 훨씬 덜 두렵다.

　　미국의 과학 작가이자 《스켑틱》 협회 창립자인 마이클 셔머는 그 밖에도 음모론적 사고를 유도하는 우리 뇌의 인지적 편향 두 가지에 이름을 붙였다.*두 개념 모두 심리학에서 '아포페니아apophenia'라고 부르는 현상에 속한다. 독일어에서 유래한 말로, 서로 무관한 현상들 사이에 연관성을 인식하는 경향을 뜻한다. 셔머의 용어가 꼭 더 낫다는 건 아니지만 '아포페니아'처럼 발음하다가 혀가 꼬일 염려는 없다. 하나는 패턴성이라는 것으로, 무의미한 잡음 속에서 유의미한 패턴을 감지하는 경향을 가리킨다. 보드게임을 하면서 연달아 몇 번 나온 주사위 숫자에 비추어 다음에 나올 숫자를 예측하려 했거나 벽지 무늬 또는 토스트의 그을린 자국에서 사람 얼굴이 보인 적이 있는지? 그게 바로 패턴성에 빠진 것이다.

　　우리 뇌가 굳이 그런 착각을 하는 데는 진화적 이유가 있다. 수풀 속에 숨은 호랑이 얼굴이나 구름에 나타나는 폭풍의 조짐 같은 패턴을 발견할 줄 알면 생존 전쟁에서 확실히 유리하다. 원시 인류는 위험 요소가 있는데 못 보는 개체보다 없는데 헛것을 보는 개체가 유전자를 물려줄 가능성이 훨씬 높았을 것이다. 그러나 이런 의심증이 먼 옛날 아프리카 평원에서는 이로운 생존 전략이었을지 몰라도, 오늘날에는 수구적 태도나 형편없는 의사결정으로 이어질 수 있다. 원시인들은 떨리는 나뭇잎을 호랑이로 보고 기겁했다면, 현대인들은 순전한 우연의 일치에서 음모를 보곤 한다. 게다가 여러 실험 결과 피험자가 무력감이나 통제불능감을 느끼면 잡음 속에서 패턴을 포착하는 경향이 더 커지는 것으로 나타났다. 팬데믹이나 재난 상황, 경제 위기에 음모론이 범람하는 이유도 그렇게 설명될 수 있을지 모른다. 불안할수록 호랑이가 있을까 봐 눈에 불을 켜는 셈이다.

이것뿐이라면 그리 나쁘지 않았을지 모르는데, 여기에 또 하나의 인지적 편향이 작용한다. 바로 셔머가 말하는 '행위자성agenticity'이라는 것으로, 패턴에 의미와 의도, 행위자를 부여하려는 경향을 가리킨다. 패턴을 감지하는 데서 그치지 않고 패턴을 일으킨 주체가 있다고 상상하는 것이다.

셔머에 따르면 이는 우리가 가진 '마음 이론' 때문이다. 마음 이론은 남들도 우리처럼 욕구와 동기가 있다는 사실을 이해하게 해주며, 세상을 이해하고 앞일을 예측하는 데 필수적인 도구다.* 묘하게도 행위자성은 꼭 보이지 않는 힘이 막후에서 작용하는 것만을 뜻하지는 않는다. 이를테면 아이들이 본능적으로 해나 달 그림에 웃는 얼굴을 그리는 데서도 행위자성이 나타난다. 죽음이나 재난과 연관된 사물에 저주가 깃들었다고 여기는 풍습도 그런 예다. 바나나와 굴처럼 성기를 연상시키는 모양의 음식에 강장 효과가 있다는 비과학적 믿음도 그런 예라 할 수 있다. 하지만 복잡하고 무심한 세상을 어떻게든 이해하려고 하다 보면 '누군가가 막후에서 조종하고 있다'는 착각이 들기도 한다. 옛날에는 자연재해나 역병을 신의 노여움 때문이라고 생각했다. 그러나 종교의 힘이 약해진 뒤에도 재난은 계속되면서, 탓할 누군가가 갑자기 사라지고 말았다. 짐작했겠지만 바로 이 대목에서 음모론이 등장한다. 이제는 어떤 추상적인 원인으로 재난이 일어났을 때 신을 탓하는 대신 마음에 들지 않는 집단의 짓으로 돌리면 된다. 전염병으로 마을 사람 수십 명이 죽었다면? 외부인이 우물에 독을 풀었을지 모른다! 기술 변화와 세계화의 거대한 물결로 경제가 위기에 처했다면? 유대인 탓을 하면 되지 않을까?

바꿔 말해서, 행위자성 편향 탓에 누군가가 늘 배후에 있으리라 생각하다 보면 '나쁜 일은 항상 나쁜 사람들이 고의로 일으킨다'고 여기기 쉽다. 프리메이슨이나 빌더버그 그룹, 그리고 이러한 일이라면 늘 빠지지 않는 단골 손님인 유대인에 이르기까지 온갖 다양한 집단을 세상의 진정한 권력으로 간주하려는 경향은, 진정한 권력이 어딘가에 반드시 있으리라는 전제에서 시작된다.

이런 생각은 묘하게도 마음을 편안하게 하는 면이 있다. 행위자성 편향은 그저 '신이 우리를 보살피고 있다'거나 '암흑의 세력이 전쟁·바이러스·식량 공급 등 만사를 좌지우지하고 있다'는 믿음에만 깔려 있지 않다. '정치인들이 게으르고 부패하고 타락하지만 않았으면 정부가 무엇이든 다 해결할 수 있다'라는 묘하게 끈질긴 믿음도 행위자성 편향이 작용한 결과다. 유토피아로 가는 길목을 악당들이 막고 있을 뿐, 유토피아는 존재한다. 유토피아로 가는 길이 아무리 끔찍할지언정 분명히 존재하는 것이다.

반면 나쁜 일들이 일어나는 이유가 그저 세상은 원래 냉혹하기 때문이라면? 외국인 노동자를 고용하는 것이 값싸고 간편하다는 이유로, 또 중국에서 박쥐 한 마리가 인간에게 변종 바이러스를 옮겼다는 이유로 내 삶이 망가질 수 있는 것이라면? 상황을 통제할 수 있는 사람이 아무도 없다. 끔찍하지 않은가?

이렇게 보면 음모론자란 단지 인과관계에 대한 감각이 너무 발달한 사람일 뿐이다. 마이클 바컨의 표현을 빌리면 음모주의란 "어떤 사건도 우연이 아니고" "모든 것은 연결되어 있고" "모든 것은 겉보기와 다르다"고 믿는 세계관이다.[18] 한편 골드워그에 따르면 음모론은

"아무리 끔찍할지라도 항상 목적성이 분명한 세계관"을 제공한다.[19]

그러니 음모론자들을 비웃고 싶다면 기억하자. 누구나 음모론에 기우는 성향이 어느 정도는 있다. 그뿐만이 아니다. 애초에 음모론을 유발하는 인지적 편법을 썼기에 우리 조상들이 살아남아 문명을 건설할 수 있었고, 그 문명 덕분에 우리가 지금 음모론자를 비웃을 수 있는 것이다.

우리를 토끼굴로 이끄는 함정

온갖 음모론자들이 음모론을 믿는 이유를 한 번에 설명해주는 대통일 이론 같은 것은 없다. 인간의 뇌는 참으로 복잡하고, 인간의 심리적 편향도 마찬가지다. 그렇지만 사람들이 토끼굴에 빠져서 좀처럼 다시 나오려고 하지 않는 이유를 몇 가지 더 살펴볼 필요는 있겠다.

인지부조화

인지부조화란 자아정체감에 어긋나는 행동을 했거나 세심하게 구축된 신념체계와 모순되는 정보를 접했을 때 느끼는 심리적 불편감을 가리킨다. 베이컨 샌드위치를 맛있게 먹다가 어릴 적 친구 집에서 데리고 놀았던 애완용 미니 돼지 생각이 났을 때의 기분이나, 좋아하는 축구팀이 정말 세계 최강인지 실제 성적에 비추어 따져볼 때의 기분을 아는지? 바로 그런 불편한 기분이다.

우리 뇌는 인지부조화에 대처하는 요령이 몇 가지 있다. 하나는 확증 편향으로, 껄끄러운 정보는 무시하고 원하는 서사에 맞는 정보만 선별적으로 취하려는 경향이다. 이를테면 "사실 우리 팀이 최근에 불운이 겹치긴 했지!" 하는 식이다. 또 하나는 자기합리화 편향으로, 논리 정연한 서사를 구축함으로써 결과적으로 잘한 일이고 거의 최선의 행동을 했다고 스스로 설득하는 재주다. "그 돼지와 이 돼지는 종이 달라. 그리고 큰 돼지는 사람을 잡아먹을 수도 있다고. 잡아먹힐 바엔 잡아먹는 게 낫지!" 하는 식이다. 이 두 가지 편향은 심리적 방어 기제로써 유용할 수 있다. 만약 우리가 신념체계에 어긋나는 정보를 접할 때마다 신념체계를 싹 다시 구축해야 한다면 얼마나 일이 많아지겠는가. 이러한 수단 덕분에 우리는 기존 생각에 어긋나는 정보를 축소하고 무시하는 데도 선수다.

70년 전 시카고에 사는 주부 도로시 마틴은 외계인이 자기 손을 움직여 저절로 글을 쓰게 하는 방식으로 자신에게 메시지를 보내고 있다고 철석같이 믿었다. 그의 믿음에 따르면, 클래리온이라는 행성의 외계인들은 1952년 12월 21일에 끔찍한 재앙이 지구에 닥칠 것을 경고했다. 그리고 그 전날 밤 비행접시를 타고 지구에 와서 선택된 소수의 인원을 구해주겠다고 했다. 단, 금속 물품을 일절 소지하지 않아야 한다는 조건이었다.

12월 20일 자정을 앞둔 시각, 각자 이별이나 퇴사를 고하거나 재산을 처분하는 등 주변을 정리한 사람들이 마틴의 집에 모여 단추와 지퍼 등 몸에 걸친 금속을 모두 제거했다. 그러나 외계인 방문객은 나타날 기색이 없었다. 다음 날, 예고되었던 재앙은 일어나지 않았다.

이쯤 되면 신봉자들이 마틴의 예언에 대한 믿음을 접었을 만도 하다. 물론 일부 사람들은 그랬다. 반면 일부 신봉자들은 믿음이 오히려 강해졌다. 마틴에게 새로 전해진 메시지 덕분이었다. 신이 신봉자들의 소박한 믿음에 감동하여 지구의 멸망을 취소했다는 내용이었다. 마틴이 틀렸음을 입증하는 사실이 오히려 자연스럽게 새로운 수정 이론의 재료가 됨으로써 그가 옳았음을 설명하는 근거가 된 것이다.[20]

지금 생각하면 실소를 자아내는 사건이다.*물론 당시 연인 또는 배우자와 헤어졌거나 집을 처분한 사람은 웃을 수 없었을 것이다. 하지만 비슷한 사건의 예를 생각하면 웃을 수만은 없다. 이를테면 최근에 불거진 온갖 총기 난사 사건은 사실 자작극이었으며, 따라서 총기 소유권이 더더욱 보장되어야 한다는 주장은 어떤가.

알고 싶은 욕구

우리는 불완전한 서사의 구멍을 메우기 위해 음모론에 눈을 돌리기도 한다. 사회학자 타모츠 시부타니에 따르면 루머는 즉흥적으로 만들어진 뉴스로, 정보에 대한 대중의 수요가 정규 채널을 통한 공급을 넘어설 때 생겨나기 쉽다.[21] 음모론도 똑같은 현상을 보일 때가 많은데, 루머가 조금 더 나아가면 음모론이 된다는 것을 생각하면 놀라운 일은 아니다.

따라서 뉴스감이 되는 극적인 사건은 온갖 음모론을 끌어들이는 자석 구실을 하기 쉽다. 사람들은 관련 사건 정보를 갈구하지만 검증된 정보는 턱없이 부족할 때가 많기 때문이다. 미제 살인 사건, 비행기 추락 사고, 신종 전염병 확산 등이 그런 예다. 대중은 사건의 전모를 갈구하지만, 완전한 스토리는 어느 정도 세월이 지나야 나오거나 어쩌면 영원히 나오지 않을 수도 있다. 비유하자면, 추리소설을 읽는데 마지막 다섯 페이지가 뜯겨져서 없는 셈이다. 이런 상황에서 우리 뇌는 범인의 정체를 마구 추측하지 않을 수 없다.

특별한 사람이 되고 싶은 욕구

대부분의 사람은 큰 맥락에서 봤을 때 중요한 인물이 아니다. 특별한 인물도 아니다. 그래서 우리는 어떻게든 그 점을 만회하기 위해 이런저런 행동에 몰두하며 산다. 종교를 믿기도 하고, 정치 운동에 참여하기도 하고, 무작정 연애 행각을 벌이기도 하고, 가수·스포츠팀·TV 프로그램의 열성 팬이 되기도 한다. '나'라는 사람도 나름대로 중요하다고 외치기 위해서다.

그런데 당신이 세상의 비밀을 아는 몇 사람 중 하나라고 생각해 보자. 지구의 실제 모양, 외계인의 존재, 미국 정부의 대규모 마인드 컨트롤 실험 등 감춰진 진실을 당신만이 알고 있다. 순식간에 당신은 특별한 사람이 된다. 두말할 것 없이 무척 솔깃한 이야기다. 평소에 누릴 수 없는 지위를 만끽할 기회니까. 더 나아가 당신이 정부 최고위층의 비리에 맞서 싸우는 시민군의 일원이라면, 당신은 그저 진실을 쫓는 사람이 아니다. 영웅이다.

게다가 일부 음모론은 사이비 종교 집단과 비슷한 성격을 가지고 있어 추종자들에게 가족과 친구를 영입하도록 독려하고, 영입에 응하지 않으면 연을 끊으라고 한다. 그런 유형까지는 아니라 해도, 음모론을 믿다 보면 추종자 집단의 일원이 되어 그 안에서 친구와 연인을 사귀게 되기도 한다. 그러고 나서 믿음을 버리려면 정든 이들과 헤어져야 한다. 이런 이유로 한번 발을 들이면 빠져나가기가 어렵다.

원초적 공포

예컨대 거미나 어둠에 대한 공포처럼 어느 문화권에나 보편적으로 존재하는 공포가 여러 가지 있다. 그런가 하면 특정한 문화와 사회적 환경 속에서 빚어진 공포도 있다. 이를테면 모텔 방에 몰래 설치된 카메라에 대한 공포, 식민지 시대 아이티에서 생겨난 좀비 전설 등이 그 예다. 우리는 이런저런 공포를 느낄 뿐 아니라 이를 남들에게 표현하고 전달하려는 욕구도 매우 강하다. 아무래도 우리 뇌는 무서워하고 놀라는 것을 아주 좋아하는 듯하다. 안일해지는 것을 막고 신경을 예민하게 유지하기 위한 기제일 수도 있고, 공포가 해소되면서 카타르시스를 느끼기 때문일 수도 있다. 아마 둘 다일 가능성이 크다. 다시 말해 공포를 연습하면서 동시에 퇴치하는 행동일 것이다. 어느 쪽이든 간에, 나뿐만 아니라 남들도 같은 공포를 품고 있다는 사실을 깨달을 때 우리는 어떤 쾌감을 느낀다.

이런 원초적 공포를 활용하는 음모론은 급속히 퍼져나가기 쉽다. 오염에 대한 공포, 외부인에 대한 공포, 아동의 피해에 대한 공포는 음모론의 단골 주제다. 또 그런 음모론은 생명력이 대단히 긴 경우가 많다.

향수와 불안감

변화에 대한 불안감에서 기인한 음모론도 있다. 불확실한 미래보다 익숙한 과거에 살고자 하는 소망이 음모론으로 나타난 것이라 할 수 있다. 불안감이 커지다 보면 과거의 암울했던 시기로 돌아가고 싶어지기도 한다. 영국의 나이 든 베이비붐 세대는 1970년대에 극심한 전력난으로 주 3일 근무가 의무화되었던 시기를 그리워하기도 한다. 그때는 청춘이었고 최소한 지금처럼 허리가 아프지는 않았으니까.

페레스트로이카 정책이 시행된 지 몇 년이 지난 1991년 3월, 소련은 공화국 간의 관계를 개편하는 조약을 두고 국민투표를 실시했다. 조약은 압도적 찬성으로 통과되었지만, 그해 여름 쿠데타가 실패한 후 소련은 결국 붕괴했다. 그런데 정말 붕괴했을까? '소비에트 시민 운동'의 입장은 다르다. 한때 소련의 구성국이었던 15개 나라에 회원을 두고 있는 이 단체는 소련이 절대 붕괴하지 않았으며 조약은 여전히 유효하다고 주장한다.[22] 이 주장에 따르면 오늘날의 러시아 연방은 주권 국가라기보다 미국에 법인을 등록하고 활동하는 역외 민간기업에 가깝다. 2020년 기준 공산당 정치국의 수장은 바로 발렌티나 레우노바라는 은퇴한 러시아 측량사로, 그는 5만 1500명의 유튜브 구독자에게 정부 법령을 공포하느라 바쁘다(이 책을 집필하는 2021년 현재는 저작권 침해 문제로 채널이 삭제되어 정부의 공보 활동이 중단된 상태다).

바꿔 말하면, 옛 소련 땅에 살고 있는 3억 명의 인구 중 소수지만 그래도 꽤 많은 사람이 보기에 소련 해체 이후의 자본주의는 너무나 실망스러웠고, 급기야 소련이 붕괴했다는 사실 자체를 부인하기에 이른 것이다. 아들이 어머니에게 동독 붕괴 사실을 숨기는 내용의 영화 〈굿바이 레닌〉과 같은 상황이다. 다만 30년째 상영되고 있다는 점이 주목할 만하다. 그 덕분에 흥미롭게도, 푸틴이 트럼프를 조종했다는 미국발 음모론에 질세라 조 바이든이 푸틴을 조종한다는 러시아발 음모론이 제기되고 있다.

위안 효과

2016년, 영국과 미국에서 진보적 자유주의 좌파가 연달아 참패를 맛보았다. 6월에는 전통적인 노동당 강세 지역의 표심에 힘입어 영국의 유럽연합 탈퇴가 가결되었다. 4개월 남짓 후 미국에서는 비슷한 성향을 띤 중서부 지역의 표심에 힘입어 트럼프가 대통령에 당선되었다.

두 투표 결과에 음모론이 끼어드는 데는 오랜 시간이 걸리지 않았다. 게다가 똑같은 음모론이었다. 바로 컨설팅 회사 케임브리지 애널리티카와 다양한 배후 세력이 결탁해 모종의 방법으로 유권자들의 표심을 조종했다는 것이었다. 뒤에서 살펴보겠지만, 놀랄 만큼 근거가 빈약한 주장이었다. 그런데 이 설은 왜 그렇게 방송을 많이 탔을까?

여기엔 명백한 답이 있다. 일종의 위안이 되었기 때문이라는 것. 선거의 패배는 충격이 큰 사건이다. '우리 나라 국민들' 중 그렇게 많은 수가 내 생각과 다른 표를 던졌다는 사실은 인정하기 괴롭다. '실제로는' 국민 과반수가 내 편이었는데 어둠의 세력이 투표를 조작했다고 생각하는 것이 훨씬 마음이 편하다. 그러면 최소한 맞서 싸울 적이라도 생긴다.

부정적 충동의 정당화

음모론이 우리 귀를 솔깃하게 하는 또 한 가지 이유는 제도에 의해 억눌린 욕구와 행동을 발산할 구실이 된다는 것이다. '그들'이 규칙을 지키지 않는데 우리는 왜 지켜야 하나? 음모론의 역사를 들여다보면 신봉자들이 자신이 주장하는 음모를 그대로 따라 하는 경우가 많다는 것을 알 수 있다. 비밀 조직을 결성하고 대중을 진실로 이끌겠다는 이유로 허위 사실을 퍼뜨리며, 위험하다고 판단되는 사상을 억압하고 척결하려 한다. 기만적이고 막강한 적과 싸우는 마당에 규칙 따위는 필요 없다는 생각이다.

익숙한 역학 관계다. '그들이 허위 정보를 퍼뜨린다면 우리도 퍼뜨린다' '그들이 투표를 조작한다면 우리도 조작한다'는 것이다. 미국의 정파적 지지자들을 대상으로 한 최근의 연구에 따르면,*아직 동료 **평가를 거치지 않은 출판 전 논문이므로 신중히 판단할 필요는 있다.** 상대 진영이 정치적 폭력을 지지한다는 데 대한 오해와 자신의 태도 사이에 연관성이 나타났다.[23] 정치적 목표 달성을 위한 폭력 사용을 옹호하는 상대편 사람들의 비율을 실제보다 높게 인식하는 사람은 자기편의 동일한 행동을 지지하는 경향이 높았다.

여기에는 개인적·국가적 차원에서 시사하는 바가 있다. 개인적 차원에서는 사람들이 자신의 개인적 선호(이를테면 감염병 유행 중에 마스크를 착용하고 싶지 않음)를 정당화해주는 음모론에 끌린다는 의미가 될 수 있다. 국가적 차원에서는 독재자가 탄압적 정책에 대한 지지를 끌어올리는 데 음모론이 유용하게 쓰이는 이유가 된다.

우리는 뇌가 작동하는 방식 때문에 온갖 비합리적인 이유로 음모론에 빠진다. 그러나 세상이 돌아가는 방식으로 인해 합리적인 이유로 음모론에 빠질 때도 있다. 우선 정부가 의심을 자초하는 경우가 있다. 예컨대 미국 특허 제도는 아직 실제로 존재하지 않는 발명에 대해서도 투기적으로 특허를 출원할 수 있게 되어 있다. 그래서 장삿속 밝은 사람들이 언젠가 자신이 제시한 이론을 고생 끝에 실제로 구현해줄 사람에게서 수십억의 로열티를 받겠다는 심산으로 우주 엘리베이터에서 우주선에 이르기까지 온갖 특허를 받아놓았다. 그러니 그런 최첨단 기술의 존재 사실이 은폐되고 있다는 주장에 사람들이 속아 넘어갈 만도 하다.[24]

그뿐 아니라, 때로는 정치인들이 마치 음모 의심증을 부추기려고 작정한 듯이 행동하기도 한다. 닉슨 대통령은 백악관 집무실에서 일어난 모든 대화를 몰래 녹음한 것으로 유명하다. 게다가 군 고위 관계자들에게 문서를 보여주지 않는 바람에 보좌관들이 자기들 상관에게 보여주려고 어쩔 수 없이 문서를 훔치기까지 했다. 존슨 대통령은 케네디 암살 사건 조사를 맡은 워런 위원회에 리 하비 오즈월드의 단독 범행으로 결론지으라는 압력을 넣은 것으로 알려져 있다. 이는 거듭된 카스트로 암살 시도, 마피아와의 유착 등 CIA와 그 밖의 안보기관들이 실제로 벌인 흉악한 짓을 위원회가 파헤치지 않도록 막으려는 의도였던 게 확실하다. 하지만 일각에서는 이를 존슨이 암살에 깊숙이 관여했음을 보여주는 징표로 해석했다. 존슨은 케네디가 암살당한 덕택에 대통령이 되었으니, 명백한 수혜자이기도 했다. CIA의 역사 담당관 또한 CIA의 회피적 태도와 증거 은닉이 "그 어떤 사건보다 위원회의 신뢰성을 훼손하는 데 큰 요인으로 작용했을 가능성이 있다"고 결론지었다.[25] CIA가 음모에 연루되지는 않았을지 몰라도 음모론에 불을 지피는 데 일조한 것은 틀림없다. 앞으로 거듭 살펴보겠지만, 투명하지 못한 정부는 애초에 정직했더라면 피할 수 있었을 훨씬 더 흉악한 오명을 뒤집어쓸 때가 많다.

음모론이 때로 번성하는 데는 또 다른 요인이 있을 수 있다. 앞에서 이미 언급했지만, 다시 강조할 만하다. 때로는 진짜 음모도 있다는 것. 율리우스 카이사르, 에이브러햄 링컨, 프란츠 페르디난트 대공은 모두 막후에서 암약하는 적들이 꾸민 음모로 살해되었다. 워터게이트 사건은 진짜 음모였다. 이란-콘트라 사건도 그렇다. 담배 업계가 담배의 발암 효과를 은폐하려고 한 일도 마찬가지다. 9·11 테러도 미국의 적들이 계획한 음모에 따른 사건이었고, 1605년에 스페인 제국과 연계된 조직이 잉글랜드 의회 건물 폭파를 시도한 화약 음모 사건도 막판에 저지되었지만 음모였다.

지금도 세계 어딘가에는 틀림없이 음모가 벌어지고 있고, 우리는 그 진실을 50년 뒤에나 알게 될지 모른다. 지금 음모론자로 폄하되고 있지만 나중에 돌이켜 보았을 때 어느 정도는 옳았던 것으로 판명될 이들도 분명히 있을 것이다. 음모는 때로 실재한다. 음모를 감지하는 사람이라고 해서 모두가 그저 겁나는 세상을 단순하게 설명해 위안을 찾으려고 하는 광인은 아니다.

2부

썰은
무엇을 먹고
자라는가

2부에서 알 수 있는 것들

일루미나티는 정말로
위험한 단체였을까?

연예인의 각종 설들,
어디서부터 어디까지 믿어야 할까?

유명한 대통령 암살 사건의
배후에는 누가 있을까?

UFO는 정말 있을까?

팬데믹 음모론이 특히 더 잘
퍼지고 믿어지는 이유

3장

일루미나티: 세계적 음모론의 탄생

1776년 5월, 바이에른의 잉골슈타트라는 도시에서 아담 바이스하우프트라는 한 대학 교수가 뜻이 맞는 제자 몇 명을 모아 학술 단체를 결성했다. 교수는 종교와 인간과 사회에 대해 남다른 사상을 품고 있었다. 지방 도시의 대학교수가 원대한 뜻을 품어온 역사는 길었다. 바이스하우프트도 제자들을 전문직 종사자로 교육하는 것만으로는 만족할 수 없었다. 제자들이 앞으로 세상에 나가 저마다 권세를 누리는 위치에 오른 후에도 자신과 배움의 전당에서 토론하며 연마한 신념을 간직하게 하고 싶었다.

바이스하우프트의 이러한 생각은 분명히 평범하지 않았지만, 그 시절이 철학·신학·정치 등 여러 분야에서 혁신적 사상이 봇물 터지듯 쏟아져 나오던 격변기였음을 생각하면 그리 엉뚱한 것은 아니다. 바이스하우프트가 단체를 결성하기 넉 달 전에 토머스 페인의 『상식론』이 출간되었고, 그다음 달에는 애덤 스미스가 『국부론』을 내놓았다. 불과

몇 달 뒤에는 미국 독립선언서가 작성 및 비준되었다. 바이스하우프트는 시대정신에 심취해 있었고, 사회가 더 나아질 수 있으며 인간이 영원히 결점 많은 죄인으로 살아야 하는 운명은 아니라고 믿었다. 학문과 이성 그리고 지식의 전파를 통해 인간을 완벽한 상태로 이끌어 갈 수 있다는 것이다. 그런 의미에서 자신이 결성한 단체의 이름을 '완벽주의자 연합'이라는 뜻의 '분트 데어 페르펙티빌리스텐Bund der Perfektibilisten'이라고 지었다. 너무 허접한 이름이었다. 단체의 이름은 곧 다른 것으로 바뀌었다.

바이스하우프트는 후대에 무언가 유산을 남기고 싶어 했다. 그리고 그 점에서는 확실히 뜻을 이루었다. 역사적 사실만 본다면, 바이스하우프트가 창립한 조그만 단체는 10년도 안 되어 내분과 정부의 탄압, 성 추문을 둘러싼 공격 속에서 와해되어 붕괴했고, 바이스하우프트는 국외로 몸을 피해야 했다. 그러나 대중의 상상 속에서 이 단체는 점점 강력한 존재로 부풀려져 오늘날까지 이어지고 있다. 사람들은 수많은 정권의 흥망을 좌우한 것도, 역사의 흐름을 입맛대로 조종한 것도 모두 이들의 소행 또는 공적이라고 말하곤 한다. 인류에게 지금까지 닥친 거의 모든 굵직한 업적과 재앙 배후에 그들의 손길이 있었다고 한다. 상상을 뛰어넘는 극악한 범죄를 벌여왔고, 이루 짐작할 수 없는 엄청난 힘을 가지고 있다고 한다.

만약 이들이 완벽주의자 연합이라는 이름 대신 귀에 쏙 꽂히는 이름으로 개명하지 않았다면, 과연 그렇게 대중의 상상을 자극할 수 있었을지 궁금해진다. 바이스하우프트가 자신의 단체에 붙인 새 이름은 '일루미나티'였다.

그렇다. 그 말 많은 일루미나티다. 인간사에 몰래 간섭하는 모든 집단을 가리키는 대명사이자 200년 넘는 세월 동안 각종 음모를 배후에서 조종한 사악한 무리의 상징이 된 이름이다. 이는 우연의 일치가 아니다. 망상 속의 일루미나티는 역사상 가장 유명한 음모론 중 하나일 뿐 아니라, 오늘날 대단히 다양한 음모론을 직접 파생시킨 원천이기도 하다. 그 파생 이론들 가운데는 일루미나티라는 이름을 언급하지 않는 것도 많다.

각종 인기 음모론과 댄 브라운의 소설, 그리고 "비욘세는 일루미나티"라는 문구 등에 등장하는 일루미나티는 엄청난 권력과 세력을 소유한 집단이다. 그들의 활동은 철저히 베일에 가려져 있고, 회원 명단이나 운영 방식은 절대 공개하지 않는 것으로 알려져 있다. 심지어 각국 정부를 포함한 권력 기관을 침투·전복·대체함으로써 인간 사회가 나아가는 방향을 더욱 철저히 통제하려는 목적을 가졌다고도 한다.

자, 여기서 바이스하우프트의 일루미나티에 관해 알아야 할 사실이 세 가지 있다.

❶ 맞다. 대략 그런 계획을 품고 있었다.
❷ 그 계획은 전혀 이루어지지 않았다.
❸ 그렇게 말하면 대단한 것 같지만,
　보기에 따라서는 그다지 사악한 계획이 아니었다.

그랬던 일루미나티가 왜 현재 이런 모습이 되었는지 이해하려면 두 가지 이야기를 해야 한다. 하나는 바이에른의 일루미나티라는 단체의 실제 역사다. 단 10년 동안의 어지러웠던 역사 속에 한 개인이 우여곡절을 꽤 많이 겪었다. 다른 한 이야기는 좀 더 복잡하다. 두 세기에 걸친 대중적 저술을 통해 한 사상이 진화하는 과정을 짚어가야 한다. 그리하여 일루미나티가 프랑스 혁명 이래 모든 사건의 원흉으로 자리하게 된 신화의 형성 과정을 살펴봐야 한다.

이 이야기를 통해 알 수 있겠지만, 음모론이란 보통 하루아침에 생겨나지 않는다. 후대에 계승되고 나라에서 나라로 전해지면서 지역의 상황과 시대의 불안 요인에 맞게 각색되기 마련이다. 또 음모론은 어떤 사건을 설명하는 역할만 하는 게 아니라 더 큰 사상 투쟁의 일환인 경우가 많다는 사실도 알 수 있다. 음모론은 세상을 움직이는 숨은 힘에 얼굴을 달아주는 동시에 우리가 위험하게 생각하는 이념과 문화 현상을 인격화한 악당이 되어주기도 한다. 그런 맥락에서 보수주의자들이 '대학의 진보 성향 교수'에 질겁해온 역사가 생각보다 꽤 길다는 사실도 알 수 있을 것이다.

자, 일단 그 모든 이야기의 시작점인 1776년의 잉골슈타트로 가보자. 한 젊은 교수가 현명하지 못한 판단을 잇따라 내리려 하고 있다.

바이스하우프트와 위험한 사상

아담 바이스하우프트는 20대 후반의 나이에 '페르펙티빌리스텐' 단체를 결성했다. 잉골슈타트대학의 법학 교수로 재직한 지 4년쯤 되었을 때였다. 여기서 칭하는 법학이란 민법과 교회법을 아우르는 개념이었다. 즉 정치학과 신학이 뒤섞인 분야다. 이러한 사실은 당시의 사회상을 짐작하게 한다. 당시는 근대 국가 독일이 세워지기 전이었고, 바이에른은 신성로마제국에 속해 있었다. 신성로마제국은 상당한 자치권을 가진 반半봉건적 제후국들이 느슨하게 연합한 형태였다. 제국의 영토는 줄어들고 있었고, 정치 권력은 대개 각 지방의 제후에게 집중되어 있었다. 교회가 주민들의 일상에 큰 영향력을 행사하고 있었다.

바이스하우프트가 주창한 그 '위험한' 사상은 무엇이었을까? 워낙 이단적이고 전복적이어서 국가 권력의 탄압을 받았던 그 사상의 내용은? 마음의 준비를 하고 듣자. 오늘날 한 학자는 그 사상을 이렇게 요약했다. "자유사상, 공화주의, 정교분리, 자유주의, 성 평등."[1] 놀랍지 않은가?

라틴어로 '밝아진 자들, 계몽된 자들'을 뜻하는 '일루미나티'라는 이름에서 짐작할 수 있듯, 이 단체는 계몽주의의 산물이었다. 그들의 사상은 이미 100여 년간 유럽 사상을 형성해왔던 흐름과 궤를 같이 했다.*참고로 바이스하우프트의 '일루미나티 결사단'(독일어로 '일루미나테노르덴Illuminatenorden')과 같은 이름을 쓴 집단은 그전에도 있었고 그 후에도 있었다. 이미 몇백 년 전부터 다양한 집단이 일루미나티 또는 프랑스어로 '일뤼미네Illuminès'라는 이름을 자칭했고, 그 뒤로도 그런 집단은 많았다. 놀랄 일은 아니다. 예로부터 사람들이 그럴듯한 단체 이름을 지을 때 꽤 자주 선호했던 것이 '빛'과 관련된 말이니까. 바이스하우프트는 특히 장자크 루소의 철학에 심취하여, 근대 국가는 그 특성상 부패와 억압을 유발하므로 인간의 자연적 행복을 가로막는다는 견해에 공감했다. 그래서 국가와 교회의 권위적, 절대적 권력에 반대했고 국가와 교회가 없는 미래를 꿈꿨다. 자유와 평등의 개념을 고민했고, 인간 사회가 더 나아질 길은 미신이나 교리가 아니라 이성의 힘에 있다고 믿었다. 이 같은 신조는 당대 사람들이 보기에 급진적이었을지 몰라도, 독자적인 것은 결코 아니었다. 오늘날의 시각에서 보면 좋은 이야기이긴 한데 좀 따분한 느낌으로 다가온다. 쉽게 말해 존 레넌의 〈이매진〉 가사 내용 아닌가.

그런데 바이스하우프트가 품은 사상의 특징이 있었으니 자신이 그리는 인류의 이상향을 실현하는 방법이었다. 바로 비밀 결사를 조직해 사상 추종자들을 사회의 유력한 위치에 심는다는 계획이었다. 이 결사단 내에는 여러 개의 등급이 있어서, 각 단원은 '초심자'에서 시작해 '계몽 미네르발'까지 올라갈 수 있었다. 단원들은 철저히 비밀을 지키기로 맹세하고 암호명으로 활동했다. 암호명은 보통 고전에서 따온 이름이었다. 바이스하우프트는 '스파르타쿠스'였고, 초창기 단원 중에는 카이사르와 맞서며 공화정을 수호했던 로마 정치가 '카토'의 이름을 딴 사람도 있었다. 결사단의 수장인 바이스하우프트가 지시를 내리면 계통을 따라 지시가 하달되는 구조였다. 바이스하우프트는 명령에 권위를 더하기 위해 자신보다 등급이 높은 '상급자'라고 하는, 철저히 허구적인 신비의 존재가 있음을 암시하곤 했다.

세상을 움직이는 훌륭한 사상을 보급하기 위해 굳이 이런 방법을 택해야 했을까 하는 의문이 들 수도 있다. 타당한 의문이다. 그런데 몇 가지 사실을 알 필요가 있다. 우선 바이스하우프트가 살던 사회는 민주주의가 아니었다는 점이다. 누구나 공약을 내세우고 선거에 출마할 수 있는 시대가 아니었다. 후원이나 연줄을 이용해 원하는 사람을 요직에 꽂아 넣는 것이 당시 사회가 돌아가는 기본 방식이었다.

또 하나는 계몽주의 시대에 가장 중요한 가치가 공적 담론의 확대였음에도, 사람들이 비밀 결사를 무척 좋아했다는 점이다. 속된 말로 환장할 만큼 좋아했다. 프리메이슨 지부가 성행했고 곳곳에 비밀 결사가 새로 생겨났으며, 저마다 특색을 내세워 회원을 유치하느라 여념이 없었다. 그럴듯한 배경이 있는 것처럼 보이려고 엉터리로 역사를 꾸며내어 고대사와의 연관성을 표방하는 단체도 많았다. 바이스하우프트는 이러한 시류에 의식적으로 편승하여 세를 넓히려 했다. 1781년에는 "무엇이든 숨겨져 있고 비밀스러운 것은 사람을 끌어당기는 특별한 매력이 있다"라는 말을 남기기도 했다.[2]

어쩌면 가장 중요한 사실은 이것일 것이다. 바이스하우프트는 자신이 꿈꾸는 이상적 세계가 자기 생애에 이루어지리라고 생각하지 않았다. 아니, 여러 세대가 지나도 어렵다고 보았다. 그가 만든 단체의 목적은 세대에서 세대로 사명 의식을 이어가며 인류를 올바른 방향으로 인도하는 것이었다.

적어도 계획은 그랬다. 하지만 결성된 지 4년이 지난 후 바이스하우프트의 작은 학생 단체는 보기 좋게 실패한 듯 보였다. 바이에른의 인근 도시에서 신규 단원 몇 명을 유치하긴 했지만, 거점인 잉골슈타트에서 크게 벗어나지 못한 모습이었다. 단원 전체가 모이는 데 작은 방 하나면 충분한 정도였다. 여기엔 바이스하우프트가 단원 후보를 상당히 도도한 태도로 까다롭게 심사했다는 사실이 어느 정도 한몫했을 것으로 보인다. 그가 초기에 동료 단원에게 보낸 편지를 살펴보면, 한 후보자를 두고 "걸음걸이가 마음에 들지 않는다"면서 "언행이 천박하고 세련되지 못하다"고 흉보기도 했다.[3] 일루미나티는 창설 초기 몇 해 동안 세계 역사의 흐름을 바꾸기는커녕 아무런 힘도 발휘하지 못하는 집단이었다. 거창한 사상을 품은 독서 토론 모임에 불과했다고 해도 크게 틀리지 않았다.

이 모든 상황은 바이스하우프트가 아돌프 크니게 남작을 만나면서 바뀌게 된다.* 크니게의 작위는 엄밀히 말하면 '프라이헤어Freiherr'라는 신성로마제국의 귀족 계급으로, 대략 남작에 해당한다. 그리고 성씨가 '폰 크니게'로 기록된 문헌도 많다. 귀족 출신임을 나타내는 '폰'이 일생 동안 성씨에서 붙었다 떨어졌다 하는데, 정치적 시류 변화에 따른 것인 듯하다. 크니게는 사망한 부모에게서 막대한 빚을 물려받은 하층 귀족이었다. 1780년에 일루미나티에 입단했을 때 아직 20대였지만, 왕성한 인맥가였다. 불리한 환경을 극복하고 법학을 공부해 제국 각지의 궁정에서 관직을 맡는 등 유력 인사로 거듭난 인물이기도 했다. 오늘날 독일에서 크니게는 인간사를 배후에서 조종하는 사악한 인물이라기보다는 에티켓에 관한 대중서의 저자로 주로 알려져 있다. 또한 크니게는 프리메이슨의 열혈 지지자였다. 여러 가지 사상적 문제에 대해서는 의견이 달랐지만, 프리메이슨의 동지애와 비밀 의식을 무척 좋아했다. 바이스하우프트는 원래 프리메이슨에 반대하는 입장이었지만, 거기에 대적하는 비밀 결사를 밑바닥에서부터 키워나가는 일이 의외로 힘들다는 것을 이미 절감한 상태였다. 따라서 이 무렵에는 포기하고 크니게가 속한 프리메이슨 지부에 가입해 있었다. 후원자 확보가 최고의 수완이었던 시대, 크니게는 바이스하우프트가 사상적 야망을 실현하는 데 필요한 모든 것을 갖추고 있었다. 인맥, 세력, 귀족 출신의 배경, 일을 벌여 사람을 끌어 모으는 재주까지. 게다가 가톨릭 수도회인 예수회 환경에서 자란 바이스하우프트와 달리 크니게는 개신교도였기에 종교적으로 분열된 독일에서 일루미나티의 세를 넓히는 데 도움이 되었다.

그리하여 크니게는 일루미나티를 프리메이슨과 비슷한 노선으로 재정비하는 작업에 나섰다. 먼저 입회식을 좀 더 강렬하고 신비로우며 유사종교적인 분위기로 바꿨다. 바이스하우프트가 학생들을 모으려고 했던 것과 달리, 크니게는 자신의 인맥을 활용해 연륜과 권력이 있는 인물들을 영입했다. 곳곳의 프리메이슨 지부에서 유력 인사를 꾀어오기 위해 일루미나티의 등급 체계를 확대해 사제, 대공, 술사 등의 상위 등급을 추가하는 안을 만들었다. 참고로, 일루미나티는 이 극도로 거창한 자의식을 10년의 역사 내내 버리지 않는다.

전략은 먹혀들었다. 크니게가 개입한 후 일루미나티는 몇 년 안에 대폭 성장했고, 한창 때는 최소 600명에서 많게는 2500명의 단원을 보유했던 것으로 보인다. 귀족과 저명한 인물들이 연이어 입단했고, 『파우스트』의 저자이자 독일 문학의 거장 요한 볼프강 폰 괴테 같은 명사들도 단원이었을 가능성이 있다.*오늘날 일루미나티 음모론자들이 즐기는 놀이 중 하나가 '이 사람이 일루미나티였는지' 밝혀내는 것이다. 그러나 단원들은 암호명을 사용했기에 어떤 결론을 내리든 그저 짐작 또는 희망 사항에 불과할 때가 많다. 괴테는 아마 단원이었던 것 같지만 100퍼센트 확실하지는 않다. 갑자기 일이 아주 술술 풀리는 듯했다.

그러나 대중음악 밴드가 긴 무명 시절 끝에 깜짝 히트를 치고 나면 팀워크가 흔들리는 것처럼, 일루미나티도 그런 운명을 맞았다. 완벽주의자인 바이스하우프트는 단원들과 끊임없이 언쟁에 휘말렸다. 일루미나티의 방향성을 놓고 크니게와 대립하는 일도 점점 잦아졌다. 바이스하우프트는 프리메이슨 성향의 크니게가 합리주의의 등불이 되어야 할 조직에 신비주의적인 분위기를 불어넣는 것을 질색했고, 그가 새로 영입한 일부 인사들을 혐오했다. 그들이 자신의 철학에 진정으로 공감하기보다는 숟가락만 얹으려는 사람들이라는 생각 때문이었다. 그래서 단원 유치 활동의 대가로 크니게에게 넘겨주었던 조직 운영권을 되찾으려고 했다.

바이스하우프트는 또한 비밀 결사를 운영한다는 것이 끔찍하게 힘든 일이라는 사실을 깨달은 것 같다. 후에 남긴 글에서 "벗들의 적대감과 증오"를 샀고, "중압감에 잠 못 이루는 밤"을 보냈으며, "그만 살고 싶다는 생각을 매우 자주 했다"고 밝혔다.[4] 한편 크니게는 바이스하우프트가 만사를 시시콜콜 따지는 통제광 꼰대인 데다 심각할 만큼 예수회스러운 성향을*교활하거나 궤변적인 성격으로 여겨졌다─옮긴이 보인다고 생각한 것 같다. 1784년 여름, 결국 크니게는 일루미나티를 탈퇴했다.

또 한 가지 근본적인 문제가 있었다. 바로 비밀 결사는 규모가 커질수록 비밀을 유지하기 어렵다는 점이다. 크니게가 격식 없이 편안한 방식으로 단원을 끌어모으는 통에 일루미나티는 자연히 비밀스럽지 않은 조직이 되어갔다. 또 급속히 세를 불리다 보니 끼지 못해 수틀린 사람들이 급속히 적으로 돌아섰다.

내분과 외부의 적에 시달리던 일루미나티에 곧이어 닥친 시련은 어쩌면 그리 놀랍지 않은 것이었다. 비밀 문건 유출, 요즘 식으로 말하면 '위키리크스' 사건이었다. 누군가가 다량의 내부 서신을 바이에른 정부에 넘겼고, 정부 당국은 평소 이들이 가진 '기존 권력 구조를 전복하고 국민국가를 해체한다'는 사상 자체가 마음에 썩 들지 않던 터였다. 당국은 단원들의 집을 급습했고, 일루미나티를 최대한 위험하고 부도덕하며 선동적인 집단으로 보이게 할 문건과 서신을 골라 세상에 공개했다.

이 폭로 사건은 독일어권 전체에 엄청난 스캔들을 일으켰다. 물론 일루미나티의 사상이 전통주의자들이 보기에는 충격적이라는 이유도 있었다. 그러나 한 사람을 매장시키려면 섹스 스캔들 만한 게 없다는 것은 동서고금을 막론하고 언론계의 상식이다. 정부 당국은 바이스하우프트가 동조자들과 주고받은 서신에서 딱 그것을 찾아냈다. 바이스하우프트가 아내의 언니를 임신시켰고, 낙태 방법을 모색하느라 단원들의 도움을 청했다는 사실이 편지에 적혀 있었던 것이다.

대중의 반응은 당연히 좋지 않았다. 이 스캔들은 일루미나티가 극악하고 패륜적인 집단임을 보여주는 증거로 삼을 만하고도 남았다. 바이스하우프트는 자기 자신을 열렬히 변호했다. 오늘날의 시각으로 보면 꽤 수긍이 가는 이야기였다. 1780년에 아내 아프라가 세상을 떠났는데, 죽기 전에 자기가 사망하고 나면 언니 마리아와 재혼하는 것에 찬성한다고 밝혔다는 것이다. 그 같은 결혼을 하려면 교회의 허가가 필요했는데, 행정절차가 3년을 질질 끌며 지난하게 이어졌다. 그 과정에서 마리아가 임신하면 일을 빨리 진행하는 데 유리하다는 조언을 들었다고 한다. 몇 주만 더 기다리면 결혼 허가가 날 것으로 알고 있던 두 사람은 필요한 서류가 전부 제출되지 않았다는 통보를 받고 낙담했다. 결혼은 하지 않았는데 마리아의 배는 점점 불러오고 있었다. 바이스하우프트는 이런 글을 남겼다. "부인할 수 없는 실수였다. 그러나 이보다 더 용서받을 만한 실수의 예는 찾기 어려울 것이다."[5]

바이스하우프트의 주장은 당연히 적들에게 통하지 않았다. 1784년부터는 바이에른에서 비밀 결사를 금지하는 법이 시행되었고, 바이스하우프트는 재판을 받았다. 그는 수감되기 전에 작센-고타-알텐부르크 공국으로 몸을 피했고, 그곳에서 옛 단원이자 여전히 그의 사상을 지지하던 에른스트 2세 공작이 망명처를 제공해주었다. 대부분의 옛 단원들은 일루미나티를 비난하거나 거리를 두었다. 몇몇은 조직의 명

맥이나 철학을 일부 이어가려고 했으나 거의 호응을 얻지 못했다. 창설 10년 만인 1786년, 바이에른의 일루미나티 결사단은 사실상 궤멸하기에 이른다.

물론 이야기는 거기서 끝나지 않았다.

거대 음모론의 시작

고작 10년 동안만 활동했으며 활동 중에도 독일어권 내에서조차 영향력이 제한적이었고 그 외 지역에서는 사실상 아무 영향도 미치지 못했던 작은 단체가, 어떻게 전설 속의 일루미나티로 거듭날 수 있었을까?

짧은 답은, 1789년에 프랑스 혁명이 일어났다는 것이다. 구체제의 전복, 왕족과 귀족들의 처형에 이어 정파의 이합집산에 따른 유혈 폭력이 갈수록 격해지면서 유럽 전역을 뒤흔들었다. 각국의 지배층은 불안감을 감출 수 없었다. 워낙 크고 극적인 사건이었기에 통상적인 설명으로는 부족해 보였다. 그래서 모든 것을 (이를테면 사회체제의 근본적인 지속 불가능성 탓이 아니라) 어떤 '사악한 적'의 탓으로 돌리는 설명이 등장했다. 기존 체제를 옹호하고 유지하려는 사람들은 이에 귀가 솔깃했다. 그러나 일루미나티 음모론이 시작된 곳은 프랑스가 아니었다. 늘 그렇듯이 세계적 현상의 출발은 철저히 국지적이었다.

일루미나티가 계몽주의의 산물이었다면, 일루미나티 음모론은 반계몽주의라는 신흥 세력에서 비롯됐다. 반계몽주의는 변화를 반대하는 이들의 느슨한 연합이었다고 할 수 있다. 그 구성원은 국왕의 절대 권력을 옹호한 왕당파, 하느님 말씀이 아닌 합리주의 원칙에 기초한 도덕률에 경악한 종교인, 평등 담론이 껄끄러웠던 지주 등이었다. 물론 이들은 스스로 반계몽주의자라고 칭하지는 않았다. 누구나 자신의 견해가 진정한 계몽주의라고 주장했다.

독일어권에서 일루미나티 스캔들은 이러한 반계몽주의자들이 결집하는 구심점을 제공했다. 그에 따라 프랑스 혁명이 일어나기 전부터도 음모론이 솔솔 피어났다. 한 예로, 에른스트 폰 괴흐하우젠이라는 사람은 다소 황당한 이론을 내세웠다. 그는 『세계주의 공화국의 폭로Exposure of the Cosmopolitan Republic』(1786)라는 저서에서 '세계주의-예수회 음모'라는 것이 있다고 주장했는데, 내용인즉슨 '세계주의자'라고 하는 소수 지식인 집단이 비밀리에 활동하며 역사 속에서 여러 사회를 조종해왔다는 것이다. 일루미나티는 그 거대한 음모의 한 수단이고, 가톨릭교회가 배후에서 음모를 주도하고 있다고 했다. 괴흐하우젠은 물론 개신교도였다.

가톨릭과 세속적 계몽주의가 한통속이라는 이론이었으니, 그야말로 기이하기 짝이 없었다. 그의 주장은 대체로 비웃음을 샀다. 흥미로운 점이라면 이후의 음모론에서 많이 반복되는 테마를 일찍이 보여주고 있다는 것이다. 두 가지 점에서 그렇다. 첫째, 자기가 싫어하는 세력들은 다 한패라고 간주하는 경향이다. 서로가 지독히 혐오하는 세력이라 해도 상관없다. 둘째, 그로 인해 발생하는 커다란 논리 구멍을 메우기 위해 쓰는 방법이다.

가톨릭교회가 도대체 왜 계몽주의를 퍼뜨린다는 것인가? 괴흐하우젠의 대답은 간단했다. 혼란과 무법 상태를 조성함으로써 사람들이 질서를 갈구하며 교회에 다시 의지하게 만드는 것이 목표라는 것. 이처럼 어떤 음모의 주목표가 혼돈을 유발하여 권력을 장악하거나 강화하는 데 있다는 발상은 거듭하여 나타나는 패턴으로, 이는 『시온 장로의정서』에서도 찾아볼 수 있다.[6] 사실 이 패턴은 음모론이 말이 안 될 때 아주 유용한 탈출구라고 할 수 있다. 혼란 조성이 목표라면 그 어떤 현상도 다 설명될 수 있으니까.

일루미나티 음모론이 본격적으로 떠오른 것은 프랑스 혁명의 여파 속에서였다. 이 시기는 혁명에 대한 반발 가운데 근대적 보수주가 뚜렷한 이념으로 자리 잡는 계기가 되기도 했다. 독일어권에서 음모론 전파에 주로 기여한 것은 초창기 보수주의 잡지였다. 두드러진 예로 1792년에 1년을 채우지 못하고 폐간된 《비너 차이트슈리프트》와 그 정신을 이어받아 1795년에 개간되어 조금 더 오래 간행된 《오이데모니아》가 있었다. 이들 잡지의 성향은 철저히 음모론적이었다. 일루미나티의 흉계를 주장하며 거기에 맹렬히 반대하는 것이 주목적이었다.

여기서 가장 주목해야 할 인물은 《비너 차이트슈리프트》를 창간한 레오폴트 알로이스 호프만이다. 그는 참으로 다양한 일을 한 사람이었다. 실패한 극작가, 한심할 만큼 자격 미달인 대학 교수, 파트타임 스파이이기도 했지만, 가장 주목할 점은 초기 언론인의 원형이었다는 것이다. 그는 아무 거리낌 없이 욕설을 퍼붓는 폭로꾼이자 논쟁가였다. 글재주는 부족했으나 일은 치열하게 했다. 레오폴트 황제의 정적들을 신랄하게 비난하는 소책자를 엄청난 속도로 찍어내기도 했다. 레오폴트 황제는 호프만을 "당나귀처럼 어리석다"고 평하면서도 쓸모 있게 여겼다고 전해진다.[7]

호프만은 일루미나티를 혐오했다. 아마 사상적 이유보다는 개인적 이유가 컸던 것 같다. 호프만은 거의 1780년대 내내 계몽주의자들과 어울리며 보수적 신부들의 설교를 문제 삼고 언론 지면에서 이들을 맹비난하던 사람이었다. 아닌 게 아니라, 일루미나티에 거의 입단할 뻔하기도 했다. 심지어 유력한 일루미나티 단원의 추천 덕에 자격이 되지 않음에도 안락한 대학교수 자리를 꿰찼다. 그러다가 무슨 이유로 옛 동료들과 소원해졌는지 몰라도, 열렬한 반일루미나티주의자로 전향해 엄청난 원한을 쏟아냈다. 초기에는 반일루미나티 활동을 벌일 목적으로 일루미나티와 거의 똑같은 비밀 결사를 만들기도 했다.

호프만의 《비너 차이트슈리프트》는 정치적 견해가 마음에 들지 않는 사람을 모두 싸잡아 맹비난하는 창구와 다름없었다. 그는 체제에 대한 사소한 불만도 음모로 몰아갔다. "나라가 자유에 취해 있다"
는 말로 자유주의자와 자유사상가들을 비난하면서, 체제 전복의 목소
리를 잠재워야 한다고 주장했다. 같은 보수주의자들이 기사의 과격한
논조나 정확성에 의문을 제기하면 그들조차 음모에 연루되었다며 비
난했다.

대표적인 한 간행본을 살펴보면, 자유주의에 기운 대중의 검열
성향을 비난하고 있다. 그로 인해 라이프치히에서 보수적 성향의 연
극 두 편이 상연 취소되었다는 것이다. 또 불온한 저술을 금하는 레오
폴트의 새 검열법을 찬양하고, 정부가 개인의 사적 편지를 열람할 권
리를 가지는 것을 지지하며 일루미나티가 개인의 사적 편지를 열람하
는 행태를 막아야 한다고 촉구하고 있다. 참고로 호프만은 자신이 일
루미나티로부터 그런 일을 당하고 있다고 확신했다.[8]

《비너 차이트슈리프트》가 폐간된 후 호프만은 《오이데모니아》로
자리를 옮겼다. 새 매체에는 보수주의 인사들이 더 많이 합류했고, 그
중에는 요한 아우구스트 슈타르크라는 성직자도 있었다. 슈타르크는
독일의 주요 보수주의자로, 일루미나티가 아나키스트의 계략이라고
굳게 믿었다. 고상하고 점잖을 빼는 슈타르크는 입이 건 호프만과 성
향이 딴판이었지만, 두 사람은 자신들이 생각하는 음모를 폭로하기
위해 손을 잡았다.

이 슈타르크라는 인물은 음모론자들이 아무 증거 없이 결론을
내리는 사례를 아주 잘 보여준다. 1789년 여름, 반계몽주의자 동지 한
명과 휴가를 보내고 있던 슈타르크의 귀에 바스티유 감옥 습격 소식
이 들어왔다. 그 동지의 전언에 따르면, 두 사람은 사건의 맥락을 전
혀 알지 못했는데도 서로를 바라보며 동시에 이렇게 말했다고 한다.
"일루미나티의 소행이야."[9]

다시 말해 프랑스 혁명 음모론의 시작은 독일어권에서 벌어진

개인 간의 치졸한 싸움 그리고 문화 전쟁이었다. 그러나 음모론이 국제적으로 확대된 계기는 한 프랑스 신부와 한 스코틀랜드 물리학자가 1797년에 출간한 두 권의 책이었다. 오귀스탱 바뤼엘이 쓴 『자코뱅주의의 역사에 관한 회고Memoirs Illustrating the History of Jacobinism』와 존 로비슨이 쓴 『유럽의 모든 종교와 정부에 대한 음모의 증거Proofs of a Conspiracy against all the Religions and Governments of Europe』다.

두 책은 호프만과 슈타르크 등의 저술을 바탕으로 수십 년에 걸친 하나의 거대한 음모를 프랑스 혁명의 원인으로 묘사했다. 이로써 일루미나티 이론을 대중화했을 뿐 아니라 오늘날까지 수백 년간 이어져 온 음모론의 씨앗을 뿌리는 역할을 했다.

둘 중에서 현대 음모론의 원형으로 가장 많이 거론되는 것은 바뤼엘의 두꺼운 저서다. 바뤼엘의 책은 프랑스 혁명에 대한 설명이 주목적이라는 점에서는 사건 음모론에 해당하지만, 체제 음모론의 특징도 많이 가지고 있다. 대단히 많은 인물이 등장하고, 무척 긴 세월에 걸친 역사를 다룬다. 수십 년간 프랑스에서 일어난 거의 모든 정치적 사건을 음모자들의 소행으로 설명한다. 표면적으로 무관해 보이는 인물과 단체, 사건을 서로 연결 지으며 다른 설명이나 상충하는 사실은 일축하거나 무시한다. 그리고 증거의 질이 떨어지는 문제를 엄청난 양으로 덮으려고 시도한다. 그러다 보니 읽다 보면 압도되는 느낌을 받게 되고, 자기도 모르게 비판적 사고를 접고 '적어도 일부는 사실이겠지' 하고 생각하게 되는 효과가 있다. 바뤼엘의 책은 음모론 장르의 고전일 뿐 아니라, 이후의 많은 음모론이 참고할 본보기가 되었다.

800페이지가 넘는 내용을 몇 줄로 요약하자면, 자코뱅주의와 프랑스 혁명은 세 집단이 수십 년에 걸쳐 꾸민 음모의 최종 산물이라는 것이다. 이 세 집단은 계몽 사상가들, 프리메이슨, 그리고 일루미나티다. 바뤼엘은 이들이 합심하여 "평등과 무질서한 자유의 이름으로 제단과 왕좌를 짓밟았다"고 적고 있다. 각 집단은 서로 다른 분야에 주력했다. 계몽 사상가들은 종교 체제를 겨냥했고 프리메이슨은 군주제를 표적으로 삼았으며, 일루미나티는 전반적인 사회체제를 무너뜨리려 했다는 주장이다.

바뤼엘은 이들 공모자 중 일부가 단순히 판단 착오로 가담했을 가능성을 인정한다. 하지만 일루미나티에 대해서는 가차 없는 태도를 보인다. 이 집단의 도덕적 타락을 신랄하게 질타하면서 바이스하우프트를 다음과 같이 소개하고 있다. "증오스러운 존재이자 가책을 모르는 무신론자이고, 지극한 위선자에다가 진실을 입증하는 탁월한 재능이라곤 없는 자로, 불경과 무법을 꾀하는 음모자들을 온갖 사악한 열정으로 배출한다. 불길한 올빼미처럼 따사로운 햇살을 피하며 온몸에 어둠의 장막을 두른 그를, 역사는 악령을 다루듯 오로지 그가 계획하고 실행했던 악업만으로 기록할 것이다." 이 정도면 어떤 생각이었는지 알 만하다.

바이스하우프트를 향한 온갖 독설에도 불구하고, 이 책에서 꼽는 악당의 우두머리는 자유주의 사상의 대가 볼테르다. 바뤼엘의 서술에 따르면 볼테르가 궁극적인 배후 주모자로, 각종 음모를 책동하고 수십 년간 공모자들을 지휘한 장본인이다. 볼테르는 프랑스 혁명이 일어나기 11년 전에 사망했으니, 알리바이가 꽤 탄탄하지 않나 싶다. 그러나 그런 사람을 배후 조종자로 지목한 것을 보면 바뤼엘이 진짜 싫어했던 게 무엇인지 짐작이 간다.

호프만 그리고 바뤼엘 자신이 여러 차례 인용하는 슈타르크처럼, 바뤼엘도 《아네 리테레르》라는 잡지를 중심으로 한 반계몽주의 세력의 일원이었다. 이 잡지는 프랑스 혁명 여러 해 전부터 계몽 사상가들이 종교 체제와 군주제를 전복하려고 음모를 꾸민다는 으스스한 경고를 퍼뜨리고 있었다.[10] 여기서 말하는 음모란 담배 연기 자욱한 밀실에서 벌어지는 모의라기보다는 사상적 음모에 가까웠다. 구체적으로 말하면 바뤼엘의 자연적 질서관에 어긋나는 사회적 사상을 뜻했다.

그리고 그런 사상을 품는 것보다 계몽주의자들의 더 큰 죄는, 자기 사상이 옳음을 남들에게 설득하려는 시도였던 것 같다. 역사학자 아머스 호프먼의 표현에 따르면, 바뤼엘의 책은 한마디로 "공공 정치, 즉 여론의 지지에 기반한 정치를 흠집 내려는 시도"다.[11] 바뤼엘은 민주주의를 "대중의 변덕"으로 폄하하며 노골적으로 반대하는 한편, 음모자들이 "불경스러운 글"을 통해 "대중의 정신에 독기를 불어넣는" 방법으로 음모를 확산시켰다고 말한다.[12]

바뤼엘의 이론은 이 점에서 다소 혼란스럽다. 일루미나티가 그랬듯이 사상을 비밀로 감춘 것이 죄라는 것일까? 아니면 계몽 사상가들이 그랬듯이 사상을 공표하고 다닌 것이 죄라는 것일까? 책의 두 번째 문단에서 바뤼엘은 놀라운 주장을 편다. 혁명 당시 프랑스에 음모 지지자가 200만 명, 활동 요원이 30만 명 있었다는 것. 그 숫자는 당시 프랑스 인구의 7퍼센트 정도다. 그렇게 많은 사람이 연루되었다면 여전히 음모라고 할 수 있을까?

바뤼엘 역시 '내가 싫어하는 자들은 다 한패'라는 시각을 견지하며 자신이 지목한 공모자들 중 다수가 서로 견해조차 달랐다는 사실을 완전히 무시하고 있다. '왕정 타도' 계획의 주모자라고 하는 볼테르는 사실 입헌군주제를 지지했다. 계몽주의 철학은 단일하게 정의된 정치 사업이 아니었다. 꼬리를 물고 연달아 등장하는 공공 담론에 가까웠다. 그 공통된 주제를 굳이 꼽자면, '공공 담론의 주제가 될 수 있는 범주를 확장'하는 것이었다.

바뤼엘의 책은 일루미나티가 어둠의 장막 속에서 꾸미는 흉계를 으스스하게 경고함으로써 이후 수백 년간 닫힌 문 뒤에서 벌어지는 꿍꿍이를 고발하는 각종 음모론의 본보기가 되었다. 그러나 그가 '음모'로 지목한 것은 사실, 닫힌 문을 열려는 모든 시도였다.

바뤼엘의 방대한 책에 비하면 로비슨의 『음모의 증거』는 조금 더 짧고 초점이 약간 더 뚜렷하다. 신부였던 바뤼엘과 달리 과학자인 로비슨은 계몽주의가 낳은 인물이라고 할 수 있다. 저명한 물리학자인 그는 자유로운 탐구라는 시대정신에 대체로 공감했지만, 말년에 병환에 시달리며 점점 괴팍해지다가 결국 등을 돌렸다. 하지만 그러던 와중에도 두 가지 유산을 길이 세상에 남겼으니, 음모론적 역사관 정립에 기여한 것 외에도 비슷한 시기에 사이렌을 발명했다. 훌륭한 발명이었다.

바뤼엘과 마찬가지로 로비슨이 일루미나티에 대해 품었던 주된 불만도 일루미나티의 사상 자체와 그 사상을 퍼뜨리는 방식이었다. 로비슨은 유토피아적 사고에 대해 보수적인 회의론을 견지했다. 혁명을 해봤자 현실은 기대처럼 나아지지 않고 혼돈만 빚어질 것으로 우려했고, 완벽한 사회의 실현을 위해서는 어떤 수단도 정당하다고 믿는 사람들에 대해 불안감을 품고 있었다. 평등 담론 자체를 좋아하지 않았고, 그런 "끔찍한 평등화"가 이루어지면 "게으르거나 실패한 자"에게 "부지런한 자"로부터 노고의 결실을 빼앗아갈 권리가 영구적으로 주어질 것이라고 믿었다.

또 로비슨은 여성을 단원으로 참여시키려는 일루미나티의 방안에 대해 "경악스럽다"는 견해를 굉장히 긴 지면을 할애해 피력하면서, 그런 조치는 "여성의 타락"을 초래하고 여성에게서 "사랑스러운" 본연의 역할을 빼앗아 지위를 떨어뜨릴 것이라고 했다. 그 증거로 프랑스에서 벌어지고 있는 끔찍한 상황을 들었는데, 여성들이 극장 무대에서 "조신함을 내팽개치고 팔다리를 훤히 드러낸 채 사람들 앞에 나선다"는 것이었다.

프랑스 여성의 팔다리 노출 권리를 부정한 것 외에 책에서 주목할 만한 점이라면, '음모의 증거'라는 제목치고 음모의 증거가 현저히 부족하다는 사실이다. 몇 년 후에 로비슨을 긍정적으로 그린 한 전기 작가도 "프랑스 혁명이 울린 경종으로 인해 로비슨은 평소답지 않게 남의 말을 쉽게 받아들이게 되었다"면서, 그 탓에 "사소한 짐작에 불과한 것조차 분명하고 논박의 여지가 없는 증거로 여겼다"고 적었다.[13] 책을 구성하는 여러 큰 덩어리는 호프만의 정파적 간행물에서 무비판적으로 베껴왔다. 게다가 로비슨은 정보의 상당 부분을 알렉산더 혼이라는 베네딕트회 수도사를 통해 얻었다. 혼은 영국 첩보원을 겸업했으며, 사회 활동에 무척 활발한 인물이었다. 한 여성 지인은 그를 "훌륭한 청년이지만 수도사로서는 형편없다"고 평하기도 했다.[14] 혼은 일루미나티 음모론을 확고히 신봉했지만, 그리 믿을 만한 정보원이 아니었던 것 같다. 로비슨의 전기 작가는 이렇게 적었다. "로비슨이 서술의 기초로 삼은 원전이 그의 생각처럼 전적으로 신뢰할 만한 자료라는 것은 납득하기 어렵다."[15]

로비슨은 책의 결론에서 "모든 비밀 집회를 금지"하고, 대중의 "이룰 수 없는 행복에 대한 갈망"을 자극하는 모든 정치적 관념을 배척하라고 촉구하면서, 그러지 않으면 "방탕한 군중의 폭정"으로 가는 수순을 밟게 된다고 주장했다. 로비슨의 소망은 부분적으로나마 곧 실현되기에 이른다.

로비슨의 『음모의 증거』가 출간된 지 1년 만인 1798년에 아일랜드에서 무장봉기가 일어나자, 영국 정부는 프랑스와 같은 사태가 자기들에게도 닥칠까 봐 두려움에 떨었다. 이는 '불법단체법'의 제정으로 이어졌다. 그 내용은 반란을 일으켰던 '연합 아일랜드인 협회'와 같은 단체 구성을 전면 금지하고, 회원에게 서약을 요구하거나 회원 명단을 비밀로 하는 단체를 불법으로 규정하는 것이었다. 법의 조문은 다음과 같은 경고로 시작된다. "반역적 음모가 오랫동안 진행되어왔으며, (…) 그 목적은 그레이트브리튼과 아일랜드 양국에서 민간·종교 등 기존의 모든 체제를 전복하기 위함으로…" 바야흐로 음모론적 역사관이 법률화된 것이다.

프랑스와 세계 각지를 휩쓴 대격변 속에서 음모론에 쉽게 넘어간 사람은 로비슨뿐만이 아니었다. 18세기 말부터 19세기 전반까지 이어진 '혁명의 시대'는 온갖 음모론의 산실이 되었다. 현상 유지를 옹호하는 사람들은 배후에서 지휘하는 주모자 없이도 그처럼 막대한 변화가 일어날 수 있다고 생각조차 할 수 없었다. 실제로 대중의 불만이 빚어낸 사태일 가능성은 상상조차 못 했던 것이다. 한편 기존 체제를 타도하려는 사람들에게는 모든 난관이 음모로 보이곤 했다. 이는 기존 체제가 얼마나 강력하고 혁명이 왜 필요한지를 더욱 확신하게 하는 증거로 작용했고, 이들의 의심을 증폭하고 결의에 불을 지피는 역할을 했다.

한 예로, 1857년 인도에서 영국 동인도 회사의 지배에 맞서 일어난 세포이 항쟁은 지지하는 측과 반대하는 측 양쪽에서 오랫동안 서로 음모로 해석했다. 역사적 증거에 따르면 주모자로 간주된 사람들은 사실 기습적인 봉기에 깜짝 놀랐고, 처음에는 막으려고 나섰던 것으로 보인다.[16] 또 쿠바에서는 노예들의 반란 계획으로 간주되어 당국의 폭력적인 보복으로 이어진 1844년의 '라 에스칼레라(사다리) 음모'를 놓고 두 이론이 팽팽하게 맞섰다. 한쪽에서는 반란 음모가 맞다고 주장했고, 다른 쪽에서는 탄압을 정당화하기 위한 자작극이었다고 주장했다. 참고로, 이에 대한 역사학계의 중론은 노예제 폐지론자였던 영국 영사의 지원을 받아 실제로 반란 계획이 진행되고 있었다는 것이다.[17]

이 같은 음모론은 실제로 역사를 바꿀 수 있다. 텍사스가 미국에 병합된 이유 중 하나는 노예제 찬성론자였던 존 캘훈 국무장관이 퍼뜨린 음모론 때문이었다. 텍사스가 멕시코에서 갓 독립한 1844년, 캘훈은 영국이 노예 반란을 꾸미고 있다는 음모론을 퍼뜨렸다. 주장의 거의 유일한 근거는 자메이카 주재 전 미국 영사의 의심증이었다. 캘훈은 영국이 해방된 노예들을 미국 남부로 대거 이동하게 해 "흑인들의 정신을 오염"시킴으로써 인종 전쟁을 촉발하려는 속셈이라고 주장했다. 캘훈은 이 음모론을 이용해 텍사스와 미국 정부 양쪽에 노예 해방에 대한 공포를 조장했고, 결국 양측을 설득해 텍사스를 미합중국에 병합하기 위한 비밀 협상을 벌일 수 있었다.[18]

혁명이 음모론을 부추기는 현상은 이해할 만하다. 혁명이 일어나려면 당연히 어느 정도 공조가 필요할 수밖에 없다. 성난 군중 한 무리가 어느 날 우연히 바스티유 감옥 앞에 나타나지는 않는다. 그리고 혁명가들이 강력한 세력이 자신들을 방해한다고 생각하는 것도 틀리지 않다. 사실이 그러니까!

그러나 혁명에 관한 음모론은 앞에서 알아본 행위자성이 발휘되는 전형적 예다. 결과에서 원인으로 거슬러 올라가면서 봉기를 유발했을 만한 모든 사건이 누군가에 의해 '의도된' 것이라고 간주한다. 복잡한 사태를 핵심 악역 몇 명의 소행으로 단순화하고, 외부 세력이 개입해 불만을 선동했으리라고 본다. 무엇보다, 무질서한 사건을 누군가가 제 뜻대로 '지휘'할 수 있을 가능성을 엄청나게 과대평가한다. 혁명이란 완전히 무계획적으로 일어나지도 않지만, 완전히 계획적으로 일어나지도 않는다.

게다가 여기에는 바뤼엘과 로비슨을 사로잡았던 본능적 충동도 작용한다. 자신의 정적을 본래 음모꾼이라고 간주하는 성향이다. 역사 속의 많은 음모론을 들여다보면 겉으로는 비밀 모임과 물밑 공조를 맹비난하지만, 그 속에 자리한 감정은 '나와 정치적 신념이 다른 자들이 목표를 이루려고 무슨 일을 벌이는 것 같다'는 생각에서 오는 뿌리 깊은 불편감인 경우가 많다. 그러한 음모론은 사회 변화에 대한 우리의 불안감이 인격화된 것으로, 상대방의 사상을 틀렸을 뿐 아니라 근본적으로 부정한 것으로 묘사한다.

로비슨과 바뤼엘의 두 책은 바로 그런 요구를 충족시켜주었고, 출간되자마자 독자들의 뜨거운 호응을 얻었다. 로비슨의 『음모의 증거』 초판본은 순식간에 팔려나갔고, 총 4판을 찍어내며 당시 기준으로는 엄청나게 히트했다. 바뤼엘의 음모론도 신문에 게재되고 전국 각지의 설교에서 거듭 언급되는 등 널리 인용되었다. 일루미나티 음모론은 결코 보편적으로 받아들여졌다고는 할 수 없지만, 수년간은 특히 보수적·전통주의적 계층에서 널리 믿어졌다.[19] '근대 보수주의의 아버지'라는 수식어를 꼬리표처럼 달고 다니는 에드먼드 버크도 이 음모론을 믿은 것으로 보인다. 그는 바뤼엘에게 편지를 보내 책의 제1권을 즐겁게 읽었다고 밝히며 법적으로 논리 정연하고 엄밀한 증거를 제시했다고 칭찬했다. 그러면서 자신도 책에 지목된 음모자 중 몇 명이 수십 년 전부터 프랑스 혁명을 모의한 사실을 확실히 알고 있다고 덧붙였다.[20] 이쯤되면 궁금해진다. 책 내용에 조금이라도 사실인 부분이 있긴 했을까?

앞서 알아본 것처럼 로비슨의 책은 여러 수상쩍은 출처를 기반으로 했다. 몇 년 후에 그를 긍정적으로 그리고자 한 전기 작가가 보기에도 신뢰할 만한 출처가 아닌 게 명백했다. 바뤼엘의 책 역시 오류투성이고, 근거 없는 주장과 터무니없는 해석이 넘쳐난다. 오늘날 명망 있는 학자 중 아무도 그 책을 프랑스 혁명의 역사적 서술로서 신뢰하지 않는다. 한 비밀 결사 역사가는 "허튼소리의 뒤범벅"이라고 평하기도 했다.[21]

현대 학자들만 그런 것도 아니다. 당시에도 수많은 이가 그 책의 결함을 지적했다. 여기에는 바뤼엘과 정치관이 기본적으로 같은 사람도 포함되었다. 한 예로, 누가 봐도 자코뱅주의를 몰래 지지한 것 같지는 않은 《안티 자코뱅 리뷰》는 바뤼엘이 의심증 성향을 보인다고 비판하며, 그의 이론은 사실에 근거를 두고 있지 않다고 지적했다. 프랑스 혁명을 반대한 주요 인사로, 버크와 같이 근대 보수주의의 아버지로 흔히 불리는(그렇다, 보수주의는 아버지가 두 사람이다) 조제프 드 메스트르는 바뤼엘의 주장을 "어리석다"고 평했다.[22]

바뤼엘과 로비슨이 내세운 주장의 상당수는 성립조차 되지 않는다. 일단 일루미나티라는 단체가 프랑스 혁명이 발발했을 때 존재하지 않았다는 문제가 있다. 이에 두 사람이 내건 해법은 간단하다. 일루미나티는 와해된 것이 아니라 지하로 숨어들었을 뿐이라는 것. 그리고 두 가지 방식으로 활동을 이어갔다고 주장한다. 프랑스에서는 1787년에 파리를 방문한 요한 요아힘 크리스토프 보데라는 저명한 단원이 일루미나티 사상을 보급하여 혁명의 씨앗을 뿌렸고, 신성로마제국에서는 '독일 연맹'이라는 위장 단체로 부활했다고 한다.

그러나 보데가 파리에 가서 혁명의 씨앗을 뿌렸다는 주장은 전혀 말이 되지 않는다. 20세기에 보데가 남긴 비밀 일기가 발견되었는데, 거기에는 '혁명 선동 계획이 착착 진행 중, 프랑스 프리메이슨을 일루미나티로 전향시키는 데 성공'과 같은 기록은 눈을 씻고 봐도 없다. 보데가 파리 간 실제 이유는 프리메이슨 내부에서 끝없이 벌어지던 자질구레한 다툼을 해결하기 위해서였다. 목적을 이루지는 못했지만.

바뤼엘과 로비슨이 보데의 일기를 읽어보지 못한 게 잘못은 아니지만, 당시에도 두 사람이 펼친 주장의 오류를 지적한 사람은 수두룩했다. 그중 가장 주목할 만한 인물은 장 조제프 무니에라는 중도파 정치가로, 혁명 초기에 중재를 시도했다가 실패한 주요 인사다. 그는 몇몇 주요 사건을 눈앞에서 보기도 했고, 음모자로 지목된 인물 다수와 알고 지냈다. 게다가 1790년 몸을 피해 프랑스를 떠난 후에는 그들에 대해 딱히 좋은 감정이 없었으니, 음모론의 진실성을 잘 판단할 수 있는 위치에 있었다. 그의 결론은 허튼소리라는 것이었다. 무니에가 1801년에 적은 글을 보자. "극히 복잡한 원인을 단순한 원인으로 치환해놓았으니, 이는 생각이 나태하고 얄팍한 자들에게 맞추기 위함이다."[23]

무니에의 지적에 따르면, 파리 프리메이슨의 사정을 아는 사람이라면 누구나 보데가 파리를 찾은 진짜 목적을 잘 알고 있었다. 또 음모론에 거명된 인물들은 일루미나티와 관련이 없거나 혁명과 아무 관계가 없는 사람들이었다. 무니에는 거기에 그치지 않고 음모론이 뚱딴지같은 소리라고 단언한다. 보데가 사람들을 설득해 생각을 바꿔놓았다고 하지만, 당시 보데에게는 내놓을 만한 것이 하나도 없었다. 그 사람들은 파리의 최고 유력 인사들이었는데, 보데가 무슨 권력이나 영향력이 있어서 뭘 수 있었겠냐는 것이다. 게다가 루소 사상의 재탕에 불과한 이야기로 프랑스 지식인들을 감화시켰을 가능성도 희박했다. 실제로 당시 루소의 그 특정 이론은 유행이 지난 지 오래였다. 과연 보데가 파리 카페에 두어 주 죽치고 앉아서 "야, 너희들 혁명 한번 해봐" 한다고 파리 철학자들이 갑자기 "와, 그 생각을 왜 못했지, 멋진 생각이네! 고마워, 독일"이라고 했을까? 터무니없는 이야기다.

일루미나티가 독일 연맹이라는 위장 단체를 내세우고 활동을 이어갔다는 주장도 근거가 없기는 마찬가지다. 독일 연맹은 실제로 존재한 단체로, 창립자는 카를 프리드리히 바르트라는 어느 최악의 신학자다. 바르트는 고약한 성격 때문에 대학 교수 자리에서 줄줄이 쫓겨났고, 성경을 워낙 이상하게 번역하는 바람에 신성로마제국 대법원으로부터 다시는 신학 저서를 내지 못하도록 금지 처분을 받기도 했다. 바르트는 빚에 시달리고 있었고, 임신한 내연녀도 최소 한 명 두고 있었다. 나중에는 평판이 워낙 바닥에 떨어져 사람들이 그를 길에서 마주치면 가슴에 성호를 그을 정도였다. 그는 가난에 허덕이다 하는 수 없이 술집을 운영했다. 그러던 어느 날, 불현듯 기가 막힌 아이디어를 떠올렸다. 독일 연맹이라는 비밀 단체를 만드는 것이었다. 일루미나티가 그랬듯이 이 단체 역시 주로 하는 활동은 좋은 계몽 서적 읽기였다. 그러나 결정적으로 중요한 차이가 있었으니, 바르트가 목표로 한 완벽한 세상은 계몽 서적의 판권을 다른 사람도 아닌 바르트 자신이 독점하는 세상이었다. 상상만으로도 돈 쏟아지는 소리가 귀에 들렸을 것이다.

워낙 뻔한 사기였기에, 독일 연맹은 일루미나티보다도 더 빨리 와해했다. 무너지게 된 이유도 비슷했다. 1789년에 단체의 비밀을 모조리 폭로하는 익명의 소책자가 발간된 것이다. 바르트는 얼마 후 구속되었다.

여기서 독일 연맹이 일루미나티의 후신으로 일루미나티가 프랑스 혁명을 주도하는 일을 가능케 했다는 이론은 몇 가지 문제에 봉착한다. 우선 독일 연맹도 바스티유 감옥 습격이 일어났을 때 이미 와해하고 없었다는 점이다. 또 하나는 독일 연맹을 무너뜨린 그 소책자를 쓴 장본인의 실체가 오늘날 밝혀져 있다는 점이다.[24] 바로 요한 요아힘 크리스토프 보데다. 무엇이 문제인지 바로 알 수 있을 것이다. 보데가 일루미나티의 활동을 이어간 첩자였고 독일 연맹이 일루미나티의 후신이 된 위장 단체였다면, 전자가 후자의 치부를 왜 폭로했을까? 두 주장은 모순되므로 바뤼엘과 로비슨이 말하는 것처럼 둘 다 사실일 수 없다.

물론 일루미나티 음모론은 그 각론을 세세히 반박하지 않아도 틀린 이론임을 쉽게 알 수 있다. 일루미나티가 혁명 조직이 전혀 아니었다는 점이 핵심이다. 바이스하우프트는 거만하고 비밀스럽고 만사를 꼬치꼬치 따지는 독재 성향의 인물이긴 했다. 그러나 그는 점진주의자였다. 자신이 꿈꾸는 이상적 사회가 아마 수백 년은 지나야 이루어질 것으로 믿었다. 애초에 일루미나티를 만든 목적이 바로 그런 장기적 변화였다.

앞으로 살펴보겠지만, 이후의 음모론은 향후 여러 세기에 걸쳐 등장한 모든 좌파 운동의 이념적 시조가 일루미나티라고 주장하는 경우가 많다. 그러나 바이스하우프트가 비록 당대에는 진보적인 쪽으로 간주되긴 했지만, 그의 사상은 딱히 급진적이지도 않았고 영향력도 크지 않았다. 사실 일루미나티가 몰락하고 뒤이어 신화화된 것도 바이스하우프트가 급진적인 태도를 가지지 않았던 데서 기인한 면이 많다. 그는 다가올 미래가 자기가 살던 사회의 모습과 전혀 다를 수 있다고 상상하지 못했다.

많은 유토피아주의자가 그렇듯, 그의 자유주의적 성향을 저해한 것은 가부장적 통제 경향이었다. 그는 인류가 스스로의 판단에 의지해 이상적 상태로 나아갈 수 없으며, 현자, 즉 본인이 길을 인도해주어야 한다고 믿었다. 그래서 기존 체제에 도전하기보다는 편승하고자 했고, 이미 유럽 곳곳에서 와해할 기미를 보이던 폐쇄적 권력 구조를 최대한 활용하려고 했다. 그런 활동 탓에 일루미나티는 반발을 샀고, 음모론 속에서 사악한 조종자로 묘사되었다. 다시 말해 문제는 바이스하우프트가 기존 사회에 너무 강하게 반대한 것이 아니라, 거기에 너무 물들어 있었다는 것이다.

바다 건너 미국에서도 같은 견해를 피력하는 사람이 있었다. 1800년에 당시 부통령이던 토머스 제퍼슨은 제임스 매디슨 주교에게 보낸 편지에서,*헷갈리게도, 제퍼슨의 뒤를 이어 대통령이 된 제임스 매디슨과 동명이인이다. 미국사에는 제임스 매디슨이 너무 많이 등장한다. 바이스하우프트의 활동은 그가 폭군과 사제들의 압제 속에 살았던 데서 연유한 것이라면서 이렇게 말했다. "만약 바이스하우프트가 대중의 지식과 도덕성을 함양하는 노력을 비밀리에 펼 필요가 없는 이곳에서 활동했다면, 그런 목적을 위해 비밀스러운 방식을 고안하지는 않았을 것입니다."[25]

제퍼슨이 편지를 쓴 이유는 미국이 일루미나티 공포에 휩싸여 있었기 때문이다. 다양한 정치 집단 사이에 공방이 벌어졌다. 목사이자 지리학자인 제디다이어 모스는 일루미나티를 맹비난하면서 동시에 일루미나티 단원이라는 공격을 받았다.[26] 제퍼슨도 일루미나티 단원이라는 공격을 받았다. 본인에게는 뜻밖이었을 것이다. 그는 편지에서 밝히듯이 바뤼엘의 책을 통해 일루미나티라는 것을 처음 접했고, 그 책을 "미치광이의 헛소리"라고 일축하기도 했다.

미국에 불어닥친 일루미나티 공포는 이 음모론이 얼마나 멀리까지 퍼졌는지 보여주는 사례다. 동시에 1차 유행의 마지막 물결이기도 했다. 바뤼엘과 로비슨의 저서가 이후에 나올 음모론의 본보기 구실을 하면서, 음모론은 19세기의 상당 기간 여러 정치 해석에서 중요한 요소가 되었다. 그러나 일루미나티 음모론 자체는 한동안 잠잠했다. 때때로 불쑥 튀어나와 이런저런 사건의 설명으로 제시되기도 했지만, 특별한 파장을 일으키는 일은 없었다. 일루미나티 논란은 회의론자들의 승리로 끝난 듯했다. 한편 유럽은 나폴레옹의 부상으로 그 밖에도 걱정할 거리가 많았다. 대군이 코앞에 쳐들어오는 마당에 바이에른 법학 교수들의 흉계에 호들갑을 떨기란 현실적으로 어렵다. 오랫동안, 일루미나티 음모론은 그저 역사 속의 별난 장면 정도로 남는 듯했다.

그런데 그게 끝이 아니었다. 일루미나티 음모론은 한 세기도 더 지난 후에 부활했다. 그리고 바이스하우프트도 바뤼엘도 로비슨도 상상하지 못했을 큰 영향력을 떨치게 된다. 하지만 그건 더 뒤의 장에서 다룰 이야기다. 그 이야기는 일단 접어두고, 다음으로 "비욘세는 일루미나티"라는 주장의 또 다른 측면을 살펴보자. 그렇다. 이제 유명인 이야기를 할 차례다.

4장

연예인 음모론: 별들의 비밀

윌리엄 캠벨이라는 사람을 아는가? 이름은 낯설지 모르지만, 그의 노래는 틀림없이 들어봤을 것이다. 〈헤이 주드〉를 모를 리 없을 것이다. 〈렛 잇 비〉도 그렇다. 〈겟 백〉〈레이디 마돈나〉〈더 롱 앤드 와인딩 로드〉…. 또 캠벨이 솔로로 전향한 후에 낸 곡도 많다. 지금도 매년 겨울이면 거리마다 〈원더풀 크리스마스 타임〉이 귀에 못이 박히게 흘러나온다.

　　윌리엄 캠벨의 얼굴 역시 낯익을 것이다. 이름은 몰라도 말이다. 사실 이름은 논란이 좀 있어서, 윌리엄 시어스 캠벨 또는 빌리 시어스라고도 불린다. 지금까지 반세기가 넘는 세월 동안 '폴 매카트니'라는 이름으로 활동해온 사람이니 몰라볼 수가 없다.

진짜 폴 매카트니는 죽었다

폴 매카트니의 본명이 윌리엄 캠벨이라는 말이 아니다. 예컨대 데이비드 보위는 본명이 데이비드 존스였지만, 진짜 폴 매카트니는 본명도 폴 매카트니였다. 진짜 폴 매카트니는 1966년 11월 자동차 사고로 죽었고, 윌리엄 캠벨은 전혀 다른 사람이다. 폴 매카트니가 윌리엄 캠벨로 바뀌치기 된 것이다. 그가 사망한 이후 수년 동안 비틀스는 초기보다 실험적인 음악을 시도하며 계속해서 명곡을 만들어냈으니, 폴 매카트니가 사라진 것이 비틀스의 명운에 과연 크게 상관이 있었나 하는 생각도 든다.

그래도 음모론인데, 너무 장난스럽게 취급하는 것 아니냐고? 해명하자면 우선 누가 봐도 명백히 헛소리인 게 분명하고, 폴 매카트니 본인도 자기는 1966년에 죽지 않은 게 확실하다면서 이 설을 두고 반세기 동안 유쾌하게 농담하고 있기에, 우리도 한번 해봤다. 1969년, 전 세계의 음악 관련 매체에서 폴 매카트니가 사망했으며 그 사실이 은폐되었다는 특종을 몇 주에 걸쳐 대서특필했다. 음모의 '단서'를 찾는 놀이는 지금까지도 비틀스 팬들 사이에서 재미있는 취미로 이어져 내려오고 있다.[1]

사건의 전말은 이렇다. 1969년 9월, 아이오와주 드레이크대학의 학생신문 《드레이크 타임스-델픽》에서 "비틀스의 폴 매카트니는 죽었는가?"라는 제목의 기사를 냈다. 기사를 작성한 19세의 팀 하퍼는 이후 자신은 음모론자가 아니며 비틀스의 팬도 아니었다고 주장했다. 캠퍼스에 돌아다니던 루머를 듣고 기삿감으로 괜찮겠다고 생각했을 뿐이라는 것. 기사는 약 3년 전 폴 매카트니에게 변고가 있었음을 보여주는 '증거'를 수두룩하게 나열했다. 예컨대 《서전트 페퍼스 론리 하츠 클럽 밴드》 앨범의 커버 그림 하단을 보면 폴 매카트니가 쳤을 법한 왼손잡이용 기타가 무덤 비슷한 것 위에 놓여 있다고 했다. 앨범 안에 접혀 있는 사진 속에는 폴 매카트니가 검은 완장을 차고 있고 완장에는 '공식 사망 확인Officially Pronounced Dead'의 약자인 'OPD'라는 글자가 적혀 있다. 뒷커버에는 매카트니만 뒤돌아 서 있고 나머지 세 멤버는 앞을 보고 있다. 조지 해리슨은 사망 시각을 암시하는 "수요일 새벽 다섯 시Wednesday morning at five o'clock"라는 가사를 가리키고 있는 듯하다. 《서전트 페퍼》에 이어 미국에서 발매된 비틀스의 앨범 《매지컬 미스터리 투어》도 언급되었다. 그 커버에는 세 멤버가 회색 바다코끼리 옷을 입고 있고, 매카트니는 같은 옷을 검은색으로 입고 있다. 기사는 "일설에 따르면 바다코끼리는 바이킹들에게 죽음의 상징이었다"고 언급한다. 그러고 보니, "일설에 따르면"이라는 말은 참 편리한 표현이다.

이야기는 거기서 끝날 수도 있었다. 학생신문에 특이한 기사 하나 나온 게 무슨 대수였겠는가. 그런데 1969년 10월 12일, 러스 기브라는 DJ가 진행하는 디트로이트의 한 라디오 방송국 프로그램에 한 청취자가 전화를 걸어와 폴 매카트니 사망 루머를 이야기했다. 청취자는 〈레볼루션 9〉의 도입부를 역재생해보라고 했다. 〈레볼루션 9〉는 팬들 사이에서 '화이트 앨범'이라고 불리는, 1968년 발매된 앨범에 실린 곡으로, 워낙 길고 장황하고 전위적이어서 웬만한 팬이 아니고선 그냥 넘겨버리는 트랙이다. 청취자는 이 곡을 역재생해서 귀를 쫑긋 기울여보면 "넘버 나인number nine"이라는 반복구가 "내 마음을 움직여, 죽은 사람turn me on, dead man"과 약간 비슷하게 들린다고 전하며, 상상력을 한껏 발휘해보니 비틀스의 누군가가 죽었다는 사실을 암시한다는 해석이 나왔다고 했다.

이후 몇 시간 동안 기브는 전화를 걸어온 청취자들과 루머를 논하면서 추가 단서를 전달받았다. 그중에는 예를 들면 〈스트로베리 필즈 포레버〉의 끝부분에서 레넌이 "내가 폴을 묻었어I buried Paul"라는 말을 읊조린다는 말도 있었다. 이틀 후, 이번에는 《미시건 데일리》라는 학생신문에서 "매카트니 사망, 새 증거 드러나"라는 제목의 기사를 실었다. '증거'의 대부분은 최근에 발매된 《애비 로드》 앨범에서 포착한 것이었다. 네 멤버가 녹음 스튜디오 앞 도로의 횡단보도를 건너는 모습을 담은 유명한 커버의 앨범이다.*처음에 제안되었던 앨범 제목은 《에베레스트》였다. 어쨌거나 한 발짝도 움직이기 귀찮아서 스튜디오 앞 도로에서 커버 사진을 찍고, 앨범 이름도 그 도로명으로 붙여버린 것을 보면 당시 밴드 내 상황이 얼마나 잘 돌아가고 있었는지 알 만하다. 그런데 폴만 나머지 세 명과 발이 맞지 않고, 마치 관 속에 있는 사람처럼 맨발이다. 다른 세 명은 장례 행렬처럼 옷을 입었다고 했다. 존은 성직자처럼 흰옷을, 링고는 조문객처럼 검은 옷을, 조지는 무덤을 파는 인부처럼 청바지를 입었다는 것이다.

루머가 퍼져나가면서 뭔가 말이 되는 듯한 스토리가 서서히 출현했다. 여러 비틀스 노래의 가사를 임의로 이어 붙여서 만든 스토리였다. 1966년 11월의 어느 '어이없는 망할 화요일stupid bloody Tuesday', 매카트니는 '차 안에서 혼이 나갔다blown his mind out in a car'. 사고에서 살아남은 세 멤버는 진실을 숨기기로 하고 모종의 조치를 하여 '수요일 아침 신문이 나오지 않았다Wednesday morning's papers didn't come'. 그리고 대중이 슬퍼하지 않도록 폴 매카트니 닮은꼴 선발 대회의 우승자를 매카트니 대역으로 기용했다. 그리하여 그다음에 나온 《서전트 페퍼》 앨범의 첫 트랙은 이런 가사로 끝난다. '자, 그 유명한 빌리 시어스를 소개합니다So let me introduce to you, the one and only Billy Shears.' 그 대목을 부른 사람은 매카트니였고 이어서 빌리 시어스 역할로 등장하는 목소리의 주인공은 링고였지만, 그런 것은 아무도 신경 쓰지 않는 듯했다.

사실 단서라고 하는 것 중 몇 가지는 애초에 말이 되지 않았다. 영국에서 신부는 흰색 옷을 입지 않고, 무덤 파는 인부는 청바지를 입지 않는다. 《애비 로드》 커버에 등장하는 자동차 번호판의 "28IF"는 '폴이 만약If 살아 있다면 28세'라는 메시지로 해석되었지만, 폴은 당시 27세였다. 《서전트 페퍼》의 커버에서 폴이 제복에 달고 있는 배지는 'OPD'가 아니라 'OPP'라고 쓰여 있고, 온타리오주 경찰국Ontario Provincial Police에서 사용하는 배지였다. 〈스트로베리 필즈 포레버〉의 끝부분에서 존 레넌이 하는 말은 "내가 폴을 묻었어"가 아니라 "크랜베리 소스cranberry sauce"다. 뭐, 크랜베리 소스라면 칠면조 양념이니 '존이 폴을 칠면조 다리 묶듯 꽁꽁 묶었다'는 뜻이라고 주장한다면 할 말은 없지만. 다 떠나서, 멤버 한 명을 꼭 닮은 사람으로 바꿔치기 하는 건 그럴 수 있다고 치자. 그러나 목소리까지 똑같은 데다 전설적인 작곡가로서의 업적을 계속 이어나갈 사람을 찾아냈다는 건, 아무래도 믿기 힘들다.

1969년 10월 말 무렵에는 상황이 걷잡을 수 없게 커졌다. 음반사 애플 레코드에는 비틀스 멤버가 죽은 게 맞냐는 문의 전화가 빗발쳤다. 홍보 담당자 데릭 테일러는 연이은 인터뷰를 통해 아무도 죽지 않았다고 설명하느라 진땀을 뺐다. 결국 《라이프》가 폴의 소재 파악에 나섰고, 스코틀랜드 서부의 농장에서 아내 린다와 갓난아이를 키우며 한가로이 지내는 폴을 찾아냈다. 그다음 인터뷰 내용을 "폴 아직 건재해"라는 제목의 커버 스토리로 보도했다.[2] 그때 세상 사람들은 폴 매카트니가 죽었느냐 살았느냐의 문제에 워낙 몰두해 있었기에, 그가 같은 인터뷰를 통해 비틀스가 해체되었다고 밝힌 것은 전혀 신경을 쓰지 않았다. 해체 사실은 이후 6개월 동안 묻히게 된다.

폴 매카트니 사망설이 번져나간 데는 몇 가지 이유가 더 있겠지만, 확실히 꼽을 수 있는 원인 하나는 이야기가 등장한 시점이다. 암살, 소요, 징병 등 혼란으로 얼룩진 격동의 1960년대가 저물던 무렵, 미국 대학 캠퍼스에는 불신과 의심의 분위기가 팽배했고 세대 간 대립이 첨예했다. 정부가 베트남 전쟁 같은 큰 문제에 대해 거짓말을 하는데, 애플 레코드가 밴드의 멤버 구성을 속이지 못할 이유가 무엇이 있겠는가?

또 한 가지 이유는 앞으로도 번번이 만나보게 될 현상이다. 이른바 '증거'를 보도한 기자들이나, 라디오 방송에 전화를 걸어온 청취자들이나, 모두가 그 이야기를 진지하게 믿지는 않았다는 것. 매카트니 사망설은 농담이자 놀이였고, 순진한 사람들을 속이려는 장난이었다. 소설가 리처드 프라이스는 《롤링 스톤》에 기고한 수기에서 자신이 라디오 방송의 청취자 연결 코너에 전화해 이런 농담을 했다고 밝혔다. "영국에서 관의 84퍼센트는 무슨 나무로 만드는 줄 아세요? 높게는 87퍼센트라고도 하는데요. 바로 노르웨이산 나무입니다." 비틀스의 〈노르웨지안 우드〉는 매카트니가 사망했다는 시기보다 1년도 더 전에 만들어진 곡이지만, 알 게 무엇이겠는가. 어차피 지어낸 농담이었다.[3]

그러나 이 사망설이 유행한 데는 또 다른 이유가 있을지 모른다. 그것은 시대의 분위기도, 장난질 욕구도 아니요, 딱히 폴 매카트니 한 사람에 관련된 이유도 아니다. 그것은 바로 유명인이 수행하는 기능이다.

유명인 설들의 진실

인간은 세상사를 설명하기 위해 늘 스토리를 만들었고, 음모론은 그 스토리의 한 형태일 뿐이다. 그런데 스토리에는 항상 필요한 것이 있다. 바로 '등장인물'이다.

먼 옛날에 만들어진 스토리에도 등장인물이 있었다. 바로 신과 영웅이다. 그들이 희로애락을 겪으며 벌이는 온갖 사달은 인간 세상에 여파를 미쳤다. 천둥이 치는 이유는 토르가 화가 났기 때문이다. 농사가 흉작이 든 이유는 풍요의 신 오시리스에게 올리는 제사에 정성이 부족했기 때문이니, 신전을 새로 지어야 한다.

고대의 신화가 이렇게 옥신각신하는 신들을 주인공으로 삼았다면, 오늘날의 음모론도 아주 비슷한 모습을 띠곤 한다. 감히 범접할 수 없는 막강한 인물들이 알 수 없는 속셈을 품고 극적인 일을 벌이고 있고, 그 때문에 세상의 여러 사건이 일어난다고 본다. 그런데 그런 스토리가 최대한 널리 퍼지고 많은 공감을 사려면, 누구나 아는 인물이 등장할 필요가 있다. "최근의 이 가뭄이 다 누구 때문인지 알아? 게리 때문이야"라고 했을 때 "게리가 누군데?"라는 반응만 나온다면, 이야기가 성립이 안 된다.

　그러니 많은 음모론에 유명인이 주연으로 등장하는 것이 놀라운 일은 아니다. 어떤 유명인은 불빛에 몰려드는 나방 떼처럼 음모론을 끌어들이는 듯하다. 코로나19 팬데믹을 일으킨 사람은 누구인가? 빌 게이츠다. 툭하면 윈도우를 업데이트해 우리를 귀찮게 만드는 그 사람! '흑인의 생명도 소중하다'는 메시지를 전하는 일부터 트랜스젠더 인권 운동에 이르기까지 모든 사회 운동을 진두지휘하고 있는 사람은 누구인가? 당연히 90년대의 전설적인 투자자 조지 소로스다. 음모론은 게이츠나 소로스 같은 저명인사를 수시로 등장시킨다. 플롯이 꼬이건 말건 스토리 재활용과 죽은 악당 되살리기에 열심인 모습은 할리우드 각본 뺨칠 정도다.

　공통적으로 아는 인물이 유리하다 보니 음모론은 유명인을 중심으로 생겨나기 쉽다. 유명인은 정의상 누구나 아는 사람이니까. 물론 오늘날의 유명인들은 옛날 신들만큼 능력이 막강하지는 않다. 전쟁의 결과를 좌지우지한 사람도 없고, 흉작을 유발하는 능력을 가진 사람도 아마 없을 것이다. 마블 영화에서 토르 역을 맡은 크리스 헴스워스는 비록 복근은 훌륭하지만 천둥을 일으키는 능력은 없는 게 확실하다.

　그러나 최근 축구선수 아내들끼리 SNS에서 벌이는 공방전 등에 대중의 관심이 온통 쏠리는 현상만 봐도, 예전에 신과 영웅들이 맡았던 역할을 이제 유명인들이 맡고 있다는 말은 과장이 아니다.[4] 사실 유명인을 가리켜 '스타'라고 하는 것 자체가 인간이 불멸의 존재가 되면 하늘로 올라간다는 생각에서 비롯됐다. 고대 로마의 시인 오비디우스는 원로원이 신으로 선언한 율리우스 카이사르가 후에 하늘의 혜성으로 나타났다고 노래했고,[5] 약 1400년 후 잉글랜드의 작가 제프리 초서는 그러한 승천을 뜻하는 단어 'stellify(별이 되다)'를 만들었다. 이렇게 보면 스타, 즉 유명인은 말 그대로 한때 신의 몫이었던 자리를 차지하고 있는 셈이다.[6]

물론 우리는 좋아하는 유명인이든 싫어하는 유명인이든, 유명인의 사생활을 이야기할 때 대개 '음모론'이라는 말을 쓰지는 않는다. '가십'이라고 지칭하는 게 보통이다. 하지만 가십은 음모론과 뚜렷이 구분되지 않을 때가 있고, 가십이 점차 음모론으로 변하기도 한다. 둘 다 우리의 갈증을 해소해줄 실제 정보가 부족할 때 나타나 정보에 대한 수요를 충족해준다. 일종의 '급조된 뉴스'라고 할 수 있다. 그리고 둘 다 우리의 세계관을 형성하는 데 중요한 역할을 한다.

우리는 보통 재미 삼아 유명인의 사생활에 집착하곤 하지만, 때로는 다른 동기를 품기도 한다. 2020년, 《보그》의 칼럼니스트 미셸 루이즈는 제니퍼 애니스턴과 브래드 피트가 갈라선 지 15년이 지난 후에도 대중이 둘의 관계에 여전히 집착하는 이유를 분석했다. 그는 피트가 떠나가는 애니스턴의 손목을 붙잡는 듯 찍힌 최근의 사진에 많은 사람이 열광한 것을 예로 들며, "피트가 애니스턴을 원했으면 좋겠지만, 애니스턴은 피트를 원하지 않았으면 좋겠다"는 게 대중의 바람이라고 지적했다. 즉 대중의 마음속에서 애니스턴은 친근한 보통 여성의 역할을 하고 있으며, 대중은 애니스턴이 바람 피운 못된 전 남편보다 더 잘나감으로써 복수해주길 바라고 있다. 그러나 애니스턴은 보통의 여성이 아니다. 세계에서 손꼽힐 만큼 인기 있는 스타를 평범한 사람이라고 볼 수는 없을 것이다.

루이즈는 어찌 되었든 둘에 대한 대중의 관심은 단지 유명인의 화려한 사생활에 대한 관심만은 아니라고 말한다. 그들은 단순한 사람이 아니라, 우리 자신과 주변 사람들의 바람과 두려움을 상징하는 표상이다. 옛날 사람들이 신과 영웅을 캔버스로 삼아 보편적 주제를 펼치고 논했다면, 오늘날에는 유명인 가십을 다루는 매체들이 거의 비슷한 역할을 하고 있다.[7]

그런 맥락에서 폴 매카트니가 이미 죽었고 가짜가 대역을 맡고 있다는 우려가 팬들 사이에서 번졌을 때, 팬들이 정말 걱정한 것은 단순히 폴 매카트니라는 사람 자체가 아니었다. 거기엔 더 큰 의미가 있었다.

1966년 비틀스에 어떤 변화가 있었던 것은 사실이다. 다만 폴 매카트니를 자칭하는 멤버의 신원이 변한 것은 아니었다. 비틀스는 유명해진 후 처음 몇 년 동안 '팝 밴드'로 활동했다. 〈아이 원트 투 홀드 유어 핸드〉 같은 제목의 2분짜리 노래를 잇따라 내놓았다. 팬의 부모가 보기에 머리 길이는 좀 길었을지 몰라도, 멤버들은 정장 차림으로 노래하며 인기 TV 프로그램이나 연말 버라이어티 쇼에 출연했다. 청년 문화치고는 그다지 위협적이지 않았다.

그러나 1966년에 모든 것이 바뀌었다. 그해 3월에 존 레넌이 인터뷰에서 "비틀스가 예수보다 인기가 많다"라는 악명 높은 발언을 한 것이다. 몇 달 후 미국에 그 발언이 보도되자 라디오 방송국들은 비틀스 노래를 더 이상 틀지 않았다. 심지어 몇몇 지역에서 비틀스 음반을 불태우는 시위도 일어났다. 그해 여름 필리핀에서는 멤버들이 살해 협박을 받기도 했다. 분위기가 심상치 않다고 느꼈던 비틀스는 순회 공연을 그만두었고, 녹음실 안에 머물며 점점 더 몽환적인 사이키델릭 성향의 음악을 만들기 시작했다. 어차피 라이브 공연에는 적합하지 않은 곡들이었다. 머리도 더 길렀고, 솔직히 마약도 많이 했다. 매카트니가 1966년 출시한 앨범 《리볼버》의 마지막 트랙이자 가장 기이한 곡인 〈투모로 네버 노스〉를 밥 딜런에게 미리 들려주자, 딜런은 이렇게 반응했다고 한다. "아, 알겠어. 이제 예쁜 노래는 안 한다는 거지."

매카트니 사망설이 먹혀들었던 이유는 여기에 있는지도 모른다. 몇몇 사람은 농담이 완전히 농담만은 아닐 것이라고 생각했다. 팬들의 눈에 '사랑스러운 보이 밴드'였던 비틀스가 위협적인 모습으로 변해버린 상황이었다. 어쩌면 매카트니 사망설이라는 음모론은 1969년의 비틀스가 1963년의 비틀스와 딴판이 된 이유를 지극히 단순하게 설명하려는 시도였는지도 모른다. 아무리 봐도 예전의 그들이 아니었으니까.

그럼, 왜 매카트니였느냐. 어쩌면 우연이었는지 모른다. 실제로 1966~1967년 겨울에 매카트니가 고속도로에서 사고를 당했다는 루머가 있었고, 당시에 한 잡지사가 이는 사실이 아니라고 반박한 바 있다. 아니면 옥스퍼드대학 영문학 교수 다이언 퍼키스가 지적하듯, 매카트니가 엄마들에게 인정받는 모범생 이미지의 멤버였기 때문일 수도 있다.[8] 퍼키스는 매카트니 사망설을 '바꿔친 아기' 민간 설화에 빗대어 설명한다. 요정이 인간의 아기를 몰래 데려가면서 대신 똑같이 생긴 가짜를 놔두고 간다는 이야기다. 퍼킨스는 1960년대 말에는 많은 부모가 자기 아이를 낯선 사람처럼 느꼈을 것이라 지적한다. 즉, 매카트니 사망설은 부모와 10대 자녀 사이에서 계속해서 커지는 단절감에 대처하는 방법이었다는 것이다. 애초에 부모들이 친밀감을 느꼈던 멤버는 매카트니였기에, 루머의 주인공은 그가 될 수밖에 없었다.

그 이유가 무엇이었건 간에, 최후의 승자는 진짜 매카트니였다. 1993년, 매카트니는 《폴 이즈 라이브》라는 중의적인 제목으로 공연 실황 앨범을 냈다. 커버 이미지는 매카트니가 활짝 웃으며 개 한 마리에게 끌려 애비 로드의 횡단보도를 건너는 모습이었다. 참고로, 2019년 4월 매카트니의 사망설을 퍼뜨리는 데 큰 역할을 했던 라디오 진행자 러스 기브가 87세의 나이로 사망했다. 매카트니가 더 오래 산 것이다.

때론 살고 때론 죽는 사람들

매카트니 사망설이 관심을 끌었던 현상 저변에 더 깊은 심리적 요인이 있으리라고 할 만한 이유는 또 있다. 유명인 대역설은 오랜 세월 동안 그 밖에도 수많은 유명인을 따라다녔다. 2008년부터 운영 중인 '도플갱어·정체성 연구회Doppelganger and Identity Research Society'라는 인터넷 게시판에 들어가보면 '셰릴 크로 1996년 4월 3일 타살' '잘 가요 찰리 신' '메리앤 페이스풀, 그녀마저!' 같은 제목의 기다란 글타래들이 보인다. 이곳에서는 여배우의 외모가 조금만 바뀌어도 메이크업 기술이나 성형술의 발달에 감탄하는 대신, 대역설을 제기하며 그런 '가짜'를 '페건'(가짜 메건 폭스), '팬젤리나'(가짜 앤젤리나 졸리) 등으로 부르고 있다.[9]

그 밖에 인터넷에서 비슷한 루머가 퍼졌던 유명인 목록을 짚어보자. 우선 가수 마일리 사이러스가 있다. 진짜 마일리는 2010년에 약물 과용으로 사망했거나 어느 기업에 의해 살해되었고 그후 대역 모델을 하던 사람이 역할을 대신하고 있다는 것. 래퍼 에미넴에 대해서는 2009년 《릴랩스》 앨범이 나오기까지 공백기가 길었던 이유가 일루미나티가 일으킨 자동차 사고로 사망했기 때문이며, 일루미나티는 '신세계질서'에 더 잘 순응할 클론으로 그를 대체했다는 이야기가 있다. 가수 테일러 스위프트는 사실 사탄교회 창시자의 딸인 1963년생 지나 레이비의 클론이라고 한다. 근거는 외모가 조금 닮았다는 것.[10]

그러나 '사망설이 가장 유력한 유명인 상'을 한 명에게만 준다면 영예의 수상자는 캐나다 가수 에이브릴 라빈이 되어야 할 것 같다. 라빈의 사망설을 처음 제기한 곳은 2011년 브라질의 한 팬이 만든 블로그였다. 제기된 설에 따르면 라빈은 할아버지가 작고한 후 우울증에 빠졌고, 앨범 하나를 낸 상태에서 2003년 자살로 생을 마감했다. '스케이트 펑크'라는 음악 장르가 뜨고 있다는*이 책의 저자 중 한 명은 주방 벽에 초대형 에이브릴 라빈 포스터를 걸어놓고 에이브릴의 로고가 박힌 넥타이도 보유하고 있는 팬으로서, 이 지면을 빌어 스케이트 펑크가 당시 확실히 뜨고 있었음을 분명히 하고자 한다. 다른 저자는 이렇게 코멘트하고자 한다. '이런 덕후.' 인식을 대중에게 심어주려고 막대한 투자를 했던 음반사로서는 곤란한 일이 아닐 수 없었기에, 에이브릴의 친구이자 대역 모델인 멀리사 밴델라를 설득해 라빈으로 활동하게 했다.[11]

그러나 세월이 흐르면서 죄책감의 무게를 견디기 어려워진 멀리사는 단서를 여기저기 흘리기 시작했다. 패션 스타일을 바꾼다거나 〈슬립트 어웨이〉 등의 곡에 "네가 떠나간 날 / 그날 이후 모든 것이 달라졌어"라며 의미심장한 가사를 넣곤 했다. 심지어 과감하게 손등에 '멀리사Melissa'라는 글자를 쓰기도 했다. 이 모든 행동은 탐욕스러운 음반사 임원들의 눈을 피해 에이브릴의 팬들에게 자신의 정체를 알리기 위한 것이었다.

재미있는 사실은, 에이브릴 사망설을 처음 주장한 이 아브릴 에스타 모르타, 즉 포르투갈어로 '에이브릴은 죽었다'라는 이름의 블로그[12] 첫 페이지에 이런 글귀가 적혀 있었다는 것이다. "이 블로그는 음모론이 사실로 오해될 수 있음을 보여주기 위해 만들었습니다." 아닌게 아니라, 이 블로그는 마일리 사이러스, 셀리나 고메즈, 그리고 폴 매카트니에 이르기까지 여러 유명인의 사망 및 대역설을 주장하는 비슷비슷한 블로그들과 연계되어 있었다. 하나같이 음모론을 정말 퍼뜨리려고 한 게 아니라 의도적으로 허위 정보를 게시했다고 명시한 블로그였다.

블로그 '아브릴 에스타 모르타'는 처음에 본래 취지대로 받아들여졌다. 에이브릴 사망설은 브라질 네티즌들 사이에서 아는 사람들끼리만 통하는 농담 비슷한 것이 되었지만, 포르투갈어를 사용하는 세계 인구가 상대적으로 많지 않은 탓에 브라질 밖으로는 퍼지지 않았다. 그러던 2015년, 《버즈피드》 소속의 미국 언론인 라이언 브로더릭이 이 사망설을 언급하는 트윗을 올렸다. 그러자 많은 에이브릴 라빈 팬들이 일시에 라이언 브로더릭에게 엄청난 분노를 터뜨렸다. 이후 《고커》나 《바이스》 같은 매체에서 이 음모론을 다뤘고, 해당 기사가 소셜미디어에서 수없이 많이 공유되었다.[13]

에이브릴 사망설은 사람들의 입에 오르내릴 때마다 조금씩 내용이 변해갔다. 그럴 때마다 어디까지나 사실이 아닌 허구라는 본질에서 차츰 멀어져갔다. 일부 팬은 자기 영웅이 품은 비밀을 알게 되었다는 만족감에 사망설을 진지하게 받아들이곤 했다.

2019년 무렵, 에이브릴 라빈은 폴 매카트니 못지않게 확실히 죽은 사람이 되었다.

이처럼 멀쩡히 살아 있는 사람을 사망했다거나 현재 그 사람이 대역, 또는 클론이나 인조인간이라고 주장하는 음모론이 있는가 하면, 죽은 것으로 알려진 사람이 살아 있다는 설도 있다. 엘비스 프레슬리가 사망 당일에 멤피스 국제공항에서 부에노스아이레스행 티켓을 사는 모습이 목격됐다는 설을 비롯해 영화 〈나 홀로 집에〉의 혼잡한 공항 장면 속, 그리고 1984년에는 무하마드 알리와 함께 찍은 사진에 등장하는 등 곳곳에서 포착됐다는 이야기가 있다.*게다가 프레슬리의 묘비에는 누구 실수인지 이름 철자가 'Elvis Aron Presley'가 아닌 'Elvis Aaron Presley'로 잘못 적혀 있어 루머를 더 부추겼다. 그러나 모두 사실이 아닌 것으로 판명됐다. 1977년에 멤피스 국제공항에서 출발하는 국제 항공편은 애초에 존재하지 않았다.*언뜻 황당해 보이지만 이런 일이 아주 드물지는 않다. 2009년에 개통된 런던 동부의 '스트랫퍼드 인터내셔널' 역은 그런 이름을 가졌음에도 이 글을 쓰는 현재까지 국제선 열차를 운행한 적이 없다. 프레슬리가 전 세계에 개봉하는 대작 크리스마스 영화의 한 장면에 몰래 등장할 생각을 했다는 것도 의아하지만, 나중에 그 사람은 게리 리처드 그롯이라는 단역 배우로 밝혀졌다.*2016년에 인터넷 뉴스 매체들은 앞다투어 〈나 홀로 집에〉 관련 특보를 전하면서, 매콜리 컬킨이 연기한 주인공의 이름 캐빈 매캘리스터Kevin McCallister가 "나 엘비스가 연기한다I, Mr Elvis, act"의 애너그램(단어나 어구를 구성하는 철자들의 순서를 뒤바꾸어 만든 말)이라는 흥미로운 정보도 빼놓지 않았다. 그런데 많은 매체가 간과한 듯하지만, 이 애너그램이 성립하려면 이름에서 다섯 글자를 빼야 한다. 이런 경우는 애너그램이라고 하지 않는다. 알리와 함께 사진을 찍은 사람은 후에 래리 콜브라는 스포츠 에이전트로 확인됐다. 덧붙이자면, 알리 본인이 어느 인터뷰에서 사진 속의 인물을 "내 친구 엘비스"라고 밝혀 혼란을 가중했다고 한다.[14]

그 밖에 생존해 있다는 루머가 떠돌았던 유명인으로는 짐 모리슨, 마이클 잭슨, 다이애나 왕세자비, 커트 코베인 등이 있다. 래퍼 투팍 샤커는 1996년 라스베이거스에서 총에 맞아 25세의 나이로 사망했는데, 몇 달 후 그의 껄끄러운 라이벌이었던 노토리어스 B.I.G.도 피살되었다는 점, 그리고 투팍의 앨범이 생전보다 사후에 더 많이 나왔다는 점 때문에 항간에는 투팍이 멀쩡히 살아 있으며 아마 쿠바에 살고 있으리라는 소문이 나돌았다.[15]

살아 있는 유명인이 사실은 죽었고 도플갱어로 대체되었다는 주장은 기이하고 당혹스럽다. 그런 주장을 믿는 현상은 설명하기 어려운 면이 있다. 반면 죽었다는 유명인이 여전히 살아 있다는 믿음은 그에 비하면 훨씬 더 이해할 만하다. 유명인을 하나의 인간이 아니라 상징적·표상적 존재이자 스토리 속 캐릭터로 본다면, 여느 인간과 같은 평범한 죽음은 왠지 기대에 차지 않는다. 엘비스 프레슬리가 비만과 우울증에 시달리는 중년의 모습으로 변기에 앉아 죽었다는 소식에는 그의 입지전적인 성공담에 어울리는 장엄함이 없다. 그에게 뭔가 걸맞지 않은 느낌이다. 총잡이 한 명이 케네디가 열었던 미국 정치의 황금기를 끝내버렸다는 설명이 뭔가 어울리지 않게 느껴지는 것과 똑같다.

흠모하는 가수가 아직 살아 있다는 믿음에 수많은 팬이 빠져드는 이유는 더 간단하게 설명할 수도 있다. 누구도 자신의 우상이 죽기를 바라지 않는다는 것. 사랑하는 이와의 이별은 받아들이기 힘들다.

케이티 페리와 일루미나티

생사의 문제는 잠시 제쳐두고, 훨씬 더 중요한 문제를 논해보자. 가수 케이티 페리 이야기다. 페리가 일루미나티 또는 사탄을 숭배하는 의식을 여러 차례 공개적으로 벌임으로써 미국의 젊은이들을 기독교에서 이탈시키려 했다는 의혹은 과연 사실일까? 그 증거는 차고 넘친다.[16]

우선, 페리는 올바른 기독교적·미국적 가치가 어떤 것인지 누구보다 잘 알고 있다. 페리는 엄격한 기독교 가정에서 자랐다. 어느 정도였냐 하면, 그의 어머니는 맵게 양념한 달걀 요리 '데블드 에그'를 악마 대신 천사로 바꿔 '에인절드 에그'라 불렀고, '러키 참스'라는 시리얼을 못 먹게 했는데 '러키'라는 단어가 악마 루시퍼를 연상시킨다는 이유에서였다. 무엇보다 페리는 가스펠 가수로 활동을 시작했다.

그랬던 그가, 동성애에 눈뜬 경험을 노래한 〈아이 키스드 어 걸〉, 즉 '여자와 키스했어'라는 제목의 곡으로 2008년에 첫 상업적 성공을 거두었다. 심지어 곡의 후렴구는 제목과 같은 구절에 이어 "느낌이 좋았어I liked it"라는 도발적인 구절을 반복하고 있다. 감수성 예민한 어린 세대를 대놓고 꼬드겨 올바른 길에서 탈선시키려는 뻔뻔스러운 흉계라고 할 수밖에 없다.

여기에 그치지 않고 2010년에는 영국 코미디언 러셀 브랜드와 결혼했다. 그렇다, 전통적 가치를 조롱하는 농담이 주특기인 말썽꾼 러셀 브랜드 맞다. 게다가 힌두교 전통 혼례를 올렸다. 2013년에 발표한 열다섯 번째 싱글 〈다크호스〉의 뮤직비디오에서 페리는 직접 고대 이집트의 마법사 '케이티 파트라'로 등장한다. 자신에게 찾아온 구혼자들을 연이어 거절한 뒤 제거해버리는 내용인데, 곳곳에 전시안全視眼, 피라미드, 새장 등 일루미나티의 심벌이 등장한다. 특히 파란색 피부의 노예들이 머리에 쓴 새장은 마인드컨트롤의 상징이기도 하다. 그리고 이 영상 속에서 그는 급기야 구혼자를 강아지로 탈바꿈시킨다.

그뿐이 아니다. 2014년 그래미 시상식에서 선보인 〈다크호스〉의 공연을 보자. 죽은 나무들이 서 있고 연기가 자욱한 무대에 페리가 망토를 입고 나타나 역시 망토를 입은 백댄서들과 뿔 모자를 쓴 정체불명의 인물들에 둘러싸여 노래하고, 마지막에는 다 같이 빗자루를 거꾸로 들고 춤춘다. 그리고 갑자기 무대에 불길이 치솟는다. 음모론 사이트 '인포워스'는 이 공연에 대해 이런 제목을 붙여 보도했다. "일루미나티 사제들, 전 세계가 보는 앞에서 주술 의식을 치르다." 인포워스는 매우 신뢰할 만하고 완벽히 제정신인 사이트다.

결정적으로, 《롤링 스톤》이 이 의혹에 대해 입장을 묻자 페리는 부인조차 하지 않았다. 그는 "일루미나티가 존재한다면 저 좀 초대해줬으면 좋겠어요! 회원이 되고 싶어요!"라고 대답했다. 《롤링 스톤》은 이 내용을 "케이티 페리, '일루미나티가 되고 싶어요!'"라는 제목으로 보도했다.

2019년 페리가 뉴욕 메트로폴리탄 미술관에서 열리는 연례 패션 행사 '멧 갈라'에 참석했을 때도 비슷한 고발이 잇따랐다. 그가 몸에 걸친 붉은색 베일에는 검은색 실로 witness, 즉 '목격자'라는 글자가 수놓아져 있었다. 유튜브 채널 '크리스천 트루서'는 '반기독교주의자 케이티 페리, 사탄 숭배 발타너 의식을 수행하다'라는 제목의 영상을 통해 "무엇의 목격자란 말인가?"라는 질문을 던졌다. 그리고 발타너는 고대 켈트족의 축제이며, witness의 't' 자를 꼭 십자가 모양처럼 나타낸 것이 반기독교주의자이자 사탄 숭배자인 케이티 페리가 예수를 조롱하는 모습이라고 지적했다.* 기독교 우파의 관점에서 봤을 때 그나마 다행인 점은 〈다크호스〉의 뮤직비디오에서 아랍 문자로 '알라'라고 적힌 듯한 목걸이를 착용한 남성이 등장하자 케이티 파트라가 해맑게 웃으며 그를 모래로 만들어버린다는 것. 이를 통해 페리가 이슬람교에도 별 관심이 없음을 짐작할 수 있다. 이런 식의 증거가 그 밖에도 수두룩하다.

음모론자들이 완전히 터무니없는 이야기를 하는 건 아닌 것이, 페리는 일찍이 커리어 초기부터 기독교적 성장 배경에서 벗어나고자 했으며 자신의 섹슈얼리티를 마케팅 포인트로 삼기로 한 것이 맞다. 그리고 영상과 공연 속에서 확연히 이교도적인 이미지들을 활용한 것도 맞다.

하지만 팝 스타들이 그런 이미지를 차용해온 역사는 팝의 역사만큼이나 길다. 〈다크호스〉 뮤직비디오에 나오는 상징들은 일루미나티가 아니라 고대 이집트풍일 뿐이다. 2019년 멧 갈라에서 페리가 내건 단어 'witness'는 누가 봐도 당시에 나왔던 앨범 《위트니스》를 홍보하려는 것이었다. 발타너 축제일은 5월 1일이었는데 5월 6일에 뒤늦게 사탄 숭배 의식을 치른다는 것도 의아하다.

물론 일루미나티 연관설이 제기된 유명인은 페리뿐만이 아니다. 대표적인 예만 들어도 비욘세, 제이지, 톰 행크스, 킴 카다시안, 레이디 가가, 리애나, 르브론 제임스, 린지 로언, 셀리나 고메즈, 제시 제이, 마돈나 등이다. 이들 대부분의 공통점은 섹슈얼리티와 소비적 욕구를 당당히 표현하고 있다는 점이다. 물론 이들이 인간을 완벽한 존재로 변화시키는 것이 가능하다고 믿는지, 또 18세기 말 독일권의 계몽주의 담론과 장자크 루소 철학에 대해 어떤 견해를 가졌는지는 분명치 않다. 더군다나 아담 바이스하우프트가 만약 살아 있다면 이들을 회원으로 받아줄지도 의문이다. 행동거지나 걸음새를 놓고 트집을 잡지 않을지는 논쟁의 여지가 있다고 하겠다.*그래도 자기가 보기에 매력적인 사람은 받아주지 않았을까? 한편 존 로비슨은 여성이 맨 팔을 훤히 드러내놓고 다니는 행태에 경악했을 것이다.

역사 속에서 이와 같은 '모럴 패닉'을 일으킨 사례는 비디오게임, 록 음악, 재즈 음악, 최초의 소설 등에 수두룩하다. 더 먼 옛날로 가면 체스, 주사위, 전차 경주도 있다. 이 모든 사례의 본질은 부모 또는 전통적 권위자 이외의 누군가가 젊은 세대의 사회성·도덕성 발달에 영향을 끼칠지 모른다는 두려움이다.[17] 즉 대중음악계에 사탄 숭배자나 일루미나티가 판친다는 두려움의 본질은 문화적 아이콘이 가진 힘에 대한 두려움이요, 세대 차이에 대한 두려움이요, 자녀들을 완벽히 통제하지 못하는 한계에 대한 기성세대의 두려움이다.*다만 톰 행크스가 왜 거기에 끼어 들어갔는지는 분명치 않다.

브리트니 VS 스피어스

어쨌든, 음악 산업의 논리에 떠밀려 자신의 섹슈얼리티를 활용하고 있는 가수들 이야기는 충분히 한 것 같다. 이제 브리트니 스피어스 이야기를 해보자.

2017년, 두 코미디언 바버라 그레이와 테스 바커는 팟캐스트 〈브리트니스 그램〉을 시작했다. 브리트니가 인스타그램에 올리는 셀카, 동영상, 온갖 잡다한 사진을 미주알고주알 분석하는 인터넷 방송이었다. '인터넷에서 가장 즐거운 공간'이라는 슬로건이 말해주듯, 당초 제작 의도는 가볍고 유머러스한 팟캐스트였다.

그러나 2019년 초, 마냥 즐겁게 돌아가는 것 같던 브리트니의 세상은 삐걱거리고 있었다. 브리트니는 2018년 10월, 라스베이거스 장기 공연 출범 행사에서 불꽃이 터지는 무대 위로 솟아올라 등장하더니 곧이어 무대를 벗어나 차를 타고 사라졌다. 얼마 후 1월, 브리트니의 아버지가 결장 파열로 병원에 응급 수송된 후에는 무기한 활동 중단을 선언했다. 인스타그램에는 침묵만이 흘렀다. 브리트니의 인스타그램을 주제로 매주 팟캐스트를 올리던 두 사람에게는 꽤 답답한 상황이었을 것이다.

그렇게 석 달이 흘러가던 2019년 4월 4일, 드디어 게시물이 올라왔다. 분홍색 바탕에 자주색 문구가 적힌 게시물이었다. "나 자신을, 몸, 마음, 영혼을 돌보는 일에 푹 빠져보자"라고 적혀 있었다. 댓글 창에는 이런 글도 적혀 있었다. "누구나 때때로 '나만의 시간'을 가질 필요가 있어요. :)"

브리트니의 인스타그램 계정에 뻔질나게 드나들고 그와 관련된 팟캐스트를 듣는 등 브리트니에 대한 생각으로 하루의 많은 시간을 보내던 팬들은 혼란에 빠졌다. 오랜만에 올라온 게시물의 반가움도 잠시, '뭔가가 이상하다'는 느낌이 엄습하면서 서로 문자 메시지를 다급하게 주고받기 시작했다. 그레이는 그날 저녁 녹음한 긴급 팟캐스트에서 이렇게 말했다. "우리처럼 깊이 관여된 사람이 아니면 '그게 뭐?' 할 수밖에 없는 미묘한 부분이었어요."[18]

게시물에 무슨 문제가 있었던 걸까? 일단 구두점이 문제였다. 브리트니가 댓글로 단 '나만의 시간'에 따옴표가 쳐져 있고, 문장 끝에는 마침표가 찍혀 있었다. 평소 브리트니가 올리는 글은 더 편안한 투였다. 20년 관록의 슈퍼스타 브리트니였지만, 그의 인스타그램은 평범한 여학생 계정처럼 친근한 맛이 있었다. 그런데 이 게시물의 글투는 너무 정갈했다고 할까.

그뿐만이 아니었다. 바커의 표현에 따르면 전 세계가 주목한 그

'이모티콘'이 문제였다. 브리트니의 여느 게시글에는 '이모지'로 불리는 그림 문자가 수두룩하게 들어 있었다. 그런데 이 글에는 유독 이모티콘인 ':)'를 쓴 것이다. 일반 문자를 조합하여 웃는 얼굴 등을 나타내는 이모티콘은 예전에 인터넷상에서 많이 쓰이던 방식이다. 바커는 "브리트니 스피어스가 2019년에 '콜론, 괄호'를 타이핑해서 웃는 얼굴을 나타냈다? 나로서는 도저히 상상할 수 없는 모습"이라고 설명했다.

결과적으로 그 게시물은 브리트니가 인스타그램에 올릴 만한 평범한 내용처럼 보이면서도, 브리트니의 인스타그램을 밤낮으로 살피던 팬들의 눈에는 하나하나가 다 약간씩 이상해 보였다. 이른바 '불쾌한 골짜기' 현상이었다. 바커는 "여느 다른 게시물과 무척 유사하면서도, 뭔가가 석연치 않다. 상당히 비슷해서 오히려 더 섬뜩한 느낌"이라고 지적했다.

게시물이 올라오고 30분 후, 가십 전문 웹사이트 'TMZ'는 브리트니가 아버지의 병환에 따른 스트레스로 정신병원에 스스로 입원했다고 보도했다. 입원한 지는 일주일 정도 된 것으로 알려졌다.[19] 인스타그램에 올라온 게시물은 보도가 나오기 전에 입원의 이유를 설명하고 팬들을 안심시키려는 의도가 분명했다. 그러나 다른 사람이 썼다고 보여지는 단서가 워낙 많아 오히려 역효과를 내고 말았다.

누군가가 온라인에서 브리트니를 사칭하고 있다고 추측할 근거는 또 있었다. 2007년에 브리트니는 정신적으로 무너지면서 머리를 삭발하고 우산으로 파파라치의 자동차를 파손하는 등 돌발 행동을 벌였다. 어찌 보면 결혼 생활이 파탄 난 데다, 가는 곳마다 몰려들어 굴욕적인 사진을 찍어대는 파파라치들에게 시달리던 상황에서 충분히 이해될 만한 행동이었다. 그러나 당시 법원은 브리트니가 스스로 돌볼 수 있는 상태가 아니라고 판단해 후견인 제도 시행을 명령했다.

이후 2019년까지 12년간 브리트니는 직업 활동과 재정, 홍보, 심지어 사생활 면에서도 법원이 지정한 후견인의 승낙 없이는 스스로 결정을 내리지 못하는 상태였다. 그러니 정신병원 입원도 스스로가 아닌 다른 사람이 결정한 게 분명했다. 그리고 이제는 누군가가 온라인에서 브리트니의 행세를 하고 있었다.

한때 팝 스타의 인스타그램을 유쾌하게 분석하던 팟캐스트는 이제 암울한 의혹을 제기하기 시작했다. '브리트니 스피어스는 후견인 제도라는 허울 아래 사실상 감옥살이하고 있는 것이 아닌가?' 이튿날 SNS에서는 '#FreeBritney(브리트니를 해방하라)'라는 해시태그가 급상승하기 시작했다.

긴급 에피소드가 올라가고 얼마 지나지 않아 한 남자가 팟캐스트에 음성 메시지를 보내왔다. 그는 자신이 브리트니의 후견인 제도와 관련해 법률 업무를 보조했던 사람이라면서, 팟캐스트에서 제기한 의혹이 정확히 맞다고 주장했다. 브리트니에게 적용된 법적 제도는 주로 고령자 등 상태가 호전될 가능성이 희박한 사람을 대상으로 설계된 것이며, 브리트니로서는 한번 결정되면 빠져나갈 출구가 없다는 사실을 모른 채 거기에 합의했다는 것이다. 브리트니를 속박 상태에 묶어두는 배경에는 막대한 금전적 이해가 걸린 집단이 있다고 했다. 그들이 후견인 제도를 악용해 정상적 생활이 얼마든지 가능한 성인 여성의 재정을 통제하고 자유를 제약하고 있다는 말이었다.[20]

이후 몇 달에 걸쳐 가수 셰어, 방송인 패리스 힐튼, 미국시민자유연맹 등 각계각층에서 브리트니 해방 운동을 지지하는 물결이 이어졌고, 팬들은 법원 심리 결과에 반대하는 시위를 벌였다. 브리트니의 아버지 제이미 스피어스는 모두 음모론자라며 의혹을 일축했다. 2020년 9월, 브리트니는 후견인 제도를 종료해달라는 소송을 제기했다. 이후 단 몇 주 만에 제이미는 후견인 자격이 정지되었고, 2021년 11월 12일 브리트니의 후견인 제도는 최종적으로 종료되었다. 브리트니가 해방된 것이다.

이 이야기에서 주목할 점은 두 가지다. 첫 번째는 음모론의 전형적인 논리가 그대로 담겨 있다는 것이다. 배후에 숨어 사악한 목적을 추구하는 세력부터 대부분의 사람에게는 보이지 않지만 아는 사람에게는 뻔히 보이는 암호를 통해 드러나는 비밀, 익명의 정보원에 의한 확증까지. 그리고 두 번째는 그 암호가 보인다고 주장하던 사람들의 말이 결국 정답이었다는 것이다.

놀랄 일은 아니다. 유명인을 둘러싼 가십이 아무리 황당해 보인다고 해도 꼭 거짓이라는 법은 없다. 영국의 DJ이자 방송인이었던 지미 새빌은 무려 수십 년간 수상쩍은 루머를 달고 다녔다. 1970년대부터 '그 여자애가 자기 열여섯 살 넘었다고 분명히 그랬거든' 류의 불편한 농담을 하곤 했고,*16세는 영국에서 법적으로 성관계에 동의할 수 있는 나이다—옮긴이 새빌의 이러한 농담을 들어보지 않은 사람은 없었다. 2000년에는 다큐멘터리 감독 루이 서루가 그에게 소아성애자냐고 대놓고 묻기도 했다.[21] 최대한 점잖게 말해서, 그가 부적절할 만큼 어린 여자를 좋아하는 취향을 가졌다는 것을 모르는 사람은 없었다. 그러나 새빌은 1990년에 기사 작위를 수여받은 저명한 방송인이었으니, 어쩌면 그저 루머인 듯했다. 설마 마거릿 대처 총리와 사적으로 절친한 사람이 아동 성범죄자일 리가 있겠는가?

새빌은 2011년 10월에 사망했다. 그로부터 1년이 채 안 되어 영국 ITV에서 방송한 〈폭로: 새빌의 가려진 이면〉이라는 다큐멘터리에서 여러 명의 여성이 10대 때 새빌에게 성폭행을 당했다고 밝혔다. 12월 무렵에는 피해 사실을 호소한 사람이 수백 명에 달했다. 심지어 5세 때 성폭행을 당했다는 사람도 있었다.

루머는 옳았던 것으로 드러났다. 아니, 새빌이 저지른 범죄의 규모는 루머를 초월했다. 누구나 알고 있었지만 누구도 증명할 수 없었던 의혹이 사실로 밝혀졌다. 설마 그렇게 흉악한 범죄가 어떻게 공공연하게 자행되었겠느냐며 냉철하고 차분한 태도를 견지하던 사람들이 결국 틀렸던 것이다.

음모론의 대부분은 그 속성상 사실이 아니다. 또, 터무니없는 루머일수록 거짓일 가능성이 크다. 하지만 이는 절대적인 법칙이 아니다. 인간은 나쁜 짓을 저지르기 마련이고, 가능성이 희박해 보이는 일도 때로는 실제로 일어난다. 매카트니는 멀쩡히 살아 있지만, 브리트니는 정말로 자유롭지 않았다.

5장

암살 음모론: 그 배후에는 누가 있나

게르마니쿠스는 죽어가고 있었다. 그것만은 분명했다.

독 기운이 서서히 몸 전체로 퍼지면서 죽음의 문턱을 향해 비틀거리며 나아가고 있었다. 병세가 잠깐 호전되는 듯하다가도 다시 악화하면서 운명의 순간이 어김없이 다가오고 있음을 실감케 했다. 로마군 사령관이자 티베리우스 황제의 양자로서 유력한 제위 계승자였던 게르마니쿠스는 로마제국 내에서 명성이 드높았으며 그 명성만큼 정적의 면면도 화려했다. 그는 거의 한 달을 투병한 끝에 서기 19년 10월, 안티오크 외곽에서 숨을 거두었다. 피부색이 변하고 입에 거품을 물면서도 마지막 순간까지 또렷한 의식을 유지하며, 임종을 지키는 가족과 동료들에게 마지막 말을 건넸다.

이로써 게르마니쿠스는 역사상 유례가 거의 없는, 자기 자신의 죽음에 관한 음모론을 제기한 인물이라는 영예를 차지한다. 게다가 음모론을 하나도 아니고 둘이나 촉발했다. 워낙 극적인 사건을 일으키기 좋아하는 성격이라서 그랬을 수도 있다. 게르마니쿠스는 병상을 지키던 이들에게 피소라는 인물이 범인이라고 말했다. 시리아 총독이었던 피소는 티베리우스의 명령으로 제국의 동방에 파견되어 있던 게르마니쿠스와 끊임없이 자질구레한 갈등을 이어나가고 있었다. 그런가 하면 자기 아내에게는 바로 티베리우스 황제가 독살을 지시한 장본인으로 의심된다고 털어놓았다. 제위 계승자인 게르마니쿠스가 사람들에게 인기를 얻는 데 불안해하던 황제가 급기야 자신을 제거하기 위한 계략을 꾸몄다는 것이다.

게르마니쿠스의 죽음을 둘러싼 두 음모론은 제국 전역에 큰 파장을 일으켰고, 이 소식이 전해지자 로마에서는 격렬한 시위가 일어나기도 했다. 피소는 게르마니쿠스를 해치려는 음모를 꾸민 혐의로 재판을 받았으나, 판결이 나기 전에 사망했다. 피소의 시신은 잠긴 방 안에서 목이 베인 채 검과 함께 발견되었다. 법의 판결을 받기 전에 스스로 목숨을 끊은 것일 수도 있고, 윗선의 연루가 밝혀지는 것을 막기 위해 누군가가 그를 제거했을 가능성도 있다.

게르마니쿠스 독살의 진범은 과연 누구였을까? 피소? 티베리우스? 어쩌면 피소가 티베리우스의 명령을 따른 것이었을까? 아니면 그 밖의 다른 인물이었을까? 안타깝지만 타임머신을 타고 그 시절로 가지 않는 한 영원히 알 수 없을 것이다(아니, 타임머신이 발명되면 용의자가 끝없이 새로 추가될 테니 그래 봤자 별 도움이 안 될 수도 있다). 상충하는 역사적 서술이 난무하는 탓에 무엇이 사실인지 알기 어렵다. 그렇지만 가장 유력한 가설은 '그 누구도 아니다'이다. 의술이 오늘날만큼 발달하지 않았던 시절이니 불명의 질환으로 병사했을 가능성이 가장 높아 보인다. 게다가 위 내용의 상당 부분은 역사가 타키투스의 서술에 근거한 것인데, 그의 서술은 사실 관계의 정확도가 좀 왔다 갔다 한다. 사실로 확인된 부분은 게르마니쿠스가 죽었다는 것, 로마 시민들 사이에 피소가 독살했다는 설이 널리 퍼졌다는 것, 그리고 피소가 게르마니쿠스에 대한 범죄 혐의로 재판을 받았다는 것이다. 나머지는 모두 타키투스의 추측과 상상일 수도 있다. 어쨌거나 위 이야기에서 확실히 알 수 있는 사실은 적어도 2000년 전부터 유명 인사의 죽음에는 온갖 음모론이 따라다녔다는 것이다.

음모론의 음험한 특성을 이해하고 이것이 생겨나고 퍼지는 원리를 알기 위해서는 로마 장군보다는 더 근래에 사망해 역사적 증거가 어느 정도 풍부한 정치인의 사례를 살펴볼 필요가 있다. 한 나라를 충격에 몰아넣고 수십 년간 음모론의 원천이 되어온, 미국 대통령 암살 사건을 지금부터 들여다보자.

아, 당신이 생각하는 그 대통령이 아니다.

링컨 대통령 암살 사건

에이브러햄 링컨 암살 사건에 관해 먼저 짚고 넘어갈 점은, 실제로 '음모'였다는 것이다. 거기엔 의심의 여지가 없다. 공모자들이 체포됐고, 그중 다수가 자백했으며, 그리 철저히 비밀리에 꾸민 계획도 아니었던 데다 드러난 증거가 어이없을 만큼 많다. 나라를 뒤흔든 전쟁이 끝나가던 시대적 상황에서 비롯된 범행은 동기를 이해하기 어렵지 않았다. 암살을 기획하고 직접 실행한 인물은 베일에 가려지기는커녕 당대의 무척 유명한 배우였다. 그는 여러 달 전 자신이 공연하기도 했던, 관객이 가득 들어찬 극장을 암살 장소로 결정했다.

여기서 잠깐, 링컨 암살 음모의 정체가 그토록 신속하게 밝혀져 널리 알려졌다면, 그 밖의 음모론이 설 자리는 거의 없지 않았을까?

그렇게 생각했다면 정말 순진한 상상이다. 현대에 들어서는 케네디 암살을 둘러싼 무수한 음모론에 묻혀 가려진 면이 있지만, 링컨의 죽음이 촉발한 여러 음모론도 오랫동안 널리 믿어져왔다. 역사학자 윌리엄 핸칫은 저서 『링컨 암살 음모The Lincoln Murder Conspiracies』에서 '단순 음모'와 '거대 음모'를 구분하고 있다. 단순 음모는 실제로 존재했던 음모를, 거대 음모는 사건이 그리 단순하게 설명될 수 없다는 생각에서 제기된 음모론을 가리킨다. 당시에 실제 사실에 따라 이미 검증된 설명에 만족하지 못한 사람들이 있었던 것으로 보인다.

실제로 벌어진 링컨 암살 사건, 즉 단순 음모를 요약하자면 다음과 같다. 1865년 4월 14일, 워싱턴 D.C.의 포드 극장에서 배우 존 윌크스 부스는 링컨의 머리를 저격했다. 당시 미국은 노예제 존폐를 놓고 4년 동안 격렬한 내전을 치르고 있었고, 링컨이 막대한 반대를 무릅쓰고 추진한 이 전쟁 속에서 신생 미합중국의 존속은 위태로워 보였다. 암살이 일어난 시점은 남부 주를 빼놓고 치러진 대선에서 링컨이 재선되어 새 임기를 시작한 지 단 몇 달밖에 되지 않았을 때였다.

노예제를 옹호하며 분리 독립을 선언한 남부의 여러 주에서 링컨을 증오한 것은 당연하지만, 북부에도 링컨을 혐오하는 사람들이 상당 비율 존재했다. 그중 다수는 남부 연합을 대놓고 지지했고, 일부는 노예제에 반대하면서도 링컨의 가혹한 조치 탓에 미합중국의 앞날이 풍전등화에 놓였다고 보았다. 극렬한 비판자들은 그가 암살되기를 바란다고 공개적으로 밝히기까지 했고, 한 신문 편집자는 자기 손으로 직접 처단하겠다고까지 말했다. 링컨은 공개 협박과 음모 소문에 시달렸다. 암살 사건 전에 일어났던 몇 건의 모호한 사건도 실패한 암살 기도였을 가능성이 있다.

한편 부스는 당대 최고의 배우 중 한 명으로, 명성이 자자했다. 역시 유명 배우인 형제 중에서도 가장 이름이 널리 알려져 있었다. 아버지 역시 저명한 배우였다. 준수한 이목구비에 매혹적인 시선, 소년처럼 자유분방한 곱슬머리, 치명적인 콧수염을 지닌 그는 대중의 사랑을 받을 수밖에 없는 매력적인 인물이었다. 잘생긴 이마가 남성의 매력과 인격을 대변하던 시절이었고, 존 윌크스 부스의 이마는 탁월하게 아름다웠다.

그러나 부스는 논란을 부르는 인물이었다. 남부 연합을 오래전부터 열렬히 지지했고, 노예제를 워낙 강경하게 지지하여 그 때문에 가족과의 골이 깊었다. 그는 1년 가까이 링컨을 겨냥한 모종의 극적인 테러를 계획하고 있었다. 부스가 공모자들과 함께 꾸민 애초의 계획은 대통령을 암살하는 것이 아니라 납치하여 남부 연합에 넘기는 것이었다. 그러면 남부 연합이 몸값 협상을 통해 전쟁에서 확실히 우위를 점할 수 있으리라고 보았다.

납치 작전은 좋게 말해 엉망진창이었다. 링컨이 있으리라고 예상하고 가보면 매번 없었다. 사실 이 문제는 그날 아침 신문만 읽었어도 해결할 수 있었을 것이다. 그리고 비밀을 유지하는 데 워낙 서툴러서 온 동네 사람이 그들의 계략을 알고 있었다. 부스는 어째서인지 링컨을 꼭 포드 극장의 박스석에서 납치하고자 했다. 인파로 가득하고 쉬운 탈출로가 없는 장소를 굳이 고집한 것이다. 아마 극적인 상징성을 추구했던 것 같다. 부스는 같은 극장에서 18개월 전에 링컨을 앞에 두고 공연한 적이 있었다.

납치 작전이 암살 작전으로 변경된 정확한 시점은 분명치 않다. 그 무렵 부스는 폭음을 하며 점점 종잡을 수 없는 행태를 보였다. 바로 전날에 암살을 결심했을 가능성도 있다. 공모자들은 작전이 변경된 사실을 그날 아침에야 부스에게서 들었다고 주장했다. 며칠 전 애퍼매턱스에서 2만 명 이상의 남부군이 항복하면서 남부 연합은 치명타를 입었고 전쟁의 승패는 거의 결정되었지만, 공식적인 종전은 한 달 후에야 이루어진다. 북부군이 안도의 한숨을 내쉬며 경계를 늦추던 그때, 부스는 아직 늦지 않았으며 마지막 필사의 몸부림으로 전쟁의 향방을 남부에 유리하게 돌릴 수 있다고 믿었는지 모른다.

암살 작전은 그 주목표를 달성했지만, 이전의 실패한 납치 시도에 비해 크게 성공적이었다고는 볼 수 없다. 우선, 그들은 링컨만 암살 대상으로 삼았던 게 아니었다. 부스의 링컨 저격과 동시에 공모자 조지 애체롯이 앤드루 존슨 부통령을 암살하기로 했으며, 다른 공모자 루이스 파월은 윌리엄 수어드 국무장관을 처치하기로 했었다. 그러나 파월의 총은 제대로 작동하지 않았고, 침대에 누운 수어드를 칼로 찌르려고 필사적으로 애썼으나 실패했다. 한편 애체롯은 존슨을 총격하려는 시도조차 하지 않고 술에 취해 시내를 방황했다. (이 장에서 언급되는 모든 인물 중 그나마 가장 이해가 가는 행동을 했다고 할 만하다.)

부스는 링컨을 쏘는 데 성공하긴 했다. 그러나 극적인 연출에 집착한 탓에 일이 급격히 꼬이고 만다. 원래 계획은 박스석에서 대통령을 살해한 후 4미터 아래의 무대로 멋지게 뛰어내려서 의기양양하게 관객을 향해 어떤 구호를 외친 다음, 무대 뒷문으로 과감히 빠져나가는 것이었다. 그런데 뛰어내린 후 공중에서 발뒤꿈치가 깃발에 걸리는 바람에 무대 위로 요란하게 추락하면서 다리가 부러졌다. 고통에 겨워 절룩거리며 도망치기 전에 무어라고 외쳤는데, '폭군은 언제나 이렇게 되리라'라는 뜻의 라틴어 "시크 셈페르 티란니스Sic semper tyrannis"였다는 말도 있지만, 아무도 분명히 듣지 못해서 정확히 무슨 말을 했는지 이후에 목격자들 간에 의견이 모이지 않았다. 극적 연출의 관점에서 본다면 그날 밤 부스의 가장 큰 실패는 발성을 제대로 하지 못한 것이라 하겠다.

공모자 대부분은 즉시 체포되었다. 비밀을 안일하게 관리했던 것이 후환이 되었다. 부러진 다리 탓에 탈출 계획을 이행하지 못한 존 윌크스 부스는 버지니아주의 한 헛간에 12일간 숨어 지내던 중 발각되었고, 체포에 저항하다가 총에 맞아 죽었다. 이때 생포 명령에도 불구하고 살해되었다는 점이 훗날 음모론의 주요 근거 중 하나가 된다.

　이상이 단순 음모, 즉 실제 일어났던 사건이다. 현실 세계의 음모란 어떤 성향을 띠는지 잘 보여준다. 혼란스럽고 필사적이며, 항상 한수 뒤를 내다보는 천재적인 주모자는 눈 씻고 봐도 없다. 그렇다면 단순 음모로 충분한 설명이 되지 않는다고 주장하는 거대 음모론은 어떤 내용일까?

　최초로 퍼진 설은 가장 평이한 형태의 거대 음모론으로, 링컨이 저격당해 사망하기까지 몇 시간 동안에 이미 부상했다. 음모론이 흔히 그렇듯 이 음모론도 대중 사이에서 생겨난 게 아니라 고위층에서 비롯되었다. 미합중국 정부의 고위 인사들은 부스와 떨거지들이 암살의 배후일 리 없다고 믿었다. 이렇게 엉성한 이들 대신 천재적인 주모자가 반드시 있을 터였다. 남부 연합의 수뇌부가 작전을 지시했거나 최소한 인지하고 진행을 허락한 게 틀림없었다.

　그렇게 의심할 만도 했다. 양측은 엄밀히 말해 여전히 전쟁 중이었고, 남부 연합은 궁지에 몰린 데다 나쁜 놈들이었으니까. 하지만 압도적인 역사적 증거로 볼 때 이 의혹은 사실이 아니었다. 부스가 남부군 관련자와 모종의 관계가 있었을 가능성은 있지만, 당시에도 이후의 대대적인 조사를 통해서도 원래의 납치 계획이나 충동적인 암살결정에 관해 남부에서 알고 있었음을 시사하는 증거는 지금까지 발견되지 않았다. 당시 남부도 북부 못지않게 링컨의 암살 사건에 놀랐던 것으로 보인다.

　진짜로 확신해서인지, 정치적 노림수인지, 아니면 비탄과 분노의 감정에 휩싸여서인지는 몰라도, 링컨 암살 사건의 조사는 사실상 남부 수뇌부가 배후라는 의혹에서 출발했다. 목표는 의혹의 검증이라기보다 의혹을 뒷받침할 증거 확보였다.

　조사 결과는 낯 뜨거울 만큼 엉망이었다. 대통령직을 승계한 앤드루 존슨은 남부 수뇌부가 암살의 배후로 밝혀졌음을 사실로 단언하는 성명을 냈다. 남부 연합 대통령 제퍼슨 데이비스는 암살 음모 혐의, 그리고 전쟁 관련 죄로 투옥되었다. 조사를 지휘한 미 육군 법무감 조지프 홀트는 데이비스의 연루를 입증할 논거가 완성되기 일보 직전이라고 몇 달 동안 내각에 호언장담했다. 믿을 만한 첩보원이 부스와 데이비스가 캐나다에서 접선했음을 증언할 목격자 여덟 명을 찾아냈다는 것이었다. 그 믿을 만하다는 첩보원은 샌드퍼드 코노버라는 사람이었는데, 결국 그는 몽상가 혹은 사기꾼, 아니면 둘 다인 것으로 드러났다. 목격자라는 사람은 심문에 들어가자마자 코노버가 자기가 써준 대본대로 증언하라고 돈을 주고 시켰다고 털어놓았다.

납치 공모자 중 한 명인 존 서랫이 국외로 도피하자, 정부는 대신 그의 모친 메리 서랫을 체포해 유죄를 확정하고 교수형에 처했다. 메리 서랫이 실제로 어느 정도 가담했는지는 분명치 않다. 암살 계획 자체를 몰랐을 수도 있다. 파월, 애체롯, 메리 서랫, 그 밖의 공모 혐의자 다섯 명에 대한 재판에서 정부는 납치 계획과 관련된 증거를 일부러 은폐했다. 납치 계획이 있었음을 인정하면 처음부터 암살을 목표로 한 거대 음모가 있었다는 주장에 흠집이 날 것을 우려해서였다.

빈약한 증거를 가지고 어쩌면 무고할 수도 있는 나이 든 여성을 처형한 데 대해 여론은 좋지 않게 흘러갔다. 존 서랫의 신병이 확보되자 모양새는 더 이상해졌다. 그는 엉뚱하게도 로마 인근에서 교황청 근위대원으로 숨어 지내고 있었다. 서랫을 체포해 미국으로 송환하여 재판에 세울 무렵 정부 측 논거는 전보다도 더 부실해 보였다. 결국 배심원단이 합의에 이르지 못해 그는 석방되었다. 그렇게 되고 나니, 재판위원들조차 관대한 처분을 호소했음에도 그의 모친이 처형된 일은 정당화하기 어려웠다.

2년 후 제퍼슨 데이비스는 재판을 한 번도 받지 않은 채 석방되었다. 역사 기록상 데이비스의 평판은 당연히 그리 좋지 않지만, 그에게 링컨 암살의 책임이 없다는 점은 꽤 분명해 보인다. 거대 음모론 확산에 일조했던 고위 정치인 다수는 이후 겸연쩍어하며 그 주제를 피하거나 타인에게 책임을 전가하느라 바빴다. 다만 홀트 법무감은 자신의 이론이 옳다는 생각을 굽히지 않았고, 소책자를 내 자신의 주장을 비판하는 행위가 자신을 겨냥한 음모의 증거라고 주장하기까지 했다.

남부 연합 거대 음모론은 미국 정부의 강력한 지지를 받은 음모론이었을지 몰라도, 결코 유일한 음모론은 아니었다. 수십 년이 지나 1800년대 말에서 1900년대 초 사이에 인기가 정점에 달한 음모론이 또 하나 있었다. 기본 얼개는 역시 간단하지만 그 결론에는 논리의 비약이 좀 따랐는데, 가톨릭이 배후라는 것이었다.

이 설은 유대인, 예수회, 무슬림 등을 탓한 역사 속의 다른 유명 음모론들과 닮았음을 쉽게 알 수 있다. 가톨릭 배후설을 뒷받침하는 실제 증거라곤 당시 미국에 가톨릭에 대한 막연한 불신이 만연했다는 것 외엔 거의 없었다. 윌리엄 핸칫의 표현을 빌리면, 일부 미국인들은 마음에 들지 않는 것은 무엇이든 가톨릭 탓으로 돌리곤 했다.[1]

가톨릭에 대한 의심은 이미 음모론 문헌의 오래된 주제였다. 1835년 새뮤얼 모스(모스부호의 고안자이자 앞의 장에서 일루미나티에 집착했던 목사 제디다이어 모스의 아들)는 『미합중국의 자유를 위협하는 외국의 음모Foreign Conspiracy against the Liberties of the United States』라는 책을 내어 가톨릭이 이민자를 무수히 유입시킴으로써 미국을 장악하려는 음모를 꾸미고 있다고 경고했다. 링컨이 암살되었을 때 한 신문 매체는 부스와 공모한 자들이 모두 가톨릭교도라는 오보를 냈다. 이 주장은 마치 좀비처럼 사그라지지 않고 계속 살아남았다. 덧붙이자면, 존 서랫이 사건 후 교황청 근위대에 들어간 것도 의혹을 불식하는 데 도움이 되지 않았다.

막연하던 가톨릭 음모설이 완전한 이론의 모습을 갖춘 것은 사건 20년 후인 1886년, 프랑스계 캐나다인인 샤를 시니키라는 사람이 『로마 교회에서 보낸 50년Fifty Years in the Church of Rome』이라는 책을 내면서였다. 시니키는 그야말로 극적으로 교계와 사이가 틀어진 전직 가톨릭 신부였다. 그는 수십년 전 어느 주교와 친했던 유력 성직자에 의해 명예훼손으로 고소당한 후 가톨릭교회를 떠났다. 그때 소송에서 그를 변론했던 사람은 당시 일리노이주에서 손꼽힐 만큼 유능했던 변호사, 에이브러햄 링컨이었다.

시니키는 이 책에서 옛 동료들에 대한 해묵은 앙심을 터뜨리며 가톨릭교회의 악행을 비판하는 장광설을 펼쳤다. 링컨 음모론은 책의 주요 내용도 아니어서, 마치 아껴두었던 것처럼 600여 페이지 후에야 극적으로 제시되고 있다. 시니키는 링컨 암살이 의심의 여지 없이 가톨릭교회의 소행이라고 단언했다. 심지어 링컨 본인이 죽기 전에 그런 취지의 말을 자신에게 했다고 주장했다. 대통령이 실제로 맞서 싸웠던 상대는 남부 연합이 아니라 교황이었으며, 모든 링컨 암살 음모는 예수회가 주모했다고 밝혔다.

시니키의 이론은 그 규모가 단순한 사건 음모를 훌쩍 넘어 있었다. 그에 따르면 로마 가톨릭교회는 미국을 일차적 표적으로 노리고 있는 영속적 정치 음모 단체에 불과했다. 그는 가톨릭교회가 링컨을 암살했을 뿐 아니라 남북전쟁을 획책했다고 주장했다. 또 새뮤얼 모스의 주장과 비슷하게, 아일랜드인의 대규모 이주를 통해 미국을 장악하려는 음모를 꾸미고 있다고 했다. 그는 어느 결의에 찬 음모자의 말을 인용하기도 했다. "미국을 장악하여 다스리려는 우리의 의지는 굳건하며, 그러려면 비밀리에 활동하지 않으면 안 된다"면서, "우리 로마 가톨릭교도들은 미국의 대도시에 은밀하고 꾸준하게 결집해야 한다"고 말했다는 것이다.[2] 또한 가톨릭이 뉴욕에서 샌프란시스코에 이르는 주요 도시 대부분을 이미 장악했으며 거의 모든 공공기관을 접수하기 직전이라고 주장했다.

시니키는 이후의 음모론에서 오래도록 반복될 패턴을 선보이기도 했다. 바로 '내부자가 음모의 사전 지식을 무심결에 발설한다'는 패턴이다. 그는 한 개신교 목사로부터 사건 발생 몇 시간 전인 4월 14일 초저녁에 미네소타주의 작은 읍에서 가톨릭 신도들이 링컨 암살 이야기를 나누었다는 사실을 전해 들었다고 주장했다. 신도들은 그 정보를 교구의 신부에게서 들은 듯했다. 책의 결론은 당연히 '목격자가 잘못 기억했거나 이야기를 꾸며냈다'로 내려지지 않는다. 가톨릭교회에서 암살 음모의 내용을 모든 교인에게 사전에 조직적으로, 소상히 전파한 것이 틀림없었다. 게다가 거사 예정 지점에서 수천 킬로미터 떨어진 시골구석에도 예외 없이! 제대로 된 음모라면 마땅히 그래야 하지 않겠는가.

시니키의 주장은 이미 오래전에 거짓으로 밝혀졌다. 링컨과 백악관에서 만난 자리에서 교황의 음모 이야기를 들었다고 했지만, 사실은 그런 만남 자체가 없었다. 그럼에도 이후 수십 년간 수많은 책이 시니키를 주요 출처로 삼아 가톨릭 거대 음모론을 퍼뜨린다. 이쯤에서 음모론의 단골 근거인 '내부자 진술'을 신중하게 받아들여야 하는 이유를 되새겨볼 만하다. 탐사보도 기자들이 내부 고발자의 주장을 액면 그대로 믿지 않고 문서 등의 증거를 추가로 찾는 데는 이유가 있다. 내부자가 전 동료에 대해 앙심을 품고 고발하는 경우가 항상 있기 때문이다. '과거에 함께 일했던 내 상사는 사실 사악했다'라는 생각은 누구나 흔히 가지고 있다. 그리고 그 사실을 증명하기 위해 엄청나게 집요한 노력을 하는 경우도 종종 있다.

링컨의 암살을 둘러싼 마지막 거대 음모론은 사건 이후 약 80년 만에 등장해, 이후 수십 년간 여파를 남겼다. 수많은 책이 뒤이어 간행되어 이 음모론을 반복하거나 확대하면서 거짓 정보를 퍼뜨리고 증폭했다. 이 음모론을 제창한 사람은 오토 아이젠시믈이라는 화학공학자였다. 어릴 때 오스트리아에서 미국으로 건너와 석유회사 사장 자리에 오른 인물이다. 그는 1937년에 낸 『링컨은 왜 암살당했는가?Why was Lincoln Murdered?』라는 책을 통해 음모론을 주장했다.

그의 음모론은 한마디로 탐정소설의 반전과 비슷했다. 링컨의 암살을 지시한 사람은 누구인가? 놀랍게도, 바로 국방장관 에드윈 스탠턴이었다! 이런 묘한 결론이 나오게 된 경위는 이렇다. 아이젠시믈이 보기에는 링컨 암살의 공식적 설명에서 말이 안 되는 부분이 하나 있었다. 원래는 율리시스 그랜트 장군이 극장에서 링컨과 함께 관람할 예정이었는데, 공연 전에 돌연 참석을 취소했다는 것. 그랜트 장군이 참석했다면 본인도 군인인 데다 경호 병력도 대동했을 테니 부스의 테러를 당연히 막을 수 있었으리라는 게 아이젠시믈의 생각이었다.

글쎄, 공식 설명을 부정하기에는 좀 빈약한 근거가 아닌가 싶다. 직장 동료가 모임 자리에 빠졌다는 것이 특별한 설명이 필요할 만큼 특이한 사건 같지는 않다. 하지만 아이젠시믈은 그게 모든 것의 열쇠라고 보았다. 그의 머리에 번뜩하고 떠오른 해답은 바로 다음과 같았다. 그랜트에게 참석을 취소하라고 명령할 수 있었던 사람은 단 한 명, 국방장관이었다. 따라서 스탠턴이 암살의 주모자라는 것.

결론을 내린 아이젠시믈은 자고로 음모론자들이 흔히 그러듯 자신의 결론을 반증할 증거가 아니라 확증할 증거를 수집하고자 나섰다. 그리고 기이하게도 자신의 이런 방법이 과학적이라고 주장했다. 화학자들이 멘델레예프의 주기율표에 따라 예측되는 원소를 찾아나섰다가 결국 찾아낸 것과 마찬가지라는 이유였다. 그러나 그가 택한 방법은 갈륨을 찾다가 갈륨을 찾아낸 것과 거리가 멀었다. 갈륨을 찾다가 석탄을 찾아내고는 "갈륨을 발견했다!"라고 외친 것과 비슷했다.

아이젠시믈이 수집했다는 '증거'의 대부분은 그날 밤의 사건에 대한 공식적 설명에서 무언가가 이상하다는 주장에 지나지 않았다. 윌리엄 핸칫의 요약에 따르면, 이런 것들이었다. "스탠턴 장관은 왜 링컨이 요청한 극장 경호 조치를 거부했는가? 워싱턴의 전신망은 왜 사건 발생 무렵 두 시간 동안 장애가 일어났는가? 체포 및 투옥된 부스의 공모자들에게는 왜 벙거지를 뒤집어씌워 외부와의 소통을 차단했는가?"[3]

이는 음모론의 전형적인 소재다. 위에 예로 든 질문의 답은 각각 '거부했는지 확실치 않다' '사실이 아니다' '사실이 아니다'가 된다. 아이젠시믈은 훌륭한 역사가가 아니었다. 자신의 논리에 부합하는 증거를 선택적으로 취했고, 그래도 자신의 의도에 맞지 않으면 증거를 왜곡했다. 스탠턴이 링컨의 경호원 배정을 거부했다는 주장의 근거는 사건 40여 년 후 목격자 한 명이 내놓은 진술이었다. 아이젠시믈은 그 한 가지 점만 부각하고 진술의 나머지 내용, 즉 스탠턴이 그랬던 이유는 링컨의 극장 방문 자체를 말리려고 했기 때문이라는 설명은 무시했다. 스탠턴이 링컨을 덫으로 유인했다는 자신의 이론과 잘 맞지 않는 부분이다. 전신선이 모두 끊겨 당국의 범인 수색이 지연되었다는 주장은 사실이 아니다. 워싱턴과 볼티모어 간 민간 회선 하나만 고장이 났고, 이는 수색 작업에 아무 지장을 주지 않았다. 수감자들의 입을 막아 윗선의 연루 사실을 발설하지 못하게 했다는 것도 사실이 아니다. 모두에게 실토할 기회가 충분히 주어졌다.

설령 아이젠시믈의 이 같은 주장이 모두 정확한 사실이라고 쳐도, 그것만으로 증명되는 것은 없다. '공식 설명'의 허점을 잡아내 근거로 삼는 음모론에서 흔히 나타나는 현상이지만, 여기엔 세상이 돌아가는 방식에 대한 근본적인 오해가 깔려 있다. 결과를 다 알고 나서 사후적으로 돌이켜 봤을 때도, 모든 사람의 행동이 논리적으로 완벽히 말이 되어야 한다는 생각이다.

사후 확신 편향이 한껏 발현된 사례다. 큰 사건에 휘말린 사람들이 그저 자잘한 실수를 했거나 불완전한 정보에 따라 행동했을 가능성을 인정하지 않는 것이다. 부담스러웠거나 혼란스러웠거나 기분이 상했거나 공연 관람에서 빠질 구실을 궁리했을 가능성을 받아들이지 않는다. 모든 관련자가 자기 행동의 역사적 의의를 미리 내다보고 항상 인식하고 있었으리라고 생각한다. 어떤 일도 우연이나 운이나 세상의 변덕에 의해 일어날 수 없고, 모든 일에 의미가 있으리라고 본다.

암살당하기 쉬운 직업

이 글을 쓰는 현재 미국 대통령으로 재임한 사람은 총 45명이다. 그중 무려 8명이 재임 중에 죽었다. 4명은 암살당했다. 나머지 4명은 현재까지는 자연적 원인으로 사망한 것으로 되어 있다. 19세기 중반은 특히 불운했던 시기로 1841년에 윌리엄 헨리 해리슨이, 1850년에는 재커리 테일러가 재임 중에 죽었고, 제임스 K. 포크는 1849년 퇴임 후 몇 달 만에 사망했다. 기이하게 생각될 수도 있지만, 의심스러운 사망은 아니었을 가능성이 높다. 역사학자 필립 매코비액이 찾아낸 증거에 따르면, 3건의 사망은 모두 백악관 상수도의 급수원이 인근 분뇨통에 너무 가깝게 위치하는 바람에 오염되어 장티푸스를 일으킨 것이 원인일 수 있다.[4]

당연하게도 잇따른 대통령의 죽음은 암살 음모론을 낳았다. 링컨 암살 사건 전해인 1864년, 남북전쟁의 소용돌이 속에서 상호 불신이 깊던 시기에 저술가 존 스미스 다이가 책을 출간했다. 북부 연방을 지지하던 그는 저서에서 대통령들의 사망을 남부 정치인 존 캘훈(90페이지에서 등장했던 인물)과 제퍼슨 데이비스(128페이지에서 등장했던 인물)를 필두로 한 노예 소유주 일당의 탓으로 돌렸다. 다이의 주장은 남부 거대 음모론의 전신이라 할 만했다. 그에 따르면 해리슨과 테일러의 사망 외에도 볼티모어에서 있었다고 하는 링컨 암살 기도, 자신을 리처드 3세라고 믿은 정신이상자에 의한 1835년 앤드루 잭슨 대통령 총격 시도, 1857년 제임스 뷰캐넌 대통령의 취임 전에 일어났다고 하는 독살 시도가 모두 이들의 소행이었다. 뷰캐넌 독살 시도 건은 워싱턴 D.C.의 내셔널 호텔에서 각설탕에 비소를 넣는 방식으로 이루어졌다고 했다. 북부 사람들은 오로지 차만 마시는 사람들이라 각설탕을 쓸 테니 모두 제거되고 남부 사람들은 주로 커피를 선호하여 가루설탕을 쓰니 안전하리라는 기발한 논리였다고.[5]

몇 장 뒤에서 비슷한 예를 더 살펴보겠지만, 이 건은 감염병 유행을 음모로 인식하는 사례에 속한다고 볼 수 있다. 뷰캐넌의 취임 무렵 그 호텔에서 치명적인 이질 발병 사태가 몇 차례 있었지만, 이는 백악관 건처럼 상수도 문제가 원인이었을 가능성이 높다. 노예 소유주들을 겨냥한 다이의 음모론은 당시 발병 사태를 음모로 설명한 여러 이론 중 하나일 뿐이다. 당시에는 그 밖에도 급진적 노예제 폐지론자 또는 중국인을 배후로 지목하는 여러 음모론이 나돌았다.

다이의 책은 처음 출간되었을 때는 파장이 크지 않았으나, 링컨 암살을 1년도 남겨두지 않은 시점에 나왔던 것이 홍보 면에서 큰 운으로 작용했다. 몇 년 후 나온 개정판에서는 링컨 암살을 거대 음모론의 일환으로 포함시키고, 이전 판에서 당시 진행되고 있던 암살 음모를 실제로 이행되기 6개월도 더 전에 경고했다고 자찬했다. 암살 사건으로 아직 실의에 빠져 있던 미국인들에게 개정판이 훨씬 큰 파란을 일으킨 것은 당연한 일이다.

다이의 각설탕 독살설을 믿지 않더라도, 미국 대통령은 의심의 여지 없이 위험한 직종이다. 재임 중 8명이 사망했으니, 통계로 따지면 사망률이 18퍼센트에 달한다. 역대 대통령들이 좀 나이가 많은 편이긴 했으나, 5분의 1에 육박하는 사망률이라면 대단히 높은 수치다.

재임 중 자연적 원인에 의한 사망 건들은 의구심이 전혀 없다 해도, 4명의 대통령이 총에 맞아 죽었다. 45명 중 4명이다. 일자리를 제안받았는데 살해될 확률이 10분의 1에 가깝다고 하면, 글쎄, 아무래도 좀 생각해봐야 하지 않을까. 아무리 무상 주거 제공에 전용 비행기와 법안 거부권 등 특혜가 많다고 해도, 주판알을 튕겨서 손익 분석을 해봐야 할 것이다.

게다가 이건 암살 미수는 제외한 숫자다. 또, 대통령은 아니지만 마틴 루서 킹, 로버트 F. 케네디 등 정계 유력 인사가 암살되기도 하고, 그 밖에도 정치인에 대한 암살 기도는 비일비재하다. 민주당 의원 개브리엘 기퍼즈의 생명을 앗을 뻔한 테러, 최근의 공화당 의원 야구 연습장 총기 난사 사건도 마찬가지다. 2021년 1월 6일 국회의사당 폭도 중 일부도 올가미를 들고 나타나는 등 그 의도가 심상치 않았음은 말할 것도 없다. 한마디로, 미국 정치인은 정치적 견해 차이를 이유로 총질을 당할까 봐 늘 두려움을 안고 산다 해도 그리 이상한 생각은 아니다.

미국이 문제 해결에 총기를 애용하는 나라로 명성이 높긴 하지만, 정계의 거물로 사는 삶이 위태로운 나라는 사실 미국뿐만이 아니다. 역사적으로 국가수반은 사망률이 아찔할 만큼 높았다. 서기 600년에서 1800년까지의 유럽 군주들을 조사한 연구에 따르면 5명 중 1명 이상이 비명횡사했다. 그중 단연 가장 흔한 사망 형태는 의도적·비전투적·비사법적 살인, 쉽게 말해 암살이며, 확인된 건과 추정되는 건을 합치면 1200년간 모든 유럽 군주의 사망 원인 중 15퍼센트를 차지했다. 이 연구에서는 "산업혁명 이전 유럽의 왕은 세계적으로 손꼽을 만큼 위험한 직종이었다"고 결론짓는다. 살해될 확률이 오늘날 폭력 범죄가 가장 만연한 도시를 훌쩍 뛰어넘고, 유일하게 견줄 만한 수치라면 가장 잔혹했던 전쟁의 군인 사망률 정도라는 것.[6] 한마디로, 권모술

수와 폭력이 넘치는 드라마 〈왕좌의 게임〉은 사실 판타지가 아니라 다큐멘터리였다.

그러나 폭력 범죄가 흔히 그렇듯 왕의 살해도 대부분 아는 사람에 의해 이루어졌다. 유럽사 대부분에 걸쳐 국왕 시해는 거의 지배층의 전용 스포츠라고 해도 과언이 아니었다. 확인된 범인의 압도적 다수는 같은 나라의 왕족 또는 귀족이었고, 목적은 대부분 왕위 계승을 노리거나 개인적 원한을 갚으려는 것이었다. 유럽 군주들은 모르는 사람을 겁낼 필요가 없었다. 음모는 대개 궁궐 안에서 비롯됐으니까. 오늘날 암살이라고 하면 급진적 사상을 품은 혈혈단신의 암살자가 떠오르지만, 당시에는 궁정 밖 사람이 왕을 살해하는 일은 극히 드물었다. 리 하비 오즈월드의 케네디 암살 같은 모델이 유행하게 된 것은 더 후대의 일이다.

19세기에 들어서면서 양상이 바뀌었다. 역사학자 레이철 호프먼은 정치적 암살이 더 이상 왕족과 귀족 등 지배계층의 전유물이 아니게 되었고, 이제는 대중의 인기를 업은 정치적 항거자, 즉 일반 평민에 의해 수행되었다고 설명한다.[7] 공교롭게도 이 변화와 맞물려 현대적 형태의 음모론이 등장하는데, '엉뚱한 자들'이 국왕 시해 게임에 끼어드는 데 대한 특권층의 두려움을 반영한다고 볼 수 있을 듯하다.

국가수반의 자리는 현대에 들어 정치체제의 변화와 경호 업무의 전문화 등으로 조금 더 안전해졌을지 몰라도, 여전히 위험한 직종이다. 이 장을 쓰기 시작하여 마무리할 때까지 단 몇 달 동안 두 명의 국가수반이 횡사했다.*차드의 독재자 이드리스 데비 대통령은 2021년 4월 반군과 교전하는 전방 군부대를 시찰하던 중 총격으로 사망했다. 그가 6선에 성공한 날이었다. 이를 둘러싸고 여러 가지 음모론이 나왔다. 7월에는 아이티의 조브넬 모이즈 대통령이 관저 침실에서 대부분 콜롬비아인으로 이루어진 용병 약 30명의 습격을 받아 암살당했다. 이것이 음모였다는 데는 별 의문이 없지만, 배후자는 분명히 밝혀지지 않았다.

    사람들이 음모론을 쉽게 믿는 이유는 여러 가지가 있다. 음모론은 우리의 인지 편향에 부합하고, 세상을 움직이는 숨은 힘에 이름과 얼굴을 달아주고, 세상이 최소한 '누군가'의 통제하에 있으며 아무렇게나 돌아가지 않는다는 착시 현상을 일으킨다. 암살 음모론의 경우도 다르지 않지만, 그 경우는 훨씬 더 간단한 설명도 가능하다.

    우리는 왜 유력 인물의 사망을 암살 음모로 보는 경향이 강할까? 시대와 지역을 막론하고 그렇게 추정하는 것이 실제로 합리적일 때가 많았기 때문이다.

    역사적으로 수많은 사람이 온갖 정계의 거물을 살해하기 위해 실제로 음모를 꾸몄다 해도, 사실이 아닌 음모론이 수없이 등장하는 것은 당연히 불가피했다. 1678년에는 찰스 2세 국왕을 살해하려는 방대한 음모가 있다는 주장이 잉글랜드를 뒤흔들었다. 시니키의 링컨 음모론에서처럼 가톨릭이 배후로 지목되었고, 가톨릭교도는 누구나 할 것 없이 무조건 용의선상에 올랐다. 잉글랜드의 정치 권력층이 3년 동안 반가톨릭 광풍에 휩싸이면서 수많은 이가 체포되고 20명 이상의 가톨릭교도가 존재하지도 않는 음모 혐의를 뒤집어쓴 채 처형되었다. 놀라운 사실은 내부 고발자라고 하는 타이터스 오츠는 한때 "더없이 무식한 멍청이"로 불릴 만큼 신뢰도나 평판이 땅에 떨어진 인물인데다, 누가 봐도 뻔한 허점투성이 이야기를 늘어놓았다는 것이다. 더희한한 사실은 암살의 표적이라고 하는 찰스 2세조차도 음모설을 전혀 믿지 않았으며 오츠를 반대신문해 그의 거짓말을 탄로하기까지 했다는 것. 국왕이 논파하려고 애를 썼음에도 이 음모론이 잉글랜드의 정계를 수년간 휩쓸었다는 사실은 이런 이론이 때로 얼마나 큰 위력을 떨치는지 보여준다. 특히 음모론이 모종의 정치적 목표를 추진하는 데 딱 좋은 구실을 제공하는 경우 더욱 그렇게 되기 쉽다.

그러나 안타깝게도 암살 음모론은 이런 식으로 진위가 분명한 경우가 매우 드물다. 위의 경우처럼 암살의 표적이라는 사람이 멀쩡히 살아서 음모가 사실이 아니라고 계속 주장한다면 몰라도, 딱히 반증할 요소가 없는 게 보통이다. 그렇다면 세상에 확실한 일이 별로 없다는 사실을 받아들이고, 유명한 의혹들 중 다수는 영원히 미궁으로 묻힐 가능성이 높음을 인정할 수밖에 없다. 그 사례로 자주 거론되는 음모론 몇 가지를 간략히 살펴보자.

다그 함마르셸드

유엔 사무총장이었던 함마르셸드는 1961년의 콩고 위기를 중재하고자 비행기로 이동하던 중 오늘날의 잠비아에서 추락 사고로 사망했다. 이 사건과 관련된 음모론은 세상의 여러 음모론 중에서 가장 타당성이 높은 축에 든다고 할 수 있다. 추락 확인 후 몇 시간 만에 콩고 주재 미국 대사가 보낸 전보에서 한 벨기에인 용병 파일럿이 격추 용의자로 지목됐는데, 이 파일럿이 세월이 흐른 후에 연루 사실을 털어놓았다는 이야기가 있다. 게다가 추락 현장의 보존 조치가 석연치 않게 지연되고 현장이 훼손되었다는 주장이 나오는 등 사건 직후 수상한 정황이 있었다. 뉴스가 나온 직후 해리 트루먼 전 미국 대통령이 "함마르셸드가 그자들에게 살해당했을 때, 그는 뭔가를 완수하기 직전이었다. 내가 '그자들에게 살해당했을 때'라고 말한 것에 주목하라"라고 언론에 말했다는 이야기도 의혹을 남긴다.[8]

그런데 묘한 점은 음모론에 워낙 다양한 버전이 있어서 비행기에 테러를 일으킨 방식만 해도 격추, 폭파, 장비 오작동 유발 등 추측이 갈린다는 것이다. 함마르셸드가 추락으로 즉사했는지 이후 지상에서 총에 맞았는지도 분명치 않고, 누가 지시했는지도 의견이 갈린다.

지목되는 배후 세력은 CIA, KGB, MI6, 남아공 인종주의 세력, 콩고에서 분리 독립한 카탕가주, 유럽의 사업적 이해를 대변하는 비밀 조직 등으로 다양하다. 뭐, 어떤 조직을 의심하든 선택은 자유다.

야세르 아라파트

팔레스타인 자치 정부의 수반이자 오랫동안 여러 정부의 눈엣가시였던 아라파트는 2004년 알 수 없는 병으로 사망했다. 자연스럽게 음모론이 빗발쳤고, 그 내용은 독살되었다는 설에서 에이즈로 사망했는데 부하들이 은폐했다는 설에 이르기까지 다양했다.

이스라엘 안보 내각에서 2003년 9월 아라파트를 '제거'하기로 결정한 사실을 고려하면, 그가 살해당했을 가능성을 완전히 배제하기는 어렵다.[9] 혹시 그 말이 무슨 뜻인지 의문이 있을까 봐 부연하자면, 당시 부총리였던 에후드 올메르트가 이스라엘 라디오에 출연해 암살도 분명히 선택지 중 하나라고 밝혔다. 다음 날 국제사회의 항의가 터져 나오자 외무장관이 부총리의 발언을 철회했지만, 이 음모론을 '전혀 근거 없는 망상'으로 치부할 수는 없을 것이다.

그러나 역시 명확한 결론을 내리기란 어렵다. 가장 신빙성 있게 거론되는 구체적 음모론은 세월이 흐른 후에야 등장했다. 러시아 반체제 인사 알렉산드르 리트비넨코가 방사성 물질인 폴로늄 210으로 암살되고 나서였다. 곧바로 가설이 제기됐다. 아라파트도 같은 수법으로 당한 게 아니었을까? 아라파트의 유해를 발굴해 법의학 검사를 했으나 그럴 수도 있다는 의견과 아닌 것 같다는 의견으로 갈리며 이렇다 할 명확한 결론이 나지 않았다. 아라파트가 죽었을 때 알려진 증상은 폴로늄 중독과 잘 부합하지 않는다. 또한 아라파트는 고령이었으니, 자연사의 경우도 충분히 있을 수 있다. 현재로서는 자연적 원인으로 사망했다는 설이 가장 유력하긴 하지만, 어느 쪽이라고 확고히 결론을 내리는 것은 거의 불가능하다. 물론 그렇다고 해도 결론을 확고히 주장하는 사람은 계속 넘칠 것이다.

존 F. 케네디

자, 이제 올 것이 왔다. 한번 따져보자. 충격적인 진실이 기다리고 있다. 우리 저자들도 그렇지만, 케네디 암살에 관해서는 항상 기본적으로 의심을 품어온 사람이 많으리라. 처음 1964년에 워런 위원회 보고서가 나왔을 때는 대부분의 미국인이 그 내용을 믿었지만, 이후 설문조사 결과에 따르면 회의론의 비율이 꾸준히 늘었다. 모종의 음모가 있었다고 생각하는 미국인의 비율이 현재 약 60퍼센트이고, 이 수치는 1960년대 말부터 50퍼센트 밑으로 내려간 적이 없다.[10]

명사들도 케네디 암살 음모론을 믿었다. 초기의 유력한 신봉자 중에는 20세기 최고 지성 중 한 명으로 꼽히는 버트런드 러셀도 있었다. 러셀은 '누가 케네디를 죽였나? 영국 위원회'라는(러셀 본인의 표현에 따르면 그다지 만족스럽지 못한 이름이라고 한다) 모임을 창립했다. 여기에 극작가 J. B. 프리스틀리, 역사학자 휴 트레버로퍼, 후에 노동당 당수가 되는 마이클 풋 등의 여러 저명인사가 참여했다. 러셀의 논고 「암살 관련 16가지 의문」(1964)은 '공식 설명'의 허점을 잡아냄으로써 음모론을 제기한 전형적 사례. 특히 공식 설명의 정의를 확대하여 모든 당국자의 즉흥적 발언과 모든 매체에 실린 보도를 다 그 범주에 포함하고 있다.[11]

어쨌든 의심을 품은 사람이 많은 것이 사실이다. 케네디 암살 배후가 누구라는 특정 이론을 지지하지는 않더라도, 최소한 저격범이 리 하비 오즈월드 한 명만은 아니었으리라고 생각하는 사람이 많다. 그런데 증거는 오즈월드가 단독 저격범이었음을 강력히 시사한다. 이 사건과 관련해서는 그간 방대한 이야기가 쏟아져 나왔고, 제기되었던 모든 음모론을 다루기는 어렵다. 그중에 복수의 저격범이 존재했으며, 따라서 (엄청난 우연의 일치가 아닌 한) 음모가 분명하다고 하는 핵심 주장 몇 가지를 살펴보자.

그중 가장 중요한 주장은 '마법 총알설'이다. 올리버 스톤 감독은 흥미진진하지만 헛소리로 가득한 영화 〈JFK〉에서 마법 총알 문제에 엄청난 시간을 할애하고 있다. 언뜻 황당해 보이는 이 현상은 워런 보고서의 신빙성을 떨어뜨림으로써 '공식 설명'에 대한 대중의 불신을 높이는 데 가장 크게 기여한 요인이라고도 할 수 있다.

이 주장은 오즈월드가 단 세 발의 총알만 발사했다는 사실에서 시작한다. 주어진 시간 동안 그보다 여러 발을 쏘는 것도 불가능했고, 약 2초에 한 발 이상을 쏘는 것도 불가능했다. 한 발은 빗나가서 도로 연석에 맞고 행인 한 명에게 경상을 입혔다. 한 발은 케네디의 머리를 맞춰 치명상을 입혔다. 이제 단 한 발이 남는데, 이 한 발이 케네디의 등과 목을 다치게 하고 텍사스 주지사 존 코널리의 등, 갈비뼈, 손목, 허벅지에 상처를 입혔다.

그렇다면 총알이 대통령의 몸을 빠져나오자마자 공중에서 빙글빙글 돌면서 오른쪽으로 급격히 방향을 꺾고 다시 한번 왼쪽으로 꺾어진 후 주지사의 신체 곳곳을 지그재그 모양으로 관통해야 했다는 게 '마법 총알' 주장의 요지다. 잘 알고 있겠지만, 총알은 그런 식으로 움직이지 않는다.[*] 총알이 휘어서 날아가는 기술을 선보인 영화 〈원티드〉에서라면 가능한 얘기다. 〈엑스맨〉에서도 초능력으로 총알의 탄도를 바꿀 수 있는 매그니토가 케네디 암살 혐의로 옥살이를 한다. 그러고 보니 두 편의 영화에 모두 배우 제임스 매커보이가 나온다. 그는 뭔가 알고 있는 걸까? 그러므로 최소한 하나의 다른 총알이, 최소한 한 명의 다른 저격범에 의해 발사되었으리라는 것.

이 주장은 두 사람이 같은 높이에, 앞뒤로 정확히 일렬로 앉아 있었다고 전제한다. 자동차 좌석은 보통 그런 식으로 되어 있으니 그렇게 내세울 만도 하다. 하지만 그 차는 보통 차가 아니라 대통령 리무진이었다. 케네디의 좌석은 코널리의 좌석보다 높았고, 당시 사진을 보면 케네디가 코널리보다 오른쪽으로 바짝 붙어 앉아 있는 모습이 잘 확인된다. 이렇게 총격 당시 두 사람의 실제 위치를 고려하면 마법 총알의 황당했던 탄도는 사라지고 직선이 그려진다. 직선이 향하는 곳은 오즈월드가 총을 쏘았던 텍사스 교과서 보관소 건물의 6층이다.

　그 밖의 증거도 면밀히 검토해보면 이런 식으로 허물어지는 것이 많다. 잔디 언덕 부근에서 난 총성을 포함해 네 번의 총성이 울렸다는 주장의 근거가 되었던 경찰 무전 녹음을 살펴보자. 분석 결과 이는 관계없는 다른 소리였고 녹음된 시점이 암살 시점이 아니었으며 소리가 난 지점도 잔디 언덕 쪽이 아니었다. 버트런드 러셀 등이 제기한, 마지막 순간에 카퍼레이드 이동 경로가 교과서 보관소 앞을 지나가도록 변경되었다는 주장은 사실이 아니며, 어느 한 신문에 실린 단순화된 지도에서 비롯된 오해다. 짐 개리슨 지방검사가 제기했고 영화 〈JFK〉를 통해 유명해진, 케네디 암살이 CIA, 주 정부와 지방정부, 우파 기업가와 동성애자 일당이 합작한 결과라는 거대 음모론의 진실은 다음과 같다. 음모론에 쉽게 현혹되는 증인 몇 명의 지극히 미심쩍은, 일부 철회된 증언에 거의 전적으로 근거한 이론이라는 것. 한 세기 전 홀트 법무감이 링컨 암살을 조사했던 방식처럼, 어느 검사가 미리 정해진 결론을 입증할 증거를 찾는 데 골몰하면서 몽땅 헛소리임을 명백히 보여주는 자료는 태연히 무시한 결과였다.

　그리고 리 하비 오즈월드에게 암살자 성향이 있었음을 뒷받침하는 사실이 있다. 오즈월드는 사건 몇 달 전에 에드윈 워커에게 총격을 시도했을 가능성이 높다. 워커는 열혈 인종차별주의자이자 전직 장성으로, 극우 단체 존 버치 협회의 도서를 부대에 배포하려 하다가 미 육군이 승인하지 않자 스스로 자리에서 물러난 사람이다. 참고로 존 버치 협회에 관해서는 이 책의 후반부에서 전혀 다른 관점으로, 즉 음모론 확산의 주역으로서 다시 조명하도록 하겠다.

정리하자면, 영화 속에서 짐 개리슨 역의 케빈 코스트너가 도표를 제시하며 열변을 토하는 장면에 비하면 김이 새는 이야기지만, 단독 저격범 이론이 아마도 옳아 보인다.

다이애나 왕세자비

이것이야말로 도무지 말이 되지 않는 음모다. 우선, 사실이라면 역사상 가장 멍청한 암살 작전으로 꼽아야 할 것이다. 이 음모론에 따르면 (대부분의 목격자가 보지 못했다고 하는) 미스터리한 점멸등을 사용해 운전사의 시야를 교란했고, 덩치가 훨씬 작은 차로 정확한 타이밍에 접촉 사고를 내서 차를 도로에서 이탈시켰으며, 암살 대상이 다행히 안전벨트를 매지 않아서 암살에 도움이 됐다고 한다. 게다가 수많은 파파라치가 바로 몇 미터 뒤에서 따라오고 있는 상황에서 굳이 작전을 수행했으니, 그야말로 완벽한 '암살' 계획이 아닐 수 없다.

암살 동기로는 보통 영국 왕실이 미래의 국왕에게 무슬림 의붓형제가 생길까 봐 질겁했기 때문이라는 설이 제기되는데, 역시 말이 안 되기는 마찬가지다. 다이애나는 당시 임신 중이지도 않았다. 게다가 다이애나는 이미 그전에 몇 년 동안 한 무슬림 의사와 장기간 훨씬 진지하게 교제했다. 그때 왕실은 아무 불만이 없었고 암살 시도 비슷한 것도 한 적이 없다. 음모의 증거라고 하는 것들은 모두 빈약하거나 조작으로 밝혀졌다. 음모설 전체가 다이애나의 연인이었던 아들의 죽음을 비통해하며 영국 지배층에 원한을 품은 아버지와 다이애나의 사진을 1면에 실으려고 혈안이 된 언론의 합작품에 지나지 않아 보인다.

실종된 총리의 진짜 비밀

이상을 비롯해 세상의 수많은 암살 음모론은 타당성 면에서 다양한 양상을 보인다. 개중에는 가능성이 꽤 높아 보이는 것도 있다. 사실 완전히 배제할 수 있는 경우는 드물다. 특히 정치적 암살의 현실상 사실이 아님을 증명하기란 다른 경우보다 더 힘들다. 이미 입증된 암살 음모의 역사에 비추어 보면 어떤 의혹에 전혀 근거가 없다고 말하기는 어려운 경우가 많다.

그럼에도 의혹은 사람을 현혹하기 쉽다. 아닌 게 아니라, 우리는 의혹을 워낙 좋아하여 무에서 의혹을 만들어내기도 한다. 이 점을 더없이 잘 보여주는 사례가 있으니, 오스트레일리아의 해럴드 홀트 총리가 1967년 12월의 어느 더운 날에 바다로 걸어 들어가 나오지 않은 사건이다.

냉전이 한창이던 시기, 케네디 암살 몇 해 뒤에 세계의 주요 지도자 한 명이 감쪽같이 사라졌다는 사실은 음모론을 촉발하기에 딱 좋은 상황이었다. 홀트 총리가 오스트레일리아 남쪽 해안의 집 근처 해변에서 실종된 이 사건은 수십 년간 공식 미제로 남았다. 그리고 자연히 음모론이 불거졌다.

일각에서는 총리가 베트남전 지지 입장 때문에 북베트남에 의해 암살당했다고 주장했다. 한 신문은 총리가 베트남전 반대 입장 때문에 CIA에 의해 암살당했다는 견해를 밝혔다. 한 미국 변호사는 오스트레일리아 당국에 서한을 보내 총리가 외국 세력의 소행으로 보이는 전문적 공작에 희생되었으며, 모종의 약물이 사용되었을 가능성이 있다고 주장했다.[12]

'공식 설명'이 낱낱이 파헤쳐지는 수순을 밟으면서, 사건 초기에 총리직 계승자 선정을 놓고 정부가 우왕좌왕하던 가운데 나왔던 여러 발언의 사소한 불일치가 주목 대상이 되었다. 그중 가장 방대한 음모론에서는 아예 암살이 아니라고 했다. 『총리는 스파이였다The Prime Minister Was a Spy』라는 제목의 책은 홀트가 40년 가까이 중국의 스파이로 활동하다가 정체가 탄로 날 위기를 감지하고 망명을 결정, 앞바다에 기다리고 있던 중국 잠수함을 타고 탈출했다고 주장했다.

　사실 홀트 실종의 진실에는 미스터리한 점이라곤 전혀 없었다. 거의 우스꽝스러울 만큼 미스터리하지 않았다. 당시 홀트는 수영에 푹 빠져 있었고 실력을 자부했다. 의회에서 지루한 연설이 이어질 때는 심심풀이로 자신의 숨 참는 능력을 시험하기도 했다. 그러나 그가 사라진 날의 파도는 대단히 거칠었다. 해변에 같이 나갔던 친구 두 명이 처음에는 함께 수영하려고 했다가 포기했다. 풍랑이 워낙 거세 구조 작업이 심한 난항을 겪었다. 배 한 척이 전복됐고, 한 해안경비대 잠수부는 TV 뉴스 인터뷰에서 "마치 세탁기에 들어가 있는 것 같았다"고 말하기도 했다.[13]

　게다가 홀트의 건강은 그리 좋지 않았다. 만성적인 어깨 부상에 시달렸고, 몇 달 전에는 의회에서 쓰러진 적이 있었으며, 그전 해에 익사할 뻔한 사고를 두 번이나 치렀다. 주변 사람들과 주치의가 한목소리로 바다에 들어가면 위험하다고 경고했지만, 그는 귓등으로 흘렸고, 공보 비서관에게 "총리가 익사하거나 상어에게 당할 확률이 얼마나 되겠느냐"고 농담 삼아 묻기도 했다.[14] 《디 오스트레일리안》은 실종 전날 "총리, 수영 줄이라는 조언 들어"라는 제목의 기사를 1면에 싣기까지 했다. 영화에나 나올 법한 노골적인 복선이었다.

　음모론은 종래의 설명에 구멍이 있을 때 번창한다. 잘 설명되지 않거나 믿기 어려운 부분을 설명할 수 있다고 하는 경우가 많다. 그러니 음모론이 잘되기 위한 요건이 하나 있다. 기존 설명보다 덜 그럴듯해서는 안 된다는 것이다. 해럴드 홀트의 실종은 단순한 사고, 즉 익사였다. 모든 사람이 뻔히 예상할 수 있었던 일이 일어난 것일 뿐, 음모가 아니었다.

그렇다면 음모론이 성행했던 이유는 뭘까? 극적인 사건이 평범하거나 임의적인 원인에서 비롯되었다는 것을 받아들이기 어려운 '비례성 편향'의 효과다. 주요국 정상이 사라진 것이 단순히 개인의 불운이나 어리석은 판단 탓일 리는 없다는 생각이었다. 역사학자 이언 행콕의 표현을 빌리면, "매년 여름 오스트레일리아에서는 남녀노소가 바다에서 허튼짓하다가 익사한다"는 사실에도 불구하고 그런 실명은 만족스럽지 않았다. "간단한 설명은 이 중대한 사건과 어울릴 만큼 엄중해 보이지 않았다"고 행콕은 지적했다.[15]

바꿔 말하면, "총리가 익사할 확률이 얼마나 되겠느냐"는 홀트의 질문에 담긴 논리적 오류가 그대로 나타난 것이다. 물론 그 질문의 답은, 성치 않은 어깨에 근래에 익사할 뻔한 일도 겪은 여느 60대 남성이, 다들 너무 위험해서 몸을 사린 풍랑 속에 자신만만하게 뛰어들었을 때 익사할 확률과 조금도 다르지 않다는 것이다. 바다는 총리라고 봐주지 않는다. 여느 일반인과 확률이 다를 리가 없다.

6장

UFO 음모론:
정말 '그들'이 타고 온 걸까

1639년의 어느 날 밤, 당시 보도된 표현에 따르면 "진지하고 사려 깊은 사람"이라는 제임스 에버렐은 보스턴 부근의 머디 강에서 일행 두 명과 배를 타고 가던 중 하늘에 "거대한 빛"이 떠 있는 것을 보았다. 이 목격담을 기록한 존 윈스럽 메사추세츠주 식민지 지사의 일지에는 당시 상황이 다음과 같이 묘사되어 있다. "가만히 서 있을 때는 불꽃처럼 타올랐고 한 변이 3미터 정도 되는 정사각형 모양이었다. 움직일 때는 줄어들어 돼지의 형상이 되었다." 돼지 모양의 괴물체는 머디 강과 찰스타운 사이를 몇 시간 동안 "화살처럼 빠르게" 왕복했다고 한다. 그 후에 보니 일행이 탄 배가 물살을 거슬러 강 상류 쪽으로 약 1~2킬로미터 이동해 있었다.[1]

이 사건은 식민지 시대 미국에서 최초로 기록된 UFO 목격 사례로 간주된다. 그리고 이것이 마지막은 아니었다.

외계인에 의한 납치, 비행접시와 관련된 정부의 은폐 공작은 오랜 세월 음모론의 대명사였다. 1980~1990년대 음모론 부흥기에 UFO는 주역으로 떠올랐다. '로즈웰'이나 '51구역' 같은 말들이 극우 민병단체의 선전물에서 〈엑스파일〉과 〈인디펜던스 데이〉 같은 주류 대중문화 히트작에 이르기까지 곳곳에 등장했다.* 90년대 말에 배우 윌 스미스는 〈인디펜던스 데이〉부터 〈맨 인 블랙〉, 〈에너미 오브 스테이트〉까지 연달아 세 영화를 히트시키며 톱 스타로 등극했는데, 세 편의 영화 모두 '음모론이 결국 옳았다'는 전제를 중심으로 하고 있다. 그러니 궁금하지 않을 수 없다. 윌 스미스는 뭔가 알고 있는 걸까?

'외계인 소행설'은 오랜 시간 놀랄 만큼 높은 인기와 강한 저력을 증명해왔다. 설문조사에 따르면 UFO를 타고 외계인이 지구에 찾아왔다고 생각하는 미국인의 비율은 1960년대부터 30퍼센트를 꾸준히 웃돌고 있으며, 종종 훨씬 높게 나타나기도 한다.[2] 그렇게 생각하지 않는 사람도 정부가 모종의 은폐 공작을 벌이고 있으리라 의심하는 경우가 많다. 최근 조사에 따르면 미국인의 68퍼센트가 정부가 UFO 관련 정보를 숨기고 있는 것으로 생각한다고 한다.[3] 앞으로 살펴보겠지만, 기본적으로 맞는 얘기기도 하다.

미국 사회의 어느 집단에나 UFO론자는 존재하지만, 이들은 대중문화에서 대체로 지독한 괴짜의 모습으로 그려졌다. '광적이고 불안에 빠진 덕후' 아니면 '외계인이 우리를 데리고 항문 검사를 한다는 데 집착하는 시골 술꾼'이 대표적인 이미지다. UFO 음모론은 누구도 스스로 믿는다고 자처하고 싶지 않은 음모론이었다.

그런데 최근 들어 특이한 일이 일어났다. 비교적 유명한 인사들이 처음엔 조심스럽게 입을 떼더니 점차 입을 모아 '아무래도 UFO라는 것에 좀 더 주목해야 하지 않을까'라는 식의 주장을 펴기 시작한 것이다. 권위 있는 신문들이 늘어나는 UFO 관련 증거와 이를 분석 중인 정부의 노력을 자세히 보도했다.[4] 학계와 정계에서도 주목했다. 이러한 변화를 고스란히 대변하듯, 2019년 《워싱턴 포스트》에 대니얼 드레즈너 국제관계학 교수가 "UFO는 존재하며, 누구나 그 사실에 적응할 필요가 있다"라는 단도직입적인 제목의 칼럼을 기고했다.[5]

이들 중 아무도 'UFO는 확실히 외계인의 비행체'라고 말하지는 않았다(그런 가능성이 있음을 인정하는 사람들은 있었다). 오늘날 'UFO'라는 약자는 거의 외계인의 우주선을 가리키는 말이 되어버렸지만, 사실 그 원말인 '미확인 비행 물체unidentified flying object'는 외계인과 관계없는 다양한 물체일 수 있다. 미국 국방성 산하 미확인공중현상 대책반이 2021년 6월에 발간한 보고서(미국 정부가 UFO를 공식적으로 연구하고 있다고 처음으로 밝힌 자료이기도 하다)에서 밝혔듯이, 미국 정부의 주된 우려는 UFO가 외계인의 우주선일 가능성이 아니라 이른바 '적성국 시스템', 다시 말해 러시아나 중국의 최첨단 신형 정찰기일 가능성에 있다.[6]

이러한 우려는 전혀 새로운 것이 아니다. 애초에 UFO 음모론을 부추긴 수상한 활동들이 바로 그런 우려에서 기인한 경우가 많다.

하늘에 뜬 이상한 것들

1639년 제임스 에버렐의 목격을 시작으로 이후 10년 동안 UFO 목격담이 이어졌다. 1644년에 적힌 존 윈스럽의 일지에 따르면, 보스턴 외곽에서 또 다른 세 사람이 배를 타고 가다가 다음과 같은 장면을 보았다고 한다. "마을 만의 북단 근해에서 두 개의 빛이 사람을 닮은 형상으로 솟아올라 (…) 마을을 향해 조금 거리를 두고 나아가다가 남단을 향해 갔고, 그곳에서 자취를 감췄다." 이 사건은 장안의 화제가 되었다. 이후 몇 주에 걸쳐 같은 빛이 여러 차례 목격되었는데, 이때 유령 같은 목소리가 "'애야, 애야! 이리 와! 이리 와!' 하고 더없이 섬뜩하게 외쳤다"고 한다.[7] 코튼 매더 목사는 1647년 뉴잉글랜드의 역사를 서술한 책에서 배 한 척이 코네티컷의 뉴헤이븐 부근 상공을 떠다녔다는 목격담을 전한다. 배는 맞바람을 거슬러 약 1~2킬로미터를 움직인 후 연기 같은 구름 속으로 사라졌다고 한다.[8]

이 목격 사례들은 뉴잉글랜드 이주민이 신대륙의 기상 현상에 익숙지 않았다는 것으로 설명될 수도 있겠으나, 유럽 하늘에서도 이상한 형체가 숱하게 관측됐다. 1561년, 한 소식지는 어느 날 새벽 뉘른베르크 상공에서 핏빛 또는 검은빛의 구체, 십자가, 막대 등이 여러 사람에 의해 목격되었다고 전했다. 하늘의 형체들은 이내 서로 싸우는 듯하다가 지친 기색을 보이더니 땅에 떨어져 불타 사라졌다. 지면에는 목격자들의 진술을 바탕으로 한 목판화도 실렸다. 화가의 상상력과 해석이 가미된 그림이었다.[9]

5년 후 스위스 바젤 상공에서도 묘하게 흡사해 보이는 현상이 제보됐다. 역시 해가 가장 낮게 뜬 시간이었고, 검은색과 붉은색의 구체들이 서로 싸우는 듯하다가 땅에 떨어졌다고 했다.[10]

1609년 9월, 조선의 하늘에서 큰 호리병 모양의 UFO가 관측됐다.[11] 1668년, 슬로바키아 상공에 은빛 도마뱀이 나타났다.[12] 기원전 1세기 말 역사가 리비우스의 저술에는 로마 상공에 나타난 기이한 형체들의 묘사가 빼곡하다. 이를테면 불덩어리, 하늘에서 반짝이는 유령선, 제단 앞에 서 있는 흰색 옷의 남자들 등이다.[13] 서양 문명사 전체가 UFO 목격에서 비롯됐다는 관점도 있다. 콘스탄티누스 황제가 밀비우스 다리 전투를 앞두고 있을 때 해 위에 빛나는 십자가와 함께 그리스어로 '이 표시로 정복하리라'라는 문구가 나타났다고 전해진다. 만약 콘스탄티누스가 그게 신의 계시가 아니라 지나가는 외계인이었음을 알게 된다면 얼마나 당황스러울까. 자신이 로마제국 전체를 이유 없이 기독교로 개종시킨 셈이니.

많은 UFO론자는 이런 역사적 기록을 외계 비행체와의 '근접 조우' 증거로 본다. 오늘날의 UFO 목격담과 비슷해 보인다는 이유에서다. 그러나 꼭 그렇지도 않은 게, 오늘날의 UFO는 보통 돼지, 도마뱀, 돛단배, 거대한 검은색 창 따위의 모양을 띠지 않는다. 으스스한 목소리로 외치거나 그리스어 문구를 달고 있지도 않다.

이런 기록들이 보여주는 것은 인류는 항상 하늘에서 이상한 형체를 포착하는 경향이 있었으며 이를 당시의 믿음, 걱정거리, 기술 발전상에 따라 달리 해석했다는 사실이다. 17세기 뉴잉글랜드에서는 죽은 뱃사람의 유령으로 보고, 고대 로마에서는 신의 계시로 보는 식이었다. 사람들은 이후 외계인이라는 개념을 접하고 나서야 비로소 그런 형체를 외계인의 것으로 해석하기 시작한다. 뉘른베르크 하늘에 나타난 형상의 정체가 무엇이었건 간에, UFO론자들이 나서기 전에는 아무도 거기에 대해 외계 유래설을 내지 않았다는 점에 주목하자.

실제로 역사적 목격담의 대부분은 꽤 그럴듯한 설명이 가능하다.[14] 원래 하늘에서는 외계인과 무관하게 온갖 특이한 현상이 일어나기 때문이다. 예를 들면 다음과 같다.

환일

환일은 추운 날씨에 태양의 고도가 낮을 때 태양 양쪽에 작은 태양이 두 개 더 떠 있는 것처럼 보이는 착시 현상이다. 영어 명칭 'sun dog'는 이슬이나 안개를 뜻하는 'dag'에서 유래했다는 설도 있지만, 사람이 개를 산책시키는 모습을 닮아서 그런 이름이 붙었다는 설이 어쩐지 더 마음에 드니 그냥 그런 것으로 하자.

도깨비불

습한 지대에서 흔히 나타나는 신비로운 빛으로, 옛날에는 유령이나 요정 따위가 이 빛으로 지나가는 행인을 위험한 늪지로 이끄는 것으로 여겨졌다. 오늘날에는 습지에서 발생한 가스가 자연 발화하면서 일으키는 현상으로 알려져 있지만, 기괴한 빛이 날아다니는 모습은 누구나 혼비백산이 되기에 딱 좋다.

구상번개

말 그대로 둥근 모양의 번개다. 널리 목격되었다고 하지만 원리는 거의 규명되지 않고 있다. 물리적 실체가 있는 것이 아니라 번개가 치는 폭풍 속에서 일어나는 착시 현상일 수도 있다. 어쨌든 다양한 시대와 지역에서 관측된 바 있다.

파타 모르가나

신기루의 일종으로, 아래쪽 공기층은 차갑고 위쪽 공기층은 따뜻할 때 빛이 굴절하면서 사물이 죽 늘어나거나 휘어지거나 여러 층으로 쌓인 모습으로 나타나는 현상이다. 육지에서도 관측된 기록이 있지만 바다에서 주로 일어나며, 먼 곳의 배가 하늘에 떠 있는 것처럼 보이는 현상으로 예전부터 잘 알려져 있다(때로는 심지어 거꾸로 떠 있기도 한다). 파타 모르가나라는 명칭은 아서 왕 전설에 나오는 마녀 '모건 르 페이'의 이탈리아어 이름에서 유래한다. 메시나해협에서 땅덩어리가 공중에 뜬 성처럼 보이는 현상이 자주 일어나는데, 마치 그 마녀의 소행 같다 하여 그런 이름이 붙었다.

진짜 우주 물체

가끔은 실제로 우주에서 지구로 어떤 물체가 강하하면서 묘한 빛을 발하기도 한다. 그러나 이것은 대개 우주선이 아니라 '돌'이며, 빛은 내부 동력원에서 나오는 것이 아니라 그냥 '불타면서' 나는 것이다.

이를 별똥별 또는 유성이라고 한다.*유성이 간혹 다 타지 않고 지상에 떨어진 것을 운석이라고 한다. 소행성은 훨씬 큰 것으로, 지구와 충돌하면 큰일 난다.

그 밖에도 사실은 평범하지만 보기에 따라서는 얼마든지 신의 분노라거나 외계인의 방문이라고 해석할 수 있을 만한 현상이 수없이 많다. 미국 정부가 오래전부터 외계인에 관심을 두고 있었음을 털어놓게 하는 데 크게 기여한 미국 언론인 레슬리 킨은 대다수의 UFO 목격 사례가 위에 언급한 현상들 또는 항공기, 새에 반사된 햇빛, 대기 중의 얼음 결정, 대기 중 소용돌이, 화성이나 금성 등으로 설명된다고 지적했다. 그런 현상들이 유서 깊은 집단 히스테리에 의해 신비롭거나 사악한 현상으로 재구성된 결과라는 것이다.[15] *예컨대 종교개혁 이후 유럽과 미국에서 주로 여성을 겨냥해 벌어진 마녀재판으로 수만 명이 화형당한 역사가 있다. 마녀 사냥에 대해서는 잘 알려져 있지만, 그 밖에도 놀라운 사례는 많다. 온 마을 사람이 춤을 추기 시작해 몇 달 동안 계속 춤을 춘 '무도광' 현상이 인류 역사에 수없이 기록되어 있는 것을 아는가? 15세기 유럽의 여러 수녀원에서 수녀가 다른 수녀를 무는 행동이 번져나간 사건은? 프랑스의 한 수녀원에서 수녀들이 하나같이 고양이처럼 야옹 하고 울다가 경찰이 채찍질하겠다고 으르자 겨우 멈추었던 일은? 외계인을 보았다고 스스로 믿고 남들도 믿게 하는 일쯤이야 그리 놀랍지 않다.

사람들이 하늘에서 이상한 형체를 목격한 역사는 길지만, 그런 것을 외계인과 결부하는 경향은 비교적 근래에 나타났다.

19세기 말에는 하늘에서 정체불명의 빛을 보았다는 제보가 잇따랐고, 사람들은 이것을 최신식 비행선의 일종으로 간주했다. 한 예로, 1896년 11월 캘리포니아 북부의 여러 신문사에서 약 300미터 상공에서 느리게 움직이는 빛이 목격되었다고 보도했다. 한 목격자는 비행체에 탄 두 사람이 페달을 밟고 있는 것을 보았다고 제보했고, 또 한 목격자는 지상에 착륙한 그 물체와 동시에 화성인들을 마주쳤는데, 화성인들이 곧장 자기를 납치하려고 시도했다는 것이다. 목격자의 증언에 따르면, 다행히 힘으로 물리쳤다고 한다.

어느 정도는 목격자라는 사람들과 신문 기자들이 완전히 지어낸 이야기로 보인다.*이 시기에는 이런 보도도 있었다. 1897년 알렉산더 해밀턴(미국 건국의 아버지와 동명이인)은 비행선이 자기 소들을 데려가더니 훼손된 사체를 땅에 버리고 가는 것을 보았다고 주장했다. 수십 년 후 진상이 드러났는데, '거짓말쟁이 클럽'이라는 단체가 주최한 대회에서 상을 타려고 꾸며낸 거짓말이었다. 터무니없는 소리로 관심을 끌려고 하는 분탕꾼들은 인터넷이 생기기 훨씬 전부터 존재했다. 주목할 점은 이러한 창작이 '비행 기계' 목격담의 형태를 띠기 시작한 것은 비행 기계의 출현 가능성이 현실로 다가온 시점과 거의 맞물린다는 점이다. 당시 '누군가가 이미 비행 기계를 발명했는데 그 사실을 숨기고 있다(아마 자신에게 쏟아질 찬사와 부귀영화가 부담스러워서…)'는 설을 믿는 사람이 많았다. 토머스 에디슨은 1897년에 하늘에 나타났다는 온갖 물체를 에디슨 본인의 탓으로 돌리는 주장에 질린 나머지 강력한 어조의 성명을 내어 자기는 그런 걸 발명한 적이 없다고 밝혔다.[16]

6년 후 라이트 형제가 마침내 비행 기계를 하늘에 띄우는 쾌거를 이루고 나서도, 당대의 기술을 뛰어넘은 비행체를 목격했다는 제보가 이어졌다. 1909년 윌리스 틸링해스트라는 사람은 자신이 발명한 최신형 비행기로 매사추세츠주 우스터와 뉴욕시 사이의 약 500킬로미터 구간을 왕복 비행했다고 《보스턴 헤럴드》에 알렸다. 당시 최장거리 비행 기록의 세 배 가까이 되는 거리였다. 그는 자유의 여신상을 멋지게 한 바퀴 돌기까지 했다고 했다. 이후 그의 비행을 직접 목격했다는 사람이 2000명 이상 나왔다. 그러나 틸링해스트에게는 비행기가 있었다는 증거조차 드러난 것이 없다.*한번은 크리스마스 이브에 로드아일랜드 주 프로비던스에서 수많은 사람이 틸링해스트의 '비행선'을 목격했다고 제보했다. 결국 누가 나서서 사람들이 본 것은 금성이라고 지적했다. 그 장본인은 초자연적이고 기이한 공상으로 유명한 호러 소설가 H. P. 러브크래프트였다.

제1차 세계대전 발발이 머지않았던 1912년 겨울에서 1913년 봄 사이, 괴이한 비행선이 영국 방방곡곡의 상공을 떠다닌다는 제보가 빗발치면서 온 나라가 히스테리에 휩싸였다. 당시 독일이 비행선 한 대를 보유했던 것은 사실이지만, 독일 비행선이 영국 쪽으로 왔다는 근거는 전혀 없다. 어쨌든 산업적, 군사적으로 막강해지고 있는 경쟁국이 언제든 하늘에서 공격을 퍼부을 수 있다는 공포가 영국 국민을 엄습했던 것만은 틀림없다(이 이야기는 저자 톰의 전작 『진실의 흑역사』에서 다룬 바 있다).

영국인들의 공포가 터무니없는 것만은 아니었다. 제1차 세계대전 중 독일 비행선의 공습에 영국인 약 550명이 사망했고, 제2차 세계대전 중에는 더 지속적으로 전개된 공습에 4만 명 이상이 희생되었다. 비행폭탄이라 불린 순항 미사일과 탄도 미사일의 공포가 뒤따랐고, 1945년 8월 이후에는 핵전쟁의 위협이 부상했다. 우연의 일치인지는 몰라도, 비행기가 널리 보급되고 우주 개발 경쟁이 시작되면서 초강대국의 허튼짓 한 번으로 지구가 절멸할 수 있다는 인식이 자리 잡던 그 무렵, 외계 방문자의 존재를 믿는 사람의 수가 폭증했다.

당시 하늘을 공포의 눈으로 보는 것은 어쩌면 현실에 대한 합리적 반응이었을지도 모른다. 그러나 심리학자 카를 융은 여기에 또 다른 면이 있다고 보았다. 고대 사람들이 만사에 개입하기 좋아하는 신의 존재를 믿었던 것과 통하는 현상이라는 것이다. 1954년의 한 인터뷰에서 융은 UFO에 대한 관심 급증이 재앙의 임박한 위협에 대한 잠재의식적, 자발적 반응이라면서, "도움을 갈구하는 눈으로 하늘을 바라보면 미리 위험을 알리거나 위안을 주는 초자연적 징조가 하늘에 나타나는” 식이라고 말했다.[17] 바꿔 말하면, 외계 방문자의 존재를 믿는 것은 단순히 세상이 두렵고 불안정해서 나타나는 현상이 아니라, 그런 세상에서 벗어나려는 시도로도 볼 수 있다는 것이다.

비행접시와 비밀 군사 시설

1947년 여름 미국에서는 현대 UFO학ufology의 창시 신화라고 할 수 있는 두 가지 사건이 연달아 일어났다. 먼저 케네스 아널드라는 아마추어 비행사가 반짝이는 원반 모양 비행체 아홉 대를 목격한 일이다. 그의 주장에 따르면 원반들은 시속 약 1900킬로미터로 시애틀 부근의 레이니어산을 지나갔다. 아널드는 진지하고 점잖은 인상이었으며, 허풍을 떨 만한 사람 같지 않았다. 그래서 기자들은 그가 이상한 사람이 아니리라 판단하고 그의 목격담을 그대로 보도했다.

보도가 나온 후 우선 UFO를 칭하는 ‘비행접시’라는 말이 유명해졌다. 그리고 자신이 본 것이 외계인의 우주선이 아니라 비밀 군사 기술이라고 생각했던 케네스 아널드는 언론에 말한 것을 후회하듯 다음과 같은 유명한 발언을 남긴다. “일이 너무 커져버렸다. FBI라든지 그런 곳과 이야기하고 싶다… 아이다호에 있는 아내가 어떻게 생각할지 모르겠다.”[18]

두 주 후, 뉴멕시코주 로즈웰 육군 항공대 기지의 한 공보장교가 외계인의 존재를 숨기려는 음모에 가담한 자 치고는 굉장히 서투른 행동을 하고 만다. 군에서 ‘비행 원반’의 잔해를 회수했다는 보도 자료를 낸 것이다. 그다음 날 텍사스의 군 고위 관계자가 나서서, 회수된 물체는 “기상 관측용 기구氣球와 레이더 반사기의 잔해”일 뿐이라고 밝혔다.

그 말 자체는 의심스러울 게 없었다. 잔해는 무게가 고작 몇 킬로그램밖에 되지 않았고, 당시 잔해를 발견한 농부의 묘사에 따르면 "고무 조각, 은박지, 꽤 튼튼한 종이, 막대기"였으니 딱히 외계에서 온 것 같은 재료는 아니었다. 그러나 문제는 비행접시를 발견했다고 이미 공표한 다음에 발언을 철회한 것이었으니….[19]

어찌 보면 의외인데, 음모론자들이 이 이야기에 주목하기까지는 매우 오랜 세월이 걸렸다. 1947년 당시만 해도 미국인들은 정부를 대체로 신뢰했다. 그러나 그 사이 30년 동안 대통령 암살, 베트남 전쟁, 워터게이트 사건을 겪고 난 미국인들은 더는 정부를 믿지 않았다.[20]

1978년, 음모론 관점에서 로즈웰 사건의 공식 설명을 의심하기에 딱 좋은 근거가 나왔다. 당시 현장 관계자의 진술이었다. 잔해를 처음 조사했던 제시 마셀 퇴역 중령이 UFO 연구가 스탠 프리드먼에게 잔해가 지구의 것이 아니었다고 전했다. 이를 계기로 잔해가 외계에서 온 것이었으며 군이 그 사실을 은폐했다고 주장하는 책들이 잇따라 나왔다.[21]

1997년, 역시 퇴역 중령인 필립 J. 코소는 『로즈웰 그 후The Day After Roswell』라는 폭로성 회고록을 냈다. 그는 자신이 추락 현장에서 회수된 외계인의 사체(키 약 1.2미터, 손가락 네 개, 전구 모양 머리 등 우리가 익히 아는 모습)를 직접 검사했으며, 외계인이 가진 기술을 기업에서 활용하고자 역공학 분석하는 정부의 비밀 프로그램에 참여했다고 주장했다. 그 덕분에 현대사회에서 필수 불가결한 온갖 기술(광섬유, 집적회로, 레이저 등)과 직종에 따라 다르겠지만 조금 덜 필수 불가결한 기술(야간투시경, 케블라 섬유 등)이 모두 개발될 수 있었다고. 이 책은 그리 진지하게 받아들여지지 않았지만(2001년 《가디언》이 선정한 역대 10대 허위 저작물 중 하나로 꼽혔다), 그래도 몇 주 동안 베스트셀러 최상위권에 몇 주 동안 올랐다.*코소는 1998년에 사망했다. 흠, 우연일까….[22]

1990년대에는 로즈웰 외에 미국 서부 사막에 위치한 또 다른 기지와 관련된 음모론도 쏟아져 나왔다. 네바다주에 위치한 미 공군의 비밀 시험기지 51구역이 바로 그곳이다. 51구역은 비밀 에너지 무기, 순간 이동 또는 시간 여행 기술, 로즈웰 외계인 사체의 부검에 이르기까지 온갖 연구가 이루어지는 장소로 지목되었다.*51구역과 로즈웰을 한 묶음으로 취급하는 경향이 있지만, 두 곳 사이의 거리는 1000킬로미터가 넘는다. 음모론자들은 51구역 지하에 수십 층 깊이에 달하는 방대한 시설이 있다는 데 의견을 같이했다.

실제로 미군은 51구역과 로즈웰 두 곳 모두에서 극비 프로젝트를 수행했다. 정부가 수십 년간 그곳의 존재 자체를 부인했던 이유는 51구역이 U-2 정찰기 등 중요한 무기의 개발이 진행된 곳이었기 때문이다. 물론 51구역의 존재는 근처 산비탈에만 올라도 뻔히 알 수 있었다.

1994년, 미공군은 로즈웰의 진실을 은폐했다는 사실을 시인했다. 발견된 잔해는 평범한 기상 관측용 기구가 아니라 정탐용 기구였다. 이는 '모굴 계획'이라는 극비 프로젝트에 사용된 장비로, 마이크와 무선 송신기를 단 채로 대기권 상층에 띄워져 소련의 핵실험을 모니터링하고 있었다. 공군은 같은 보고서를 통해 외계인 사체 루머는 충돌 실험용 인체 모형 또는 1956년 로즈웰 부근에서 실제로 일어난 추락 사고의 시신에서 비롯됐을 가능성이 높다는 언급도 했다. 2013년, 미국 정부는 51구역의 존재도 마지못해 인정했다.[23]

그리고 최근 수년에 걸쳐 미국 정부는 두 가지 사실을 점진적으로 시인했다. UFO에 오랫동안 관심을 두고 있었다는 것, 그리고 그 점을 대중에게 숨기려고 그동안 무척 애를 썼다는 것이다. 그랬던 이유는 한마디로 폭주하는 비행접시 제보 속에서 정작 중요한 미국의 위협 세력 관련 진짜 첩보가 유실되는 상황을 막기 위해서였다. 1966년에 미국 정부는 CBS 뉴스 앵커 월터 크롱카이트에게 〈UFO: 친구인가 적인가 공상인가)라는 다큐멘터리의 진행을 맡기기도 했다. 정부가 UFO론자들의 신뢰도를 떨어뜨리려고 작업을 벌인다는 주장은 결국 틀리지 않았던 것으로 드러났다.

그러나 정부의 이런 전략은 두 가지 부작용을 불러왔다. 첫째, 정부에서 실제로 진행 중인 비밀 프로젝트들이 실상보다 훨씬 흥미진진한 것으로 오해받는 현상이 일어났다. 둘째, 군 관계자를 포함해 믿을 만한 목격자들조차 조롱받을 것을 꺼려 진짜 첩보를 제보하지 않게 되었다.[24] 그러자 정부는 태도를 바꿨다. 2017년 12월, 《뉴욕타임스》는 레슬리 킨 등이 작성한 1면 기사를 통해 미국 국방성이 오래전부터 하늘에서 UFO를 감시하고 있다고 보도했고,[25] 국방성은 이 내용이 사실임을 확인했다.* 2020년 4월, 미국 국방부는 UFO가 찍혔다는 영상 몇 개의 비밀 분류를 해제했다. 이는 유명한 UFO 음모론자이자 스케이트 펑크 밴드 '블링크-182'의 리드 싱어였던 톰 딜롱이 공개한 영상들이었다. 이 말을 굳이 하는 이유는 앞 장의 각주에서 밝혔던 '스케이트 펑크라는 장르는 확실히 뜨고 있었다'는 점을 한 번 더 강조하기 위해서다.

다시 말하지만 미확인 비행 물체가 곧 외계 비행 물체는 아니다. 그러나 미국 정부는 이제 외계인의 가능성을 완전히 배제하지 않는 태도를 보인다. 우리가 아직 이해하지 못하는 현상이 존재한다는 것을 인정하는 모습이다.

그 밖에도 UFO와 조금씩 관련이 있는 음모론 몇 가지를 살펴보자.

검은 헬기

워터게이트 스캔들 이후 세간에 각종 의심이 만연한 가운데, 검은 헬기는 신원을 감춘 공권력의 상징이 되었다. 총기를 애착하고, 민병대를 결성하고, 힐러리 클린턴이 그냥 인기 없는 정치인이 아니라 문자 그대로 사탄이라고 진짜로 믿는 미국 시골 지역에서는 이러한 인식이 특히 두드러졌다. 아무 표식 없는 검은 헬기에 이른바 '맨 인 블랙'이라는, 검은 옷차림을 한 요원이 타고 있다는 발상이 생겨났다(이 개념은 후에 〈맨 인 블랙〉, 〈매트릭스〉 같은 영화의 모티프로 쓰인다).

극단적인 음모설은 검은 헬기에 신세계질서, 시온주의 세계 정부, 연방정부와 손잡은 외계인 집단 등의 관계자들이 타고 있으며 이들이 가축 훼손은 물론 이루 말할 수 없는 끔찍한 실험을 자행한다고 주장하기도 했다. 비교적 온건한 음모설은 유엔의 돌격대원이 검은 헬기를 타고 몬태나주 같은 시골 지역에 국제법을 집행하러 다닌다고 주장했다.

어쩌면 그냥 연방정부 관계자가 타고 있다고 볼 수도 있겠지만, 그마저도 질색하는 사람들이 있었다. 1995년에 아이다호주의 헬렌 체노에스 의원은 《뉴욕타임스》에 어류 및 야생동물관리국이 목장에 헬기를 출동시켜 목장주들에게 멸종위기종보호법 준수를 강제하고 있다고 알렸다.[26] 그리고 이 헬기 사태를 조사하는 청문회를 여는 등 목소리를 높였다.[27]

실제로 연방기관 중에는 정찰이나 수송 임무에 검은 헬기를 사용하는 곳이 많아 혼란을 더하고 있다. 어쨌든 '연방정부가 미국 내에서 벌어지는 일에 개입하려고 한다'는 민병대원들의 호들갑은… 당연히 맞는 말이었다.

켐트레일

켐트레일 역시 공권력에 대한 불신에서 빚어진 음모론이다. 덧붙여 여기엔 과학적 이해 부족과 바더-마인호프 효과라는 심리 현상이 맞물려 있다. 바더-마인호프 효과는 무언가를 한번 인식하고 나면 더 눈에 잘 띄는 경향을 가리킨다.*'빈도 착시 현상'이라고도 한다. 바더-마인호프는 서독의 극좌 무장 조직이었다. 그 조직원들이 이 현상을 유독 잘 겪었던 것은 아니고, 어떤 사람이 이 조직 이름을 처음 접하고 나니 다음부터 그 이름이 무척 눈에 많이 띄었다고 한 데서 유래한 명칭이다.

비행기가 지나간 자리에는 특정 기상 조건에서 항상 비행운이라는 것이 꼬리처럼 남는다. 엔진의 연소 과정에서 나온 수증기가 배기가스 속 입자 주변에 응결하여 나타나는 현상이다. 그런데 인터넷이 막 보급되기 시작할 무렵인 1996년, 미 공군이 비행기로 나노입자를 대기 중에 뿌려 '인공 기상'을 유도하는 기술의 가능성을 논하는 보고서를 냈다. 처음엔 인터넷에서, 이어서 라디오 좌담 프로그램에서 이것이 화제가 되더니, 그다음은 예상할 수 있는 수순으로 흘러갔다.

몇 년 후에 환경보호청, NASA 등 미국의 온갖 정부 기관이 합동으로 설명 자료를 냈는데, 비행운은 항공기가 자연적으로 발생시키는 현상이며, 정부나 기업이 기상 조절·심리 조종·인구 감소·생화학전 등등의 온갖 사악한 목적으로 하늘에 화학 물질을 살포하여 나타나는 현상이 전혀 아니라고 했다. 당연히 상황은 더 나빠졌다.

켐트레일 음모론이 의외로 생명력이 긴 데는 몇 가지 이유가 있다. 우선, 기상 조절(대표적으로 '구름 씨앗' 살포를 통한 인공 강우 유발)은 실제로 수십 년 전부터 존재하는 기술이라는 점이다. 또 하나는 비행운이 생겨나고 흩어지는 모습이 기상 조건에 따라 워낙 다양하게 나타나는 탓에 별개의 현상처럼 보일 수 있다는 점이다. 그뿐인가, 인터넷에는 켐트레일 약품 통으로 여겨지는 웬 수상한 통이 가득 실린 '켐트레일 비행기'의 영상과 사진이 넘쳐난다. 사실 그 통들은 소방용 수이거나 시험 비행 중 승객의 무게를 재현해주는 바닥짐이다.

켐트레일 음모론은 위에 언급한 바더-마인호프 효과 덕분에 토끼굴에 빠지기 딱 좋다. 평소에 각종 희한한 모양의 비행운을 본 적 없던 사람도 유튜브에서 켐트레일 음모론 영상을 한 번 보고 나면 그다음부터는 계속 보인다. 그러고 나면 다른 음모론에도 쉽게 빠진다. 이를테면 이런 음모론이다.

UFO 음모론: 정말 '그들'이 타고 온 걸까

달 착륙 음모론

우주 개발 경쟁 초기, 미국은 확실히 뒤처지고 있었다. 소련은 1957년에 최초의 인공위성 스푸트니크 1호를 쏘아 올린 데 이어 최초로 동물, 남성, 여성을 잇달아 우주에 보내고 최초로 우주 유영까지 성공했다.

1961년 5월, NASA는 앨런 셰퍼드를 미국 최초의 우주인으로 만드는 데 성공했다. 발사가 몇 시간 지연되는 바람에 용변을 참지 못했던 그는 바지를 적신 채 우주로 나간 최초의 인간이라는 영예도 동시에 차지했다.[28]

그로부터 두 주 후에 케네디 대통령이 10년 안에 달에 사람을 보내겠다고 공언했지만, 실현 가능성은 희박해 보였다. 그러나 10년이 채 되지도 않은 8년 2개월 후, 닐 암스트롱과 버즈 올드린이 달 표면을 밟았다. 이게 말이 되는 얘기일까?

빌 케이싱이라는 사람은 말이 안 된다고 생각했다.* 그렇게 생각하는 사람은 그 외에도 많았다. 영국 방송인 이언 히슬롭이 2021년에 한 팟캐스트에서 어릴 적 이야기를 했는데, 박물관에서 월석을 보려고 몇 시간 동안 줄 서서 기다렸다고 했더니 학교 친구들이 바보같이 달 착륙을 진짜로 믿느냐고 놀렸다는 것이다. 아이들도 사악한 세력의 음모 못지않게 참 잔인할 때가 있다. 1976년에 「우리는 달에 가지 않았다: 미국의 300억 달러짜리 사기」라는, 제목 자체가 스포일러인 소책자를 냈다. 그가 지적한 근거는 달에서 찍은 사진에 별이 보이지 않는 점, 착륙선의 분사 가스에 의해 땅이 파이지 않은 점, 그림자의 방향이 이상한 점 등이었다.

사실 이 주장은 그냥 변두리 음모론으로 남을 뻔했다. 그러나 2001년 폭스 뉴스에서 방영된 〈우리는 달에 착륙했는가?〉라는 제목의 다큐멘터리 방송을 통해 다시금 힘을 입었다. 〈엑스파일〉에 출연했던 미치 필레기가 진행을 맡은 이 프로그램의 결론은, 빌 케이싱의 주장과 마찬가지로 달 착륙은 말이 안 된다는 것이었다.

　이듬해에는 프랑스 감독 윌리엄 카렐이 〈달의 어두운 이면〉이라는 '다큐멘터리'를 발표했다. CIA와 스탠리 큐브릭 감독이 손잡고 달 착륙 영상을 제작했다는 내용이었다. 프로젝트에 참여한 인원은 닉슨의 지시로 대부분 암살되었지만, 큐브릭은 가까스로 살아남아 20년간 은둔 생활을 했다고 전했다.[29]

　이는 다큐멘터리처럼 보이지만 명백히 픽션이고, 픽션임을 숨기고 있지도 않다. 마지막에 크레딧이 올라갈 때는 NG 장면 모음도 나온다. 문제는 유튜브에서 일부 장면만 본 사람들은 그 부분을 보지 못한다는 것이다. 또, 케이싱이 지적하는 의문점은 언뜻 정말 수상쩍어 보인다. 모두 합리적 설명이 가능하지만(카메라 노출 시간이 부족해 별이 찍히지 않았고, 공기가 없을 때는 가스 분사가 일으키는 효과가 다르고, 달의 흙에 의한 빛 반사로 그림자 방향이 바뀐다), 그런 설명은 일반인이 이해하기 어렵다.[30] 음모론자들 중에는 이해 근처까지 가지도 않은 사람이 태반이다. *반박하기 쉬운 의문점도 있다. 예컨대 성조기가 처지지 않고 펴져 있다는 것. 조금만 신경 써서 보면, 윗부분에 가로로 막대기가 있어서 깃발이 펴지게 되어 있다.

　그런가 하면, 경제난에 허덕이고 베트남전으로 고전하던 미국 정부가 어떻게 달 착륙이라는 위업을 이뤄낼 수 있었는지도 이해하기 쉽지 않다. 그 후 수십 년이 흐르면서 우주 계획은 역사 속으로 사라져갔지만, 이제는 집 컴퓨터로 아무나 영화를 만들 수 있는 시대가 되었다. 미국이 실제로 달에 갔다는 것보다 '국가의 위신을 높인다는 이유로 수천 명이 대대적으로 모의해 달 착륙을 허위로 연출했다'는 설이 일부 사람들에게 더 설득력이 있는 것도 어쩌면 놀랍지 않은 일인지 모른다.

사라진 우주인

미국의 달 착륙 음모론에 해당하는 소련판 음모론도 있다. '사라진 우주인' 음모론은 유리 가가린이 최초의 우주인이 아니며, 그전에 이미 몇 명의 우주인이 비행 중 사망했다고 한다. 세르게이 일류신의 경우는 중국에 불시착해 치명상을 입었다고 주장한다.

소련 당국이 1961년 훈련 중 발렌틴 본다렌코라는 우주인 훈련생이 사망한 사건을 은폐한 것은 사실이나, 이 건은 1980년대부터 공개적으로 논의되었다. 구소련 국가들의 기록 문서가 공개되었을 때도 그밖에 실종된 우주인이 있다는 근거는 나오지 않았다.

이 음모론은 동쪽 어딘가에서 유래한 듯하지만, 정작 서구권에서 널리 퍼졌다. 평소 음모론이 떠도는 공간 이외에 소설·만화·영화에까지 등장했고, 의도적인 허위 정보가 나돌기도 했다. 일류신 관련 의혹은 영국의 공산주의 신문 《데일리 워커》에 처음 실렸다.[31]

어쩌면 서구 자본주의 사회는 공산 국가가 어떤 위업을 이루었다는 사실을 도저히 받아들일 수 없었던 게 아닐까? 어쩌면 소련인 사이에서는 자국 우주 계획에 대한 자부심이 워낙 높아 업적을 폄훼하는 설이 설 자리가 없었는지도 모른다. 그게 아니면, 애초에 정부에 대한 신뢰 자체가 없어서 음모론 같은 게 딱히 필요 없었는지도.

크롭서클

1678년의 어느날, 잉글랜드의 한 농부가 귀리를 수확하려고 했다. 어느 일꾼이 너무 높은 품삯을 부르자, 농부는 "차라리 악마에게 시키겠다"며 코웃음을 쳤다. 그런데 놀라운 일이 벌어졌다. 농부가 아침에 일어나 보니 귀리가 말끔히 베어져 있었다. 안타깝게도 농부는 겁에 질렸는지 "(귀리를) 거두어 올 엄두를 내지 못했다"고 이 이야기를 기록한 목판화 소식지는 전한다.[32]

크롭 서클 연구가들은 이 일화를 문헌에 최초로 기록된 크롭 서클의 사례로 들기도 하지만, 그러기에는 약간의 문제가 있다.

❶ 작물이 전형적인 크롭 서클과 달리 굽혀지지 않고
  베어졌다는 점.
❷ 초자연적 원인을 거론하지 않고 설명할 방법이 분명히
  있다는 점(농부의 거절에 불만을 품은 일꾼이 뭔가 본때를
  보여주려고 한 건 아닐까?).

어쨌든 이 사건은 '불가사의한 원인으로 들밭에 만들어진 기이한 무늬'라는 크롭 서클 현상의 본보기가 되어주었다(불가사의하다는 것은 물론 누군가의 장난질일 가능성을 무시하는 경우). 예전에는 이를 악마의 소행으로 생각했다면, 현대의 연구가들은 비행접시가 남기고 간 일종의 그라피티로 해석하는 게 보통이었다.

이 외계인 낙서설을 지지하려면 비행접시가 크롭 서클을 만드는 장면을 본 사람이 왜 아무도 없는지, 그리고 크롭 서클은 왜 도로와 읍에서 가까운 곳에 주로 생기는지를 설명해야 하는 문제가 있다. 2003년에 영국에서 발견된 크롭 서클의 절반 가까이는 에이브버리 거석 유적지에서 반경 16킬로미터 이내에 위치했다.[33] 외계인과 신석기인 사이에 신비로운 모종의 관계가 있었기 때문인지도 모르고, 그 근방에 사는 누군가가 크롭 서클 만들기에 푹 빠졌기 때문인지도 모른다.

'누군가의 장난질' 설을 뒷받침하는 근거는 또 있다. 실제로 장난질을 친 사람 두 명의 신원이 밝혀져 있다. 1991년, 더그 바우어와 데이브 촐리라는 두 사람은 1970년대 말부터 크롭 서클을 만들기 시작해 그동안 약 200개를 만들었다고 털어놓았다. 그 사실을 입증하기

위해 기자들이 보는 앞에서 새 크롭 서클을 만들어 보였고, 기자들은 크롭 서클이 초자연적 현상이라고 믿는 연구가 팻 델가도에게 진위 검증을 요청했다. 델가도는 진짜라고 판정했다. 자신이 그때까지 속았음을 깨달은 델가도는 바로 크롭 서클 연구에서 손을 떼겠다고 선언했다.*참고로 델가도는 1990년에 크롭 서클을 논한 책을 냈는데, 제목이『원형의 증거Circular Evidence』다. '순환논증'이라는 뜻으로 읽히기 십상이니, 화를 자초한 제목이라 하겠다. 정리하면, 크롭 서클이 외계인 방문의 증거였을 가능성은 극히 희박하다. 하지만 여기에 음모가 있는 것은 맞다. 대중에게 진실을 숨기려는 정부의 음모가 아니라, 장난기 많은 두 사내가 술집에서 의기투합하여 꾸민 음모였다.[34]

그래도 외계인이 지구를 방문했다는 설은 이 책에 소개된 설 중에서 덜 기이한 축에 들지 모른다. 사실 그동안 밝혀진 과학 지식을 동원해 생각해보면 외계인이 우주에 존재하지 않는 게 이상하다. 진짜 이상한 건, 그 존재의 증거가 나오지 않는다는 점이다.[35]

이를 지적한 것이 이탈리아 물리학자 엔리코 페르미의 이름을 딴 '페르미 역설'이다. 페르미 역설은 우리에게 관찰되는 두 가지 사실 간에 큰 간극이 있다고 말한다. 첫째, 적어도 우리의 짐작으로는 우주 도처에 생명이 존재해야 마땅하다는 것. 1961년에 미국 천체물리학자 프랭크 드레이크는 은하계에 존재하는 고등 문명의 수를 추정하는 식을 고안했다.*그 식은 다음과 같다. $N = R_* \times f_p \times n_e \times f_l \times f_i \times f_c \times L$ 항성의 탄생 속도, 생명체가 살 수 있는 행성의 비율 등 물리적 요인, 그리고 지적 문명이 진화할 확률 등 사변 생물학적 요인을 결합한 것이다. 최선의 추측 값을 드레이크 방정식에 대입해보면 은하계에는 생명이 바글바글하다는 계산이 나온다.

둘째, 수십 년간 우주를 관측하며 지적 생명체의 흔적을 찾았지만, 아무것도 나오지 않았다는 것. 이것이 페르미 역설이다. 한마디로, '다들 어디에 있느냐'는 것이다. 여기엔 다양한 답이 제시되고 있다. 어쩌면 우리가 서툴러서 지적 생명체의 흔적을 잘 찾지 못하는 건지도 모른다. 어쩌면 우주에 생명체는 흔해도 지적 생명체는 드문 건지도 모른다. 암울한 쪽으로 가면, 우주에 생명의 존속을 가로막는 어떤 다른 요인이 있는지도 모른다.

　그렇다면 그 요인은 과연 무엇일까? 한 가지 가설은 드레이크 방정식의 마지막 변수인 L, 즉 문명의 평균 수명과 관련된 것이다. 어쩌면 지적 생명체가 진화하기 위한 요건인, 적자생존적 욕구 때문일지도 모른다. 한정된 자원의 쟁탈전에서 이기려는 욕구는 죽음을 무릅쓰고 싸우는 파멸적 성향을 수반하는지도. 문명이란 근본적으로 수명이 매우 짧은 것일 수도 있다.

　그 못지않게 암울한 또 하나의 가설이 있다. 우주는 '일단 죽이고 본다'라는 논리가 지배하는 적대적 공간이라는 것이다. 행성 간 거리로 인한 통신의 어려움 탓에 모든 문명은 '협력'이란 선택지가 존재하지 않는 죄수의 딜레마에 빠질 수밖에 없다는 것. 다른 행성에서 지적 생명체가 나타난다면 그들이 우리를 절멸시키기 전에 우리가 먼저 절멸시키는 것이 선택할 수 있는 유일한 전략인지 모른다. 한편 우리는 '안녕! 거기 누구 있니?'라는 메시지를 수십 년째 명랑하게 우주로 내보내고 있다. 그러니 지금 이 순간 거대한 미사일이 빛의 99퍼센트 속도로 지구를 향해 날아오고 있는지도 모를 일이다.

　반면 외계인이 지구에 찾아왔지만 우리를 파멸시키지 않은 게 맞는다면 상당히 고무적인 일이라 할 수 있다. 그렇다면 기술 수준이 높은 문명을 이루고도 자멸하거나 의심 많은 우주 신의 손에 궤멸하지 않고 존속할 수 있다는 얘기니까. 설령 외계인이 좀 기이하고 불쾌한 짓을 하는 경향이 있다 해도(가령 왔다고 인사도 하지 않고 가끔 농부들을 잡아가서 실험만 한다든지), 그런 일은 인간 세상에서도 그리 낮설지 않으니 어찌 보면 우리와 비슷한 셈이다.

외계인이 지구에 찾아왔을 가능성이 희박할 수밖에 없는 이유는 상당히 강력하다. 대표적으로, 우주 자체에 설정된 속도 제한이다. 물론 인간 세상은 참으로 복잡하고, 물리 법칙은 참으로 경직되어 있다는 것을 우리는 알고 있다. 외계인이 어떤 식으로든 빛의 속도를 넘어설 방법을 찾아냈을 수도 있지 않을까? 그랬다는 설이 적어도 몇몇 인간이 전 세계를 몰래 좌지우지할 수 있는 비법을 찾아냈다는 설보다는 훨씬 더 그럴듯해 보인다.

하지만 외계인 지구 방문설을 믿는 사람이 그리도 많은 이유는 외계인이 존재할 가능성이 높아서라기보다는, 우리 뇌가 패턴을 포착하고 그 배후에 누군가가 있다고 생각하는 성향이 워낙 크기 때문일 것이다. 그런데 별을 보며 패턴을 찾는 사람이 있는가 하면 시궁창을 보며 패턴을 찾는 사람도 있다. 이어지는 장에서 다룰 주제다.

7장

팬데믹 음모론:
불신의 전염

뮤지컬 〈레 미제라블〉을 감상하다 보면 여러 가지 생각이 들 수 있다. 혁명을 배경으로 펼쳐지는 숙적과 연인들의 파란만장한 이야기에 푹 빠져들 수도 있고, 공연 시간이 길다 보니 막간 휴식 시간은 아직 멀었나 자꾸 궁금해질지도 모른다. 2012년에 나온 영화판을 본다면 이렇게 모든 대사가 노래인 영화에 러셀 크로우를 캐스팅한 게 과연 잘한 선택일지 하는 의문이 들 수도 있다. 하지만 이 뮤지컬이 팬데믹에 관련된 음모론을 다루고 있다는 생각은 하지 않았을 것이다.

뮤지컬 〈레 미제라블〉의 이야기는 대부분 1832년에 일어났던 비운의 '6월 봉기'를 배경으로 펼쳐진다. 당시 파리에는 끔찍한 콜레라가 창궐했다. 아시아에서 건너온 신종 감염병 콜레라는 10년에 걸쳐 세 개 대륙을 휩쓸고 지나간다. 콜레라의 비극은 이 1차 파동에 그치지 않고 오랜 세월 동안 인류를 괴롭히며 수많은 생명을 앗아갔다. 이미 혼란의 열기가 가득하던 19세기 초의 프랑스에서 이 병의 기원을 놓고 불거진 상반된 두 음모론은 혁명의 불씨를 지피는 데 한몫했다. 역사 속에서 감염병이 유행할 때면 늘 음모론이 꼬여 들곤 했다. 그로 인한 오해 탓에 도시가 불타고 무고한 사람들이 희생되면서 방역에 오히려 지장을 초래하는 일이 다반사였다.

다만 1832년의 프랑스는 언제 정치적 격변이 일어나도 이상하지 않은 상황이었다. 이미 단 40년이라는 기간 동안 최소 두 차례의 혁명, 여러 차례의 쿠데타, 두 차례의 왕정복고를 숨 가쁘게 겪고 잠시나마 거대한 제국을 이루기까지 한 프랑스였다. 정치판은 그토록 과격한 변화를 거듭했지만, 부유 엘리트층의 권력 투쟁, 산업혁명으로 인한 전통 경제의 붕괴, 도시 유입 인구의 폭증, 빈곤과 불결한 환경 속에서 신음하는 도시 하층민들의 생활 등의 근본적 문제는 여전히 해결되지 않았다. 그야말로 일촉즉발의 긴장이 감도는 상황이었다.

그러므로 콜레라 또는 콜레라 관련 음모론이 6월 봉기를 일으킨 원인은 아니었음을 분명히 짚고 넘어가자. 단일한 원인을 상정하기에는 너무 복잡한 사건이었고, 장기적 추세로 볼 때 콜레라가 아니었더라도 결국 폭동은 터졌을 가능성이 크다. 툭하면 폭동이 일어났다가 또 한동안 잠잠해지곤 하는 과정은 어제오늘 일이 아니었다. 그러나 콜레라 유행, 그리고 이와 관련된 음모론이 불에 기름을 붓고 옆에서 부채질까지 한 것만은 틀림없다.

봉기의 기폭제가 된 것은 국민의 사랑을 받던 전쟁 영웅 라마르크 장군이 콜레라로 사망한 사건이었다. 반란은 그의 장례식 중에 일어났다. 참고로 라마르크의 이름은 뮤지컬에서 간단히 한 번 언급된다. "라마르크가 병환으로 죽어간다네 / 한 주를 버티기 어려울 거라 하네"라는 대목이다. 사실 그해 콜레라에 희생된 유명 인사는 라마르크뿐만이 아니었다. 저명한 동물학자 조르주 퀴비에, 그리고 카지미르 피에르 페리에 총리도 콜레라로 목숨을 잃었다. 콜레라는 모든 계층 사람의 목숨을 앗아갔으나, 체감되는 피해는 계층에 따라 차이가 컸다. 이는 음모론이 대두하는 계기가 되었다.

19세기의 콜레라 유행이 대부분 그랬지만, 1832년의 콜레라도 극심한 불평등 양상을 빚어냈다. 마치 보수당의 가혹한 정책처럼 가난하고 취약한 계층에 처참한 피해를 줬다. 특히 뱃사람과 부두 노동자, 가정부와 청소부, 노동자와 극빈층이 직격탄을 맞았다. 한 예로, 파리의 어느 지역에서는 숙련공과 노동자가 인구의 약 30퍼센트였는데, 1832년 콜레라 사망자의 70퍼센트를 차지했다.[1] 당시는 하수에 오염된 식수원을 통해 콜레라균이 퍼진다는 사실이 밝혀지기 수십 년 전이었다. 사람들은 콜레라의 확산 패턴을 나름의 논리로 이해하려 했다. 부자들은 노동 계급에 대해 가지고 있던 기존의 편견, 즉 가난의 원인이 불결하고 게으르며 나쁜 습관을 지니고 있기 때문이라는 인식을 굳혔다. 가난한 이들은 상류층이 의도를 가지고 자신들을 죽이려 한다는 의심을 품었다.

이런 배경에서 콜레라가 대중을 절멸하는 수단이라는 음모론이 콜레라균 못지않게 급속도로 퍼지기 시작했다. 프랑스를 방문 중이던 독일 시인 하인리히 하이네는 「프랑스 문제: 파리에서 온 편지」라는 글에서 당시 퍼져나가던 음모론에 관해 이렇게 언급했다. "그토록 신속히 묻힌 이들 중 다수가 질병이 아니라 독극물로 죽었다는 소문이 갑자기 떠돌았다. 누군가가 온갖 음식에 독을 주입할 방법을 알아냈다고들 했다. (…) 소문의 내용이 기상천외해질수록 대중은 더 열렬히 받아들였다."[2] 작가 알렉상드르 뒤마도 회고록에서 '보이지 않는 적'을 마주한 대중이 음모론에 눈을 돌리는 과정을 묘사했다. "적이 눈에 보이지 않았기에 사람들은 초조해했다 (…) 실체가 있어서 눈에 보이고 만질 수 있는 원인이라면 대처하기 훨씬 좋을 것이다. 어쨌거나 유형의 원인에는 복수를 할 수 있으니까."[3]

음모론은 점점 다양한 양상을 띠었다. 정부가 임박한 식량 위기를 감추기 위해 인구를 줄이려는 시도를 벌이고 있다고 하는가 하면, 콜레라는 "정부가 공공 문제에서 관심을 돌리기 위해 사람들 마음속에 심어놓은 허상"이라고 하기도 했다.[4] 거의 모든 정치 집단이 주모자로 비난받았다. 비난은 폭력으로 이어졌고, 군중은 독극물 살포 용의자들을 폭행하여 살해하곤 했다. 뒤마는 "사람들이 손가락으로 누군가를 가리키면 다들 쫓아가서 때리고 죽이곤 했다"라고 적었다. 하이네는 한 무고한 남성이 폭도들에게 맞는 장면을 목격했다. 그는 "몇몇 노파가 신발을 벗어들고 그 사람이 죽을 때까지 머리를 쳤다"고 했다.[5]

의료 종사자도 의심의 시선을 받았다. 그들은 정부의 끄나풀이자 독극물 살포의 주범으로 간주되었다. 주로 공격의 대상이 되었던 의사들은 "폭도들이 알아보는 것을 피하기 위해 변장을 하고 왕진을 나가야 했다."[6] 일부 의사와 공중위생관들은 의혹에 부채질을 하기도 했다. 감염병 유행에 유익한 점이 있다고 하면서 빈곤층을 감소시키고 건강 인구의 비율을 높이는 효과가 있다고 주장한 것이다. 한 의사는 "감염병 대유행이 지나가면 건강이 증진되는 시기가 온다"면서, "콜레라는 주로 체질이 허약하고 병약한 이들의 목숨을 앗아간다"고 말했다.[7]

대중이 음모론을 워낙 철석같이 믿었기에, 당국은 '우리도 음모론을 내세워 남에게 탓을 돌리자'라는 파멸적인 결단을 내리고 만다. 하이네는 "어느 나라에서나 경찰은 범죄 예방보다는 범죄를 이미 다 파악하고 있다는 인상을 주는 데 관심이 많아 보인다"고 평하면서,[8] 파리 경찰의 신속한 발표 내용을 기록했다. 반정부 운동가들이 불만을 조장하기 위해 독극물을 살포하는 시늉을 벌이며 의도적으로 독극물 공포를 부추기고 있다는 것이었다. 이 조치는 대중의 불안을 잠재우기는커녕 역시 뭔가가 의심스럽다는 심증만 굳어지게 했다. 결국 반란 시도가 불거진 것도 놀랍지 않다. 지배 계급이 독극물을 풀고 있다고 하는데 누구라도 반란을 일으키고 싶어질 것이다.

　콜레라로 인해 폭동이 촉발된 곳은 파리뿐만이 아니었다. 19세기 내내 콜레라 폭동은 유럽 전역과 그 밖의 지역에서 놀라우리만치 빈번하게 일어났다. 그리고 여러 면에서 공통적인 특성을 보였다. 파리의 경우처럼, '콜레라의 실체는 가난한 이들을 독살하려는 의도적 계략'이라는 인식이 폭동을 촉발한 경우가 많았다. 대중의 분노가 부자뿐만 아니라 의료계를 향해 표출된 점도 같았다. 역사학자 새뮤얼 콘은 이에 대해 다음과 같이 설명했다. "뉴욕과 러시아의 폭도들 사이에 딱히 소통이 있었던 것도 아니고, 먼 이국에서 비슷한 폭동이 일어나고 있다는 사실을 시위자들이 알았다는 증거도 없다. 그러나 지배층이 인구 조절을 위해 빈민층의 집단 학살을 주도하고 있으며 의사, 약사, 간호사, 공무원 들이 그 앞잡이 역할을 하고 있다는 식의 콜레라 음모론은 끊임없이 재생산됐다."[9]

　음모론에 의해 촉발된 폭동은 큰 여파를 낳기도 했다. 오늘날 우크라이나의 도시인 도네츠크는 웨일스 출신 금속 노동자들이 건설한 도시로, 당시 설립자 존 휴스의 이름을 따서 영어와 러시아어가 섞인 '휴소프카'라는 독특한 이름이 붙어 있었다. 그러나 1892년 1만 명 규모의 콜레라 폭동으로 도시 대부분이 잿더미가 되어버렸다. 오늘날의 도네츠크에서 휴소프카의 옛 모습은 거의 찾아볼 수 없다.＊휴소프카 폭동은 의료 종사자뿐 아니라 유대인도 겨냥했다는 점에서 다른 콜레라 폭동과 차이가 있다. 전반적으로 콜레라 폭동은 반유대적 정서라든지 민족이나 종파 간의 대립 요소가 없었다는 점에서 유럽에서 음모론에 의해 선동된 폭력의 역사를 통틀어 독특한 위치를 점한다.

　19세기 초에는 '미아즈마'라고 하는 공기 중의 독소가 질병을 일으킨다고 믿는 등 정확하지 않은 의학 상식이 통용되던 때였으니, 콜레라의 기원을 오해하는 것도 이상한 일은 아니었다. 그러나 주목할 점은 1854년 의사 존 스노가 콜레라는 물로 옮겨지는 질병이라는 사실을 밝힌 지 수십 년이 지난 후에도 콜레라 음모론에서 비롯된 폭력 사태가 이어졌다는 것이다. 휴소프카도 그 예다. 폭동은 20세기까지도 이어졌는데, 이탈리아에서는 1910~1911년 유행기에 최소 26건의 콜레라 폭동이 일어났다.[10] 음모론은 단순히 무지의 산물이 아니라, 더 깊은 곳에 자리한 공포에서 비롯된다.

영국도 물론 콜레라 폭동을 피해가지 못했다. 파리 봉기와 맞물린 1차 범유럽 유행기에 영국의 여러 도시에서도 일련의 폭동이 일어났다. 의료계를 겨냥한 폭력 사태가 다수를 이루었다. 1831년 애버딘에서는 대규모 군중이 새로 지어진 해부 관찰 시설을 파괴했다. 1832년 리즈에서는 폭도가 콜레라 환자 임시 치료소에 돌을 던지고 유리창을 깨뜨렸다. 같은 해 맨체스터에서는 병원 기물을 파손하는 폭도를 해산시키기 위해 군인들이 투입되었다.[11] 구급차의 역할을 하던 가마나 들것은 환자를 '죽음의 병원'으로 이송해간다고 믿어졌다. 따라서 이런 기물은 빈번하게 공격의 표적이 되었다.

글래스고, 런던, 더블린, 선덜랜드, 브리스틀, 런던데리, 슬라이고 등 크고 작은 여러 도시에서 폭동이 일어났다. 14개월 동안 70건 이상의 콜레라 폭동이 영국과 아일랜드 전역에서 벌어졌다.[12] 특히 리버풀은 1832년 5월 말에서 6월 초까지 단 2주 동안 최소 8건의 폭동이 일어나는 등 가장 큰 피해를 봤다.

거의 모든 콜레라 폭동에서 의료계를 특권의식에 물들고 무능하며 더 나아가 흉악한 집단으로 보는 불신의 분위기가 팽배했지만, 특히 영국에서 회의의 시선이 만연했던 이유가 또 있었다. 콜레라 유행이 찾아온 시점은 두 연쇄살인범 버크와 헤어Burke and Hare의 충격이 영국을 뒤흔들고 단 몇 년이 지난 후였다. 버크와 헤어라는 두 살인마는 살인을 저질러 여러 피해자의 시체를 애든버러 의대에 팔았다. 의사라는 전문 직종이 자리 잡으면서 해부용 시신의 수요가 급증하다 보니, 시신 밀거래, 무덤 도굴, 심지어 살인에 이르는 흉악 범죄가 기승을 부렸다. 리버풀은 불법 시신 거래의 중심지였고, 1820년대 말에 수많은 도굴 사건과 재판의 무대가 되었다. 그중 윌리엄 길이라는 중간거래자의 재판 중에는 의료계의 누군가가 그의 변호 비용을 대기 위한 모금을 벌였다. 이로써 의사에 대한 불신이 더욱 고조되었을 가능성이 있다.

영국 국민, 특히 리버풀 주민들은 해부꾼들이 시신을 끝없이 갈구하고 있으며 시신을 계속해서 공급받기 위해서라면 무슨 짓이든 하리라고 단단히 믿게 되었다. 때맞춰 콜레라가 창궐하자 사람들은 자연히 연관성을 의심했다.

리버풀에서 일어난 최초의 폭력 사태는 1832년 5월 29일, 폭도들이 어느 환자의 입원을 막기 위해 한 병원으로 몰려가 창문을 부순 사건이었다. 군중의 분노는 의료진을 향했고, "버커들Bukers을 끌어내라!"라는 구호가 울려 퍼졌다. 이 가운데 한 의사는 "살인자"로 지목되었다. 이렇게 연쇄살인범 버크의 이름에서 따온 비난의 딱지는 리버풀과 영국 전역에서 뒤이어 일어난 폭동에서도 등장했고, 군중은 의료 종사자들 뒤를 쫓아다니며 "버킹Burking"을 저지른다고 비난했다. (애꿎은 타이밍에 병원을 나오던 한 여성도 운 나쁘게 표적이 되었다.)[13]

일부 영국 의료인의 행동 역시 이미지를 개선하는·데 도움이 되지 않았다. 맨체스터에서는 인근 병영의 기병들이 투입될 만큼 심각한 폭동이 일어났다. 폭동이 촉발된 계기는 빈민가 병원의 한 수련의가 콜레라로 죽은 세 살배기 유아의 머리를 잘라 실험용으로 집에 가져간 일이었다. 심지어 관에 누운 아이의 머리 자리에는 벽돌을 놓았다. 장례식 중에 이 사실이 발견되자 격분한 군중은 보복에 나서 병원을 풍비박산 냈는데, 그럴 만도 했다.[14]

콜레라와 음모론의 뒤얽힌 역사는 질병과 허위 정보가 맞물린 수많은 사례 중 하나일 뿐이지만, 지속 기간이 무척 길었고 여파가 컸다는 점에서 주목할 만하다. 또 그러한 역사 속에서 반복되는 테마 몇 가지를 뚜렷이 보여주고 있다.

음모론 감염의 역사

보통 감염병 관련 음모론은 두 가지 의심에서 시작된다. 첫 번째 유형의 음모론은 병의 기원과 원인에 주목하고, 두 번째 유형의 음모론은 병의 유행에 대한 의료계와 정부의 대응에 주목한다. 콜레라 음모론은 두 가지에 모두 해당하는 예로, 의료 종사자들이 병을 일으켰을 뿐 아니라 치료를 구실로 병세를 더 악화시킨다고 간주했다.

감염병을 둘러싼 음모론은 또한 감염병의 실상을 얼마나 인정하느냐 하는 점에서 다양한 양상을 보인다. 독극물 유포설의 경우처럼 누군가가 병을 일으켰다고 주장하는가 하면, 정작 위험한 것은 병 자체가 아니며 병은 당국의 흉계를 숨기기 위한 구실일 뿐이라고도 한다.

심지어 감염병의 존재 자체를 부인하기도 한다. 1차 콜레라 유행 때 영국에서 역시 나타났던 현상이다. 모든 것이 거짓이라며 감염병을 "콜레라 사기"로 일축했는데, 오늘날 어딘지 익숙하게 느껴지는 반응이다. 1831년에 의학지 《랜싯》에서 한 투고자는 "콜레라는 국민의 관심을 개혁 법안에서 돌리려는 정부의 농간"이며 이전에도 정부가 의료계와 "거짓부렁이 신문들"의 도움을 받아 그런 속임수를 쓴 적이 있다고 주장했다.[15]

첫 번째 유형의 음모론, 즉 질병이 아닌 다른 원인으로 사람들이 병들고 있다고 주장하는 음모론은 역사가 길다. 가장 악명 높은 사례는 흑사병이 유럽을 휩쓸던 1348년에 등장했다. 병에 관한 음모론이 병과 함께 돌면서 수년간 잔혹한 숙청과 학살이 이어졌다. 이 음모론은 바로 흑사병의 진짜 원인은 유대인들이 우물에 독을 풀었기 때문이라는 것이었다. 이에 따라 유럽 전역에서 폭력과 파괴의 광란이 몰아쳤다. 유대인들이 사는 지역은 초토화되었다. 유대인이 강제로 추방당하고 대량 학살을 당하는 일도 흔했다.

1349년 성 발렌티누스 축일에 스트라스부르에서 일어난 대학살은 특히 처참했다. 유대인 수백 명이 산 채로 화형당하고 수천 명이 추방당했다. 당시는 흑사병이 스트라스부르에 퍼지기 전이었음에도 유대인이 흑사병을 일으켰다는 음모론은 스스로 덩치를 불려나갔다. 시 당국에 막강한 영향력을 행사하던 스트라스부르의 장인들이 유대인 공동체를 부당한 폭력으로부터 보호하려는 조처를 하자, 이는 그들이 유대인들에게 매수되었다는 증거로 간주되었다. 스트라스부르 대학살을 계기로 장인들이 권력을 상당 부분 잃은 반면 유대인 추방에 가담했던 몇몇 귀족 가문은 권력을 되찾았는데, 권력자들이 음모론을 활용해 이익을 도모하는 모습을 잘 보여주는 예다.

외부인이 우물에 독을 푼다는 개념은 사실 이전부터 존재했다. 흑사병이 돌기 수십 년 전인 1321년에도 우물에 독극물이 대대적으로 살포되고 있다는 음모론 광풍이 프랑스와 주변 나라를 휩쓸었다. 당시는 공포 심리를 부추길 감염병도 돌고 있지 않았으니, 아무 근거 없이 순전히 루머로 촉발된 공황의 전형이었다. 어쨌든 그 동력은 질병·오염·외부인에 대한 원초적 공포였다. 처음에는 나병 환자가 독극물 살포범으로 지목되면서 수백 명의 환자들이 투옥되거나 처형되었다. 공황 심리가 차츰 정치화되고 지배계층의 속셈과 두려움을 투사하는 수단이 되면서, 비로소 표적은 나병 환자에서 유대인으로, 때로는 이슬람교도로 옮아갔다.

14세기 중반의 유대인 숙청은 독극물 공황으로 촉발된 사건 중에서도 가장 참혹했다고 해야겠지만, 이것이 결코 마지막은 아니었다. 유럽에서는 비슷한 음모론이 수 세기 동안 잦아들지 않았고, 흑사병이 계속 기승을 부리는 현상을 설명하는 논리로 쓰이곤 했다. 심지어 소규모 폭력 사태를 낳기도 했다.

특히 악명 높은 사례는 1630년, 또 한 차례의 흑사병 유행을 막고자 씨름하던 밀라노에서 발생했다. 이전의 사례들과 마찬가지로 이번 음모론도 대중의 만연한 공포에서 비롯된 것이기도 했고, 사회 지배층에서 의도적으로 흘린 것이기도 했다.

그 시작은 1629년이었다. 스페인 국왕 펠리페 4세는 프랑스인 네 명이 마드리드 감옥에서 탈옥했으며 온 나라에 "역병을 일으키는 유독한 고약을 퍼뜨리려 하는 것으로 의심된다"는 내용의 경계령을 내렸다.[16]

이 흉악한 프랑스인들은 그해 밀라노에서 발견되지는 않았지만, 음모론은 역병의 불안이 고조되던 이듬해 5월에 다시 불거졌다. 급기야 수상한 자들이 밀라노의 대성당에 '독극물'을 놓고 갔다는 소문이 돌면서 집단 공황이 본격적으로 번져나갔다. 여론 조작을 위한 공개 재판이 잇따랐고, 의심과 불신의 분위기가 만연하면서 가족과 친구가 서로 등을 돌렸다. 아니나 다를까, 폭도는 수상해 보이는 사람이면 아무나 구타하여 반죽음 상태로 만들어놓곤 했다. 피해자 중에는 예배에 앞서 성당을 청소하던 노인도 있었고, 성당을 구경하러 온 젊은 프랑스인 관광객들도 있었다.*역사 속에서 외국인 독극물 살포 용의자가 자신은 그저 성당을 찾은 무고한 관광객이라고 주장하는 경우는 흔하지만, 이 경우는 상당히 설득력이 높은 사례였던 것 같다.

질병의 원인으로 지목된 것은 외부인뿐만이 아니었다. 때로는 신기술이 누명을 쓰기도 했다. 1890년에는 '러시아 독감' 또는 '아시아

독감'이라고 불리는 병이 크게 유행했다. 러시아제국의 부하라 인근에서 기원해 전 세계에서 약 100만 명의 사망자를 낸 감염병이었는데, 이에 관해 《뉴욕 헤럴드》 유럽판이 "최신 인플루엔자 이론"이라고 하는 설을 보도했다. 신문은 "러시아 인플루엔자는 여느 인플루엔자 미생물에 의한 것이 아니라 전등 빛에 의해 성장하는, 완전히 새로운 미생물에 의해 일어난다"고 다소 회의 섞인 논조로 전했다. 그리고 그 증거로 "주로 전등이 많이 보급된 도시에서 이 병이 기승을 부린다"는 것과 "도처에서 전신 관련 종사자들이 병에 걸렸다"는 것을 제시했다.[17] 다행히도 이 가설은 큰 반향을 불러일으키지 않았고, 덕분에 당시 떠오르던 전구 산업은 위기를 면할 수 있었다.

그다음으로 인플루엔자 대유행을 일으킨 것이 바로 '스페인 독감'이라는 부정확한 명칭의 병이었다. 1918년에 발발해 전 세계에서 수천만 명의 목숨을 앗아간 이 감염병도 음모론을 수두룩하게 낳았다. 제1차 세계대전 막바지에 확산되기 시작했다는 사실이 음모론을 부추기는 큰 요인이 되었다. 전쟁 중에 온갖 끔찍하고 가공할 만한 첨단 살상 기술을 목도한 대중으로서는 이 병 역시 무기라고 생각할 만했다. 특히 미국에서는 독일 첩자들이 고의로 병을 퍼뜨렸다는 소문이 파다했다. 온갖 의혹과 루머가 난무했고, 심지어 독일 제약회사 바이엘에서 만드는 아스피린 알약을 통해 인플루엔자가 전파된다는 이야기도 있었다. 바이엘의 미국 사업부는 "회사는 전적으로 미국의 통제를 받고 있으며" "모든 임원과 이사가 미국 태생의 미국인"이라고 강조하는 언론 광고를 내기까지 했다.[18]

앞에서도 그런 사례는 많았지만, 스페인 독감에 관한 음모론은 대중의 정보 부족보다 당국자의 환상에서 비롯된 경우가 꽤 많아 보인다. 1918년에 미국 상선 함대의 보건위생관은 "독일 잠수함 사령부의 명령으로 상륙한 독일군들이 병을 퍼뜨렸을 가능성이 상당히 높다"면서, "독일은 이미 유럽에서 감염병을 퍼뜨린 전력이 있으니, 미국을 딱히 온정적으로 대할 이유가 없다"고 주장했다.[19] 독일이 유럽에서 감염병을 퍼뜨렸다는 것은 사실이 아니며, 한 달 후 미국 정부의 공식 조사 결과 미국에서도 그런 적이 없다는 결론이 내려졌다. 그 후 독일 음모론은 잦아드는 모습을 보였다.

더 근래에 들어서는 에이즈 바이러스, 즉 HIV 유행도 그 기원에 관한 음모론을 숱하게 낳았다. 서구에서는 비난의 화살이 HIV 감염자들을 향하는 경우가 많았다. 사람들은 남성 동성애자들이 건전한 사회에 질병을 퍼뜨리고 있으며 이는 고의적인 행동일 수도 있다고 했다. 한편 다른 지역에서는 악의적인 외부 세력의 소행으로 보기도 했다. 콩고민주공화국에서는 HIV가 수입 통조림에서 기원했다는 설이 돌았다. 남아프리카공화국에서는 물러나는 아파르트헤이트 정권이 마지막으로 집단학살을 벌이고자 최루 가스를 통해 바이러스를 퍼뜨린다는 주장도 있었다. 아이티에서는 미국 정부의 연구소에서 HIV를 제조했다는 소문이 돌았다.[20]

미국 정부 기원설은 HIV 음모론 중에서도 가장 생명력이 길다고 볼 수 있다. 역시 사회 지배층에서 정치적 의도를 가지고 반복적으로 내세웠던 음모론이기도 하다. 이 음모론은 냉전 막바지에 소련이 흑색 선전의 일환으로 퍼뜨렸을 가능성이 크며, 역사적 경험으로 인해 미국의 만행을 의심하기 쉬운 세계 여러 지역을 중심으로 널리 받아들여졌다. 특히 남아공의 타보 음베키 대통령은 2000년대 초에 에이즈 부정 운동을 대대적으로 펼치면서 이 같은 주장을 폈다. 음베키는 바이러스의 기원에 관한 음모론에 그치지 않고, 의료계의 에이즈 대응을 비난하는 두 번째 유형의 감염병 음모론에도 심취했다. 그는 치료약 'AZT'는 위험한 유독 물질로, 서방 제약회사들이 이익은 이익대로 거두면서 아프리카인을 살해하려고 벌이는 흉계라고 주장했다.

음베키가 임명한 보건 장관은 비트와 레몬즙 등 천연 요법으로 에이즈를 치료할 것을 권장했고, 음베키는 HIV 예방 사업의 예산을 전용하기도 했다. 남아공의 이 같은 조치는 수십만 명의 사망을 초래한 것으로 추측된다. 음베키의 정책에 힘을 실어준 것은 소수의 비주류 서구 학자들이었다. 이들은 HIV가 에이즈의 원인이 아니라는 주장을 굽히지 않았고, 에이즈가 세계적으로 유행하고 있다는 사실 자체에 의문을 제기하기도 했다.

의료계를 겨냥하는 이 두 번째 유형의 음모론도 그 역사가 길다. 21세기에 진행 중인 에볼라 유행을 살펴봐도 그런 음모론이 드러난다. 19세기 콜레라 폭동 때처럼 의료 종사자들이 의혹을 받고 집단 폭행을 당하는 일이 꾸준히 벌어지고 있다. 에볼라의 존재 자체를 부정하는 음모론이 있는가 하면, 환자를 병원에 이송해 죽인다거나 서방 단체가 이윤 추구나 인구 감소 또는 둘 다를 위해 병을 퍼뜨렸다고 주장하는 음모론도 있다. 특히 적십자사가 공격의 표적이 되면서 적십자 직원이 학교에 에볼라를 살포한다는 루머가 돌기도 했다.[21]

이처럼 의료적 개입을 불신하는 풍조는 오랜 옛날부터 있었다. 특히 불평등, 식민 지배, 문화 충돌 등의 요인이 겹쳐 외부 권력에 대한 의심이 증폭될 때 불신은 더욱 팽배하곤 했다.

그 한 예는 1894년 홍콩에서 페스트가 극심하게 유행했을 때다. 영국 식민 당국은 신속하고 단호하게 조치했지만, 아니나 다를까 현지인들의 관습이나 정서를 깡그리 무시했다. 군인들은 중국인 노동자 과밀 거주 지역이자 페스트 피해가 가장 컸던 타이핑산 지구에서 집마다 역병 검사를 실시했다. ("다행히도 유럽인 주민들은 병에 걸리지 않았음을 알린다"고 당시 《영국의학저널》의 투고자는 명랑하게 소식을 전했다.)[22] 의심 환자가 발견되면 거주자들을 모두 내쫓았고, 가옥을 아예 철거하기도 했다. 그해 말까지 7000명이 집에서 쫓겨났고 가옥

350채가 헐렸다. 당국은 중국의 전통인 매장 문화도 철저히 무시했다. 이 모든 조치로 인해 주민의 분노와 불신은 극에 달했다. 음모론이 퍼지고 정부를 맹비난하는 익명 벽보가 나붙은 것도 당연했다. 영국인 의사들이 "임신부의 배를 가르고 아이들의 눈을 도려내 역병 치료제를 제조한다"는 소문도 돌았다.[23]

저항에 직면한 영국 당국은 유화 정책을 추진하고 주민들의 고충에 귀 기울이는 한편, 공개적이고 투명한 행정을 통해 오해를 해소하는 노력을 기울였…으면 좋았겠지만, 그럴 리가 없었다. 오히려 타이핑산 앞바다에 군함을 정박시켰으니, 신뢰 구축에 도움이 되는 방법이라고는 보기 어려웠다.

몇 년 후 홍콩에서 유행하던 페스트가 인도에 도달하면서 비슷한 상황이 재현됐다. 식민 당국은 강력한 방역에 나서며 의무 격리, 시설 수용, 강제 입원 등의 조치를 실시했고, 이는 격렬한 반발을 불러일으켰다. 뭄바이에서 칸푸르와 펀자브에 이르는 여러 도시에서 폭도들이 들고 일어나 병원을 공격하고 수용소를 불태웠다. 이번에도 폭동의 근본적 배경은 강압적인 정책과 현지 관습을 무시하는 처사였다. 당국은 현지 의사들을 배제했다. 군대식으로 급습하여 수색을 벌이고, 가옥에 무단 침입하여 가족을 떼어놓았다. 여성을 난폭하게 다루는가 하면, 장례를 막고 재산과 가옥을 파괴했다. 게다가 일부 지역에서 유럽인에게는 규칙 적용을 면제하여 주민들의 분노를 더욱 돋우었다. 자연히 음모론이 돌기 시작했다. 무척 익숙한 레퍼토리였다. 환자를 병원에 이송해 독살한다거나, 감염병 유행은 빈민층을 몰살하고 도시 과밀을 완화하기 위한 수단이라거나, 페스트는 한낱 허구이며 엄격한 규제를 강행하고 감염자로 신고하겠다고 협박해 뇌물을 뜯어내려는 구실이라는 루머가 성행했다.[24]

지금까지 살펴보았듯, 의료계가 스스로 대중의 신뢰를 깎아 먹는 행동을 자주 보인 것은 틀림없다. 가령 아이들 시신의 훼손 같은 극단적 사례까지 거론하지 않더라도, 질병을 환자의 생활 습관 탓으로 돌린다거나 증상에 대한 환자의 말을 묵살했다. 또 의료계 외부의 출처에서 나온 지식은 완전히 무시한다거나, 환자를 인간이라기보다 실험 대상처럼 다룬다거나, 전반적으로 상당히 오만하게 군다거나 하는 모습은 의료 역사 내내 반복적으로 나타나곤 한다.

백신 안에는 무엇이 들어 있나

그러나 그 밖에도, 딱히 의료인의 탓이라고 할 수 없지만 의료인에게 음모론이 자주 꼬여 들게 되는 요인이 있다. 우선 의사라는 직업은 당연하게도 죽음과 밀접하게 결부되기 마련이다. 콜레라 사태 때도 집보다 병원에서 죽는 사람이 많은 것을 보고 사람들은 병원에서 진단과 중증도 분류가 대체로 정확히 이루어지고 있다고 판단하기보다 병원 자체를 죽음의 장소로 간주했다. 물론 현대의 세균 원인설과 의료 위생이 발달하기 전에는 병원이 상당히 위험한 곳이었던 것이 사실이다. 오늘날도 병원 내 감염은 꽤 큰 문제다.

그런가 하면 의료 시술은 꼭 필요한 것이라 해도 불쾌감을 자극하기 쉽다. 피, 고통, 신체 침습과 관련된 온갖 원초적 공포를 불러일으키기 마련이다. 머리로는 의사의 능력과 선의를 믿을지 몰라도, 내 몸속을 헤집으려는 사람의 흉계를 의심하는 본능은 어쩔 수 없다. 특히 그런 본능적 불안이 가장 잘 발동되는 상황이 있다. 의사에게 이런 말을 들으면 기분이 어떨까? "요즘 유행하는 그 병에 걸릴까 봐 걱정되시죠? 좋은 수가 있습니다. 그 병을 미리 몸속에 살짝 넣어드릴 거예요. 그러면 병에 안 걸린답니다. 어때요, 좋죠?"

백신을 혐오하는 정서는 그 역사가 백신의 역사만큼 길다. 아니, 어찌 보면 그보다 더 길다. 에드워드 제너가 18세기 말에 천연두 백신을 처음 개발하는 쾌거를 이루었지만, 이는 사실 세계 각지에서 이미 수천 년 전부터 써왔던 '인두법'이라는 개념을 발달시킨 것이었다. 백신과 인두법은 둘 다 예방접종의 일종이고, 예방접종은 인공적으로 면역을 키우는 방법을 일반적으로 이르는 말이다. 인두법은 상당히 직접적인 방식으로, 실제 병원체를 사람에게 직접 노출해 면역 반응을 유도한다. 한편 백신은 독성이 약하거나 불활성화되었거나 무해한 형태를 사용해 더 안전하게 동일한 효과를 내는 것이다. 제너의 기법은 위험한 천연두 대신 덜 치명적인 우두를 이용했다. 인두법의 관건은 병원체를 인체에 최소한으로 노출하는 것이었다. 예를 들어 호흡기로 불어넣는 방법보다 피부를 살짝 절개해 그 속으로 밀어 넣는 방법을 쓰면 병을 심하게 앓을 가능성을 줄일 수 있었다.

1721년 11월 14일 새벽, 보스턴에 사는 한 청교도 목사의 집 창문으로 폭탄이 날아들었다. 그가 인두법을 보급하려 했기 때문이다.

코튼 매더라는 이 목사는 앞의 장에서 소개했던 "배 한 척이 코네티컷 상공을 떠다녔다"는 목격담을 기록한 사람이자, 집단 히스테리의 절정이었던 세일럼 마녀재판을 주도한 인물 중 하나다. 그러나 그 마녀재판 30년 후, 보스턴을 덮친 천연두 유행 사태 속에서 매더 자신이 음모 혐의의 한가운데에 섰다. 매더는 의학 문헌을 통해, 그리고 자신이 부리던 아프리카 출신 노예 오네시무스를 통해 예방접종의 효용을 알고 있었다. 오네시무스는 아프리카에서 일반적으로 행하던 인두법으로 접종받은 바 있었다. 매더는 보스턴 의사들에게 예방접종을 시행할 것을 촉구했으나, 이는 당시 식민지 미국에서 듣도 보도 못했던 시술이었다.[25]

보스턴 의료계는 대체로 인두법에 반대했다. 검증되지 않은 시술이고, 하느님의 뜻에도 어긋날 수 있다는 이유였다. 그러나 매더는 한 의사를 설득해 같은 편으로 포섭했고, 둘은 실험을 시작했다. 대중과 의료계는 격렬한 반대를 쏟아내며 두 사람이 고의로 병을 퍼뜨리려 한다고 비난했다. 인두법을 두고 소책자와 초창기 신문의 지면, 그리고 집회 자리에서 격렬한 공방이 이어졌고, 급기야 매더의 자택에 폭탄이 투척되기에 이르렀다. 폭탄에는 "이것으로 널 접종해주마"라는 쪽지가 붙어 있었다.[26] 폭탄은 터지지 않았지만, 어쨌거나 매더의 반대자들은 매더가 예방접종을 옹호하는 것이 그가 과거에 마녀 죽이기에 열심이었던 것과 무관하지 않다고 주장했다. 벤저민 프랭클린의 형 제임스 프랭클린이 간행하던 신문 《뉴잉글랜드 커런트》는 "마녀재판에서 예방접종에 이르기까지… 말썽과 소동을 일삼는 자들"이라는 문구로 매더 등을 비난했다. 이에 매더도 지지 않고 비판자들이 악마에 홀린 게 틀림없다고 맞받아쳤다.[27]

어쨌든 매더는 수백 명을 접종하는 데 성공했다. 그는 세일럼 시절에 증거를 도외시했던 것과는 상당히 달라진 면모를 보이며, 접종 결과를 보여주는 데이터를 착실히 수집했다. 접종자들은 전체 인구에 비해 천연두 사망률이 훨씬 낮은 것으로 확연히 나타났다. 이후 한 세기에 걸쳐 예방접종은 식민지 미국에서 자리를 잡아갔다. 벤저민 프랭클린과 토머스 제퍼슨 등 저명인사들이 접종을 지지했고, 조지 워싱턴이 독립전쟁 중 휘하 병사 전원에게 접종을 의무화한 일도 유명하다.

물론 백신 회의론이 완전히 사라진 것은 아니었다. 때는 '백신'이라는 말조차 아직 만들어지기 전이었으니까. 그러나 백신에 대한 저항은 제너의 연구가 널리 인정받게 된 후에도 사라지지 않고 19세기까지 계속 빈번하게 나타났다. 1853년에는 영국의 여러 도시에서 백신 반대 폭동이 일어났다. 1870년대 초 스톡홀름 주민 대부분이 백신 접종을 거부했고, 1874년에 천연두가 크게 유행하고 나서야 태도를 바꾸었다. 19세기 후반 영국과 미국에서는 백신 접종 의무화 반대 연맹,

삶을

다정하게

가꾸는

월북의

"나는 이 책에서 '쓸모'의 의미를 논하고 싶지 않지만, 사람들이 이 말을 지나치게 교육이나 자기 계발에 관해서만 사용할 때 슬퍼지곤 한다."

『인생의 언어가 필요한 순간』 중에서

책 — 들

www.willbookspub.com

인생의 언어가 필요한 순간

아침마다 라틴어 문장을 읽으면
바뀌는 것들

니콜라 가르디니 지음 | 전경훈 옮김

옥스퍼드 오늘의 단어책

날마다 찾아와 우리의 하루를
빛나게 하는 단어들

수지 덴트 지음 | 고정아 옮김

걸어 다니는 어원 사전

양파 같은 어원의 세계를 끝없이
탐구하는 아주 특별한 여행

마크 포사이스 지음 | 홍한결 옮김

그림과 함께 걸어 다니는 어원 사전

이 사람의 어원 사랑에 끝이 있을까?
한번 읽으면 빠져나올 수 없는 이야기

마크 포사이스 지음 | 홍한결 옮김

미식가의 어원 사전

모든 메뉴 이름에는 연원이 있다

앨버트 잭 지음 | 정은지 옮김

과학의 기쁨

두려움과 불안, 무지와 약점을 넘어
더 넓은 세상을 찾는 과학자의 생각법

짐 알칼릴리 지음 | 김성훈 옮김

뛰는 사람

생물학과 달리기와 나이 듦이 어우러진
80년의 러닝 일지

베른트 하인리히 지음 | 조은영 옮김

나를 알고 싶을 때 뇌과학을 공부합

마음의 메커니즘을 밝혀낸
심층 보고서

질 볼트 테일러 지음 | 진영인 옮김

새의 언어

하늘을 유영하는 날개 달린 과학자들
우리가 배울 수 있는 것들

데이비드 앨런 시블리 지음 | 김율희 옮김

필로소피 랩

세상 모든 질문의 해답을 찾는 곳
옥스퍼드대학 철학 연구소

조니 톰슨 지음 | 최다인 옮김

눈에 보

세상을 일

제임스 체서

잠자는

인간성의

닐 올리버 지

바보의 세

역사는 지
멍청이에

장프랑수아

인간의 흑

인간의 욕
똑같은 실

톰 필립스 지

진실의 흑

가짜뉴스
인간은 입

톰 필립스 지음

미국 백신 접종 반대 협회와 같은 이름의 단체가 수없이 생겨났다.[28]

19세기 말 영국 레스터에서는 백신에 회의적인 지역 보건 당국이 정부의 의무 접종 정책을 단호히 거부하면서 대치 상태가 여러 해 동안 이어졌다. (물론 백신 접종을 거부하면 막대한 벌금을 부과하는 가혹한 정책이었으니 벌금을 물 여력이 없는 계층을 희생양으로 삼는다는 인식도 틀린 것이 아니었다. 이는 반대자들이 피치료자 동의의 원칙을 영국 법률에 명문화하는 계기가 되었다.) 아이러니하게도 레스터의 백신 반대 운동가들이 대안으로 옹호한 방식은 다른 상황에서 반발을 샀던 정책을 그대로 가져온 것이었다. 예컨대 감염자 추적, 엄격한 격리 조치, 감염자의 소유물 소각 등이었다.[29]

초기의 백신 반대 기류에 관해서 주목할 점은 대개는 딱히 음모론의 성격을 띠지 않았다는 것이다. 지금까지 살펴본 많은 주제도 그랬지만, 백신 회의론도 그 자체로 음모론은 아니다. 숨은 음모를 상정하지 않더라도 백신 접종이 전체적으로 득보다 실이 많다는 생각은 얼마든지 할 수 있었다. 초기의 백신 접종 방식은 큰 불쾌감을 자아내곤 했으니(가령 아이의 팔 피부를 절개해 다른 아이의 물집에서 뽑아낸 고름을 주입), 백신에 대한 저항감은 복잡한 설명이 필요하지 않았다. 그저 혐오스럽다는 것만으로 충분했다. 또한 19세기에는 백신의 안전성과 효능에 대한 증거가 지금보다 훨씬 빈약했다. 게다가 찬반 양쪽 모두 수상쩍은 통계를 제시하는 등 오늘날의 시각으로도 낯설지 않은 모습을 보이곤 했다.

그러나 이러한 투쟁은 오늘날 백신 반대 운동의 토대가 되었다. 앞으로 살펴보겠지만 백신 회의론에 내재한 묵시적 음모론이 표면화되기에 이른다. 오늘날은 백신의 효용을 뒷받침하는 압도적 증거와 의학계의 중론을 고려할 때, 사악한 의도라도 깔려 있다고 의심하지 않는 한 백신이 해롭다는 주장을 견지하기는 어렵다.

여기서 잠깐 생각해볼 필요가 있다. 팬데믹, 즉 감염병 대유행은 왜 그리 음모론을 잘 끌어들일까?

한 가지 이유는 질병에 대한 공포다. 더 일반적으로 말해 오염과 전염에 대한 공포는 인간의 가장 원초적이고 본능적인 두려움 중 하나다. 그러한 공포를 활용하는 음모론은 급속히 퍼져나가기 쉽다. 우리는 자신에게 해를 끼칠 수 있는 대상을 피하려는 본능이 엄청나게 강하다. 음식이 썩는 모습이나 냄새에 역겨움을 느끼고, 병든 사람에게 가까이 가면 불편한 느낌이 드는 것도 그런 이유다.

물론 이는 질병에 국한된 감정이 아니다. 중세 시대 우물 오염 히스테리의 경우처럼, 오염된 음식이나 물에 대한 공황 심리는 역사 속에서 빈번히 나타난다. 한 예로 1999년 벨기에에서는 코카콜라가 질병을 유발한다는 공포가 전국에 확산되어 정부가 2주 동안 판매를 금지하기도 했다(후에 조사를 통해 근거 없는 공포로 드러났다). 때로는 이 같은 공황 심리가 음모론으로 확대되기도 한다. 벨기에 콜라 사건이 있기 몇 년 전 중동 지역에서는 누군가가 고의로 껌에 이물질을 주입한다는 공포가 잇따라 번졌다. 처음에는 1996년 이집트에서, 이듬해에는 팔레스타인 지역에서도 나타났다. 문제의 껌에는 젊은이의 성욕을 마구 부추기는 호르몬이 뿌려져 있다고 했다. 자연히 이스라엘이 비난의 표적이 되었다. 그러나 그러한 최음성 껌이 실제로 존재했다는 증거는 전혀 없었다.[30]

오염의 공포에 기반한 음모론은 대단히 생명력이 길다. 예컨대 켐트레일 음모론은 우리가 숨 쉬는 공기를 누군가 흉악한 의도로 몰래 오염시키고 있다는 공포에 기반한다. 수돗물의 불소 첨가를 둘러싼 해묵은 논란도 본질적으로 꼭 음모론은 아니지만(의학계의 중론이 대체로 불소화를 찬성하는 쪽이라 해도 모든 공중보건 정책은 논의 대상이 될 수 있다), 음모론으로 번지기 쉬운 주제임은 틀림없다.

예컨대 불소화가 인구 증가를 제어하는 수단이라는 주장도 있으며, 1960년 한 우파 매체의 표현을 빌리면 "불소화는 공산주의자들의 적화 전술"이라는 설도 있었다.[31]

그러나 오염과 전염의 공포는 비록 강력할지언정 집단 발병 사태와 음모론이 쉽게 결부되는 유일한 이유가 아니다. 여기엔 또 다른 이유가 있다. 집단 발병 사태야말로 '거대한 사건이 사소하거나 임의적인 원인으로 일어날 리 없다'라는 본능적 의심을 유발하기 딱 좋다는 것이다.

인류는 오랜 세월 질병의 흔한 원인조차 모르고 살았다. 지금은 기생충, 세균, 바이러스 등에 대해 모두가 알고 있지만, 여전히 팬데믹의 한복판에 휩쓸리면 그런 식의 설명이 잘 납득되지 않는다. 아니, 삶을 붕괴하고 수많은 목숨을 앗아가고 사회 구조를 재편하는 팬데믹이라는 방대하고 막강한 사건을, 맨눈으로 보이지도 않는 미미한 존재가 일으켰다고? 중국 윈난성의 동굴에 사는 박쥐 몸속에서 분자 하나가 살짝 잘못 복제된 탓에, 일련의 사건이 꼬리를 물고 일어나 급기야 내가 내 집 밖으로 나가면 범죄가 되는 상황이 됐다고? 그 말을 누가 받아들이겠는가.

그런가 하면 감염병 유행은 현상 자체의 특성으로 인해 배후에 숨은 손길이 있다고 오해하기 쉽다. 감염병은 아마 실시간으로 순식간에 일어나는 진화를 가장 뚜렷이 눈으로 볼 수 있는 현상일 것이다. 우리 주변에 보이는 모든 진화의 산물이 그렇지만, 그런 것이 순전히 자연적으로 발생할 수 있다는 사실을 이해하기란 쉽지 않다. 아무리 봐도 어떤 지적 설계의 산물처럼 보이니까. 한마디로, 감염병은 꼭 누군가가 계획한 것처럼 보일 때가 많다.

물론 실상은 그렇지 않다. 철저하게 효과적인 자연선택 원리로 돌아가고 있을 뿐이다. 하나의 병원체는 본질적으로 한 묶음의 명령이다. 어떤 명령일까? 그 명령 자체를 복제하라는 명령이다. 어떤 명령이 자기복제가 잘되지 않으면 시간이 갈수록 점점 사라질 것이다. 자기복제가 아주 잘되는 명령이라면 순식간에 무수히 증식할 것이다. 때로는 명령이 약간 부정확하게 복제되기도 한다. 대개 그런 복제 오류가 발생하면 명령의 증식력이 떨어지거나 제구실을 해내지 못한다. 그러나 가끔은 순전히 우연으로, 오류 덕분에 명령의 증식력이 오히려 높아지는 수가 있다. 그렇게 되면 이 질병은 그때부터 승승장구한다.

이런 가상의 예를 생각해보자. 어느 큰 사무실에 많은 직원이 배치되어 있다. 모든 직원은 아주 성실하고 엄청나게 고지식해서 시키는 대로 다 한다. 어느 날, 당신이 사무실에 잠입해 누군가의 책상에 종이 한 장을 몰래 올려놓는다. 종이에는 이런 명령이 적혀 있다. "이 종이에 적힌 글을 타이핑하여 두 장을 프린트하고 사무실 여기저기에 놓아두시오." 종이를 처음 발견한 직원이 명령을 수행하고, 곧 사무실에는 종이 두 장이 새로 놓인다. 새 종이를 발견한 직원 두 명이 또 명령을 수행하고, 이어서 또 직원 네 명이 명령을 수행하고… 이런 식으로 계속된다. 사무실은 이 쓸데없는 업무로 점점 바빠진다. 그런데, 중간에 누군가가 타이핑하다가 오타를 내고 만다. 이제 '세 장을 프린트하라'는 명령의 종이가 만들어졌다. 헉.

얼마 지나지 않아 사무실 안에는 '두 장'이라고 적힌 종이보다 '세 장'이라고 적힌 종이가 많아질 것이다. 종이의 수가 점점 늘면서 점점 많은 직원이 종이의 문구를 타이핑하는 작업에 매달리고, 오타가 발생할 일도 늘어난다. 어떤 오타는 종이 바이러스의 증식력을 떨어뜨린다. 생산되는 종이가 두 장이나 한 장으로 줄어드는 식이다. 간혹 치명적인 오타도 나온다. 가령 엉뚱하게 '새장을 프린트하라'는 명령이 생겨나면 종이에 아무 글자 없이 예쁜 새장 그림만 인쇄되고 만다. 그 변종 바이러스의 계보는 거기서 끝난다. 한편 우연히 증식력이 엄청나게 향상된 변종도 나온다. 이를테면 오전 내내 열심히 일한 직원들이 점심시간을 보내고 와서 다시 오후 근무를 하는데, 누군가가 '서른 장을 프린트하라'는 오타를 낸다. 퇴근 무렵 사무실 안은 이제 '서른 장' 변종이 장악하고 있고, 거의 전 직원이 문구를 타이핑하고 프린트하느라 여념이 없는 가운데 회사는 붕괴하기 직전이다. 바이러스라는 것은 대략 그런 식으로 돌아간다. 단, 여기서 사무실은 우리 몸이 된다.

'순전한 우연'으로 새 감염병이 생겨난다는 설명이 아직 잘 납득되지 않는다면, 이게 얼마나 큰 규모로 벌어지는 현상인지 생각해보자. 그야말로 상상할 수 없는 크기로, 인간의 머리로 인식할 수 있는 범위를 벗어난다. 지구상에 존재하는 바이러스의 개체 수는 (심호흡한 번 하자) 10,000,000,000,000,000,000,000,000,000,000으로 추정된다. 10의 31제곱, 즉 1 뒤에 0이 31개 붙어 있는 숫자로, 살면서 절대 사용할 일이 없는 터무니없는 크기의 수다.[32] 따져보면 현재 지구의 모든 사람은 각자 몸속에 10의 21제곱 마리 이상의 개체가 살고 있다는 계산이 나온다. 지구의 바이러스를 우주의 모든 별에 나눠준다고 해도 별 하나당 바이러스 1000만 마리 이상이 돌아간다. 바이러스만 얘기해서 그렇다는 것이고, 거기에 세균, 기생충, 원생동물도 있다. 한마디로 말해, 감염병은 대박 맞을 기회가 엄청나게 많다.

그런가 하면 감염병의 입장에서 최선의 증식 전략이 무엇인지는 각자 처한 환경에 따라 다르다. 예컨대 어떤 감염병이 소에서 인간으로 훌쩍 옮겨가는 전략을 취한다면, 사람들이 소와 많이 접촉하는 농경사회에서는 주효할 것이다. 반면 런던 지하철의 통근자들을 감염시키는 데는 별 효과가 없을 것이다.* 알아본 바에 따르면 런던 교통국의 운송 약관은 소의 탑승을 명시적으로 금지하고 있지는 않다. 다만 한 사람이 데리고 다니기 어려운 동물의 경우 역무원의 재량으로 열차 탑승을 금할 수 있다. 그걸 정말

조사했냐고? 조사했다. 그래서, 뭐. 그런데 감염자의 기침을 유발하는 병이라면 어떨까?

다시 말해, 시대에 따라 생활환경이 변하면 유행하는 질병도 달라진다. 감염병은 우리 사회를 신기할 만큼 정확히 비춰주는 거울이다. 우리 사회의 결점과 약점을 고스란히 드러내준다. 그 단순한 자연선택 작용이 우리가 눈감고 싶은 우리의 온갖 면모를 자동으로 증폭해주는 것이다. 감염병은 보도블록 틈새로 자라는 잡초와 같다. 잡초가 틈을 더 벌리는 것은 맞지만, 사실 애초에 존재했던 틈이다.

이렇듯 팬데믹의 역사는 사회의 역사와 밀접히 연관된다. 팬데믹은 인류 발전사에 실시간으로 깔리는 냉소적인 실황 해설이자, 변화에 대한 우리의 일그러진 불안을 그대로 비추는 요술 거울이다.

중세의 흑사병은 대륙을 가로질러 새로 열린 교역로를 따라 전파되었다. 벼룩에 기생한 채 쥐에 옮겨져 마차와 배를 타고 이동했다. 전근대성이 지배하던 세계에 근대라는 관념이 파고들어 터져나오기 시작하는 모습이었다.

식민지 개척 시대는 치명적인 병원체의 쌍방 비대칭 교환을 불러왔다. 이주민들은 풍토병에 시달리며 개척지를 '길들여야 할 열악한 환경'으로 인식했고, 원주민들은 이주민들이 가져온 질병에 몰살당했다. 더러운 물을 통해 퍼지는 콜레라는 19세기 산업화 시대의 병이었다. 인구 과밀과 비위생적인 도시 환경 속에서 불평등이 심화하던 시절의 초상이었다.

인플루엔자 등의 호흡기 질환은 20세기에 전면적으로 부상했다. 신속한 국제 여행 시대와 촘촘한 초연결 사회의 도래로 한 사람이 기침하면 지구 반대편의 사람이 하루 만에 감염되는 세상이 되었다. 바야흐로 바이러스가 마음껏 활개 칠 운동장이 만들어졌다.

그리고 불평등의 틈새를 가차 없이 파고드는 HIV가 있다. 부유한 나라에서 소외 집단을 황폐화하고 가난한 나라에서 폭동을 초래하는 등 전 세계의 가진 자와 가지지 못한 자 사이의 막대한 격차를 고스란히 드러내고 있다.

팬데믹은 마치 의도와 계획이 있는 현상처럼 보인다. 뭔가 주장을 하려고 하는 것 같기도 하다. 그러니 모종의 사악한 세력이 배후에 있다는 믿음이 도는 것도 당연하다.

3부

썰,
세상을
움직이기
시작하다

3부에서 알 수 있는 것들

코로나19 바이러스의
진짜 원인은 뭘까?

우리가 아는 둥근 지구가 진짜
지구의 모습일까?

우리가 아는 역사는 실제로
일어난 일이었을까?

일루미나티는 왜 다시 떠올랐을까?

지금은 '음모론 황금기'일까?

8장

괴담의 확산:
바이러스를 둘러싼 설들

혹시 모르는 사람은 없겠지만, 우리가 최근에 팬데믹을 좀 겪었다.* 독자가 항상 저자보다 잘 아는 분야가 있다면 바로 '최신 동향'이다. 독자는 미래에서 책을 읽고 있을 테니까. 미래 상황은 좀 어떤가? 팬데믹이 끝났는지? 좀 잦아들기라도 했는지? 우리 두 저자는 정말 진심으로 바란다. 독자가 이 책을 술집에서 읽고 있기를. 아니면 휴일 해변에서 쉬면서 읽고 있기를. 기다리던 친구들이 지금 막 도착해 이 책을 내려놓는다면 더 바랄 게 없을 것이다. 아니나 다를까, 역사적으로 감염병이 돌았을 때 나타났던 온갖 유형의 음모론이 거의 빼놓지 않고 다시 등장했다. 심지어 이번에는 그동안 새로 생겨난 음모론들까지 가세했다. 이전의 감염병 유행기에는 대개 당시 상황에만 주목하는 사건 음모론이 돌았던 것과 달리, 코로나19 음모론은 훨씬 다양한 기존의 이론들을 포괄하여 현 상황을 설명하는 체제 음모론의 성격을 띠었다.

과거 무서운 신종 질병이 유행할 때 항상 그랬듯, 이번 팬데믹이 음모론을 촉발한 것 자체는 놀랄 일이 아니었다. 음모론 이외에 온갖 터무니없는 설들이 입에 오르내린 것도 새삼스럽지 않았다. 음모론은 인간이 세상을 오해하는 갖가지 창의적인 방법의 하나일 뿐이다. 신종 코로나바이러스가 전 세계에 퍼지면서 수많은 거짓 정보도 함께 퍼져나갔다. 허위 정보는 바이러스처럼 국경을 자유로이 넘나들며 나라에서 나라로 쉽게 옮겨갔다.

헛소문, 집단 공황, 가짜 치료 약이 난무하면서 심각한 파장을 낳았다. 애리조나주의 한 남성은 클로로퀸 인산염을 복용한 후 사망했다. 트럼프 대통령이 클로로퀸을 코로나19 치료제 감이라 선전하는 것을 보고 수조 세정제를 그대로 흡입한 것이다. 이란에서는 수백 명이 바이러스 예방 효능이 있다고 오해하여 공업용 알코올을 마시고 사망했다. 코로나19의 존재를 부정했던 탄자니아 대통령이 코로나19로 사망했다는 주장도 나왔다(당국은 공식적으로 이를 부인했다).[1] 이상은 두드러진 사례 몇 가지를 든 것에 불과하다. 그 밖에도 무익한 민간요법에 대한 확신, 공중보건 정책에 대한 이념적 반대, 신종 감염병의 이해가 부족한 상황에서 보건 당국자들이 보인 과신과 오판 등 허위 정보가 실제로 얼마나 많은 인명 피해를 낳았는지 헤아리기 어렵다.

SARS-CoV-2라는 명칭의 신종 코로나바이러스가 일으킨 코로나19 팬데믹은 허위 정보가 전 세계에 확산하는 데 과거 어느 때보다 유리한 장을 조성했다고 볼 수 있다. 앞서 살펴보았듯이 음모론과 허위 정보는 대대적이고 극적인 뉴스에 거머리처럼 달라붙는 경향이 있다. 코로나바이러스만큼 대대적이고 극적이고 전방위적인 뉴스는 없었다. 불과 몇 주 만에 전 세계의 감염자가 급증하고 이것이 일부 지역에 국한된 문제가 아님이 분명해지면서, 다른 뉴스들은 점차 헤드라인에서 자취를 감췄다. 순식간에 팬데믹이 세계적 담론을 장악하면서 다른 주제를 모두 밀어냈고, 유례를 찾아보기 어려울 만큼 세계인의 진정한 공통 화두가 되었다.

거짓 정보가 퍼지기에 이보다 더 좋은 조건도 없었을 것이다. 보이지 않는 바이러스의 공포가 세계 모든 사람의 일상을 바꿔놓았고, 세상은 과거 어느 때보다 긴밀하게 연결되어 있었다. 게다가 바이러스의 특성이 과학적으로 확실히 밝혀지지도 않은 상태였다. 팬데믹 초기 몇 달 동안은 정보의 커다란 공백이 있었다. 차라리 '모른다'는 말을 자주 할수록 더 신뢰할 만한 전문가였다. 도무지 확실한 게 없는데도 확실하다고 주장하는 전문가의 말은 의심할 필요가 있었다. 팬데믹 기간 내내 100퍼센트 맞는 말만 한 사람이 과연 있었을지 의문이다. 굉장히 심각한 오판을 한 전문가도 수두룩했다.

5G 원인설과 백신 속 마이크로 칩

유행 초기 몇 주 동안 허위 정보가 얼마나 급속히 전 세계에 퍼졌는지를 보여주는 사례로 헬기 출동설이 있다. 물론 피해가 대단히 심각했던 사례는 아니다. 아마도 그 때문에 죽은 사람은 없고, 안 그래도 잔뜩 겁을 먹은 대중의 불안을 조금 더 돋우는 정도였을 테니까.

루머는 2020년 3월 10일경, 유럽에서의 첫 대규모 발병 사태 충격에 휩싸인 이탈리아에서 시작된 것으로 보인다. 트위터, 페이스북, 문자 메시지, 인스턴트 메신저 등 SNS와 개인 연락망을 통해 퍼진 메시지는 다음과 같았다. "오늘 밤 11시 40분부터 절대 외출 금지. 헬기 다섯 대가 코로나바이러스 박멸을 위해 살균제를 살포할 예정이니 모든 문과 창문을 잘 닫아둘 것." 그리고 모든 지인에게 메시지를 전달할 것을 호소하는 내용이었다.

메시지는 순식간에 전 세계로 퍼졌다. 네덜란드의 허위 정보 연구가 피터 버거 박사는 이 헬기 루머의 유포 과정을 추적했고, 영국의 팩트체킹 기관 풀팩트와의 인터뷰에서 다음과 같이 설명했다. "메시지는 단 두 주 만에 세계 곳곳에 도달했다. 콜롬비아, 이집트, 쿠웨이트, 인도, 파키스탄, 인도네시아, 필리핀, 벨기에, 스위스, 스페인, 이탈리아, 네덜란드에 이르는 모든 나라에서 현지 상황에 맞게 내용이 각색되고 가짜 신분 증명까지 붙어서 돌아다녔다."[2] 한 가지 흥미로운 점은 각국 언어로 번역을 거치고 경찰이나 군의 마크가 추가되는 등 현지화가 이루어졌음에도 일부 요소는 거의 항상 불변이었다는 것. 이를테면 헬기는 항상 다섯 대였고 정확히 밤 11시 40분이라는 출동 시각도 동일했다.

이 헬기 출동설은 음모론이라고는 할 수 없지만, 수수께끼의 헬기라든지 유해 물질의 은밀한 공중 살포 등 음모론의 흔한 클리셰를 활용하고 있다. 켐트레일과 〈맨 인 블랙〉을 섞은 형태인데, 가상의 살포단이 영웅으로 묘사되고 있다는 점이 다르다.

이런 식의 허위 정보가 도처에 만연했다. 계엄령을 앞두고 런던 시내에 군대가 깔렸다거나, 강도가 클로로폼에 적신 마스크를 건네어 실신하게 만든 뒤 집을 턴다거나, 손 세정제를 뜨거운 자동차 안에 놓아두면 폭발한다거나 하는 소문이 돌았다. 팬데믹 속 허위 정보의 유구한 역사를 생각하면 놀랄 일이 아니었다. 모든 사람의 일상이 하루아침에 바뀌었음을 생각하면 솔직히 이해할 만한 현상이었다. 돌이켜보면 코로나바이러스 대유행의 첫 몇 달은 극심한 혼란기였다. 세상이 발칵 뒤집어진 가운데 진실과 거짓을 구분하는 일은 도무지 쉽지 않았다. 눈앞의 모든 현실이 낯설었으니, 그 어떤 가능성도 터무니없다고 일축할 수 없었다.

음모론이 피어나기 딱 좋은 상황이었다.

그런데 코로나19 음모론 중 굵직한 것들은 대체로 하루아침에 생겨난 게 아니었다. 팬데믹으로 인해 새로 탄생했다고 생각하면 오산이다. 이전부터 있었던 음모론들이고 그중엔 역사가 오래된 것도 많다. 여기에 팬데믹 개념이 합쳐지면서 갑자기 광범위하게 더욱 열렬한 신봉자들을 포섭하게 된 것이다.

그뿐 아니라, 단 한 가지 뉴스가 세계인의 공통 화두가 되면서 이전에는 서로 단절되어 있었던 음모론 집단 사이에 교류의 물꼬가 터졌다. 한 집단의 음모론을 다른 집단에서도 인정해주기 시작했고, 신봉자들은 새로 알게 된 다른 음모론도 자신의 서사에 반영해 넣었다. 틈새 이론들조차(가령 바이러스라는 것 자체가 존재하지 않는다고 믿는 일부 대안 의학계도 있다) 기본적인 세계관에 부합하거나 논리의 구멍을 메워줄 수 있다면 바로 채택되어 더 큰 이론 속에 통합되었다. 팬데믹 속에서 음모론들은 마치 변신 합체 로봇처럼 결합해 거대한 하나의 모습으로 우뚝 섰다. 바야흐로 '초음모론'이 만들어지고 있었다.

5G 음모론을 예로 들어보자. 비교적 최근에 나온 5G 이동통신 기술이 팬데믹의 원인이라는 공포가 세계 곳곳에 퍼졌다. 이 음모론은 특히 영국에서 기승을 부리며 실제로 여러 사건을 일으켰다. 이동통신 기지국 등 통신 시설에 방화가 일어났고, 외부에서 작업하는 통신 기술자들에게 욕설과 협박이 쏟아졌다.[3] 당시는 휴대전화와 인터넷에 의존한 일용품 수요가 그 어느 때보다 컸던 시기였다는 점이 씁쓸한 아이러니다. 또 한 가지 아이러니는, 공격의 표적이 된 기지국과 기술자들의 상당수는 5G와 무관했다는 것이다.

5G와 코로나19를 연결 짓는 이 음모론은 팬데믹 초기에 출현했다. 의혹이 소셜미디어상에 처음 등장한 것은 2020년 1월이다. 중국의 신종 바이러스 확산이 세계 언론에 대대적으로 보도되기 시작했지만, 아직 공식 팬데믹 선언이 있기 전이었다. 처음 제기된 의혹은 그저 추측에 불과했다. 현재는 삭제된 한 페이스북 게시글은 이런 내용이었다. "우한은 5G가 처음 도입된 곳이다. (…) 5G가 면역체계를 망가뜨려 감기의 독성을 높이는 게 아닐까?"[4]

음모론은 이처럼 우연의 일치에서 비롯될 때가 많다. 정확히 말하면 우연이 단순히 우연이 아니리라는 의심에서 비롯된다. 그러나 상황을 자세히 들여다보면 '우연의 일치'라는 것은 흐지부지 사라져버리곤 하는데, 이 경우도 그렇다.

먼저 우한이 중국에서 5G가 가장 먼저 도입된 도시들 중 하나였던 것은 사실이다. 그런데 말 그대로 하나였을 뿐이다. 중국의 5G 서비스는 베이징, 상하이, 선전, 난징, 청두, 차오저우, 톈진 등 50개 도시에서 동시에 개통됐다. 게다가 중국은 세계에서 5G를 처음 상용화한 나라도 아니다. 5G는 이미 미국, 영국, 한국 등 여러 나라에서 운영 중이었다. 코로나19가 출현했을 무렵 우한은 5G가 보급된 세계 수백 도시 중 하나였을 뿐이다. 알고 보면 딱히 수상한 우연이랄 게 없지만, 그래도 5G 음모론에 심취한 이들은 계속 생겨났다.

중국 밖에서 처음 코로나19가 대규모로 확산한 나라는 이란이었다. 이란에는 5G가 전혀 보급되지 않았으니, 그 후에는 당연히 5G 음모론이 사라지지 않았을까? 아니었다. 5G가 없는 지역에서 아무리 감염자가 속출해도, 음모론은 팬데믹 내내 수그러들지 않았다. 5G 보급률에서 세계 선두를 달리는 한국이 세계에서 몇 손가락에 꼽히는 방역 성공 사례를 기록했어도 음모론 신봉자들은 아랑곳하지 않았다. 바이러스는 인구가 밀집하고 접촉이 활발한 대도시에서 특히 잘 퍼진다. 대도시에는 최신 통신 기술도 먼저 도입되기 마련이다. 따라서 음모론자들의 눈에는 묘한 일치가 계속 눈에 띄었다. 물론 반대되는 증거를 모조리 무시하지 않는 한 지속될 수 없는 믿음이었다.

여기서 분명히 짚고 넘어가자. 5G는 코로나19의 원인도, 다른 건강 문제의 원인도 아니다. 5G는 획기적인 기술이 아니다. 전파를 기존과 조금 다른 주파수로 운용하는 것뿐이다. 그리고 5G는 '비전리 방사선'에 속한다. 비전리 방사선은 가시광선보다 주파수가 낮아서 분자(가령 DNA) 수준의 피해를 일으킬 만한 에너지가 없다. 자외선, 엑스선, 감마선 등 전자기파 스펙트럼에서 가시광선 이상의 대역에 위치한 전자기파만이 피부 화상, 암, 돌연변이 등 건강 문제를 일으킬 수 있다. 주파수가 그 이하인 전자기파는 인체를 그대로 통과하여 피해를 주지 않거나 인체를 아예 통과하지 못한다. 사실 5G는 이전에 사용하던 이동전화 주파수보다 신체에 침투하는 깊이가 얕다. 주파수가 높을수록 에너지가 표면에서 많이 소실되기 때문이다. 5G가 신체에 일으키는 최악의 영향이라면 에너지가 흡수되면서 체온이 살짝 올라갈 수 있는 정도일 텐데, 이동통신 장비에서 방출하는 에너지는 눈에 띌 만한 체온 상승 효과를 일으키기에는 턱없이 약하다.

어떻게 아느냐고? 전자기파는 가장 많이 연구되고 규명된 자연현상 중 하나다. 인체에 미치는 영향에 대해서도 수없이 많은 실험이 이루어졌다. 국제비전리방사보호위원회ICNIRP라는 전문가 단체가 기준을 정하는데, 이 단체에 따르면 5G 기지국에서 방출하는 에너지는 보수적으로 잡은 안전 기준의 약 100분의 1에 불과하다.

이동전화가 전 세계에 보급된 지 수십 년이 지났고, 사용자의 건강에 대한 불안도 수십 년째 이어지고 있다. 그러나 비판자들이 경고했던 뇌종양 등의 질환 발생률은 특별히 증가한 바가 없다.[5] 전자기파 유해론자들은 전자기파 노출의 부작용이라는 편두통, 현기증 등 방대한 증상의 목록을 만들어놓았으나, 그런 것은 코로나19의 주요 증상이 아니다.

그렇다면 코로나와 5G를 연결 짓는 음모론은 왜 그리 생명력이 길었을까? 한 가지 이유는 이 음모론이 하나가 아니라 몇 가지 상충하는 음모론이 합쳐진 것이라는 데 있다. 2020년 3~4월쯤에 5G 반대 페이스북 그룹 중 아무 곳에나 들어가보면 모든 집단이 비교적 평화롭게 공존하고 있었다. 한쪽에서는 바이러스는 실존하며 5G가 면역체계를 억제하거나 바이러스 자체를 강력하게 만듦으로써 경미한 병이 심해지고 있다고 주장했다. 다른 한쪽에서는 바이러스는 존재하지 않고 5G가 병을 일으키는 직접적 원인이며, 모든 증상은 전자기파에 노출된 결과라고 주장했다. 그런가 하면 또 한쪽에서는 바이러스가 존재하지 않을뿐더러 아픈 사람도 없다고 주장했다. 병원은 텅텅 비어 있고, 팬데믹 자체가 거대한 사기극이며 정부가 봉쇄령을 내리고 그 틈에 몰래 5G를 설치하기 위한 계략이라는 것이다. 주장 간에 내용이 상충한다는 점은 큰 문제가 되지 않았다. 이들 집단은 5G가 여하튼 해로운 기술이며 팬데믹과 모종의 관계가 있으리라는 공통의 믿음으로 뭉쳐 있었다. 논리는 바뀔 수 있지만 결론은 정해져 있었다.

한편 여기엔 또 다른 이유도 있다. 5G 기술을 둘러싼 불신은 팬데믹이 시작되기 오래전부터 팽배했다는 것. 5G 회의론자의 커뮤니티가 이미 존재했고, 유력 인사와 전도사들이 있었으며, 배경 스토리와 근거 자료도 다 정리되어 있었다. 온라인상에서 5G에 관한 허위 정보는 코로나19가 등장하기 최소 1년 전부터 각국의 5G 상용화에 발맞추어 차츰 늘어나고 있었다.[6] 한때는 하늘에서 떨어져 죽은 새가 모두 5G 탓에 죽은 것으로 간주하기도 했다.*새 떼의 집단 폐사는 의외로 흔한 현상으로, 이미 수백 년 전부터 기록되어 왔다. 죽은 새가 하늘에서 무더기로 떨어지면 사람들은 당연히 기겁하기 마련이고, 본능적으로 이를 무언가의 탓으로 돌리게 된다. 하지만 원래 자연적으로 그런 일이 있는 듯하다. SF 영화나 드라마에서 으스스한 복선으로 쓰기에 딱 좋은 장면이긴 하다.

게다가 이러한 의심은 5G에서 시작된 것도 아니었다. 휴대전화와 관련된 건강 우려와 음모론의 역사는 20년 이상을 거슬러 올라간다. 영국에서는 2000년대 초에 3G가 상용화되었을 때도 거의 똑같은 논쟁이 불거지면서 전화 기지국이 훼손되었다.[7] 미국도 비슷한 시기에 와이파이를 둘러싼 공황 사태가 있었다. 중요한 점은 이러한 공황 심리는 온라인에서만 나타나지 않는다는 것이다. 지역 내의 특정한 기반 시설에 대해 반대 운동이 벌어지면서 주민들이 똘똘 뭉치곤 한다. 이웃끼리 서로 대화하고 한자리에 모이고 함께 활동하면서 믿음은 더욱 공고해지고 커진다. 기지국이 건강에 해롭다고 믿는 사람들은 기지국이 단순히 흉물스럽다고 생각하는 사람들과 손잡고, 더 나아가 그들을 포섭한다.[8] 지역의 시설물 설치 문제를 놓고 상상외로 격한 논쟁에 휘말리는 것만큼 주민들의 집단행동을 자극하고 적개심을 유발하는 일도 없다.

무선통신 기술이 초래하리라고 예상했던 건강 재앙은 오지 않고, 대중은 무제한 데이터의 신세계를 열렬히 환영했다. 이 가운데 처음에 음모론으로 딱히 기울지 않았던 신기술 관련 건강 우려가 음모론으로 변해간 것은 놀랍지 않다. '다들 도대체 왜 이리도 착각하고 있는가?'라는 의문은 묵시적 음모론으로 흐를 수밖에 없었고, 다른 믿음이 들어설 여지는 점점 없어졌다. 이런 상황에서 코로나바이러스가 등장하자, 이들은 새로운 상황에 맞추어 기존의 신념을 쉽게 조정할 수 있었다.

전자기파 음모론자들이 기존에 갖고 있던 신념과 코로나19를 연결 지으려 한 것은 어찌 보면 당연하다. 체제 음모론이라면 응당 세상만사를 다 설명할 수 있어야 하지 않겠는가. 세상을 뒤흔드는 큰 뉴스가 터졌는데 그들이 "음, 이건 우리 음모론과 관련이 없군"이라고 판단할 리는 만무하다.

통신 기술뿐만이 아니다. 백신의 경우는 이 모든 현상이 더욱 두드러졌다. 백신 회의주의는 19세기의 백신 반대 운동 이후 장족의 발전을 했다. 특히 앤드루 웨이크필드가 1998년에 허위 연구를 발표해 백신과 자폐 장애의 연관성을 주장한 뒤로는 급격한 상승세를 탔다. 웨이크필드의 연구는 언론과 정치권에 큰 파장을 몰고 왔다.* 백신에 대한 신뢰를 높이는 데 도움이 되지 않은 또 한 가지 사실은, CIA가 파키스탄에서 가짜 B형 간염 백신 접종 사업을 벌인 것이다. 주민들의 DNA를 몰래 채취하여 오사마 빈 라덴의 소재를 확인하기 위해서였다. 음모론자들이 주장하는 백신 접종의 목적을 진짜로 수행해버린 것이다. 그 결과 백신 회의론이 거세지고 파키스탄의 여러 지역에서 백신 접종 활동을 금지하면서 간염과 소아마비 박멸 사업에 차질을 빚었다. 파키스탄에서 간염으로 사망하는 사람은 매년 10만 명이 넘는다. 그 후 그러한 연관성이 없음을 보여주는 증거가 끊임없이 나오면서, 비록 부정확할지언정 충분히 타당했던 건강 우려가 철저한 음모론으로 변해가는 패턴이 다시 한번 나타났다. *참고로, 백신과 자폐 장애의 연관성만큼 집중적으로 연구되고 확실하게 논박된 주제는 현대 의학 분야에서 드물다.[9] 백신을 '신세계질서'나 인구 수 조절과 연결 짓는 서사가 만들어졌고, 이로써 결정적인 배후 동기가 설명이 되었다. 도대체 의료계는 왜 백신을 투여하고 진실을 은폐하는 데 그리 혈안이 되어 있는지에 대한 설명이었다.

5G의 음모론의 경우처럼, 신종 코로나바이러스가 세계 언론의 머릿기사를 장식하기 시작할 무렵 백신 음모론 커뮤니티는 이미 준비가 되어 있었다. 음모론자들은 빌 게이츠가 백신 접종 의무화를 요구하고 있으며 그 목적은 전 세계인의 몸속에 마이크로 칩을 심어 추적하기 위해서라고 주장했다.

우선 짚고 가자. 백신에는 마이크로 칩이 들어 있지 않다. 꽤 확실히 말할 수 있다. 왜냐고? 백신을 보면 마이크로 칩이 들어 있지 않으니까! 마이크로 칩이 요즘 꽤 작게 나오긴 하지만, 아직 눈에 보이지 않을 만큼 작진 않다. 주사 용기에 든 백신 속에 마이크로 칩이 뿌려져 있다면, 아무리 초소형의 마이크로 칩이라 해도 "투명한 백신 용액에 웬 불순물이 떠다니지?" 하는 의문을 일으키지 않을 수 없다. 백신 마이크로 칩 함유설을 그래도 믿고 싶다면 초미세 마이크로 칩 제조 기술이 극비리에 획기적으로 발전했다고 가정하는 수밖에 없다.

마이크로 칩 추적 음모가 해결해야 할 문제는 그뿐만이 아니다. 이미 자기 손에 자진하여 마이크로 칩을 이식받은 사람들을 보면 알 수 있다. 그런 경우가 오늘날 실제로 있다. 이식 서비스를 유료로 제공하는 회사도 존재한다. 이 서비스는 특히 스웨덴에서 묘하게 인기가 많다. *'인기가 많다'고는 했지만 이용자는 고작 수천 명 수준이다.[10] 이식된 마이크로 칩은 상품 값을 지불하는 데 쓰이거나 건물 출입 카드를 대신하기도 하지만, 한 보도에 따르면 가장 많이 쓰이는 용도는 직업 정보 공유 서비스인 '링크드인'의 계정에 접속해 본인의 프로필을 빠르게 공유하는 것이라고 한다.[11] 지금 우리가 팬데믹으로 사람이 죽는 이야기를 하고 있지만, 이 장을 통틀어 가장 소름끼치는 문장이 바로 앞 문장이 아닐까 싶다.

그러나 정보 공유를 하고 싶어 안달하는 이 사이보그 지망생들 역시 자신의 마이크로 칩을 사용하려면 손을 스캐너에 가까이 갖다 대야 한다. 비접촉 결제 카드와 똑같은 방식이다. 쌀알만 한 이 마이크로 칩은 어떤 신호도 송출하지 않고, 외부 장비에서 보내오는 전파에 반응할 뿐이다.

백신 마이크로 칩 음모에 따르면 이 칩으로 몰래 사람을 추적해야 하는데, 이런 식이라면 문제가 있다. 설령 마이크로 칩을 몰래 사람 몸속에 심었다 해도, 스캐너를 얼굴에 갖다 대야 비로소 정보를 뽑아낼 수 있다면 비밀 작전이라고 하기 어렵다. 마이크로 칩이 몰래 데이터를 송출할 수 있게 하려면 전원도 같이 넣어주어야 하는데 그러려면 일이 한층 더 까다로워진다.

게다가 마지막 걸림돌이 하나 더 있다. 스웨덴의 사이보그 지망생들이 손에 이식받은 칩은 피부 바로 밑에 들어가 있다. 왜일까? 전파는 매질에 따라 통과하는 정도가 매우 다르다. 특히 잘 통과하지 못하는 매질이 바로 물이다. 그런데 우리 몸은 거의 물로 되어 있다. 혹시 블루투스 이어폰을 쓴다면, 스마트폰을 몸 한쪽에 두었을 때 반대쪽 귀의 이어폰 소리가 끊어지는 현상을 경험해봤는지? 거대한 물 덩어리인 당신의 몸이 전파 방해 장치 역할을 톡톡히 하기 때문이다. 그러니 '비밀 추적용 마이크로 칩을 어디에 넣을 것인가'를 고민할 때 '혈류 속'은 전혀 좋은 선택이 아니다.

따라서 실제로 사람들을 몰래 추적하려고 할 때 이 음모론대로 한다면, 어느 모로 보나 거의 최악의 방법을 선택한 것이라고 할 수 있다. 여기서 재미로 한번 생각해보자. 만약 당신이 정말로 사악한 슈퍼빌런이라면, 어떤 방법을 쓰는 게 좋을까? 칩을 몸 밖에 두는 편이 훨씬 나을 것이다. 또 칩에 자체 전원이 있어서 오는 신호에 반응만 하는 것이 아니라 신호를 내보낼 수 있으면 가장 좋을 것이다. 그렇다면… 어떤 장비 안에 탑재시키면 되지 않을까? 사람들이 항상 소지하고 다니는 장비라면 어떨까?

'수백만 명의 목숨을 앗아가는 팬데믹을 일으켜 누구나 마이크로 칩 백신을 맞게 만든 후 사람들을 추적한다'는 음모론의 커다란 구멍이 바로 여기에 있다. 아주 단순한 문제다. 사람들은 이미 스마트폰을 갖고 다닌다는 것.

이 백신 음모의 목적이라는 것은 이미 모두 달성되어 있다. 대중의 저항을 무릅쓰고 강제로 이루어낸 것이 아니라, 수십 년간의 소비자 기술 발달과 영리한 마케팅이 대중의 열렬한 수용을 끌어냄으로써 이루어졌다. 영국의 경우 성인 스마트폰 보유율이 90퍼센트에 가까운데, 백신 접종률을 최고로 높게 전망했을 때의 상한선이 그 정도다.[12] 수천만 명의 방대한 추적 데이터가 공개 시장에서 완전히 합법적으로 거래되고 있다. 우리가 백신 음모를 걱정하는 동안, 작년에 다운받아 잠깐 플레이했던 심심풀이 게임이 아직 스마트폰에 설치된 채 조용히 우리의 데이터를 누군가에게 보내고 있다.

빌 게이츠가 정말 사람들을 추적하고 싶었다면, 왜 자신이 이룬 세계 최대 규모의 기술 회사를 나와 백신에 모험을 걸었을까? 마이크로소프트가 2013년 노키아의 모바일 하드웨어 사업부를 인수한 후 윈도우 폰이 시장 점유율을 높이지 못했기 때문에 백신에 눈을 돌렸다는 것일까? 만약 그렇다면 의문이 또 생긴다. 빌 게이츠가 백신 음모론의 주장처럼 정말 저전력 나노 마이크로 칩 기술을 획기적으로 발전시켰다면, 마이크로소프트의 스마트폰은 왜 그렇게 형편없었을까?

신비의 극소형 마이크로 칩 건은 많은 음모론에서 흔히 볼 수 있는 문제의 좋은 예다. 논리의 구멍을 메우려다 보니 음모자에게 엄청난 능력이 있다는 주장을 하는데, 그렇다면 애초의 음모가 무의미해진다. 음모자가 정말 음모론의 주장처럼 유능하다면, 훨씬 쉽고 확실하고 합법적인 수많은 방법으로도 똑같은 목적을 얼마든지 이룰 수 있을 것이다.

이 음모론이 부상한 것만 봐도 음모론이 유명인 슈퍼 빌런을 내세우면 얼마나 유리한지 알 수 있다. 왕년에 IT계의 거물이었다가 세계 보건 증진과 백신의 옹호자로 변신한 빌 게이츠야말로 완벽한 캐스팅이다.

실험실 유출설과 질병 X

코로나19 음모론의 대부분은 완전히 허황한 얘기지만, 거짓이라고 단언할 수 없는 음모론이 하나 있다. 바이러스의 기원에 관한 '실험실 유출설'이다. 이 가설은 여러 형태가 있고, 모두 음모론이라고는 할 수 없다. 박쥐 코로나바이러스를 연구하는 실험실에서 바이러스가 사고로 유출되었다는 설 자체는 음모론이 아니다(박쥐 코로나바이러스는 2003년 SARS-CoV 바이러스로 인한 사스 사태 때도 큰 팬데믹이 발생활 뻔했던 것을 생각하면 충분히 연구할 만한 주제다). 잘못을 조금 더 강하게 질책하는 설도 있지만 이 역시 음모론은 아니다. SARS-CoV-2 바이러스의 강력한 특성이 이른바 '기능 획득', 즉 최악의 바이러스를 실험실에서 시뮬레이션하여 대비책을 강구하는 연구 과정에서 인공적으로 첨가된 것일 수 있다는 주장이다.

위의 두 가지 설은 '음모'보다는 '실수'로 분류해야 할 텐데, 세상에 '실수론'을 다루는 책은 없다.*그렇다, 저자 톰의 전작 『인간의 흑역사』가 실수론을 다룬 책이긴 하다. 바이러스가 유출된 건 맞지만 아무도 고의로 유출하지는 않았다는 설들이다. 여기에 음모적 요소가 있다면 주로 실수를 은폐했다는 의혹이다. 중국 당국은 "그래. 우리가 유출했어, 미안해. 우리 잘못이야"라고 공개적으로 인정한 적이 없으니까.

더 극단적인 형태의 실험실 유출설도 있다. 이에 따르면 SARS-CoV-2 바이러스는 중국이 세계 경제를 무너뜨리기 위해 의도적으로 개발하여 방출한 생물무기다. 이 설은 확실히 음모론에 해당한다.

그런데 솔직히 말이 잘 안되는 얘기다. 이 바이러스는 전염성이 매우 높은 호흡기 질환 바이러스인데, 대부분의 감염자가 경미한 증상에 그치고 감염된 지 일주일 후에야 증상을 보인다. 생물무기를 그렇게 만들 이유가 없어 보인다. 생물무기라면 적에게 심각한 피해를 즉시 입혀야 하지 않을까? 그리고 연령대에 따라 차이를 둔다면 고령자보다는 군인과 노동자 등 한창나이의 사람들이 심하게 앓도록 만드는 편이 좋을 것이다. 이상적으로는 정밀하게 유포하여 자국민은 감염되지 않게 해야 할 것이다. 더군다나 중국 경제는 세계 경제와 밀접히 얽혀 있다. 그런 나라가 왜 세계 경제를 무너뜨리려 한다는 것인지 이해하기 어렵다. 그런 일은 없었다는 것이 아니라, 만약 그런 일이 있었다면 대단히 어리석은 짓이라는 것이다.

그러나 이 글을 쓰는 현재로서는 어떤 형태의 실험실 유출설도 틀렸다고 단정할 수 없다. 매우 불확실한 정황 증거 외에는 유출설을 딱히 강하게 뒷받침하는 논거가 없고, 자연적으로 발생했다는 증거가 훨씬 설득력이 있긴 하다. 최초 발병 사례들은 이 바이러스에 옮기 쉬운 것으로 알려진 동물들을 판매한 화난시장 주변에 모여 있다. 화난시장에서 양쯔강을 사이에 두고 12킬로미터 떨어진 우한 바이러스 연구소 주변에는 집중적으로 나타나지 않는다.[13] 그럼에도 바이러스의 기원에 관한 정보 자체가 부족하기에 실험실 유출설을 완전히 배제할 수는 없다. 바이러스 추적 조사란 어마어마한 건초더미 속에서 미세한 바늘을 찾는 작업이기에, 유출설을 확고히 논박할 증거를 찾는다는 것은 영원히 불가능할 수도 있다.

어쨌든 우리가 할 수 있는 말은 실험실에서 유출되었다는 설명이 '꼭 필요하지는 않다'는 것이다. 코로나19의 자연 기원설에는 메워야 할 논리의 구멍이 없다. SARS-CoV-2 바이러스의 특성을 볼 때 인간의 개입을 통해서만 유행할 수 있었다고 봐야 할 특이하거나 기묘한 점은 없다. 어느 모로 보나 여느 바이러스처럼 바이러스가 할 만한 일을 하고 있을 뿐이다.

바이러스 자체를 살펴봐도 모든 면면이 진화의 산물임을 시사하고 있다. 증식력이 높아진 돌연변이를 관찰하면 자연계의 다른 코로나바이러스 중에서도 나타나는 돌연변이 유형임을 알 수 있다.[14] 유전체를 들여다보면 유전자 조작을 의심할 흔적이 전혀 없다.[15] 분자 구조상으로 근사한 비장의 무기를 두어 가지 갖추긴 했으나, 목표 달성에 가장 효과적이거나 효율적인 형태는 아니다. 확산에 용이한 코로나바이러스를 인위적으로 설계한다면 이런 식으로 하지는 않을 것이다. 코로나19는 자연선택 과정에서 전형적으로 나타나는 무계획적, 우발적, 시행착오적, 임시방편적인 특성을 모두 갖고 있다. 최초의 바이러스가 완벽하게 설계되지 않았다는 사실은 사실 쉽게 알 수 있다.

바이러스가 일단 나돌기 시작하자 자연선택에 의해 전파력이 대폭 높아진 일련의 변이가 금방 생겨나지 않았는가. 그리스 문자를 차례로 붙여가면서 변이의 이름을 지어주었던 것을 상기해보자.

그런가 하면 바이러스가 박쥐에서 인간으로 훌쩍 옮겨가는 데도 인간의 도움이 필요하지는 않다. 그건 바이러스의 특기니까. 바이러스가 원래부터 기막히게, 소름 끼치게 잘하는 일이다. 감염병이 동물에서 인간으로 옮겨가는 현상은 우려스러울 만큼 빈번히 일어나고 있다. 인간이 동물의 서식처를 계속 잠식하기 때문인 것으로 보인다. 신종 감염병 전체의 절반 이상이 그렇게 발생한 인수공통감염병으로, 매년 수백만 명의 목숨을 앗아간다.[16] 지난 100여 년 동안 인수공통감염병은 1918년의 스페인 독감, 에이즈, 에볼라 등 최악의 유행 사태를 일으켰다. 그 밖에 덜 유명하지만 역시 무시무시하고 치명적인 마르부르크, 니파, 신놈브레 등의 바이러스도 수두룩하다. 지난 20년 동안만 따져도 치명적인 인수공통감염 코로나바이러스 두 종(사스와 메르스)이 인간에게 옮겨진 바 있다. 이번의 세 번째는 이전 사스 바이러스와 계통적으로 매우 가깝기도 하니, 특별한 설명이 필요하다고 볼 이유가 딱히 없다.

다시 말해, 사자가 자꾸 출몰한다고 했을 때 50번째로 출현한 사자를 지목해 "이 녀석은 서커스단에서 탈출한 게 틀림없다"라고 하는 건 좀 이상하다. 물론 맞는 말일 수도 있지만, 그쯤 되면 동네에 원래 사자가 많다는 사실을 받아들여야 할 것이다.

코로나19 팬데믹처럼 희한하고 괴로운 사건을 마주했을 때 그에 걸맞은 비상한 원인이 있었으리라고 생각하는 것은 무척 자연스러운 현상이다. 비례성 편향은 항상 존재하고, 이번 사태의 규모는 실로 엄청났으니까. 그러나 이는 최소한 바이러스학 관점에서는 이번 사태가 딱히 특이할 게 없었다는 사실을 간과한 생각이다. 2020년에 각종 언론에서 "전례 없는"이라는 말을 숱하게 쓰긴 했고 우리 일상이 송두리째 바뀌긴 했지만, 그해에 벌어진 일의 대부분은 사실 전례가 아주 많았다.

그렇다면 이제 마지막으로, 우리 저자가 보기에 가장 짜증스러운 종류의 코로나19 음모론을 살펴보자. 바로 국제 보건 단체들이 코로나바이러스를 사전에 알고 있었다고 하는 음모론들이다. 이들은 세계보건기구가 2018년에 '질병 X'라는 미지의 감염병에 대한 대비책을 논의했다거나, 코로나19가 확인되기 몇 달 전인 2019년 10월에 존스홉킨스 보건안전센터에서 '사건 201'이라고 하는 시뮬레이션을 벌여 사스와 유사한 코로나바이러스의 유행 대응책을 시험했다거나 하는 사례를 증거로 든다. 또 이번 유행이 시작되기 전에 작성된 코로나바이러스 관련 연구 제안서와 특허 출원서 등을 제시하면서, "다들 한통속이었어. 모든 것이 계획됐다고!"라고 외친다.

전혀 사실이 아니다.

여기엔 단순한 오해에서 비롯된 착각도 있다. 사스라는 명칭은 대중의 귀에 어느 정도 익숙했지만, '코로나바이러스'라는 말은 2003년 사스 유행 때 서구 언론에서 잘 쓰지 않았다. 그 감염병의 파장이 커졌을 때는 이미 '사스(SARS: 중증급성호흡기증후군)'라는 이름이 붙은 뒤였다. 따라서 대부분의 사람은 2020년 초에 언론에서 '신종 코로나바이러스'라고 보도했을 때에야 코로나바이러스라는 말을 처음 듣게 되었다. 코로나바이러스는 잘 알려진 여러 바이러스 종을 아우르는 분류 단위이다. 그리고 누구나 과거에 코로나바이러스 한 종 이상에 감염된 적이 있을 가능성이 높지만, 그런 사실은 모르는 사람이 많았다. 그러니 이번 팬데믹 이전에 '코로나바이러스'를 언급한 자료를 발견하고는 결정적인 단서를 잡았다고 생각한 사람이 있는 것도 어찌 보면 놀랍지 않다.

이런 부류의 음모론은 사악하다기보다 우스꽝스러운 것이 많다. 코로나바이러스 백신이 이미 존재하며, 그 사실이 거대한 음모의 증거라고 하는 사람도 있었다. 이는 소에 접종하는 백신을 착각한 것이었다(소의 설사를 유발하는 소 코로나바이러스가 있다). 팬데믹 전에 구입한 살균제 스프레이 병에 '인간 코로나바이러스' 소독 효과가 있다고 적힌 사진이 페이스북에 돌면서 기겁한 사람도 많았다. 살균제 제조사들은 난데없이 전 세계적 음모에 가담했다는 의혹을 받아야 했다.[17]

한편 여기엔 가볍게 웃고 지나가기 어려운, 답답하면서 위험한 부류의 음모론도 있다. 전문가들을 기본적으로 수상쩍게 보면서 사전에 정확히 경고한 사람을 의심해야 한다는 음모론이다. 실제로 코로나19는 예상할 수 있었던 사태를 넘어, 이미 '예견된' 사태였다.

물론 세세하게 예견된 건 아니다. "2019년 12월에 SARS-CoV-2라는 바이러스가 출현할 테니 생활용품 비축해놓고 좋은 웹캠 하나 장만하라"라고 경고한 사람은 없었다. 그러나 핵심은 이미 파악되어 있었다. 딱 그런 식의 신종 감염병이 대유행할 위험이 크다는 것, 종류는 코로나바이러스가 유력하다는 것, 조만간 일어날 가능성이 높다는 것 등이다. 일찍이 1997년에 역학자 도널드 버크는 코로나바이러스가 팬데믹을 일으킬 가능성이 높다고 지적했다. 코로나바이러스는 동물 집단에서 감염병을 유행시키는 능력이 입증되었으며 급속히 진화하는 특성을 가졌다는 이유에서였다. 그는 코로나바이러스를 "인류 건강에 대한 심각한 위협"으로 간주해야 한다고 경고했다.[18] 때는 사스가 출현하기 6년 전이었다. 우리가 아는 한 그때까지 치명적인 코로나바이러스가 인간 사회에 유행한 적은 없었다. 그럼에도 일각에서는 경종을 울리고 있었던 것이다.

이후 버크의 예측은 정확히 현실이 되었다. 감염병 전문가들의 줄기찬 경고는 점점 급박해졌지만, 무시당하기 일쑤였다. 똑같은 과정이 반복되곤 했다. 감염병이 출현하고, 정부와 언론에서는 잠깐 기겁했다가, 감염병이 잦아들자마자 금세 관심을 돌렸다. 대규모 예산을 책정했다가도 금방 도로 삭감하곤 했다. 세계는 사스 사태 때도 위기를 면했고, 2009년 신종플루 때도 위기를 면했다. 이 정도면 감염병 대유행도 별거 아니라는 인식이 만연했다.

세계보건기구가 쓴 '질병 X'라는 표현은 SARS-CoV-2의 출시 전 비밀 코드명 같은 것이 아니었다. 전문가들이 우려했던, 향후에 출현하여 전 세계인의 건강에 심각한 위협을 가할 수 있는 모종의 감염병을 막연히 가리키는 말이었다. 그리고 그 우려는 현실로 입증되었다. 존스 홉킨스 보건안전센터의 팬데믹 대비 시뮬레이션에서 가상의 코로나바이러스를 사용한 것은 코로나바이러스가 다음번 대유행을 일으킬 유력 후보임을 잘 알고 있었기 때문이다. 역시 정확한 선견이었다. 공중보건 전문가들은 수십 년간 정치인과 대중에게 인수공통감염병 팬데믹의 심각한 위협을 직시하고 연구에 투자하고 조기경보체제와 대비책을 마련해야 한다고 애걸복걸하다시피 했다. 이제 와서 전문가들의 경고에 사악한 저의가 있었다고 비난한다면 그건 사실이 아닐뿐더러 대단히 부당하다. 인류를 눈에 보이지 않는 치명적 위협으로부터 지키려고 평생을 바쳐 애쓴 사람들이다. 그런데 늑대가 나타나지 않을 때는 거짓말쟁이라고 욕하다가 정작 늑대가 나타나니 늑대의 원흉이라고 비난하다니.

지금까지 이 책에서 음모론은 멍청한 소리라는 식의 언급은 대체로 삼갔다. 설령 틀린 음모론이라 해도 멍청한 소리는 아닐 때가 많으니까. 하지만 이 음모론은 정말, 환장할 만큼 멍청한 소리다. 이건 마치 일기 예보관이 우산을 챙기라고 했으니 기상청이 폭우를 일으켰다고 하는 식이다. 그건 음모의 증거가 아니다. 전문가들이 옳았다는 증거고, 우리는 그 말을 들었어야 했다.

9장

의혹의 땅:
지구가 숨겨둔 비밀들

1870년, 앨프리드 러셀 월리스는 성공 가도를 달리고 있었다. 지리학자이자 박물학자인 그는 젊은 시절부터 아마존강과 동남아시아를 오랜 기간 탐험하며 표본을 채집하고 종의 기원을 연구했다. 그러던 1858년 그 주제에 관한 소론을 써서 평소 존경하던 찰스 다윈에게 보내 의견을 물었다. 다윈이 월리스의 이론을 읽어보니 20년간 묵혀두고 있던 자신의 이론과 매우 흡사했다. 다윈은 서둘러 월리스와 공동으로 논문을 발표했고, 이어서 『종의 기원』을 써냈다.

이로써 오랜 세월 무명 학자로 연구에만 매진했던 월리스는 자연선택에 의한 진화라는 개념의 공동 주창자이자 당대 최고의 과학자 중 한 명으로 급부상했다. 1862년 영국에 돌아온 월리스는 평소 존경하던 우상들과 금방 친분을 맺었다. 6년 뒤에는 왕립학회의 왕실 훈장을 받는 명예를 누렸다. 앞날이 창창해 보였다.

그런데 한 가지 문제가 있었다. 부유한 집안 출신이 아니었던 월리스는 돈에 쪼들리는 일이 잦았다. 그러니 1870년 1월 《사이언티픽 오피니언》에 다음과 같은 광고가 실린 것을 보고 유혹에 걸려든 것도 이해할 만하다.

> "배운 사람 만 명 중 자기가 사는 세상의 생김새를 아는
> 사람이 한 명도 없다면 19세기의 철학이라는 것이
> 과연 무엇이란 말인가? (…) 본인은 영국의 모든 철학자,
> 신학자, 과학 교수들에게 지구가 둥글고 회전하고 있다는
> 사실을 성경 또는 추론이나 사실에 근거해 입증해볼 것을
> 제안하며 이에 50파운드에서 500파운드 사이의 금액을
> 상호 합의하여 걸고자 한다. (…)"

광고 밑에 서명한 사람의 이름은 존 햄프던이었다. 1870년에 500파운드면 오늘날 한화로 5000만 원 정도다. 지구가 둥글다는 것은 명백하면서 공인된 사실이었다. 윌리스는 그것을 입증하기만 하면 그 돈을 벌 수 있었다. 그래서 도전에 나서기로 했다.

이 결정은 그를 거의 몰락으로 이끌었다.[1]

지구는 평평하다

지금까지 살펴본 음모론들은 주로 개별 사건에 관한 것으로, 신봉자들은 자신을 둘러싼 시간과 공간 같은 기본적 현실에 대해서는 통상의 관점을 받아들이는 게 보통이었다. 하지만 그런 일반적 상식에 이의를 제기하는 음모론도 있다.

19세기는 새로운 과학적 발견이 넘쳐나는 시대였지만, 지구의 모양은 새로 발견된 사실이 아니었다. 우리가 거대하고 둥근 돌덩어리 표면에 붙어서 살고 있다는 사실은 이미 수천 년 전부터 알려져 있었

다. 고대 그리스에서 생겨난 개념이 로마, 인도, 이슬람권, 중세 유럽으로 전파된 것이다. 1492년 콜럼버스는 지구 둘레가 실제보다 3분의 1 정도 작다고 착각했다. 그리고 바하마 제도에 다다라서는 아시아 동쪽 바다 어딘가라고 생각하고 그곳을 '인도'라고 당당히 선언했다. 어처구니없는 실수였지만, 콜럼버스는 그래도 지구가 둥글다는 사실을 추호도 의심하지 않았다.[2]

하늘에 올라가서 확인해볼 수도 없던 시절에 사람들은 지구가 둥글다는 것을 어떻게 알았을까? 기원전 4세기에 아리스토텔레스는 월식 때 달에 비친 지구 그림자가 둥글다는 것, 그리고 이집트에서는 북쪽에서 보이지 않던 별들이 보이고, 남쪽으로 내려갈수록 별들의 고도가 높아진다는 것을 깨달았다. 그 밖에도 여러 현상이 관찰되었다. 이를테면 배가 수평선 너머로 사라질 때 선체보다 돛대가 더 오래 보였다. 단순히 멀어지면서 시야에서 사라지는 게 아니라 바다의 곡면에 차츰 가려지는 게 분명했다.

월러스가 살던 시절에 지구가 둥글다는 것은 새삼스럽지 않았고, 언제든 필요하면 과학자가 나서서 입증할 수 있는 사실이었다. 그런데 여기에 이의를 제기하는 사람들의 목소리가 높아지고 있었다. 지구가 둥글다는 이론은 전부 누군가가 지어낸 허위라는 것이었다. 그 중 다수는 성경을 문자 그대로 믿는 사람들로, 새로운 과학적 발견(자연선택에 의한 진화라느니 지구의 나이가 수백만 년이라느니 하는 것) 탓에 기독교의 가르침(하느님이 인간을 창조하셨다거나 지구가 기원전 4004년 10월의 어느 목요일에 생겨났다거나 하는 것)이 훼손된다는 우려를 품고 있었다. 지구가 평평함을 '증명'한다면 성경 말씀이 옳고 요즘 유행하는 과학이라는 것이 틀렸음을 입증할 수 있다고 생각했다.

그리하여 1838년의 어느 날, 새뮤얼 벌리 로보섬이라는 22세의 청년이 망원경 하나와 기독교적 사명감으로 무장한 채 영국 노퍽 늪의 배수로 한가운데로 어기적어기적 걸어 들어갔다.

올드베드퍼드 강은 이름에서 연상되는 것과 달리 인공적으로 만들어진 운하로, 잉글랜드의 평야를 10킬로미터의 직선 구간에 걸쳐 흐른다. 로보섬은 계산해봤다. 지구가 정말로 둘레 4만 킬로미터의 구체라면, 멀어지는 배가 차츰 가라앉으리라고 짐작했다. 1마일 멀어지면 8인치 내려가고, 2마일 멀어지면 32인치 내려가고… 6마일 멀어지면 돛대 끝이 시선 밑으로 3.4미터 내려가야 한다는 계산이었다. 그래서 망원경을 수면 위 20센티미터 높이에 두고 관찰했다. 배가 6마일 멀어진 후에도 여전히 뚜렷하게 보였다. 로보섬은 득의양양했다. 지구는 평평한 게 틀림없었다.

이 실험은 당시 주목하는 이가 없었는데, 로보섬의 입장에서는 다행이었다. 실험에 결정적인 실수가 있었기 때문이다. 망원경을 수면에 너무 가깝게 둔 탓에 대기 굴절이 일어나, 지구 곡면에 가려져 보이지 않아야 할 물체도 보이는 효과가 나타난 것이다. 어쨌든 그는 관측 결과를 『탐구 천문학: 지구는 구형이 아니다Zetetic Astronomy: Earth Not a Globe』라는 친절한 제목의 책으로 써냈다. 내용은 물론 지구가 구형이 아니라, 평면이라는 것이었다. 북극은 평면의 중앙에 있었다. 반면 남극은 점이 아니라 거대한 원형 테두리였다. 로보섬은 여느 지도에 남극 대륙이 있어야 할 자리에 거대한 빙벽이 둘러쳐져 있다고 보았다. 빙벽 밖에 무엇이 있는지는 가려서 보이지 않는다고 했다.

로보섬에게는 이 이론을 밀고 나가야 할 이유가 충분히 있었다. 책 판매뿐 아니라 강연을 통한 수입도 짭짤했다. 다만 청중을 항상 설득할 수 있었던 건 아니다. 1849년에 열린 한 강연 중에는 수평선 너머로 배가 사라지는 이유를 설명하지 못해 그냥 줄행랑쳤다. 1864년에는 한 천문학 저술가가 로보섬에게 자기 앞에서 이론을 증명해 보이라고 도전했다. 영국 남부 플리머스의 해변에서 특정 시각에 20여

킬로미터 떨어진 앞바다 등대의 전체 모습이 보이는지 확인하자고 했다. 확인해보니 등대의 꼭대기만 보이고 그 밑은 수평선에 가려져 보이지 않았다. 로보섬은 이것이야말로 지구가 평평하다는 증거라고 주장하고, 활동을 계속했다.*"엥, 그 반대의 증거 아니야?"라는 의문이 들 것이다. 그렇다. 독자의 생각이 맞다.

로보섬의 이론은 돈이 되었을 뿐 아니라 추종자를 끌어들였다. 그중에는 윌리엄 카펜터라는 인쇄업자도 있었다. 카펜터는 '상식'을 뜻하는 '코먼 센스'라는 필명으로 『지구가 구형이 아니라는 백 가지 증거Hundred Proofs the Earth is Not a Globe』 같은 제목의 책과 소책자를 직접 써서 출판했다. 그런가 하면 옥스퍼드대학을 중퇴해가며 당시 교회의 부패를 고발하는 데 주력한 열혈 기독교 비판가도 있었다. 카펜터의 책을 읽고 지구평면론자로 전향한 그의 이름은, 그렇다. 《사이언티픽 오피니언》에 광고를 낸 바로 그 사람, 존 햄프던이었다.

1870년 1월 15일, 윌리스는 햄프던에게 "운하나 호수의 볼록함을 시각적으로 입증하고 피트와 인치 단위로 측정할 수 있다는 데 그 금액을 걸겠다"고 제안하는 편지를 보냈다. 웨일스 북부의 한 호수가 실험 장소로 좋을 것이라고 소개하면서, 다른 제안도 얼마든지 받아들일 수 있다고 했다. 다행스럽게도, 햄프던은 로보섬이 32년 전에 엉망으로 수행했던 올드베드퍼드 강 실험을 다시 해보려고 이미 마음먹은 상태였다.

실험 결과는 윌리스의 승리였다. 윌리스는 로보섬의 최초 시도에 관해 몰랐지만, 로보섬의 실수를 반복하지 않았다. 다리와 장대를 사용하여 세 개의 물체를 수면에서 일정한 높이에 몇 마일 간격으로 배치했다. 지구가 평평하다면 세 물체가 일직선상에 있는 것으로 보여야 하겠지만, 그렇게 보이지 않았다.

그러나 판정 결과는 윌리스의 승리가 아니었다. 사건의 전말은 이렇다. 윌리스는 독립적이고 전문적인 판정관을 요구했다. 햄프던은 처음에 동의했지만, 내기 돈을 판정관에게 넘기고 난 뒤 마음이 바뀐 것으로 보인다. 선출된 판정관은 두 사람과 개인적으로 모르는 사이였는데도, 햄프던은 자기가 선정한 판정관으로 바꾸자고 요구했다. 윌리스는 모든 것을 공정하고 당당하게 하고 싶었기에 수락했다.

햄프던이 내세운 판정관은 윌리엄 카펜터였다. 그렇다, 장장 8부로 구성된 역작 『이론천문학의 해설과 폭로: 지구가 구형이 아니라는 증명Theoretical Astronomy Examined and Exposed: Proving the Earth Not a Globe』 등의 저서를 통해 햄프던에게 지구가 평평하다는 확신을 심어준 장본인이다. 이 대결은 카펜터의 개인적 이해관계와 무관하지 않았을 것이다. 카펜터는 윌리스의 측정 기구가 정확히 맞춰지지 않았다고 주장하며 실험 결과를 받아들이지 않았다.

인간의 합리성에 대한 순수한 믿음을 버리지 않았던 윌리스는 재실험에 동의했다. 그는 태평하게 측정 기구를 다시 정확히 맞추고 인근 읍에 건너가 중립적인 제삼자에게 장비까지 빌려와서는 다시 실험에 나섰다. 이번에 햄프던은 망원경을 들여다보는 것조차 거부하고, 카펜터에게 판단을 일임했다. 이에 카펜터는 "우리가 이겼다는 것을 당신도 알 것이다"라고 단언했다.[3] SNS에서 논쟁하느라 한나절을 허비해본 사람이라면 낯설지 않은 표현일 것이다.

마침내 세 번째 판정관이 투입됐다. 이번 판정관은 양쪽 의견을 모두 검토한 후 윌리스가 옳다는 결론을 내렸다. 그리고 자신이 발간하는 학술지에 아예 실험 결과를 게재했다. 내기 돈은 윌리스에게 돌아갔지만, 영국 법에서 구두로 약속한 내기는 강제력이 없었기에 결국은 돌려주어야 했다. 햄프던은 이후 15년 동안 온갖 사람에게 닥치는 대로 윌리스를 헐뜯는 내용의 편지를 보냈다. 심지어 윌리스의 아내에게까지 편지를 보냈다("부인, 댁의 남편이라고 하는 그 악독한 사기꾼이 어느 날 들것에 실려 집에 왔는데 머리뼈가 죄다 박살 나 있으면 무슨 이유인지 잘 아실 것이오"). 햄프던은 살해 협박과 명예훼손 혐의로 법정에 섰고 여러 차례 투옥되기도 했지만, 파산을 선언하여 배상금 지급을 피해갔다.

월리스는 약속된 돈을 받지 못한 데다 소송에 거액을 들였으니, 결과적으로 막대한 손해를 봤다. 설상가상으로, 주변 동료들은 애초에 내기에 응한 월리스를 바보로 여겼다. "지극히 기초적이고 확립된 과학적 사실을 '판정'하려는 내기에 '분별없이' 참여했다"며 비판했다.[4] 바꿔 말하면, 왜 정신 나간 사람들을 이성적으로 설득하려고 헛수고하느냐는 것이었다.

물론 지구가 평평하다고 믿든, 아니면 레몬 같은 모습이나 그 밖의 모양이라고 믿든, 그렇다고 해서 모두 음모론자는 아니다. 햄프던과 카펜터 등은 그저 사실을 오해한 것뿐일 수도 있다. 지구평면론이 음모론으로 발전하는 이유는 '세상 사람들은 왜 그리 생각하지 않는가?'를 설명할 필요가 있기 때문이다. 이러한 묵시적 음모론은 현대에 이르러 더욱 극성을 부리고 있는데, 이제는 지구의 모양을 뒷받침하는 증거가 그저 '이론'에 그치지 않기 때문이다.

월리스가 큰 실수를 저지르고 난 76년 후, 독일의 V-2를 개량한 로켓이 미국 뉴멕시코주 화이트샌즈에서 발사됐다. 로켓은 고도 약 100킬로미터에 도달했고, 주변 사진을 찍었다. 사진의 화질은 그리 좋지 않고 구름이 덮여 있어 지구의 어느 지역인지조차 알아보기 쉽지 않았다. 하지만 지구가 평평하지 않고 둥글다는 것은 확연히 드러났다.[5]

이후에 나온 사진들도 모두 같은 모습을 보여주었지만, 지구상의 대다수 사람에게는 놀라운 일이 아니었다. 1972년 12월에는 아폴로 17호의 한 승무원이*승무원 세 명 모두 자기가 찍은 사진이라고 주장했다. 하긴 누구든 그렇게 주장하고 싶지 않을까? 인류사에서 가장 유명한 사진으로 꼽히는 작품을 찍는다. '블루 마블', 즉 '푸른 구슬'이라는 이름이 붙은 이 사진에는 아프리카와 아라비아반도, 구름 밑에 숨은 남극 대륙이 나타나 있다. 환경 운동의 초창기에 공개된 이 사진은 우리 지구의 연약함을 보여주는 상징으로 자리 잡으며 역사상 가장 널리 퍼진 사진 중 하나가 되었다. 물론 지구가 구형이라는 것도 잘 보여주고 있다.[6]

이 정도면 지구 모양 논란에 마침표가 찍혔을 것 같지만, 아니었다. 여기엔 세 가지 이유가 있다.

하나는 그냥 옹고집이다. 널리 입에 오르내리는 이야기인데, 국제평면지구연구학회의 창립자이자 회장인 새뮤얼 셴턴에게 어느 기자가 우주에서 찍은 지구 사진 한 장을 건넸다고 한다. 지구가 어떻게 평면이라는 건지 설명해보라는 뜻이었다. 셴턴은 사진을 힐끗 보고는 이렇게 말했다고 한다. "비전문가는 그런 사진에 속기 쉬운 법이지요."[7] 그러고는 그 이상의 설명을 하지 않았다고.

지구평면설이 사라지지 않는 또 한 가지 이유는, 번듯하게 나온 지구 사진의 상당수가 사실은 가짜라는 것이다. 적어도 최근 사진들은 그렇다. 블루 마블처럼 지구 전체가 한 번에 찍힌 사진은 많지 않다. 카메라가 그만큼 지구에서 멀리까지 나갔던 적이 별로 없기 때문이다. 아폴로 17호는 그렇게 먼 거리까지 나갔던 마지막 임무였다. 우주에서 찍은 지구 사진의 대부분은 지구 둘레를 도는 궤도에서 찍은 것이다. 이는 사람 코앞 10센티미터 거리에 카메라를 두고 얼굴 사진을 찍으려는 것과 비슷하다. 다시 말해 오늘날 우주에서 본 지구 사진의 대부분은 사실 여러 장을 합성한 것이다. 예를 들면 예전에 아이폰의 기본 잠금화면으로 쓰였던 사진은 2002년 NASA의 로버트 시먼스라는 직원이 4개월간 수집된 데이터를 합성하여 만든 것이다. NASA가 지구의 생김새를 조작하는 음모에 연루되었다고 믿고 싶은 사람의

눈에는 이 모든 것이 매우 수상해 보일 수 있다.[8]

지구의 둥근 모양이 사진으로 찍혔는데도 지구평면설이 번창할 수 있었던 이유가 마지막으로 하나 더 있다. 바로 인터넷이다. 학교나 직장이나 술집에 가야 사람을 만날 수 있던 시절에는 지구 모양에 대한 의심을 입 밖에 내기만 해도 조롱받기 딱 좋았다. 생각이 같은 동지를 찾을 방법도 당연히 없었다. 그런데 소셜미디어가 부상하면서 일이 갑자기 쉬워졌다. 이제 블루 마블 사진이 무언가 수상쩍다고 생각하는 사람이 근방에 서너 명만 있어도 서로 연락하고 뭉칠 수 있게 됐다. 유튜브 알고리즘 덕택에 신봉자를 늘리기도 쉬워졌다. 수년간 활동을 중단했던 평면지구학회는 2009년에 신규 회원 모집을 공식적으로 재개했다.

궁금하지 않을 수 없다. 21세기에 그런 것을 대체 누가, 왜 믿는 것일까?

지구가 평면이라는 증거

미국 태평양 북서부의 한 섬에서 성장한 마크 사전트가 음모론을 처음 접한 것은 올리버 스톤 감독의 영화 〈JFK〉를 통해서였다. 그는 이렇게 말한다. "솔직히 음모론 같은 것은 전혀 믿지 않았다. 그런데 극장을 나오면서 이런 생각을 했다. 와, 사람들이 이렇게나 거대한 거짓말을 실제로 하는구나." 그는 지금도 그 영화를 두어 해마다 한 번씩 다시 본다고 한다.[9]

그 후 몇 년간 웬만한 음모론은 다 조사해보았고, 모든 음모론에 대해 자신의 견해를 정립했다. 그래도 지구평면설은 알아보지 않았다. 그런 한심한 건 볼 필요도 없었으니까. 그러다가 이런 생각을 한 게 그의 실수였다. "내 나이가 더 들기 전에 이것도 한번 들여다보지, 뭐."

이후 9개월 동안 그는 지구평면설의 주장을 하나하나 뜯어보면서 오류를 밝혀보려고 했다. 그런데 어디가 틀렸는지 알 수 없었다. 자신의 논거를 인터넷에 올리고, 어디가 잘못되었는지 누가 설명해주길 기다렸다. 그는 이렇게 말한다. "아무도 설명하지 못했다. 이 분야의 전문가들이 내게 전화를 걸어왔다. 군 관계자, 파일럿, 항공관제사 등 항공 관련 종사자들이 다들 이렇게 말했다. '그렇게 얼토당토않은 이야기는 아니네요.'"

그렇게 그는 지구평면론자가 됐다. 몇 년 후에는 전 지구에서 가장 유명한 지구평면론자 중 한 명이 됐다.＊여담으로, 인터넷 곳곳에 "평면지구학회는 전 지구에 회원을 두고 있습니다The Flat Earth Society has members all around the globe"라는 슬로건이 적힌 티셔츠가 판매되고 있는데, 우리 저자가 보기에는 평면지구학회가 실제로 사용한 적 없는 문구다. '구체globe'라는 단어를 사용한 자가당착 조크를 이 사람들이라고 못 알아봤을 것 같지는 않다. 그가 유튜브에 올린 '지구가 평평하다는 단서'라는 제목의 시리즈는 많은 사람이 지구평면설에 새로 관심을 두는 계기가 되었고, 그에게 어느 정도의 명성을 안겨주었다.

2017년 미국 노스캐롤라이나주 롤리에서 열린 제1회 국제평면지구회의에서 사전트는 명실상부한 스타로 떠올랐다. 이 회의와 지구평면설을 주제로 한 2018년 작 다큐멘터리 〈비하인드 더 커브〉에서 사전트는 중심인물로 등장한다.＊사전트의 인기는 그의 호감 가는 성격에 기인한 면도 있다. 상당히 호감을 사기 어려운 면모를 보이는 일부 지구평면론자들과 크게 대비되는 부분이다. 다큐멘터리 중간에 공지문이 화면에 뜨는데, 한 라이벌 음모론자가 출연 조건으로 각종 요구를 내걸었음을 알리고 있다. 자신이 다큐멘터리의 연출 권한을 갖고 수익을 배분받겠다는 것. 그리고 "마크 사전트가 사실은 가명으로 활동 중인 워너브라더스의 임원이라는, 자신의 검증되지 않은 주장을 긍정적으로 다루어달라"는 것이었다. "우리가 수용할 수 없는 요구였다"라는 문장으로 공지문은 마무리된다. 그럴 만하다.

그 후로 사전트는 둥글건 평평하건 여하튼 전 지구를 돌아다니며 인터뷰와 대담 요청에 응하고 있고, 호주 도박 회사 스포츠벳의 '풀프루프'라는 앱의 광고 모델로 등장하기도 했다.*광고는 '바보'도 쓸 수 있을 만큼 사용하기 쉬운 앱이라는 점을 강조하고 있다. 영국 ITV의 유명 토크쇼 〈디스 모닝〉에 출연해 진행자들에게 지구가 평평하다는 것을 1분 이내에 납득시키려고 시도하기도 했다. 그가 여러 인터뷰에서 내세운 지구평면설의 근거는 대략 다음과 같다.

대기

중력과 우주의 진공이 힘 대결을 하면 이기는 쪽은 항상 후자임을 알 수 있다. 그런데 대기는 왜 날아가지 않고 지표면에 붙어 있는가?

원경 사진

카메라 성능이 엄청나게 발전한 덕분에 수십, 수백 킬로미터 떨어진 산맥을 찍은 사진을 흔히 볼 수 있다. 지구가 정말 둥글다면 그렇게 멀리 있는 산은 시선 밑으로 가라앉아서 보이지 않을 것이다. 그런 원경이 카메라에 잡힌다는 사실이 지구가 평평함을 말해준다.

밴 앨런대

지구는 방사성 입자로 이루어진 두꺼운 막으로 둘러싸여 있다. 우주인들이 정말 우주로 나갔다면 어째서 방사선에 피폭되어 죽지 않았을까? 사실 아무도 지구 밖으로 나간 적이 없는 것 아닐까?

항공 노선

남반구를 지나가는 항공편은 그리 많지 않고, 지나간다 해도 보통 북반구의 지점을 경유한다. 남반구도 정말 북반구와 다름없다면 왜 직선 항로로 지나가지 않을까? 남반구의 각 지점 간 거리가 지구가 구형일 때보다 실제로는 훨씬 먼 게 아닐까?

남극 대륙

나라로 치면 러시아 다음으로 큰 땅덩어리인데 60년간 소수의 과학자 외에는 아무도 접근하지 못하고 있다. 얼음 밑에 어떤 자원이 묻혀 있을지 모르는데 기업의 자원 탐사는 금지되어 있다. 과연 말이 되는 얘기일까? 아무도 발견해서는 안 되는 무언가가 거기에 있다면 말이 된다. 그건 바로 거대한 빙벽 아닐까?

자, 이쯤 되면 두 가지 의문이 제기된다. 첫째, 지구의 생김새라는 기초적 사실을 숨겨야 하는 이유가 무엇일까? 수십 년에 걸쳐 수많은 우주 계획을 조작해가면서까지?

사전트의 설명은 이렇다. 지배계층 사람들은 지구가 평평하다는 사실을 20세기 중반에야 알게 되었다. 그리고 그 사실을 대중에게 알렸을 때 찾아올 크나큰 파장이 두려웠다. "학문적으로는 세계의 모든 대학이 과학 커리큘럼을 재구성해야 하는 문제가 있다. 경제적으로는 이에 따른 여파를 파악하기 위해 세계 시장이 수개월간 활동을 중단해야 하는 문제가 있다." 가장 큰 파장이 일어날 곳은 종교 쪽이다. 지구가 평평하다는 사실이 밝혀지면 모든 주요 종교가 "일시에 과학보다 유리한 위치를 점하게" 될 것이며, "그런 좋은 기회가 생기면 종교들이 가만 있겠는가! 그러니 진실은 공표될 리가 없다"고 한다.

둘째, 지구가 구형이 아니라면, 과연 어떤 모양인가? 여기에 관해서는 지구평면론 활동가들 사이에서도 열띤 논쟁이 벌어지고 있다. (평면지구학회의 웹사이트는 "지구평면론은 주류 이론과 달리 특정 사상을 추종하지 않으며, 자유로운 사고와 개방적 태도를 장려한다"고 밝히고 있다.) 사전트의 생각은 이렇다. "우리는 한마디로 스노 글로브 속에 살고 있다. 벽과 바닥과 천장으로 이루어진 거대한 구조물이라고 보면 된다."

그 너머에는 마치 천국과 흡사한 세상이 있다고 한다. 우리가 추방되었던, 아니 어쩌면 자진해서 떠났던 낙원이다. 고통과 갈등으로 가득한 이 세상을 떠나 그곳으로 되돌아가면 우리는 그 감사함을 다시 깨달을 수 있다고 한다. 그는 다음과 같이 말한다. "이 세상은 감옥도 아니고, 그저 즐기는 곳도 아니라고 생각한다. 하나의 학교라고 생각한다. 우리는 뭔가 배우기 위해 여기 있는 것이다."

우리가 과학책으로 알고 있는 우주는 탐사하기에 전혀 적합하지 않아 보인다. 행성은 넘쳐나고 생명이 존재하는 행성도 있을 법하지만, 물리 법칙의 한계 때문에 우리 평생에 도달하는 것은 불가능하다. 여러 광년 떨어져 있지 않은 고작 수천 킬로미터 거리에 다른 세상이 존재한다고 믿고 싶은 유혹은 강하다. 또, 우리가 안다고 생각했던 모든 것이 틀렸다고 하면 왠지 짜릿한 기분이 들기도 한다.

그런가 하면 지구평면론 활동가들이 모두 사전트처럼 즐거운 마음인 것은 아니다. 데이비드 와이스라는 재생 에너지 전문가는 2019년 CNN 인터뷰에서 "나는 지구평면론자로 사는 것이 싫다. 어느 날 아침 눈을 떠보니 온 세상 사람이 나를 바보 멍청이로 생각하면 기분이 어떻겠느냐"라고 반문했다.[10] 같은 해에 롤리 회의에 참석한 또 다른 활동가는 《가디언》 인터뷰에서 지구가 사실 둥글다는 것을 누가 자신에게 설득해주면 참 좋겠다는 소망을 밝히며, "그러면 안심이 될 것"이라고 했다.[11] 우리가 알고 있던 모든 것이 틀렸다고 하면, 생각하기에 따라 기분이 짜릿할 수도, 몹시 겁이 날 수도 있다.

어쩐지 겁이 난다면 안심하자. 사전트가 제기한 의문점은 모두 합리적으로 설명할 수 있다.

먼저, 대기에 관해 이야기해보자. 진공이 빨아들이는 것이 아니라, 기압이 밀어낸다. 대기권 꼭대기의 공기 밀도는 매우 희박하다. 기압이 거의 없으므로 대기를 우주로 흩뜨릴 힘이 존재하지 않는다.[12]

그다음으로 원경 사진에 대해 살펴보자. 원경 사진은 거의 항상 높은 고도에서 찍는다. 그러면 수평선이 더 뒤로 멀어진다. 또 사진작가들은 빛이 지표면을 타고 휘어지는 굴절 현상을 활용하기 위해 굴절률이 가장 높아지는 일출 직후에 작품을 찍는 경우가 많다.[13] 로보섬이 올드베드퍼드 강에서 저질렀던 실수와 동일한 현상이 더 큰 스케일로 나타나는 셈이다.

세 번째 근거로 내세운 밴 앨런대에 관한 사실은 다음과 같다. 우주인이 밴 앨런대를 통과하는 데는 보통 한 시간 남짓이면 충분하고, 이때 우주인은 약 16라드의 방사능에 노출된다. 치명적인 수치는 시간당 300라드다. 매일 왔다 갔다 하면 몰라도, 그 정도는 안전하다.[14]

항공노선에 관해서는 다음과 같이 이야기할 수 있다. 남반구의 두 지점 사이를 왕래하는 노선은 경제성이 높은 구간이 많지 않다. 운영되는 노선도 대개 남극 대륙을 지나는 최단 항로는 피하는데, 비상시에 착륙할 곳이 없기 때문이다.

마지막으로 남극 대륙에 관해서는, 얼음 밑에 무슨 자원이 묻혀 있건 채굴한다는 것은 막대한 작업이기에 지금까지는 누가 조약을 깨면서까지 나설 이유가 없었다. 얼음이 녹기 시작하면 어떻게 될지 모르지만, 아직은 미래의 일이다.

다시 말해, 현대 지구평면설에서 제기하는 모든 의문은 과학적으로 설명된다. 다만 여기에 필요한 과학적 지식이 일반인이 쉽게 이해할 수 있는 수준보다 조금 복잡할 수는 있다. 간단히 말하자면 현대 지구평면설은 외양만 디지털 시대에 맞게 바뀌었을 뿐 옛날 사람들이 '내가 보기엔 평평해 보이는데?' 하던 것과 다를 바 없다.*참고로 말하자면, 이 책에서 지구평면설을 다룬 부분의 원고는 원래 이것보다 훨씬 길었다. 저자 중 한 명이 처음에 사전트의 이론에서 무엇이 잘못됐는지 금방 알 수 없어서 자신의 불안을 잠재우기 위해 지구의 모양에 관해 여러 페이지 분량의 장광설을 썼기 때문이다.

현실에는 없는 가공의 땅

물론 음모론을 불러일으킨 지리적 문제라면 지구의 생김새 외에도 또 있다. 이 밖에도 핀란드를 둘러싼 의혹이 있다. 정말이냐고? 그렇다.

핀란드에 대해 조금이라도 아는 사람이라면 아마 북유럽에서 스웨덴과 러시아 사이에 위치한 넓고 인구 밀도가 낮은 나라를 떠올릴 것이다. 호수, 숲, 사우나 등으로 유명하고, 유로비전 송 콘테스트에서 괴물 의상을 입은 헤비메탈 밴드로 우승한 나라쯤으로 알고 있을 것이다. 하지만 모두 틀린 정보다. 인터넷 일설에 따르면 핀란드는 사실 존재하지 않기 때문이다. 북유럽의 그 넓고 인구 밀도 낮은 땅덩어리는? 그냥 발트해의 일부다. 수도 헬싱키는? 사실 스웨덴 동부의 도시다. 자기들이 핀란드인이라고 굳게 믿고 있는 사람들은? 스웨덴 동부, 러시아 서부, 에스토니아 북부 등에 사는 사람들이다. 왜냐하면 핀란드라는 나라는 존재하지 않기 때문이다.[15]

이 엉뚱한 설은 말 많고 말썽 많은 인터넷 커뮤니티, '레딧'에서 시작됐다. 2015년 레딧의 문답 게시판인 '애스크레딧'에 이런 질문이 올라왔다. "부모님이 가르쳐줘서 일반적인 상식인 줄 알았는데 나중에 알고 보니 전혀 일반적이지 않았던 것은?" 이에 '래리건'이라는 사용자가 답을 달면서 핀란드 음모론을 예로 들었다.[16]

그에 따르면, 핀란드를 둘러싼 음모는 어업권 때문에 생겨났다고 한다. 알다시피 일본 사람들은 초밥을 무척 좋아한다. 그래서 생선 소비량이 국제법상 허용되는 어획량을 훨씬 넘어선다고. 그 문제를 해결하기 위해 일본이 옛 소련과 결탁하여 발트해에 가공의 나라를 창조하여 그곳에서 아무런 방해를 받지 않고 조업하고 있다는 것이다. 레딧의 '핀란드 음모론' 게시판에 올려진 요약 글은 이렇게 말하고 있다. "그도 그럴 것이, 다들 육지로 알고 있는 곳에서 누가 어업 규제를 어기고 있으리라고 의심하는 사람이 있겠는가?"[17] 맞는 말이다.

잡은 물고기는 수상하리만큼 편리한 위치에 있는 시베리아 횡단철도로 수송되며, 휴대폰 제조사 노키아의 상품으로 위장한다고 한다. 그러면 일본에 노키아 휴대폰을 쓰는 사람이 얼마 없는데도 노키아가 일본에서 큰 성공을 거둔 이유가 설명된다는 것이다. 핀란드라는 나라가 존재하지 않는데 노키아가 핀란드 최대 기업이 될 수 있었던 것도 그런 이유라고.

세계의 나머지 191개국은? 발트해가 사실 알려진 넓이의 두 배라는 것을 아무도 알아차리지 못했을까? 모든 나라가 이 기만극에 가담한 이유는 간단하다. 핀란드 신화는 모두가 지향할 만한 이상이기 때문이다. 훌륭한 교육, 우수한 의료, 이상적인 성평등 사회, 최고의 문해율을 자랑하는 나라 아닌가. 핀란드는 이래저래 '꿈의 나라'가 아닐 수 없다.

사실 '핀란드Finland'라는 이름부터가 숨겨진 진실을 암시하고 있다. 자, 핀란드는 일본이 물고기를 잡는 비밀 구역이라고 했다. 물고기에는 무엇이 있을까? 생각해보자. 그렇다, '지느러미fin'가 있다.

실제로 사람이 살고 있고 세상과 교류도 하는 커다란 나라가 허구의 존재라니, 너무 어처구니가 없어서 이런 사례는 하나뿐일 거라고 생각할지도 모르겠다. 오산이다. 온라인 세상에서 오프라인 세상의 이곳저곳을 가상의 공간이라고 선언한 역사는 인터넷의 역사만큼이나 길다.

공식 자료에 따르면, 빌레펠트는 독일에서 18번째로 큰 도시다. 그런데 유명한 기업도 주요 공공 기관도 관광 명소도 없고, 큰 강도

흐르지 않는다. 아무리 봐도 이렇다 할 특징이 없다. 1994년, 아힘 헬트라는 학생이 어느 고속도로 표지판에 빌레펠트로 가는 길이 모두 테이프로 가려져 있는 것을 보고는 한 가지 가설을 생각해냈다. 인구 34만의 도시가 왜 그렇게 철저히 무명 신세일까? 실제로는 존재하지 않기 때문일 것이다. 그러면 왜 자신이 평생 한 번도 빌레펠트 출신인 사람은 물론 빌레펠트에 가봤다는 사람조차 만나본 적이 없는지가 설명된다. 도대체 누가 그런 흉악한 음모를 꾸몄을까? 그는 초창기 인터넷 게시판인 유즈넷에 이러한 자신의 생각을 올렸다. 그 배후에는 '그들SIE'이라는 이름으로만 알려진 정체불명의 집단이 있다고 했다.[18]

그로부터 한 세대가 지난 지금, 빌레펠트는 적어도 한 가지로 유명한 도시가 되었다. '빌레펠트가 존재하지 않는 척하기' 놀이가 만인의 즐거운 오락이 된 것이다. 2010년 빌레펠트대학의 영화과 학생들은 이 음모론을 주제로 하여 '그들'의 속셈을 파헤치는 영화를 만들었다. 2012년에는 앙겔라 메르켈 총리까지 빌레펠트가 존재하지 않는다는 농담을 했다.

2014년에는 빌레펠트 시 당국도 농담에 가세했다. 도시 탄생 800주년 기념 슬로건을 "그게 정말일 리가Das gibt's doch gar nicht"로 내걸었다. 5년 후, 시 당국은 빌레펠트가 존재하지 않는다는 데 반박 불가능한 증거를 내놓는 사람에게 상금 100만 유로를 주겠다고 공표했다.[19] 상금을 타 갈 사람이 나타나지 않자 시 당국은 빌레펠트가 아무래도 존재하는 게 틀림없다면서 농담은 끝났다고 선언했다. 물론 그렇다고 논란이 종식될지는 두고 볼 일이다.[20]

이런 식으로 인터넷에서 가공의 지역으로 선언된 곳은 미국의 와이오밍주, 브라질의 아크리주, 이탈리아의 몰리세주 등이 있다. 이들 지역에는 몇 가지 공통점이 있다. 주변부에 위치하고 인구 밀도가 낮으며, 관광 코스에서 벗어나 있다. 아무래도 별다른 특징이 없다.

따라서 존재하지 않는다는 '증명'도 빌레펠트의 경우와 똑같은 추론 과정을 따른다. 그곳에 가봤는지? 그곳 출신인 사람을 아는지? 그곳에 가봤다는 사람을 아는지? 이상의 질문에 대한 답이 모두 '아니오'라면, 그곳은 아마도 존재하지 않으리라는 논리적 결론이 나온다….*멕시코에서 가장 작은 주인 틀락스칼라주도 같은 조건에 부합한다. 이곳은 지금도 반역의 소굴로 간주되고 있다. 이는 틀락스칼라 주민들이 500여 년 전에 스페인과 연합해 아즈텍을 공격했기 때문이다. 뒤끝 참 오래간다.

그러나 그중에서도 가장 큰 지리적 음모론은 이 같은 패턴에 부합하지 않는다. 이 음모론의 대상은 워낙 유명한 곳이라 아마 독자 주변에도 거기에 가봤거나 거주하는 사람이 있을 것이다.

2018년에 스웨덴의 셸리 플로뤼드라는 페이스북 사용자는 "사상 최악의 집단학살 중 하나"라는 제목의 게시글을 올려 2만 회에 가까운 공유 회수를 기록했다. 그의 주장에 따르면, 대영제국은 80년이 넘는 세월 동안 지구 반대편의 새 감옥으로 수송한다는 명목으로 16만 2000명의 죄수를 배에 태워 데려갔다. 게시글은 다음과 같이 덧붙이고 있다. "사실 죄수들은 다시는 뭍을 볼 수 없었다. 모두 바닷물에 빠뜨려져 익사했기 때문이다. (…) 그들은 약속의 땅에 가지 못했다." 약속의 땅에 발을 딛기란 애초에 불가능한 일이었다. 그들이 가기로 했던 호주는 허구의 땅이니까.[21]

자, 이쯤에서 그렇다면 호주로 가는 항공편은 다 무엇인지 궁금해질 것이다. 독자가 비행기를 타고 직접 호주에 가봤을 수도 있지만, 실제로는 모두 작은 섬이나 남미로 가는 비행기다. 항공업계 전체가 음모에 가담하고 있다. 친구 중에 호주 사람이 있다고? "다들 연기자나 CG로 만든 캐릭터로, 세상 사람들을 속이려는 음모의 일부"다. 따라서 호주 음모론은 그 나라 출신 유명인을 두고 여러 하위 이론을 대동하게 된다. 이를테면 '휴 잭맨은 가짜', '카일리 미노그는 사이버 가

수' 등이다. 그 밖에도 마음에 안 드는 호주 사람이 있으면 '그런 사람은 존재하지 않는다'는 음모론을 얼마든지 주장할 수 있다.

플로뤼드는 이를 "역사상 손꼽히는 거대한 사기극 중 하나"라고 평했다. 《컬처트립》은 "그 말 자체가 엄청난 발언"이라면서, "세계에서 여섯 번째로 큰 나라를 날조한 것이 역사상 가장 거대한 사기극이 아니라면, 1위는 실로 어마어마할 것으로 예상된다"고 논평하는 기사를 실었다.[22]

플로뤼드의 원 게시글은 오래전에 사라지고 없다(사악한 정부의 개입 때문인지 분노한 호주 사람들의 항의 때문인지는 알 수 없다고 위 기사는 언급하고 있다). 하지만 그 흔적은 인터넷상의 밈과 언론 기사로 고스란히 남아 있다.

어쨌든 한 대륙 전체가 가짜라는 설이 인터넷에 나돈 것은 이번이 처음이 아니었다. 2006년 평면지구학회 게시판에도 한 회원이 호주가 존재하지 않는다는 주장을 올렸다. 다만 그러한 사기극의 동기가 무엇인지는 설명하지 않았다. 게시글은 서두에 한 가지 사실을 밝혀두고 있다. "나는 지구평면론자이지만, 아래 내용은 지구평면론과 무관하다." 회원 중 다수는 비웃거나 "증거가 뭐냐"고 묻는 답글을 남겼다.[23]

그러나 지구평면론 같은 '진짜' 음모론과 단순한 장난질이 항상 명확히 구분되는 것은 아니다. 농담을 진담으로 받아들이는 사람이 있을 수 있고, 증거를 찾아나서다 보면 곧 다른 음모론을 접하게 된다. 빌레펠트가 정말 존재하는지 조사하다가 유튜브 알고리즘에 의해 〈지구가 평평하다는 단서〉 영상을 보게 된다면, 원 게시글이 농담이었다는 사실이 과연 중요할까?

땅에 관한 거대 음모론이 제기하는 문제는 또 있다. 호주가 진짜 있다는 사실을 어떻게 '증명'할 것인가? 지도는 조작할 수 있고, 위성 사진도 변조할 수 있지 않은가. 호주에 직접 갔다 왔다고 해도, 비행기로 갔으니 확실한 것은 '어딘가에' 다녀왔다는 사실뿐이다. 따지고 보면 우리의 감각은 증거로 충분치 않다. 우리가 호주의 존재를 믿는 것은 각종 매체와 권위 있는 출처의 글을 신뢰하기 때문이다. 그러나 그런 것을 믿지 않는 사람이라면, 어떤 증거를 내세워야 설득할 수 있을까?

한편 핀란드 음모론을 올렸던 레딧 회원 래리건(본명 잭)은 자기가 공유한 음모론을 전혀 믿지 않는다고 밝혔다. 그의 부모도 마찬가지로, 아들에게 예전에 그런 엉뚱한 거짓말을 했다는 것도 기억하지 못할 뿐더러 현재 펼쳐진 상황을 매우 재미있어한다나. 레딧의 '핀란드 음모론' 게시판에서 활동하는 사용자들 중 다수도 마찬가지다. 주변의 핀란드 친구에게 '너희 나라는 없다'는 사실을 어떻게 알리면 좋을지 열심히 토론하고 있지만, 실제로 믿지는 않는다.

물론 그렇다고 해서 아무도 안 믿는 것은 아니다. 잭은 2016년 《바이스》와의 인터뷰에서 이렇게 말했다. "누가 농담을 하고 누가 진담을 하는지 솔직히 구분이 불가능할 때가 있다."[24]

우리가 발밑에 있는 땅의 존재를 의문시하는 경향이 있다면, 거기엔 그만한 이유가 있을 수 있다. 거대한 땅덩어리를 의혹의 눈길로 본다는 게 이상하겠지만, 옛날에는 누가 멋진 나라를 새로 발견했다고 하면 일단 의심을 품고 보는 게 합리적이던 시절이 있었으니까. 있는 곳을 없다고 하는 경우와 정반대로, 없는 곳을 있다고 열심히 주장하는 사람들이 있었기 때문이다. 그런 경우 대개 음모는 아니다. '존재하지 않는 곳을 존재한다고 속이는 음모'는 실행이 어렵기도 하고 무의미할 때가 많다. 하지만 음모 비슷하게 흘러가는 경우도 가끔 있긴하다.

일찍이 초기 지도 제작자들은 흥미를 돋우기 위해 가공의 장소를 집어넣곤 했다. 굳이 이름을 붙이자면 '사변 지도학'이라고 할까. 게라르두스 메르카토르는 극지방의 땅 크기를 부풀리는 메르카토르 도법을 창시해 후대 사람들에게 "그린란드가 이렇게 작은 나라였어?" 하고 놀랄 기회를 준 것으로 만족하지 못하고, 나침반이 북을 가리키는 이유는 북극에 자성을 띤 거대한 바위가 있기 때문이라는 가설을 주창했다. 그리고 '검은 바위'를 뜻하는 '루페스 니그라'라는 이름으로 그곳을 지도에 표시하기 시작했다. 북극점에는 바위산이 바다에 떠 있고 그 주변을 거인과 난쟁이가 사는 네 나라가 둘러싸고 있으며 소용돌이가 산을 에워싸며 흐르는 것으로 나타냈다("바닷물은 마치 깔때기에 부은 것처럼 소용돌이치며 땅 밑으로 빨려 들어간다"). 대단히 생생하지만, 별로 정확한 묘사는 아니었다.[25]

그 밖에도 단순한 착오로 생겨난 여러 가공의 땅이 있는데, 현실 세계에 실제로 파장을 끼치기도 했다. '데이비스 랜드'는 1687년에 해적 에드워드 데이비스가 발견했다는 남태평양의 유명한 모래섬으로, 금광 몇 곳과 동일한 위도상에 놓여 있다고 전해진다. 수많은 이가 부를 좇아 항해를 떠났지만, 그 일대는 망망대해일 뿐 섬이라고는 없었다.[26] 또 북대서양의 '자케섬'이라는 곳은 19세기 중반에 대서양을 가로지르는 전신 케이블을 놓을 때 경유 지점 후보로 논의되기도 했다.[27] 알고 보니 섬은 존재하지 않았기에 논의는 오래 이어지지 않았다.

어떤 땅이 존재한다고 대놓고 거짓말하는 경우라면 음모에 좀 더 가까워진다. 1913년에는 한 탐험대가 '크로커 랜드'라는 섬을 찾으러 나섰다. 북극 탐험가 로버트 피어리가 발견했다는 섬이었다(피어리가 한 부유한 투자자에게 잘 보이려고 그의 이름을 따서 명명했다고 한다). 그러나 탐험은 성공할 수 없는 운명이었으니, 크로커 랜드는 피어리가 완전히 지어낸 땅이었던 것으로 보인다. 하긴 피어리는 자신이 북극점에 도달했다는 허위 주장을 펼치기도 했다. 결국 비운의 탐험가들은 크로커 랜드를 찾다 북극 지역에 수개월간 발이 묶였고, 구조선은 얼음 속에 수년간 갇혀 움직이지 못했다. 그리고 최소 한 명 이상의 이누이트가 성난 미국인 탐험가의 총에 맞아 숨졌다.

의도적으로 사기극을 벌이는 경우는 음모에 더욱 가깝다고 볼 수 있다. 1820년대 초, 그레거 맥그레거라는 특이한 이름의 수완 좋은 스코틀랜드 사업가는 자국인 수백 명을 설득해 각자 평생 모은 돈으로 포야이스라는 곳의 땅을 사게 했다. 포야이스는 엄청나게 비옥하고 황금이 굴러다니는 중앙아메리카의 땅으로, 마침 자신이 통치자로 있다고 했다. 그중 약 200명의 투자자는 그곳에 아예 이주한 다음에야 고통스러운 진실을 깨달았다. 포야이스는 존재하지 않았고, 수도가 있어야 할 자리에는 정글과 전염병뿐이었다. 그들 중 살아서 돌아온 사람은 얼마 되지 않았다. 포야이스가 음모였는지 여부가 모호한 이유는 다른 것이 아니라, 맥그레거가 공모자의 도움을 받았는지 아니면 혼자서 그 모든 사람을 속여먹은 것인지 분명치 않기 때문이다.

*맥그레거가 창조한 환상의 나라와 피어리의 부정확한 북극 탐험 이야기는 저자 톰의 전작 『진실의 흑역사』에서 자세히 다루고 있다.

가공의 땅이 현실 세계에 더욱 큰 파장을 끼친 사례이자 본격적인 음모론의 영역에 속하는 건이라면, 베르메하섬 이야기가 있다. 2009년 멕시코 국립자치대학교의 연구 결과, 멕시코만의 유카탄반도 북쪽 바다에 있는 80제곱킬로미터 넓이의 베르메하섬이 실제로는 존재하지 않는다는 결론이 나왔다. 이 섬은 일찍이 16세기부터 지도에 등장했다. 멕시코 입장에서는 안타까운 결론이었다. 그렇게 되면 석유가 풍부한 바다에서 멕시코의 주권이 미치는 수역의 크기가 줄어들기 때문이다.

이 섬에 관한 가장 타당한 설명은 원래 없었다는 것이다. 초기 지도 제작자들이 실수했거나, 아니면 당시 어떤 이유로 경쟁자의 오해를 유발하려고 했는지도 모른다. 한편 기후변화로 인해 바다 밑으로 가라앉았다는 주장도 있다. 그런가 하면 멕시코의 호세 앙헬 콘체요 상원의원은 CIA가 이 수역에서 미국의 석유 채굴권을 확대하기 위해 섬을 파괴했다는 설을 제시했는데, 어쩌면 근거를 갖고 한 말인지도 모른다.

아무리 미국 정부라 해도 섬 하나를 통째로 아무도 모르게 없앨 수 있다는 주장은 황당해 보인다. 그러나 1998년 콘체요가 자동차 사고로 의문의 죽음을 당하자 이 음모론이 부상했다. 당시는 미국과 멕시코가 해상 경계선을 처음 본격적으로 협상하던 무렵이었다.

베르메하섬 이야기[28]를 통해 잘 드러나는 불편한 사실은, 지리적 음모론을 퍼뜨리는 사람이 그 음모론을 실제로 믿는지 여부는 꼭 중요하지 않다는 것이다. 자기는 믿지 않더라도 음모론을 통해 정치나 국제 관계 등 현실에 얼마든지 영향을 미칠 수 있다. 마찬가지로, 지구의 모양에 대해 로보섬과 햄프던 등이 내세운 설은 허구였을지 몰라도, 그로 인해 점화된 과학과 종교 간 갈등은 현실이었다.

결국 중요한 것은 음모론자가 음모론을 얼마나 진지하게 주장하느냐가 아니라 음모론이 얼마나 많은 사람의 귀에 들어가느냐다. '포의 법칙'이라고 하는 인터넷 격언이 있다. 극단적 견해를 풍자하는 패러디를 만들면 아무리 터무니없게 만들어도 세상의 누군가는 진담으로 오해한다는 것. 같은 맥락에서, 아무리 터무니없는 음모론도 세상의 누군가는 믿기 마련이다.

마크 사전트는 이렇게 말한다. "우리는 사람들의 시야를 틔워주고 있다. 지구평면론에 깊이 들어간 사람은 다른 음모론도 모두 다시 보게 된다. 오래전에 덮었던 책들을 다시 펴보게 된다." 왜냐고? 그의 설명은 이렇다. "이걸 비밀로 감출 수 있다면 세상에 못 할 일이 없을 테니."

10장

세계사 조작설:
잃어버린 시간을 찾아서

서로마제국은 5세기에 '멸망'했다. 그 말이 정확히 무슨 뜻이냐 하는 문제는 이 책의 범위를 벗어난다. 그 문제에 대해선 저명한 역사가들이 다양한 주장을 내놓은 바 있다. 단순히 중앙의 황제에게서 지방의 속국들로 권력이 이전된 것이라고도 하고, 민간 정부에서 교회로 힘이 넘어간 것이라고도 한다. 그러나 로마제국이 멸망하지 않았다고 하는 음모론은 현재까지 나오지 않았다. 지금도 황제가 로마 모처에 숨어서 영국에서 북아프리카에 이르는 영토를 몰래 다스리고 있다는 음모론이 있다면 참 흥미로울 텐데.

어쨌든 400년경에는 서유럽 땅 대부분이 로마의 지배하에 있었는데 500년경에는 지배를 벗어났다는 것, 그리고 그 후 꽤 오랫동안 어수선한 상황이 이어졌다는 것만큼은 아무도 부정하지 않는다. 이후 몇백 년 동안 인구는 감소했고 농업 생산량은 줄어들었으며, 교역은 붕괴했다. 도시의 타베르나*지중해 국가에서 주민들이 식사와 담소를 즐기는 소박한 음식점—옮긴이에서 여유롭게 철학적 토론을 벌이는 사람들의 모습보다는 먹고살려고 농사 짓는 모습이 일상 풍경이 되었다. 사람들은 저 멀리에서 세를 불리고 있는 부족이 언제 쳐들어와 땅을 빼앗고 온 가족을 몰살할지 모른다는 두려움 속에 살았다.

아니, 아마도 그랬으리라고 생각된다. 대략 그랬을 것이다. 정확히는 알 수가 없다. 중앙집권 정부가 쇠퇴하면 나타나는 한 가지 부작용은 무언가 글을 남기는 사람이 대폭 줄어든다는 것이다. 그래서 유럽 각지에서 그 수백 년 동안 무슨 일이 있었는지는 이전 로마 시대나 이후 중세 시대에 비해 잘 알려지지 않았다. 기록이 워낙 없다 보니, 후대의 학자들은 로마 붕괴 이후 시대를 '암흑시대'라고 부르기도 했다. 말 그대로 역사적 사실을 도통 알 수 없다는 의미였지만, 지금은 문제가 많아 잘 쓰지 않는 용어다.*중세 역사학자와 이야기할 때는 절대 이 용어를 쓰지 말자. 싸움이 날 수도 있다. 여하튼 도시 문명의 특징 중 하나가 문헌 기록을 남긴다는 것인데, 문명이 붕괴하면 문헌 기록이 뚝 끊어지곤 한다. 사람들이 먹고살기에 더 급급해지기 때문이다. 따라서 그 시기의 기록이 비어 있는 것은 전혀 놀랍거나 이상할 게 없다는 견해가 있다.

유령시대설

한편 여기엔 또 다른 가설도 있다. 그에 따르면 로마 멸망 이후 수백 년간 문헌 기록이 없는 이유는… 아주 간단하다. 그 시기가 존재하지 않았기 때문이다.

물론 로마가 멸망한 건 맞다. 그리고 중세 유럽사가 시작되기 전에 잠깐 공백기가 있었던 것도 맞다. 기사니 기사도 정신이니 정신적인 사랑이 가장 로맨틱하다며 장황하게 읊어대는 시 같은 것들이 곧바로 등장한 건 아니다. 그렇지만 이 이론에 따르면, 서기 1000년은 통상적으로 말하는 예수 탄생일로부터*역사적 예수의 정확한 탄생 시기는 통상적으로 말하는 서기 1년이 아니라 기원전 6년에서 기원전 4년 사이로 추정되지만, 여기서 다룰 주제는 아니다. 1000년 후가 아니라, 고작 703년 후다. 즉, 유럽사의 약 300년은 존재하지 않았다는 것.[1]

이른바 '유령시대설'은 자체 역법에 따르면 1694년에 처음 발표됐다. 일반적인 역법으로는 1991년이다. 주창자는 헤리베르트 일리히라는 독일의 저술가 겸 출판인으로, 수정주의 사관을 저술하고 옹호하는 데 경력의 상당 부분을 바친 인물이다. 이 가설을 지지하는 공학자 한스 울리히 니미츠는 1995년에 「중세 초기는 과연 존재했는가?」라는 제목의 논문을 내어 '아니면 말고' 식 학문 연구의 전형을 보여주기도 했다.[2]

이들이 제시하는 근거는 확실히 그 시기의 것으로 판정되는 고고학적 증거가 희박한 점, 방사능 연대 측정이나 나이테 연대 측정*측정 원리가 흥미로우니 조금 자세히 설명한다. 나무는 매년 나이테가 하나씩 늘어나는데, 그해의 기후 조건에 따라 나이테의 너비가 달라진다. 따라서 수백 년 된 목재가 있을 때 종류가 같은 목재의 샘플을 모아둔 데이터베이스와 비교하면 나무가 베인 해를 정확히 알아낼 수 있다. 현실 속의 과학도 이렇게 신기한데 음모론이 따로 필요할까?의 정확성에 한계가 있는 점 등이다. 또 유대인 공동체 역사에 의문의 공백이 있다고 지적한다. 중세 초기 몇백 년간 기록이 사라졌다가 1000년경에 다시 나타난다는 것이다. 그뿐 아니라 농경 기술, 전쟁 기술, 모자이크 미술, 기독교 교리에 이르기까지 모든 분야의 발전이 몇백 년간 멈췄던 것처럼 보인다고 한다. 그 시기 동안 콘스탄티노폴리스에는 주요 건축물이 지어지지 않았고, 800년경에 지어진 아헨 성당의 예배당은 아치와 궁륭 등 온갖 세련된 건축 요소로 보아 시대를 약 200년 앞선 것으로 보인다고 한다.

또한 그나마 존재하는 당시 역사의 상당 부분은 후대의 기록을 통해 전해지고 있다. 다시 말해 누군가가 조작했을 가능성이 있다. 그게 누구냐고? 이를테면 서기 1000년 무렵의 통치자 3인방, 즉 교황 실베스테르 2세, 신성로마제국 황제 오토 3세, 동로마제국 황제 콘스탄티누스 5세다. 그들이 공모하여 연도를 바꾸기로 한 것이다. 자신들이 통치한 때가 서기 703년보다는 서기 1000년인 것이 훨씬 근사하고 멋지니까. 그렇게 하려고 보니 수많은 역사를 지어내야 했는데, 예를 들면 신성로마제국의 초대 황제 카롤루스 등이다.

'유령시대' 옹호자들의 결정적 한방은 따로 있다. 한 해의 길이와 관련된 것이다. 기원전 46년 율리우스 카이사르가 도입하여 약 1600년 동안 쓰인 율리우스력은 4년마다 윤년을 두는 간단한 방식이다. 따라서 한 해의 평균 길이가 365.25일이다. 이는 지구가 태양을 한 바퀴 도는 데 실제로 걸리는 365.24219일보다 약간 길다. 그래서 율리우스력은 128년마다 하루씩 늘어난다는 문제가 있었다. 16세기 말에는 누적된 편차가 13일에 이르렀을 것이다. 그러나 교황 그레고리오 13세의 명으로 역법 개정에 나선 천문학자들이 살펴보니, 편차는 10일밖에 되지 않았다. 교황은 칙령을 내려 1582년 10월 4일 목요일 다음 날을 1582년 10월 15일 금요일로 선포했고, 그로써 편차는 해소됐다.

그 불일치는 왜 발생한 것일까? 당시가 예수 탄생 시점으로부터 1582년 후가 아니라 1285년 후였다고 하면 설명된다. 즉, 약 300년의 역사가 '존재하지 않았다'면 말이 된다.

언뜻 생각하면 유령시대설은 정황증거에 부합하는 듯하다. 수백 년 동안의 역사를 잘 모른다는 게 좀 기이하다는 생각도 든다. 카이사르와 예수의 시대가 1700년 전이 아니라 2000년 전이었다고 정말 확신할 수 있을까? 우리가 지금 쓰는 달력은 서기 800년경까지는 사용되지도 않았다. 아헨 예배당의 아치를 지을 무렵이다. 우리가 기댈 증거라곤 오래전에 세상을 떠난 권위자들의 말뿐이다. 그런데 그 권위자들이 오해한 것이라면? 더 나아가 거짓말을 했다면? 우리가 확실히 알 길이 있을까? 진실을 안다는 게 가능할까?

답은 '그렇다'이다. 알 수 있다. 유령시대설은 말이 안 되는 소리다. 말이 조금이라도 되려면 오로지 서유럽 역사만 역사로 쳐야 한다. 서유럽은 로마의 쇠락으로 인해 역사 기록에 큰 공백이 생긴 게 맞다. 그러나 중국의 당나라, 페르시아의 아바스왕조, 그리고 7세기에야 부상한 다른 이슬람 지역에서는 역사가 척척 잘만 흘러갔다. 동로마제국을 계승한 비잔티움도 마찬가지여서, 1453년까지 존속했다. 오늘날 냉소적인 관찰자가 보기에 비잔티움 시대의 콘스탄티노폴리스에 웅장한 건축물이 그리 많이 지어진 것은 아닐지라도 말이다. 게다가 유령시대설은 천문학적 증거를 간과하고 있다. 예를 들면 서기 59년에 대★ 플리니우스가 남긴 일식 기록은 고대의 사건이 우리가 생각하는 시기에 정확히 일어났음을 보여준다. [3]

율리우스력에서 그레고리력으로 역법을 개정했을 때의 일은 이렇다. 애초에 역법 개정의 목표는 기원전 45년 율리우스 카이사르가 율리우스력을 도입했을 때의 상태로 되돌리는 것이 아니라, 가톨릭교회가 율리우스력을 공식 채택했던 325년 니케아 공의회 당시의 상태로 되돌리는 것이었다. 그레고리오 교황의 명을 받은 천문학자들이 날짜를 13일이 아니라 10일만큼 조정한 것은 약 1600년간이 아니라 약 1200년간 발생한 편차를 바로잡기 위함이었다. 여기에 규명되어야 할 의문점은 없다.

이 음모론을 믿는 사람이 많다고는 할 수 없을 것이다. 유튜브에서 케네디 암살 음모론이나 큐어논 창시자 Q의 최근 메시지를 탐독하는 사람은 많아도 전 인류를 속인 오토 3세의 거대한 사기극에 관심을 보이는 사람은 많지 않은 듯하다. 그럼에도 유령시대설은 음모론의 작동 원리에 관해 시사하는 바가 있다. 정확하지만 완벽히 설명되는 사실, 완전히 틀린 사실 등 여러 가지 '사실'을 이리저리 엮어서 겉보기에 설득력 있는 스토리를 만들어내고 있다는 점이다. 역사에 관해 깊은 지식이 없는 미국인이나 서유럽인의 눈에는 꼭 옳은 이야기처럼 보인다. 다만 틀린 이야기란 게 문제다.

유령시대설의 흠을 또 하나 잡자면 편협한 시야라고 할 수 있다. 유사 이래 수천 년을 통틀어 압도적인 대부분의 기간 동안 세계 대부분의 지역에서, 당대의 역사 기록은 암흑시대 서유럽 못지않게, 아니 그 이상으로 부실했다. 그렇게 기록이 부실한 시대의 실존 여부를 문제 삼으려면, 왜 고작 300년만 문제 삼을까? 역사 전체를 의심해야 하는 것 아닐까?

아니나 다를까, 유령시대설에 도전하는 더욱 거대한 스케일의 역사 음모론이 있다. 이른바 '신연대학'을 주창한 러시아 수학자 아나톨리 포멘코는 고대사 자체가 존재하지 않았다고 본다. 고대 로마는? 중세에 있었던 문명이다. 고대 그리스는? 마찬가지다. 고대 이집트는? 더 물을 것도 없다.

포멘코에 따르면, 우리가 약 12세기 이전으로 알고 있는 사건의 거의 전부와 9세기 이전으로 알고 있는 사건의 전부는 사실 더 뒤의 시기에 일어났고, 일어난 장소도 다른 곳일 가능성이 크다. 서기 800년경 이전에 일어난 일은 기록이 전혀 남아 있지 않고, 우리가 고대사로 알고 있는 것은 더 후대에 일어난 일이 왜곡 기술된 것이다. 때때로 역사가 반복되는 것처럼 보이는 이유는, 말 그대로 같은 사건을 여러 차례 기록했기 때문이다.[4]

포멘코가 말하는 몇몇 역사적 사건과 인물의 진상은 다음과 같다.

펠로폰네소스 전쟁

기원전 5세기에 아테네 주도의 델로스 동맹이 스파르타 주도의 펠로폰네소스 동맹과 싸워 패배한 전쟁이다. 고대 유럽사에서 매우 큰 의미가 있는 사건이며, 역사가 투퀴디데스의 『펠로폰네소스 전쟁사』는 오늘날까지 국제 관계의 교과서로 여겨진다. 그러나 포멘코에 따르면, 이 전쟁은 14세기에 아테네 공국과 나바라왕국 용병대 사이에 벌어진 전투를 비슷하게 베껴 서술한 것이다. 그 전투는 그리 큰 의미가 없었다.

솔로몬

성경에 나오는 지혜의 왕 솔로몬은 실존했다면 기원전 10세기의 인물로 추정된다. 그러나 포멘코에 따르면 그는 사실 16세기의 오스만 제국 황제, 술레이만 대제다.

바빌론 유수

기원전 5~6세기에 유다 왕국의 유대인들이 바빌론에 끌려가 약 70년간 포로 생활을 했던 시기를 가리킨다. 이는 성경에도 서술되어 있다. 포멘코는 이것은 사실 14세기에 교황청이 프랑스 아비뇽으로 강제 이전되어 약 70년간 머물렀던 시기라고 주장한다. 물론 그 시기를 때로 바빌론 유수에 빗대긴 하지만, 대부분의 사람은 비유적 표현으로 알아듣지 두 사건이 정말 같은 사건이라는 뜻으로 받아들이지는 않는다.

트로이전쟁

사실 십자군 전쟁이다. 예수가 십자가에 못 박혀 처형된 것을 복수하려는 목적이었다고 한다.

중세 초기의 앵글로·색슨 왕국

잉글랜드 고대사의 상당 부분을 차지하는 앵글로·색슨 왕국들의 역사는, 포멘코에 따르면 사실 비잔티움의 역사다. 왜냐, 1453년 콘스탄티노폴리스가 오스만제국에 함락된 후 황족들이 유럽 반대편의 춥고 습한 섬으로 도망쳤기 때문이다. 양쪽 다 왕 비슷한 것이 있기도 했고.

이상은 몇 개의 예를 든 것뿐이다. 포멘코의 이론을 영어로 번역한 『역사: 허구인가 과학인가History: Fiction or Science?』는 두꺼운 책 일곱 권 분량이다. 하기야 인류사 전체가 가짜라는 걸 단 일곱 권으로 입증하기도 쉽진 않았겠다.

과연 누가 무슨 흉악한 속셈으로 수천 년의 세계사를 조작한 것일까? 그 동기는 도대체 무엇이었을까? 거기에 답하려면 포멘코의 조국 러시아를 음해하려는, 공상 속의 사악한 음모를 파헤쳐야 한다.

역사책은 틀렸다

아득한 과거의 역사를 우리가 통째로 오해하고 있을지도 모른다는 생각 자체는 마냥 터무니없다고 할 수 없다. 유럽 중세 초기도 그렇지만, 우선 당시의 사건을 당대에 기록한 문헌이 드물다는 게 한 가지 이유다. 우리가 아는 역사의 상당 부분은 후대의 사본이나 후대의 저술에 근거한 것인데, 사본은 오류가 들어갔을 수 있고 저술은 실상을 잘 모르고 쓴 것일 수 있다. 먼 과거로 올라갈수록 동시대 사람이 직접 남긴 기록은 찾기 어렵다. 오류나 조작이 끼어들 여지가 얼마든지 있는 셈이다.

고대사에 관한 1차 사료가 있다 해도, 그 연대를 추정하기는 쉽지 않다. 예컨대 '기원전 44년 3월 15일'이라고 적힌 문서가 있다면 당연히 가짜임을 알 수 있겠지만, 문제는 좀 더 복잡하다. 오늘날 우리가 쓰는 역법은 6세기에야 고안됐고 9세기에야 보급됐으며, 16세기 이후 다양한 지역에서 다양한 시기에 개정됐다. 먼 과거의 사건이 실제로 언제 일어났는지 알아내는 것은 예로부터 힘든 작업이었다. 천체 관측 자료를 해석하기도 하고, 중간이 가끔 비어 있는 역대 왕의 계보를 분석하기도 하고, 한 해의 길이조차 다른 두 역법을 비교하기도 했다.*지금도 이슬람권의 여러 지역에서 축제일을 정하는 데 쓰이는 이슬람력은 달의 변화만을 기준으로 하는 태음력으로, 한 해의 길이가 354~355일에 불과하다. 이슬람력 날짜를 그레고리력으로 변환하는 일은 만만치 않다.

그렇다면 오늘날 역사책에서 테르모필레 전투가 기원전 480년에 벌어졌다거나 페르시아의 키루스 대왕이 기원전 539년에 바빌론을 정복하고 유대 민족을 해방시켰다고 자신 있게 말할 수 있는 것은 어째서일까? 간단히 말해, 누군가가 미리 수고를 해놓은 덕분이다. 프랑스의 칼뱅주의 학자 조제프 스칼리제르는 16세기 말에 적지 않은 세월을 바쳐 고대의 역법을 비교하고, 그리스어와 라틴어 문헌을 연대순으로 정리했다. 또 일식과 월식 시기를 계산하고, 주화를 사료로 삼는 연구 방법에 착안했다. 그리하여 그리스와 로마를 넘어 페르시아, 바빌로니아, 이집트, 유대 민족의 역사까지 고대사의 개념을 넓히는 데 큰 공을 세웠다. 스칼리제르를 비롯한 몇몇 연구가가 기본적인 연대를 파악해놓은 덕분에 우리는 그레고리력의 '그'자도 몰랐던 사람들이 벌인 사건에 현대식 날짜를 부여할 수 있는 것이다.[5]

그러나 전문가들이 수행한 연구 방법은 일반인들이 쉽게 이해하기 어렵다. 따라서 무조건 부정하지는 않더라도 의문을 제기하는 비판자들이 있기 마련이다. 스칼리제르의 표준 연표에 의심을 품은 사상가 중에는 아이작 뉴턴도 있었다. 뉴턴은 유작『개정 고대 왕국 연표The Chronology of Ancient Kingdoms Amended』[6]에서 다양한 고전을 샅샅이 검토하여 로마 창건, 트로이 전쟁 등 여러 사건의 연대를 새로 제시했다. 심지어 놀랍게도, 가공의 전설인 게 거의 틀림없는 영웅 이아손과 아르고호의 원정까지 다루었다.*심지어 이 책에서는 반인반마의 괴물 켄타우로스의 존재를 기정 사실로 간주하고 있다. 근대 물리학의 아버지답지 않은 특이한 행보로 생각된다면, 뉴턴이 연금술의 원리를 찾는 데 평생 많은 시간을 바쳤으며 한번은 그냥 호기심에서 자신의 안구와 안와(눈구멍) 사이 틈새로 바늘을 찔러보기도 했다는 사실 역시 알아둘 만하다. 뉴턴이 요즘 사람이었다면 그의 모든 연구가 동료들의 심사를 통과하지는 못했을 것이다.

　뉴턴과 동시대 사람인 프랑스의 장 아르두앵도 스칼리제르의 연표에 의문을 제기했다. 아르두앵은 당대에는 저명한 고전학자였으나, 오늘날에는 각종 황당한 이론을 주장한 인물로 알려져 있다. 그는 특히 그리스와 로마의 고전 전체가 13세기 수도사들의 위작이라고 확신했는데, 단 호메로스, 헤로도토스, 키케로의 저술과 플리니우스, 베르길리우스, 호라티우스의 일부 저작은 예외라고 보았다.[7]

　아르두앵의 사상은 포멘코의 신연대학에 영향을 미쳤다. 그 밖에 포멘코에게 영향을 준 인물로는 러시아 혁명가 니콜라이 모로조프가 있다.*그와 동명인으로, 지금도 가끔 뉴스에 나오는 니콜라이 모로조프가 있다. 1998년 동계 올림픽에 출전한 피겨스케이팅 선수인데, 그가 로마제국이 존재했던 연대에 관해 특이한 이론을 신봉한다고 볼 이유는 없다. 모로조프는 1882년에서 1905년까지 정치범으로 수감되었으나, 차르가 타도되고 나자 혁명에 흥미를 잃은 듯하다. 이후 30년의 여생을 바쳐 과학과 천문학, 역사를 연구하다가 신약 성경에 기록된 일식의 묘사를 근거로 스칼리제르의 연표는 잘못되었다는 결론을 내린다. 예수가 살았던 시대는 사실 5세기라는 것이다.[8] 그 밖에도 수많은 결론을 내렸는데, 특히 율리우스 카이사르는 존재하지 않았으며 4세기의 율리아누스 황제와 동일 인물이라고 보았다. 그리고 아니나 다를까, 고전의 상당 부분은 중세에 만들어진 위작이라고 했다.*이 주제를 다룬 모로조프의 역작은 『그리스도Christ』라는 대단히 근엄한 제목이다. 그리고 포멘코의 『역사: 허구인가 과학인가』처럼 일곱 권으로 되어 있다. 우연의 일치일까? 독자의 판단에 맡긴다.

포멘코는 모로조프에게서 스칼리제르의 연표가 '반복'을 통해 '자의적으로 확장되었다'는 개념을 가져왔다.[9] 그 주장에 따르면, 서로 다른 시대와 장소에서 비슷한 역사가 되풀이되는 듯한 현상은 인간의 본성과 운명의 굴곡이 반복적인 패턴을 낳기 때문이 아니다. 실제로 '똑같은' 사건을 다른 시공간에 잘못 '복붙'했기 때문이다.

포멘코는 자신의 이론을 '증명'하기 위해 오랜 시간을 들여 천문학적 증거를 샅샅이 분석했다. 고대의 천궁도나 성표를 천체 관측 자료와 대조해 제작 시기를 알아내고, '베들레헴의 별'이었을 가능성이 있는 초신성을 찾아내 예수의 탄생일을 재정의하고, 예수의 십자가형 때 나타났다는 일식의 시기를 추정했다(성경 속의 언급이 가끔 은유에 불과할 가능성은 생각하지 못한 듯하다). 이렇게 하여 역사적 사건의 발생 시기가 종래에 알려진 바와 다른 경우 가장 타당한 시기를 하나씩 잡아나갔다.

수학자였던 포멘코는 특히 수치 분석을 적극적으로 활용했다. 역사책에서 전쟁, 폭동, 역병 등 큰일이 있었던 해는 평온한 해보다 페이지를 많이 할애했으리라고 직관적으로 짐작해볼 수 있다. 따라서 연도별 페이지 수를 세어보면 각 시대의 고유한 '역사적 지문'이 도출된다는 게 포멘코의 이론이다. 예를 들어 어느 세기를 들여다보니, 처음 몇 년은 내용이 거의 없다. 그러다가 5년째와 6년째에 전쟁이 일어나면서 이 이야기가 여러 페이지에 서술되어 있다. 12년째에 일어난 역병이 두어 페이지에 적혀 있다. 그런 다음 한동안은 조용하다. 포멘코의 주장은 이렇다. 같은 장소, 다른 시대의 역사를 서술한 두 문헌이 있는데 대략 비슷한 그래프 모양을 보인다면(5~6년째에 급상승, 12년째에 약간 상승, 그 뒤로 조용), 둘은 사실 동일한 시대라는 것이다. 한마디로 나이테 연대 측정법과 같은 원리인데, 나이테 너비 대신 페이지 수를 활용했을 뿐이다.

포멘코는 자신의 방법론을 검증하기 위해 같은 시대, 같은 장소의 역사를 서술한 두 문헌을 비교했다. 하나는 아우구스투스 시대의 역사가 리비우스가 쓴 로마 역사서, 또 하나는 12세기에 러시아의 역사가가 쓴 로마 역사서였다. 두 책에서 나타나는 그래프의 모양은 비슷했다. 그런 다음 다른 시대, 다른 장소의 역사서를 비교해보았더니 모양이 전혀 달랐다. 그런데 고대 로마 역사서와 중세 로마 역사서를 비교해보았더니, 모양이 같았다. 이 같은 과정을 통해 포멘코는 고대 로마의 사건들이 실제로는 중세에 일어났다는 결론을 내렸다.[*] 물론 리비우스의 로마 역사서와 후대의 로마 역사서가 비슷한 모양을 보이는 데는 당연히 그럴 만한 이유가 있다. 리비우스의 책은 후대 역사가가 참고할 만한 최선의 사료 중 하나다. 그러므로 리비우스가 별다른 말을 남기지 않은 연도에 대해서는 후대 역사가들도 할 말이 별로 없을 가능성이 높다.

좀 이상한가? 그 정도는 약과다. 포멘코는 같은 원리를 인물에게도 적용했다. 예를 들면 두 왕조가 같은 패턴을 보인다고 하자. 둘 다 '오래 재위하고 평온하게 죽은 왕, 호위병이 휘두른 칼에 찔려 단명한 왕, 엄청나게 오래 재위하고 국부로 간주된 왕'이 차례로 왕위를 이었다고 하자. 그렇다면 둘은 아마도 동일한 왕조가 아닐까? 매우 논리적인 추론이다.

이런 식으로 포멘코는 수백 페이지에 걸쳐 여러 사실을 자신이 보기에 만족스럽게 '증명'해냈다. 로마의 고대사와 중세사는 같은 시대이며, 구약 성경에 나오는 유다왕국의 왕들은 4세기 서로마제국 황제들과 동일 인물이라는 것 등이다.

하지만 다른 사람들이 보기에 이 증명은 만족스럽지 못했다. 미국의 작가 제이슨 콜라비토는 후에 많이 인용된 2001년 《스켑틱》의 칼럼에서 포멘코의 연구를 비평하면서, 16년 재위한 통치자와 9년 재위한 통치자를 동일시하거나 25년 재위한 통치자와 16년 재위한 통치자를 동일시했다고 지적했다.[10] 또 이름이 비슷하거나(유스티누스, 유스티니아누스) 비슷하지 않은(테오도시우스, 마르키아누스) 통치자들을 하나로 합쳐서 유사성을 억지로 끌어내기도 했다고.

그런가 하면 잉글랜드 초기의 에드거 왕과 그 뒤를 이은 에드워드 왕을 한 사람으로 쳤는데, 근거는 "두 사람의 이름이 비슷하므로 병합하는 것이 자연스럽다"는 것이었다고 한다. 잉글랜드 초기의 왕 중 에드거, 에드워드, 에드먼드, 에드위그, 에드레드가 얼마나 많았는지를 간과한 조처다. 앨프레드, 애설레드, 애설울프, 애설버트도 많았다. 비록 고대 영어의 모음이 다양하지는 않았을지라도, 이름이 다르면 당연히 다른 사람이었다. "이민족들도 콘스탄티누스라는 이름의 로마 황제 열한 명(여기에 콘스탄스와 콘스탄티우스까지)을 헷갈리지 않고 잘 구분했던 것으로 보인다"라고 콜라비토는 살짝 비꼬며 말하고 있다. 포멘코의 연구 과정을 보고 있으면 마치 직소 퍼즐을 하면서 퍼즐 조각의 귀퉁이를 뜯어서 억지로 맞추는 것 같은 느낌이다.

물론 포멘코의 신연대학을 논박한다는 것 자체가 어찌 보면 참 기이한 작업 같기도 하다. '역사가 존재했음'을 증명해야 하는 셈이니, 하늘이 푸르다거나 '2+2=4'임을 증명하려는 것과 다르지 않다. 그렇지만 짚고 넘어가자. 먼 옛날의 특정 사건이 일어난 정확한 시기는 다소 불확실한 점이 있을지라도(이를테면 수천 년 전 파라오의 정확한 재위 시기), 먼 옛날 일들이 실제로 먼 옛날에 일어났다는 증거는 아주 많다. 방사능 연대 측정이나 나이테 연대 측정을 통해 기존의 연대들이 뒷받침된다는 사실을 차치하더라도, 주화가 사료가 되어준다. 기원전 몇 세기의 로마 공화정 시절부터 1453년 콘스탄티노폴리스가 함락될 때까지 로마의 주화는 거의 끊이지 않고 죽 전해진다. '로마'라는 이름은 포멘코가 말하는 것처럼 이집트에서 모스크바에 이르는 온 갖 문명을 두루 가리키는 것이 아니라 특정한 도시와 그 문명을 가리 키며, 2000년이 넘는 로마의 역사는 꽤 세세히 알려져 있다. 즉, 포멘 코의 주장은 틀렸다.

그럼에도 2004년에 포멘코의 영어판 저서를 펴낸 출판사는 어 떤 유물이든 서기 1000년 이전의 것임을 증명하는 사람에게 1만 달러 의 상금을 주겠다고 발표했다.[11] 다만 "고고학·고문자학·나이테 연대 측정·탄소 연대 측정 등의 기법을 사용해선 안 된다"는 조건을 달았 다. 그런 기법들을 쓰지 않고 어떻게 옛 유물의 연대를 증명할 수 있 을까? 당시 구입 영수증이라도 제시해야 할까? 지금까지 상금을 타 간 사람은 없는 듯한데, 고대의 유물이 존재하지 않아서라기보다 상금을 타는 조건 때문이라고 봐야 할 것 같다.

아무튼, 도대체 누가 서기 1000년 이전의 인류사를 통째로 날조 했다는 것일까? 그 답은 교황청, 신성로마제국, 그리고 1613년에서 1917년 혁명 때까지 러시아를 통치했던 로마노프왕조인 것으로 보인 다.*포멘코의 저술 상당 부분은 러시아어로만 읽을 수 있기에 이 설이 포멘코의 견 해인지 지지자들의 해석인지는 다소 논란이 있다. 어쨌든 지지자와 비평가 양쪽 모두 포멘코의 이론을 일반적으로 그렇게 해석하고 있다. 다시 말해 동방 정교 회의 숙적인 가톨릭교회, 러시아의 숙적인 독일, 그리고 조국 러시아 를 적에게 팔아넘긴 왕조가 함께 모의한 결과다. 신연대학은 역사를 그저 아무렇게나 재배치하지 않는다. 러시아가 모든 사건의 중심에 놓이도록 재편성하고 있다.[12]

모스크바가 '제3의 로마'라는 개념은 러시아 역사에서 뿌리가 깊 다. 물론 제2의 로마는 콘스탄티노폴리스로, 로마제국이 서쪽에서 사 라진 후에도 1000년 가까이 동쪽에서 제국의 수도로 번성했다. 1453년 콘스탄티노폴리스가 오스만제국에 함락된 후에는 정교회권의 중심으로 부상하던 모스크바 대공국이 자연히 스스로를 로마제국의 적법한 후예로 간주했다. 1547년에는 이반 4세가 러시아 최초의 차르로 즉위했다. 로마에서 2400킬로미터, 로마제국이 역사적으로 점령했던 영토에서 거의 1000킬로미터 떨어진 곳에서 러시아 왕이 스스로를 '카이사르'라 부른 셈이다. 참고로, 차르라는 칭호는 로마제국의 황제를 뜻하던 라틴어 카이사르에서 유래했다.

러시아 안에서는 몇백 년 동안 사람들 입에 오르내리던 개념이지만, 러시아 밖에서는 주목하는 이가 거의 없었다. 특히 정교회권 밖에서는 사실상 아무 관심을 받지 못했다. 마치 자기가 메시아라는 것을 아무도 믿어주지 않는 것처럼. 뭐, 그들 입장에서는 답답하고 짜증났을 만하다.

포멘코는 '복붙'된 왕조, 천문학적 증거, 문헌 페이지 수 분석 등 상기했던 논의를 펼치면서 전기 근대의 모스크바가 인류 문명을 주도하는 제국의 중심이었다는 개념을 문자 그대로 해석하여 내세우고 있다. 이른바 '러시아 군단群團'이라고 하는 방대한 육상 제국이 존재했으나 기이하게도 잊혔다는 설을 펴고 있다. 그의 설명에 따르면 이 제국은 이전 몇 대에 걸친 로마(제1의 로마는 기이하게도 이집트에 있었다고 한다)의 웅대함을 이어받았을 뿐 아니라 문명과 기독교를 전파하는 사명도 물려받았다.

이는 그가 이론을 구상하던 1980년대 말 당시 소련에서 독립하려고 발버둥치던 주변 민족들이 사실은 같은 역사를 공유한 러시아 민족이라는 편리한 결론으로 이어지기도 한다. 심지어 13세기에 아시아와 동유럽 땅 대부분을 정복하며 중세 러시아에도 엄청난 고통을 안긴 칭기즈 칸의 몽골족 역시 사실은 금발벽안의 백인들이었다는 뜻이된다. 어쩌다가 같은 러시아 민족이 러시아를 침략했을까? 슬퍼해야 할지 기뻐해야 할지 모를 노릇이다.

한편 이 진실을 우리가 모르는 이유는? 러시아의 적과 그 음흉한 통치자들이 역사를 은폐했기 때문이다.

이상은 소련이 붕괴되고 조국 러시아가 수십 년 만에 더없이 취약해 보이던 시기에 위안이 되는 이야기였을 것이다. 포멘코가 묘사하는 러시아는 문명의 중심이었을 뿐 아니라 문명 그 자체였다. 역사가들이 보통 러시아의 전신으로 인정하는 최초의 국가는 오늘날의 우크라이나에 위치했던 키예프 루스로, 9세기 중반에 등장했다. 포멘코가 말하는 역사의 시작점과 비슷한 시기다. 우연의 일치로 보기는 어려울 듯하다.

그렇다면 예수는? 포멘코의 주장에 따르면 12세기 크림반도에 살던 사람이다. 그리고 짐작했겠지만, 러시아인이기도 하다.* 그에 따르면 예수는 또한 비잔티움 황제 안드로니코스 1세 콤니노스와 동일 인물이다. 더 나아가 교황 그레고리오 7세, 구약 성경의 예언자 엘리사, 11세기 서하의 경종을 비롯한 여러 역사적 인물과 동일 인물일 가능성이 있다.

포멘코의 이론은 사이비 역사학이라는 것이 보편적인 평가다. 이름 있는 역사학자의 인정을 받은 적도 없다. 체스 그랜드마스터인 가리 카스파로프가 가끔 지지자로 언급되지만, 카스파로프는 여러 차례에 걸쳐(때로는 이런 소동에 휘말린 것을 후회하는 듯이) 포멘코의 연구가 기존 역사에 의문을 제기하는 데는 의미가 있다고 생각하지만 포멘코의 대체 역사를 믿지는 않는다고 밝혔다.[13] 심지어 러시아의 위대함을 선전하거나 스탈린 관련 역사를 고쳐 쓰는 데 거리낌이 없는 블라디미르 푸틴 정부도 러시아 군단설을 지지한 적은 없다. 포멘코의 이론은 이렇다 할 대표적인 지지자가 없다.

하지만 인터넷 구석구석에서는 포멘코의 연구를 토대로 한 설들이 열렬한 호응을 얻고 있다. 예를 들면 레딧의 여러 게시판에서는 유라시아의 광대한 지역을 차지했던 '타르타리아'라는 제국의 역사를 활발히 논하고 있다. 타르타리아는 19세기까지도 존재했는데, 지금은 역사책에서 깨끗이 지워져 있다고 한다.[14] 다문화, 다민족 국가로서 북아시아의 넓은 영토를 차지했고, 웅장한 건축물을 자랑했으며, 당시 서유럽보다 월등히 앞선 기술을 보유하고 있었다는 것이다. 더 기괴한 쪽으로 가면 타르타리아에 '브레세리언breatharian', 즉 '호흡인'이라고 하여 음식은커녕 물도 마시지 않고 공기에서 직접 에너지를 얻는 종족이 살았다는 설도 있다.[15] 그중 다소 평범한 설은 그냥 거인족이 살았다고 한다.

타르타리아의 존재를 말해줄 증거들은 지금은 잊힌 '진흙 홍수'라는 대재앙으로 인해 거의 다 땅속에 묻혀버렸다는 것이 그들의 주장이다. 세계에서 자신들보다 발전한 지역이 있었다는 사실을 알리고 싶지 않았던 서구 열강은 타르타리아의 존재를 은폐했다. 아니면 러시아가 이웃 나라에 저지른 과거의 잔학 행위를 숨기기 위해 덮어 감춘 것일 수도 있다. 후자의 주장에 힘을 보탠 것은 CIA가 1957년에 작성한 문서였다. 이에 어이가 없었던 역사학자들은 CIA가 아무리 아는 게 많을지라도 유라시아 초원 지대의 중세사를 말해줄 전문 기관은 아니라고 논평했다.[16]

이런 식의 낭설이 퍼진 이유 중 하나는 서구인들이 세계사에서 잘 들어보지 못한 지역에 대해 무지하기 때문이다. '타타리'라는 이름이 유라시아 지역의 초기 근대 지도에 자주 등장하는 것은 사실이지만, 지역을 가리키는 명칭이었을 뿐이다. 이것을 국명으로 착각하여 애매하게 알고 있던 칭기즈 칸이나 티무르 등 유목민 정복자의 역사와 뒤섞은 것이다.

그러나 결국 훨씬 더 흥미를 자극하는 것은 '잘 모르는 역사'보다

'의도적으로 은폐한 비밀 역사'다. 유령시대설이나 폴 매카트니 사망설의 경우처럼, 우리가 기존에 알던 상식이 모두 거짓이라고 생각하면 일단 흥미진진하다. 다만 거인족이나 브레세리언 이야기가 어디서 나왔는지는 알 수 없다.

지구평면설과 유령시대설은 음모론이 극단으로 가면 '일반적으로 합의된 현실'이라는 개념 자체가 무너진다는 것을 잘 보여준다. 이제 낱낱의 사건이 조작된 것처럼 보이는 데 그치지 않고, 역사 전체가 거짓말처럼 보이기 시작한다.

앞으로 살펴보겠지만, 이 주제는 20세기의 음모론을 지배하게 된다. 자, 이제 일루미나티 이야기를 마무리할 때다.

11장

다시, 일루미나티:
누가 세상을 지배하는가

네스타 헬렌 웹스터는 어릴 때부터 모험심이 왕성하고 호기심이 넘쳐 났다. 안타깝게도 그 시대의 사회가 기대하던 여성의 역할에는 걸맞 지 않은 성향이었다. 웹스터는 1876년 영국의 부유하고 독실한 가정 에서 열네 남매 중 막내로 태어났다. 어머니는 주교의 딸이었고 아버 지는 엄격한 복음주의 개종자이자 대형 은행 바클리즈의 고위 임원이 었다. 웹스터는 좋은 교육을 받으며 자랐지만, 옥스퍼드나 케임브리 지에 진학하려는 꿈은 포기해야 했다. 어머니가 두 대학이 너무 진보 적이라고 생각해 반대했기 때문이다. 19세기가 저물어갈 무렵, 웨스 트필드대학에 다니던 스물한 살의 웹스터는 학업을 접고 시야를 넓히 고자 세계 여행길에 올랐다. 아프리카, 아시아, 남북아메리카를 돌며 잠시 불교에 심취하기도 했다.

영국으로 돌아온 웹스터는 좌절에 빠졌다. "무의미하게 사는 삶 을 경멸"하며 성장한 그는 자신처럼 젊고 똑똑한 여성에게 주어지는 기회가 많지 않은 현실이 답답했다. "그 당시 여성이 택할 수 있던 직업이 무엇이 있었던가?"라고 후에 적기도 했다. 결혼이라는 대안이 있었지만, "모든 모험의 종말"을 고하는 더 끔찍한 선택이 될 것 같았다.[1] 결국은 인도에서 만났던 경찰관과 격정적인 연애 끝에 결혼했지만, 여전히 갈망은 채워지지 않았다. 교사나 간호사의 삶은 달갑지 않았다. 상류층 부인의 단조로운 삶은 더욱 싫었다. 뭔가를 이루고 싶었다. 그렇다. 네스타 웹스터는 세상에 자취를 남기고 싶었다.

그래서 그는 파시스트가 되었다.

파시스트 성향을 '조금' 띠게 된 것이 아니라는 점을 분명히 해두자. '요즘은 무슨 말만 했다 하면 파시스트라고 손가락질하니, 정치적 올바름이 사람 잡네'라고 불평할 수준이 아니었다. 웹스터는 누가 봐도 철저한 파시스트였다. 1920년대에는 이후 영국 파시스트 연합으로 통합되는 영국 파시스트 당의 임원을 맡기도 했다. 《파시스트 불리틴》, 《패트리엇》, 《브리티시 라이언》 같은 극우 매체에 글을 자주 기고했으며, 「유대인의 위험성」이라는 제목으로 《모닝 포스트》에 연재된 악명 높은 칼럼의 주요 기고자이기도 했다. 그렇다, 웹스터는 완전히 파시스트였다.

한때 열린 마음으로 지구 곳곳을 누비고 세계의 종교를 마음 깊이 존중했던 젊은 여성이 철저한 반유대주의자로 변신하기까지의 여정은 그리 단순하지 않았다. 우리가 네스타 웹스터의 이야기를 다루는 이유는, 그 여정을 통해 그가 20세기에 가장 큰 영향력을 발휘한 음모론자가 되었다고 할 수 있기 때문이다. 웹스터는 신세계질서, 빌더버그 그룹 등 비밀 국제 엘리트 집단이 세계를 다스린다는 온갖 현대 음모론의 근원이 되었다. 그리고 웹스터의 여정은 우리의 단골 주제인 프랑스 혁명과 다시금 얽혀 있다.

웹스터는 어떻게 하면 의미 있는 직업 활동을 하면서 새로운 경험을 추구할 수 있을지 고민했다. 결국 작가가 되는 방법을 택했고, 소질이 있음을 증명했다. 처음 쓴 책은 『양의 길The Sheep Track』이라는 소설로, 여성에게 순응적이고 보잘것없는 삶을 강요하는 현실에 대한 경멸감을 드러내고 남들이 가지 않는 길에 대한 갈망을 묘사해 호평을 받았다.*음모론자들은 음모론에 동의하지 않는 사람들을 가리켜 주류 사상을 무비판적으로 따른다고 하여 '양'이라고 부르곤 하는데, 그 용어의 역사는 알고 보면 꽤 긴 것 같다. 일이 잘못되기 시작한 것은 그가 논픽션에 손을 대면서였다.

일루미나티의 귀환

1916년, 웹스터는 프랑스 혁명 시대의 두 귀족인 사브랑 백작 부인과 부플레르 기사 사이의 연애사를 저술하면서 그 시대에 깊은 관심을 갖게 되었다. 아니, 그저 깊은 관심을 넘어 자신이 실제로 전생에 사브랑 부인이었으며 프랑스 혁명의 기억을 갖고 있다고 믿게 된 것 같다. 웹스터는 점점 더 그 시대에 집착하기 시작했다. 그뿐 아니라, 프랑스 혁명이 심각한 범죄였으며 더 나아가 당시 역사의 서술이 대부분 잘못되었다고 확신하게 됐다.

프랑스 혁명을 그저 간접 경험한 것이 아니라 실제로 겪은 많은 사람이 그랬던 것처럼, 웹스터도 자기가 보기에 끔찍하고 이해가 가지 않는 사건들에 대한 설명을 찾아 나섰다. 그리고 존 로비슨과 오귀스탱 바뤼엘의 저서를 발견하면서 자신이 찾던 진실에 이르렀다.

웹스터는 1920년에 출간된 저서 『프랑스 혁명: 민주주의 고찰The French Revolution: A Study in Democracy』을 통해 민주주의에 반대하는 견해를 밝히는 동시에 일루미나티 프랑스 혁명 음모론을 새 시대에 맞게 부활시켰다. 역사의 뒤안길로 사라진 듯했던 음모론이 갑자기 되살아난 것이다. 일루미나티의 귀환이었다.

웹스터는 18세기에 바이스하우프트가 창시한 단체와 그 음모에 관한 이론을 부활시키는 데 만족하지 않았다. 『민주주의 고찰』은 엄청난 다작의 첫 신호탄에 불과했다. 웹스터는 바뤼엘과 로비슨의 이론을 시대의 불안 요인에 맞게 개작함으로써 이후 100년간의 서구 음모론을 형성하는 데 중추적인 역할을 하게 된다.

프랑스 혁명을 다룬 책을 낸 지 1년 후, 웹스터는 『세계 혁명: 문명 파괴의 음모World Revolution: The Plot Against Civilization』를 출간하여 원대한 주장을 펴기에 이른다. 이른바 '일루미나티화된 프리메이슨'이 여러 시대에 걸친 혁명의 배후에 있었으며, 그 같은 비밀 단체들이 오랫동안 세계사에 "끔찍하고 변함없으면서 집요하고 파괴적인" 영향력을 행사해왔다는 것이다. 또한 일루미나티의 짧은 역사를 앞뒤로 확장하여 20세기에도 여전히 활동하고 있을 뿐 아니라 12세기부터 모종의 형태로 존재해왔다고 주장했다. 그리고 후에 음모론적 역사관과 댄 브라운 소설 내용의 단골 소재가 되는 장미십자회와 성전기사단 같은 단체를 서사 속으로 끌어들였다.* 댄 브라운의 베스트셀러 소설 『다빈치 코드』는 마이클 베이전트, 리처드 레이머, 헨리 링컨이 1982년에 출간한 음모론적 사이비 역사서 『성혈과 성배』에서 많은 내용을 빌려오고 있다. 『다빈치 코드』의 악당 이름이 '리 티빙'인 것은 우연이 아닐 듯하다. 브라운은 '티빙Teabing'이 '베이전트Baigent'의 애너그램인 것을 남들은 모르리라고 생각한 것 같다. 『성혈과 성배』의 세 번째 저자인 헨리 링컨은 안타깝게도 『다빈치 코드』에서 오마주를 찾아볼 수 없다. 링컨은 〈닥터 후〉의 2대 닥터 시즌에서 로봇 '예티'를 창조한 공동 작가 중 한 명이기도 했는데, 유감이라 하지 않을 수 없다.

이는 그저 과거 역사에 대한 추상적 가설이 아니라 동시대의 사건에 대한 직접적 해석이었다. 프랑스 혁명이 18세기의 정치 체제에 지대한 충격을 주었다면, 1917년 러시아 혁명도 마찬가지 역할을 하며 유럽 전역에서 유사한 봉기가 잇따르는 계기가 됐다. 웹스터는 모스크바의 볼셰비키 집권 과정에서 자신이 사랑하는 프랑스 귀족들이 당했던 참변과 분명한 유사점을 발견했다. 그리고 두 사건은 그 테마가 비슷할 뿐 아니라 말 그대로 연결되어 있다는 비약적 결론을 내렸다. 두 사건의 배후에 똑같은 악당 집단이 있고, 이는 수백 년에 걸친 거대한 음모의 일환이라는 것이다.

네스타 웹스터가 반공주의를 거쳐 파시즘에 이른 것 자체는 그리 특이하다고 볼 순 없다. 많은 동시대인이 같은 과정을 밟았다. 웹스터는 볼셰비키와 볼셰비키의 이념을 혐오했으며 거기에 맞설 최선의 수단이 파시즘이라고 보았다. 그뿐 아니라 당시 유럽 곳곳에서 부상하던 유대 볼셰비즘이라는 음모론을 받아들였다. 유대 볼셰비즘 신봉자들은 공산주의를 유대인의 음모로 간주하면서 "혁명의 중심에 있는 것은 오로지 유대인들뿐"이라고 보았다.[2] 웹스터는 이 반유대주의 음모론을 일루미나티 음모론과 연결 짓는 과정에서 일찍이 장 바티스트 시모니니라는 수수께끼의 이탈리아 육군 대위가 폈던 주장을 그대로 따랐다. 시모니니는 1806년 바뤼엘에게 보낸 편지에서 일루미나티의 배후에 유대인 세력이 있다고 주장한 인물이다. 바뤼엘은 그 설을 받아들이지 않았지만, 시모니니의 편지 사본은 19세기 내내 반유대주의자들 사이에 퍼져나갔다.[3]

파시즘 사상을 받아들인 웹스터는 파시즘에 본격적으로 투신했다. 진위에 의문이 있음을 인정하면서도 『시온 장로 의정서』를 옹호했고, 『세계 혁명』의 상당 지면을 할애해 일루미나티 문헌, 『시온 장로 의정서』, 사회주의와 공산주의 문헌을 나란히 놓고 비교하며 모두 똑같은 주장임을 입증하려 했다. 그러나 그다지 설득력이 없었다. 1924년에는 『세계 혁명』의 후속작으로 자신의 가장 중요한 저서인 『비밀 결사와 체제 전복 운동Secret Societies and Subversive Movements』을 써냈다. 이 책에서 웹스터는 자신의 주장을 상술하면서 유대인이 배후에 있다는 생각을 더욱 분명히 밝혔다. "유대 권력이라는 거대한 문제는 아마 현대 세계가 당면한 가장 중요한 사안일 것"이라고 했다.

웹스터는 이후에도 여러 권의 책과 수많은 기고문을 통해 자신의 음모론을 더욱 상세히 다루었다. 1926년에 출간된 『사회주의자 연결망The Socialist Network』은 그리 중요한 저서는 아니지만, 제목에서 말하는 연결망을 책 안으로 접어넣는 도표 형태로 구성해 눈길을 끌었다. '막연하게 연관된 개념들을 선으로 잇기만 하면 음모론이 증명된다'는 전형적인 음모론적 사고의 초기 사례를 보여주고 있기도 하다. 『비밀 결사』는 그의 주류적 영향력과 명성의 정점을 찍은 저서로 남았다. 존경받는 역사가가 되려는 꿈이 잘 풀리지 않자, 웹스터는 현실에서 파시스트들을 조직화하는 데 관심을 돌리기 시작했다.

웹스터의 저술에 대한 반응은, 좋게 말해 엇갈렸다. 역사가들은 아무런 감흥을 느끼지 못했다. 미국의 저명한 역사 학술지 《아메리칸 히스토리컬 리뷰》는 『민주주의 고찰』에 대해 "반동적인 팸플릿 수준을 넘어서지 못한다"면서, "웹스터는 프랑스 혁명을 다룬 최근 문헌에 거의 완전히 무지한 것으로 보인다"고 지적했다. 또 "역사 연구에서 증거가 무엇을 의미하는지 전혀 이해하지 못한다"고 비판하며, "이러한 책을 저술한다는 것은 오로지 시간 낭비이며 간행된 것 자체가 불행한 일"이라고 평했다. 더 나아가 "이 책의 출판이 큰 피해를 낳을 수 있다"고 경고했다.[4]

한편 우파 정치권에서는 한동안 웹스터의 음모론에 호의적인 반응을 보였다. 극우 진영에서만 그랬던 것이 아니었다. 시사 주간지 《스펙테이터》도 『민주주의 고찰』에 찬사를 보냈고 영국군에서도 웹스터를 초빙해 음모론을 강연하게 했다. 웹스터가 당시 주류 정치 사상에 미친 영향은 1920년 런던의 일간지 《일러스트레이티드 선데이 헤럴드》에 실린 "시오니즘 대 볼셰비즘: 유대인의 영혼을 위한 투쟁"이라는 기사에서 잘 드러난다. 기사는 "선한 유대인"을 나머지 유대인, 특히 가장 나쁜 "국제적 유대인"과 구분하면서, "바이스하우프트의 시대부터 카를 마르크스의 시대에 이르기까지 시샘과 악의에 불타 문명을 전복하려는 세계적 음모가 있었다"고 설명했다. 그리고 이 세계적 음모는 "웹스터가 잘 입증해 보였듯이 프랑스 혁명이라는 비극 속에서 현저한 역할을 했다"고 주장했다. 또한 이 음모는 "19세기에 일어난 모든 체제 전복 운동의 원동력"이었으며, "주요 인물의 다수가 유대인"인 볼셰비즘에서 정점을 이루었다고 역설했다.[5]

이 기사를 쓴 사람은 다름 아닌 윈스턴 처칠이다. 그렇다, 미래의 총리이자 당시 육군 장관 겸 공군 장관이라는 내각의 중책을 맡고 있었으며 가장 위대한 영국인 명단에서 단골로 첫 번째 자리를 차지하는 인물이다.

여기서 '윈스턴 처칠이 좋은 사람인가 나쁜 사람인가'라는 해묵은 논란을 다시 제기하려는 것은 아니다. 처칠 본인이 수십 년간의 공직 생활 동안 온갖 모순되는 입장을 취했으므로, 그가 어떤 사람이었는지는 어떤 사례를 택하느냐에 따라 다양하게 묘사할 수 있다. 물론 음모론적 사고가 처칠의 신념을 크게 좌우했다고 볼 근거는 희박하다. 하지만 이 예시를 통해 정치권력자들은 아무리 오래전에 논박된 음모론이라 해도 자신의 선입관에 맞기만 하면 쉽게 받아들이고 부풀린다는 사실을 잘 알 수 있다.

세월이 지나면서 웹스터의 영향력은 차츰 줄어들었지만, 다른 이들이 그의 이론을 열정적으로 이어나갔다. 그중 두드러진 인물은 퀸버러 부인(결혼 전 이름은 에디스 스타 밀러)이었다. 퀸버러 부인은 뉴욕의 부유한 사교계 인사로, 남아도는 것이 시간이었다. 그는 유대인과 모르몬교도를 특히 혐오했다. 남편 퀸버러 남작은 영국의 기업가이자 전 보수당 하원의원이었으며, 말년에는 히틀러와 프랑코를 치켜세우는 데 매진했다. 퀸버러 부인은 결혼 후 약 10년 동안 파시스트에 가까운 삶을 살며 비밀 결사의 역사를 '연구'했다. 1931년과 사후 1933년에 두 권으로 나뉘어 출간된 저서 『신비 신정론Occult Theocracy』은 음모론 저술사에서 웹스터의 『비밀 결사』 못지않은 고전으로, 고대 켈트족의 사제 드루이드에서 마녀와 사탄교, 성전기사단과 장미십자회를 넘나들며 비밀 결사 음모론의 신비주의적 역사를 풍성하게 만드는 데 기여했다.

퀸버러는 웹스터의 이론을 미국으로 전파하는 데 한몫했다. 두 사람의 이론이 미국에서 더 큰 발판을 마련할 수 있었던 것은 제럴드 윈로드라는 침례교 목사 덕분이었다. 윈로드는 음모론자이자 골수 반유대주의자로, '제이호크 나치'로 통하기도 했다(제이호크는 캔자스 주 출신인 사람을 가리키는 별명이다). 1944년에는 히틀러 지지 활동을 열렬히 벌이다가 대중 선동 혐의로 재판을 받기도 했다. 윈로드는 웹스터의 분석뿐 아니라 웹스터가 재발견한 바뤼엘과 로비슨의 이론을 고스란히 수용했고, 셋 모두를 광범위하게 인용했다. "이 계획 전체가 철저히 유대인의 음모"라고 강조하면서, "카를 마르크스가 아담 바이스하우프트의 저술을 짜깁기해 교리를 만들었다"고 주장했다. 1935년에 출간된 짧은 저서 『아담 바이스하우프트: 인간의 탈을 쓴 악마Adam Weishaupt: A Human Devil』는 그가 바이스하우프트를 어떤 식으로 생각했는지 제목에서부터 잘 보여준다.[6] 그는 바이스하우프트를 "사악한 천재"이자 "도덕적으로 타락한 자"라고 칭하기도 했다.

일루미나티 음모론이 미국의 극우 반공주의 세력에 전파된 것은 매우 중요한 의미가 있다. 이 음모론이 수십 년 후 다시 부상하는 계기가 되기 때문이다. 볼셰비키 혁명의 충격이 잦아들고 나치즘의 위협이 고조되면서 웹스터 등의 파시스트들이 선전하던 사상의 수요는 다소 줄어들었다. 그러나 20세기의 이런저런 사건과 함께 유행은 곧 다시 돌아왔고, 반공주의는 또다시 뜨거운 인기를 누렸다.

이번에 가장 먼저 나선 사람은 영국 태생으로 캐나다 해군에서 복무한 전직 잠수함 장교, 윌리엄 가이 카였다. 카는 1930년대 초 일루미나티 음모론이 인기를 끌 때 처음 입문한 후, 20년간 그 주제를 역시 '나름대로 혼자' 연구했다. 그리고 1955년부터 『게임판의 졸Pawns in the Game』과 『미국을 뒤덮은 붉은 안개Red Fog Over America』를 필두로 일련의 책을 써냈는데, 웹스터와 퀸버러 부인의 저서 등 수많은 자료를 참고해 설익은 각종 음모설을 어지럽게 뒤섞어 내놓았다. 내용 중에는 에이브러햄 링컨, 찰스 1세, 알렉산더 해밀턴, 매킨리 대통령, 프란츠 페르디난트 대공, 심지어 예수의 죽음이 동일한 음모에 의한 것이라는 주장도 있었다.

카의 저서는 큰 영향을 끼쳤다. 인기도 높았지만(『게임판의 졸』은 약 50만 부가 팔린 것으로 기록되어 있다) 일루미나티 음모론을 시대에 맞게 각색했다는 점에서 의미가 컸다. 카는 이전 저자들의 열렬한 반공주의 기조를 유지하면서 좌파 쪽의 음모설도 끌어와, 그 혼합물을 미국의 종교적 전통에 대한 합동 공격으로 묘사했다(『게임판의 졸』의 출판사 소개 문구에 따르면 "국제 공산주의자들과 국제 자본가들이 (…) 기독교 민주주의를 물리치기 위해 일시적으로 손을 잡았다"고 한다). 또한 일루미나티를 '유대 일루미나티'로 거듭 지칭하면서 유대교의 위장 조직으로 묘사하는가 하면, 유대교는 사탄주의의 위장 조직이라고 했다. 『게임판의 졸』에는 '팔라디아니즘'이라는 이름으로 알려진 프리메이슨 사탄주의 분파에 관한 내용도 상당히 많이 실려 있는데, 안타깝게도 팔라디아니즘은 1880년대에 레오 탁실이라는 프랑스 출신 사기꾼이 완전히 지어낸 거짓말이다. 역시 농담은 절대 해서는 안 된다는 교훈을 얻을 수 있다.* 퀸버러 부인도 팔라디아니즘을 열렬히 지지했다. 네스타 웹스터는 다행히 여기에는 낚이지 않은 듯, 『비밀 결사』의 각주에서 탁실을 "악명 높은 몽상가"로 일축하고 있다.

특히 카의 저서는 '신세계질서'라는 표현을 사용한 최초의 문헌 중 하나이기도 하다. 이 음모론의 최종 목표라고 하는 단일 세계 정부를 가리키는 말이었다. 그 개념을 새로운 차원으로 발전시킨 인물이 바로 다음으로 등장하는 음모론계의 거목, 로버트 웰치다.

웰치는 사탕 판매로 큰돈을 번 미국의 기업가로, 공산주의에 대해 극도로 강력한 견해를 갖고 있었다. 한마디로 무진장 싫어했다. 1958년 웰치는 '존 버치 협회'를 설립했다. 1945년 중국에서 공산군과 대치하던 중 처형된 미육군 정보요원이자 전직 선교사 존 버치의 이름을 딴 단체였다. 웰치의 이원론적 세계관에 따르면, 버치는 공산주의와의 거대한 전쟁에서 희생된 최초의 미국인이다.

존 버치 협회의 탄생은 이른바 적색공포와 매카시 상원의원의 공산주의자 마녀사냥 등 미국에서 음모론이 만연했던 시대의 소산이었다. 여론과 주류 정치권의 시각은 공산주의자를 척결하려는 매카시의 집념이 과도했다는 쪽으로 선회했지만, 웰치는 아직 충분하지 않다고 보았다. 그는 "공산주의는 전적으로 음모이며 인류를 노예화하려는 거대한 계략"이라고 확신했고,[7] 존 버치 협회가 저항의 최전선에 서야 한다고 생각했다.

그러나 마약과도 같았던 반공주의의 흥분은 결국 잦아들었다. 1960년대 초에 이르러 웰치는 공산주의의 거대한 음모만으로는 세상에서 벌어지는 일들을 설명하기에 충분치 않음을 깨달았다. 그리고 아나나 다를까, 직접 연구에 나섰다. 1964년에는 자신이 밝혀낸 새로운 진실을 공개했다. 음모 피라미드의 꼭대기에 있는 존재는 공산주의자들이 아니라는 것이었다. 그는 "공산주의 운동은 총체적 음모의 한 가지 도구일 뿐"이라고 주장했다.

그 총체적 음모란 과연 무엇일까?

웰치가 부활시킨 일루미나티 음모론은 대체로 웹스터의 저술을 시대에 맞게 손본 것이었다. 즉 공산주의는 두 세기 가까이 이어져온 일루미나티 음모의 곁가지에 불과하며, 그 음모가 일루미나티 조직이 외견상 해체된 후에도 계속 진행되고 있음은 "로비슨과 바뤼엘의 상세한 역사 서술로 명확히 입증된 바 있다"는 주장이었다. *궁금할까 봐 언급하자면 웹스터, 로비슨, 바뤼엘은 웰치가 논거로 언급한 유일한 사료다. 웰치는 또한 자신만의 용어를 도입하기 시작했는데, 일루미나티 이념의 계승자들을 '내부자'라고 부르면서 그들에 대해 다음과 같이 설명했다. "음모 권력의 핵심으로 전 세계에서 체제 전복 활동을 지휘하고 통제한다. 대단히 교활하고 무자비한 존재로, 탁월한 예지력과 인내심으로 전략을 이행한다."

웰치는 웹스터의 음모론을 되살리면서 나름의 개념을 많이 추가했고, 그렇게 추가된 개념 중 다수는 이후 오랫동안 우파 음모론의 주축을 이룬다. 예컨대 내부자의 궁극적 목표는 "미국의 남은 주권을 모두 유엔에 넘기고 공산주의 단일 세계 정부가 외국 군대를 통해 미국의 치안을 맡게 하는 것"이라고 했다. 이후 존 버치 협회 지지자들(약칭 '버치파')은 그 목표가 이루어진 상황을 가리켜 윌리엄 카의 표현을 빌려 '신세계질서'라 부르게 된다. 내부자는 모호하지만 무척 유용한 적의 구실을 했다. 웰치와 그 지지자들은 싱크탱크인 외교협회에서 수돗물 불소화에 이르는 세상의 온갖 불만거리를 내부자의 탓으로 돌릴 수 있었고, 그 두 주제는 오늘날의 각종 음모론에서도 여전히 중요한 자리를 차지한다.

존 버치 협회는 전성기에 10만 명 이상의 회원을 보유하며 공화당 정치에 상당한 영향력을 행사했다. 그러나 역사 속의 단체들이 으레 그랬듯이, 세력이 커지면 반대자도 많아지기 마련이다. 버치파는 무분별하게 의심을 남발하고 누구든(심지어 공화당 출신 현역 대통령까지) 가리지 않고 음모에 연루되었다고 공격하는 성향 때문에 적을 많이 만들었다. 대표적인 반대자가 수십 년간 공화당의 지적 대부 역할을 한 윌리엄 버클리였다. 버클리는 공화당이 파시스트 단체로 변질되는 것을 막기 위해 버치파와 전쟁을 벌였다. 결과는 버클리의 승리였다. 존 버치 협회는 1970년대 내내 활동하며 영향력을 유지했지만, 공화당 정치의 주류 세력이 되지는 못하고 결국 내리막길에 접어들었다.

그럼에도 존 버치 협회는 미국 좌파 일각의 피해망상 속에서 오랫동안 큰 비중을 차지해왔다. 때로는 거의 일루미나티 같은 존재로 여겨지기도 했다. 특히 5장의 케네디 암살 사건에서 언급했듯이, 리 하비 오즈월드가 암살 몇 달 전에 존 버치 협회의 고위 회원인 에드윈 워커를 자택에서 암살 기도했다는 증거는 상당히 뚜렷하다. 협회가 막후에서 계속 힘을 쓰고 있거나 부활할지 모른다는 우려가 오랫동안 이어졌으며, 잊을 만하면 '존 버치 협회가 돌아왔다'라는 식의 기사가 등장하곤 했다. 각종 우파 운동에 거액을 기부하고 미국 좌파의 주적으로 여겨져온 찰스 코크와 데이비드 코크의 아버지인 프레드 코크가 협회의 저명한 창립 회원이었다는 사실도 이러한 우려를 부추겼다.

이 같은 시각은 협회의 실제 힘을 다소 과장하는 면이 있다. 존 버치 협회의 영향력은 1960년대 전성기 수준으로 회복된 적이 없다. 물론 트럼프 행정부의 이념은 여러 모로 버치파와 유사했고(미국 역사상 가장 '버치주의'에 가까운 행정부라 할 수 있다), 웰치가 미국 우파 일각에 각인시킨 음모론은 많은 트럼프 지지자의 세계관 밑바탕에 깔려 있다. 하지만 존 버치 협회라는 조직은 예전의 잔재에 불과했다. 회원 수는 크게 줄었으며 직접적인 영향력도 크지 않았다. 협회의 사상은 세를 불렸을지언정, 협회 자체는 그렇지 않았다. 오귀스탱 바뤼엘은 어떻게 생각할지 몰라도, 같은 사상을 공유한다고 해서 음모가 되는 것은 아니다.

어쨌든 1960년대 전성기의 버치파는 실로 막강한 세력이었다. 그런데 예상치 못했던 일이 일어났다.

피라미드 위 눈 모양 심벌

이쯤에서 일루미나티가 음모의 대명사가 된 과정에 대해 좀 다른 설을 살펴보고 가자. 한마디로, 원래 농담이었던 것이 걷잡을 수 없이 확대됐다는 것이다. 한 웹사이트의 표현을 빌리면 "모든 일루미나티 음모론은 1960년대 히피들의 장난에서 유래"했는데,[8] 사람들이 장난을 진지하게 받아들이면서 일이 커졌다는 것이다. 이 설은 상당한 지지를 얻었다. BBC 기사에서 사실로 보도하기도 했고,[9] 저명한 다큐멘터리 제작자 애덤 커티스가 2021년 다큐멘터리 시리즈 〈널 머릿속에서 지울 수 없어: 현대 세계의 정서적 역사〉에서 재언급하기도 했다.

물론 사실이 아니다. 지금까지 살펴봤듯이 1790년대의 바뤼엘과 로비슨에서부터 웹스터, 윈로드, 웰치로 면면히 이어진 사상의 흐름이 있었고, 그 흐름이 오늘날의 각종 음모론으로 이어지고 있다. 현대의 모든 음모론이 거기에 입각하며, 그 모든 과정에서 주요 인물들이 지극히 진지하게 논의를 폈다.

그럼에도 이 설에 일말의 진실은 있다. 웰치와 버치파가 일루미나티 음모론에 빠져든 지 몇 년 후 그로 인해 어떤 활동이 일어났다. 이를 계기로 일루미나티 음모론은 우파 반동 세력에서 좌파 반문화 세력으로, 이어서 주류 사회로 퍼지기에 이른다. 문제의 활동은 이른바 '마인드퍽 작전'*마인드퍽mindfuck은 '정신 산란, 혼란 조장' 정도의 의미를 갖는 비속어—옮긴이이라는 것이었다.

그 뿌리에는 '디스코디어니즘'이라고 하는, 혼돈을 숭배하는 일종의 부조리주의 유사종교가 있었다. 디스코디어니즘은 1960년대 초에 반문화 작가 그레그 힐과 케리 손리가 창시했다. 손리가 1968년에 디스코디어니즘 신봉 작가이자 언론인이었던 로버트 앤턴 윌슨과 함께 꾸민 것이 바로 마인드퍽 작전이다. 이는 한마디로 말하면 장기간에 걸친 혼돈 조장 시도였다. 저명인사들에게 허위 신문 기사와 가짜 편지를 보내 미국 안에서 일어나는 모든 사건이 일루미나티와 모종의 관련이 있다는 인식을 퍼뜨리는 방법이었다.

월슨은 《플레이보이》의 편집자로 일하던 중 음모론 쪽에 관심을 갖게 되었다. 독자 편지란을 맡았는데, 웰치를 추종하면서 일루미나티는 실재한다고 맹렬히 주장하는 사람을 자주 접했다. 그의 표현에 따르면 "대단히 복잡한 음모를 상상하며 집착적인 장광설을 늘어놓는 사람들"이었다. 어느 날 동료 밥 세이와 대화를 나누다가 이런 이야기가 나왔다. "만약 이 괴짜들 말이 맞고, 이들이 말하는 음모가 다 실제로 존재한다면 어떻게 될까?"[10] 마인드퍽 작전의 출발점이 된 가설이었다.

한편 손리가 음모론에 관심을 갖게 된 계기는 개인적 경험이었다. 손리는 리 하비 오즈월드와 군 복무를 함께 하여 친분이 있었고, 1962년에 오즈월드에 관한 책을 쓰기까지 했다. 케네디 암살 전에 오즈월드에 관해 쓰인 책으로는 유일했을 것이다. 이 때문에 손리는 워런 위원회에 증인으로 출석해야 했고, 음모론에 몰두한 짐 개리슨 지방검사의 수사도 받았다. 결국 군 복무 후 오즈월드와 연락한 적이 없다고 주장한 것과 관련해 위증 혐의로 입건되기도 했다. 누구든 그런 일을 겪고 나면 음모론 분야, 그리고 사람들이 음모론을 믿는 이유에 관심이 생길 만도 하다.*개리슨의 후임 검사는 손리의 혐의를 기각했다. 참고로 손리는 말년에 쇠약해지면서 케네디 암살에 관해 매우 특이한 설을 신봉하게 된다. 바로 손리 자신이 암살범이었다는 것.

마인드퍽 작전의 첫 단계만 놓고 보면, 이미 존 버치 협회가 퍼뜨린 일루미나티 음모론을 그 이상으로 널리 퍼뜨리는 데 크게 성공했다고 볼 근거는 별로 없다(다만 월슨은 자서전에서 "극우에서 극좌에 이르기까지 다양한 간행물에 일루미나티 폭로 기사가 새로 실리기 시작했다"며 급진 세력의 관심을 끄는 데 성공했다고 자평했다). 그러나 윌슨과 셰이가 마인드퍽 작전의 기본 전제를 바탕으로 『일루미나티 3부작The Iluminatus! Trilogy』이라는 연작 소설을 쓰면서 상황은 달라졌다.

『일루미나티 3부작』은 엽기 SF 대체역사물이라고 할 수 있는 방대한 작품으로, 모든 음모론이 실재하며 공존하는 환각적 세상을 그리고 있다. 1975년에 처음 출간된 후 서서히 인기를 얻어 컬트 인기작에서 의외의 베스트셀러로, 급기야 진정한 히트작으로 자리 잡았다. 이 소설은 윌슨이 '불가지론적 이단자'라고 부른 다양한 층의 열혈 팬을 끌어모았다. 이들은 모든 이론을 불신하고 일체의 설명을 의심하는 사람들로, 기존의 설명을 거부하며 대중이 대대적으로 속고 있다고 생각하면서도 각종 음모론 역시 똑같이 경멸한다. 윌슨에 따르면 『일루미나티 3부작』의 팬들은 "도대체 무슨 일이 벌어지고 있고, 누가 지구를 진정으로 장악하고 있으며, 장악한 사람이 과연 있긴 한지 그 어떤 천재도 알 수 없으리라고 생각하는" 경향이 있다고 한다.

그런 관점에서 보면, 윌슨의 작업이 일루미나티 음모론의 '진짜' 신봉자를 얼마나 새로 양성했는지는 분명치 않다. 그러나 비주류 우파 일각에서나 알던 일루미나티 음모론을 주류 사회에 소개하고 일루미나티를 음모론 이상의 대중문화 현상으로 만드는 데 큰 역할을 한 것만은 틀림없다. 한 예로, 『일루미나티 3부작』에서도 특히 1부 「피라미드의 눈」에 담긴 내용은 미국 국장國章에 그려져 있고 1달러 지폐에도 들어가 있는 피라미드 위의 눈 모양 심벌이 일루미나티의 로고라는 통념이 널리 퍼지는 계기가 되었다. 확실히 말해두자. 오해다. '섭리의 눈'으로 불리는 그 도안은 바이에른의 일루미나티와 아무 관련이 없다. 원래 이집트 상형문자의 영향을 받아 초기 근대의 종교적 상징체계에서 만물을 다스리는 하느님의 영원한 존재를 흔히 묘사하던 방법이다. 일루미나티의 로고는 따로 있었다. 원 중앙에 점을 찍은 기호 '⊙'로, 태양이 바깥으로 빛을 발하는 모습을 나타낸 것으로 보인다.[11] 회원들 간에 편지를 주고받을 때 일루미나티라고 적는 대신 이 기호를 사용했는데, 애초에는 극비 암호로 만들어졌지만 극비는커녕 누구에게나 쉽게 정체를 들통내는 표식이 되고 말았다.

한편 윌슨 등이 온갖 인물과 사상을 풍자하느라 바쁜 와중에도 웰치가 주장한 일루미나티 신화는 계속 뿌리를 뻗어나갔다. 웰치의 음모론은 정치 공방과 문화 전쟁 속에서 어떤 골칫거리든 담을 수 있는 유용한 틀의 구실을 했다. 확실한 증거 없이 음모론 속에 또 음모론이 마치 마트료시카처럼 계속 중첩되곤 했다. 바야흐로 초음모론의 시대가 열리고 있었다.

특히 두드러진 초기 사례로 존 버치 협회에서 직접 낸 서적이 있다. 1971년에 게리 앨런과 래리 에이브러햄이라는 두 회원이 저술한 『누가 감히 음모라고 부르리None Dare Call It Conspiracy』라는 책이다. 이 책은 몇 가지 이유에서 주목할 만하다. 우선 판매량이 어마어마했다. 1972년 대선 운동 기간에 400만 부에서 500만 부 팔려나간 것으로 기록되어 있다. 현직 하원의원이 서문을 썼는데, 여기에는 엄중한 경고가 담겨 있었다. 강력한 세력이 이 책을 "죽이려고" 할 것이며 "소위 '전문가'들이 나서서 이 책의 내용이 사실인지 직접 조사해보려고 하는 독자를 조롱할 것"이라고 했다.[12]

이 책이 흥미로운 또 한 가지 이유는, 오늘날 주로 쓰이는 정치 캠페인 방식의 선례가 되었다는 점이다. 이 책은 거의 통신 판매로만 살 수 있었고, 책을 산 독자들은 입소문이 날 수 있게 몇 권씩 더 주문해 지인에게 보내달라는 권유를 받았다. (책 첫머리의 일러두기에는 "이 책을 우편으로 받으셨다면, 책을 읽은 지인이 미국 국민으로서 염려하는 마음에서 보낸 선물입니다"라고 적혀 있다.) 요즘 말로 하면 바이럴 마케팅이라고 할 수 있을 것이다. 그뿐이 아니다. 앨런은 통신 판매 방식을 통해 방대한 메일링 리스트를 구축함으로써, 이미 관심을 보인 독자들에게 메시지를 직접 지속적으로 전파할 수 있었다.[13]

이 책이 일루미나티 음모론의 진화 단계에서 흥미로운 위치를 차지한다고 볼 수 있는 마지막 이유는, 일루미나티를 거의 언급하지 않는다는 점이다. 그 대신 웰치의 용어 '내부자'를 그대로 쓰고 있다. 큰 틀은 동일해서, '프랑스 혁명을 앞둔 시기에 탄생하여 공산주의를 도구 삼아 단일 세계 정부라는 궁극적 목표를 달성하려는 음모'를 이야기하고 있다. 그리고 웰치가 내부자라는 용어를 사실상 '일루미나티'의 동의어로 사용했다는 사실을 아는 사람은 이 책에서 내부자가 무엇을 가리키는지 알 수 있다. 하지만 일루미나티는 단 몇 번밖에 언급되지 않는데, 마르크스가 일루미나티의 위장 단체로부터 지령을 받고 『공산당 선언』을 집필하면서 일루미나티의 전술을 그대로 베꼈다고 하는 맥락에서 주로 나온다.

앨런과 에이브러햄이 저술한 『누가 감히 음모라고 부르리』를 기점으로 일루미나티 음모론은 일루미나티라는 역사적 단체와 거의 완전히 분리되기 시작했다. 이제는 근대 초기 바이에른의 세세한 정치사를 몰라도 일루미나티에서 기원한 각종 음모론을 신봉할 수 있게 되었다. 이 책의 상당 부분은 내부자의 거대 계획에 포함된 각종 요소를 다룬다. 소득세, 중앙은행과 국가 부채, 외교협회, 유엔, 로스차일드 가문과 록펠러 가문, 당면한 신세계질서 수립 계획 등 오늘날 낯익은 소재들이 하나의 초음모를 이루고 있다.*재미있는 역사의 아이러니가 있는데, 게리 앨런의 아들이 바로 뉴스 매체 《액시오스》를 설립하고 정치 전문 매체 《폴리티코》의 유명한 '플레이북' 뉴스레터를 시작한 언론인 마이크 앨런이다. 플레이북은 워싱턴의 엘리트 등 '내부자'들에게 은밀한 고급 정보를 제공하는 상품

이니, 아들이 자기 아버지의 책이 비판한 전형적 음모 패턴을 따르고 있는 셈이다. 한편 아버지처럼 메일링 리스트 구축에 재능을 보이고 있기도 하다.

앨런의 책이 나온 지 몇 년 후, 일루미나티 음모론의 새로운 변종이 등장했다. 데스 그리핀의 저서 『부자들의 제4제국Fourth Reich of the Rich』(1976)은 일루미나티의 역사를 과거로 확장하는 흔한 전략을 썼는데, 일루미나티 음모의 궁극적 기원을 루시퍼의 타락까지 거슬러 올라가서 찾고 있다. 윌리엄 카의 저서와 마찬가지로 일루미나티 설화를 철저히 종교적으로 해석하면서 일루미나티를 성경 속 고대 바빌론의 인물 니므롯이 꾸민 사탄의 음모로, 가톨릭교회를 이단적인 고대 바빌론 종교의 연장으로 묘사하고 있다. 그 내용은 바뤼엘 등의 이론에다 1850년대에 알렉산더 히슬롭이라는 스코틀랜드 장로교 신학자가 쓴 반가톨릭 음모론 소책자의 주장을 합친 것이다. 그리핀이 그 조합을 창안한 것은 아니고, 앞에 나왔던 나치 추종자 제럴드 윈로드가 일찍이 1930~1940년대에 그런 이론을 지지했다. 자신이 간행하는 월간지 《디펜더》에 바빌론과 니므롯 이야기를 잔뜩 신기도 했다.*독자가 혹시 이 이야기에 흥미를 느끼고 음모론을 직접 창시하고 싶어졌다면, '윈로드Winrod'의 첫 음절을 이루는 글자 순서를 뒤집고 한 글자를 거꾸로 뒤집으면 '니므롯Nimrod'이 된다는 사실에 착안하면 좋을 것 같다.

그러나 그리핀은 윈로드와 카의 이론을 시대에 맞게 수정함으로써 기독교 우파 내에 풍성한 음모론의 씨앗을 뿌리게 된다. 이후 정치적 음모론이 종말론적, 천년왕국적 성경 해석과 결합하면서 급기야 보편적 의료보장이 종말의 전조라고 하는 주장이 나오기에 이른다.

음모론과 종말론적 기독교의 결합은 1990년대에 절정을 이루며 미국의 급진 우파 진영에서 중요한 역할을 하게 된다. 가장 극단적인 예로 미공군 장교 출신의 텍스 마스라는 인물이 있다. 마스는 일루미나티 음모론을 역사적 기원과 거의 완전히 분리하여 해석했다. 마스의 관점에 따르면, 일루미나티는 신세계질서 구현의 사명을 띠고 기독교에 대항하여 초음모를 수행하는 루시퍼 수하의 거대 조직이다. 이로 인해 결국 성경의 예언대로 빛과 어둠 간 최후의 결전이 벌어진다는 것이다.

이 같은 음모론은 거의 주류에 가까울 정도로 대중적인 입지를 확보하기도 했다. 대표적인 예로 TV 복음전도사이자 공화당 대통령 후보 지망자였던 팻 로버트슨을 들 수 있다. 《뉴욕타임스》 베스트셀러에 오른 그의 저서 『신세계질서New World Order』(1991)는 대중에게 보다 '순한 맛'의 음모론을 선보였다. 마스 등이 제시한 일부 극단적 요소는 피하면서 지난 70년의 음모론 역사에서 단골로 등장하는 요소들은 많이 채택했다. 즉, 일루미나티가 프랑스 혁명을 일으켰고 공산주의는 일루미나티 강령을 말만 살짝 바꾼 것이며, 이후에 등장한 로스차일드, 볼셰비키, 연방준비제도, 외교협회 등 모든 단체가 동일한 음모의 연장선상에 있다는 것이다. 로버트슨이 일루미나티와 세계 혁명의 역사를 서술하면서 근거로 든 자료는 다름 아닌 존 로비슨과 네스타 웹스터의 저술이다.

로버트슨은 90년대에 주류에 가까운 인물이었기에 그의 주장은 상당히 많은 논란을 불러일으켰다. 《뉴욕타임스》와 《뉴욕 리뷰 오브 북스》 등 주요 매체에서 그가 파시스트를 인용하고 있으며 그의 이론이 반유대주의적이라고 지적했다.

로버트슨의 저술을 보면 일루미나티 음모론이 여러 면에서 애초의 출발점으로 되돌아왔다고 할 수 있다. 다만 사회가 두 세기 동안 변화하면서 그 의미가 많이 달라졌다. 바뤼엘과 로버트슨의 주장은 매우 비슷하다. 사회 질서는 본래 기독교적 원리에 따라야 하며, 그에 반하는 모든 사상의 전파 행위는 음모라는 것이다. 그러나 바뤼엘의 음모론이 엘리트층을 직접 옹호하며 민중 정치의 부상을 우려하는 쪽이었다면, 로버트슨의 음모론은 민중의 자유를 억압하려는 엘리트층의 음모를 경계하는 형태를 띤다. 바뤼엘은 다가올 세상을 두려워했고, 로버트슨은 과거를 돌아보며 세상이 어디서부터 잘못되었는가 하는 물음을 던졌다. 물론 로버트슨은 TV 방송사를 소유한 갑부였으니 엘리트층 비판에 열을 올리는 것이 좀 위선적으로 보였을 수도 있겠지만, 그의 독자와 시청자는 개의치 않았던 듯하다.

일루미나티 음모론의 보수 기독교판은 20세기 말에 상당한 세력을 떨쳤지만, 그 밖에도 세를 불린 일루미나티 음모론이 있었다. 이 음모론은 그리핀의 사탄적 요소를 아우르면서 새로운 요소를 추가함으로써 전에 없던 획기적 차원을 열었고, 급진 우파라는 좁은 이념 집단을 벗어나 폭넓은 지지층을 끌어모으게 된다.

일루미나티와 UFO

1970년대는 정치적·종교적 음모론이 결합해 초음모를 형성하는 조짐이 처음 나타난 시기이면서, 동시에 음모론의 지평을 크게 넓힐 야심 찬 크로스오버 시도가 싹튼 시기이기도 했다. 이 시도는 1980년대에 이르러 꽃을 피우고, 1990년대의 정치와 문화에 지대한 영향을 미친다. 그 크로스오버는 일루미나티에서 기원해 미국 우파에 보급된 신세계질서 음모론이 전혀 다른 신념 체계인 UFO론과 만나면서 이루어졌다.

언뜻 보기엔 어울릴 것 같지 않은 조합이다. 하늘에 출몰하는 불빛의 의미를 찾으려는 것과 지상에서 벌어지는 이념 갈등을 피해망상적 시선에서 해석하려는 것은 그 동기가 많이 달라 보인다. 더군다나 외계인의 존재에 대한 믿음은 철저히 성경에 기초한 음모론과는 잘 맞지 않아 보인다.

물론 그렇다고 해서 문제될 것은 없었다. UFO론은 항상 음모론적 요소가 있긴 했지만, 이전에는 정부의 은폐 공작을 막연히 지적하는 데 머물렀다. 그러나 70년대 말부터는 더욱 구체적이고 사악한 음모론으로 발전했다. 가축 납치 및 사체 훼손, 기억을 지우는 검은 제복 요원, 사악한 외계 세력과 손잡은 엘리트층 등의 풍성한 요소가 등장했다. UFO 연구가들은 당시 거대해져 있던 일루미나티 신세계 질서 음모론과 여러 특징을 공유하는 음모의 얼개를 독자적으로 만들어놓은 상태였다.

마이클 바컨이 저서 『음모의 문화A Culture of Conspiracy』에서 설명하는 것처럼, 두 서사의 결합은 양쪽 집단 모두에 도움이 되는 면이 있었다. UFO론자들은 신세계질서론을 수용함으로써 방대한 배경 스토리와 다양한 인물을 갖춘 탄탄한 시나리오를 얻을 수 있었다. 급진 우파와 당시 미국에서 떠오르던 민병대 운동 진영의 음모론자들은 훨씬 폭넓은 층에 사상을 전파할 수 있었다. 앞서 살펴보았듯이, UFO를 어느 정도 믿는 사람은 인구의 상당 비율에 이른다.

이 풍성한 결합의 대표 주자는 밀턴 윌리엄 쿠퍼라는 음모론자였다. 쿠퍼는 극우의 전유물이던 일루미나티 음모론을 광범위한 대중에게 전하는 데 누구보다 큰 역할을 했다. 그의 저서 『푸르스름한 말 Behold a Pale Horse』(1991)은 우파 내에서 인기를 끌었고, 특히 여러 민병대 단체의 교과서가 되었다. 1995년 오클라호마시티 폭탄 테러를 일으켜 168명의 목숨을 앗아간 백인 민족주의자 티머시 맥베이도 쿠퍼의 팬이었다. 쿠퍼가 일으킨 파장은 비단 그뿐만이 아니었다. 그의 저서가 처음 인기를 끈 것은 교도소 수감자들 사이에서였다. 수감자들은 냉혹한 체제가 자신들을 억압하고 있다는 세계관에 자연스럽게 공감했다. 쿠퍼의 책은 미국의 대형 서점 반스 앤드 노블에서 기록적인 도난 건수를 올린 책으로 알려지기도 했다. 일부 흑인 사회에서도 열성 지지층을 형성해 힙합계의 거장들에게 큰 영향을 미쳤다. 쿠퍼의 이론을 가사에서 언급한 유명 아티스트만 해도 퍼블릭 에너미, 우탱, 투팍, 나스, 제이지 등이 있다. 대중문화에 미친 쿠퍼의 영향은 거기서 그치지 않는다. 드라마 〈엑스파일〉의 줄거리 상당 부분이 쿠퍼의 세계관을 그대로 가져온 내용이다.

『푸르스름한 말』의 사상적 배경은 굉장히 복잡하다. 쿠퍼의 이론은 20세기 각종 일루미나티 음모론의 내용을 거침없이 끌어오고 있다. 일루미나티의 역사가 성전기사단까지 거슬러 올라간다는 웹스터와 퀸스버러의 주장도 들어 있다. 일루미나티의 음모를 사탄과 관련지은 카와 그리핀의 이론도 따르고 있다. 『시온 장로 의정서』가 일루미나티의 문서라는 그리핀의 주장도 수용하고 있다. 빌더버그 그룹과 외교협회 등 국제주의 정치의 대표 격인 단체들을 끼워넣고 있다는 점에서는 웰치, 앨런, 버치파와 똑같다. 여기에 결정적으로, UFO론 분야까지 아우르고 있다. 일루미나티가 신세계질서를 구현하기 위해 20세기 초부터 외계인의 위협을 가장하는 음모를 꾸미고 있다고 하면서, 그럼에도 외계인은 실제로 존재하며 일루미나티가 외계인과 협력하고 있다고 주장한다. 그리고 케네디 대통령은 외계인 은폐 공작을 폭로하려고 하다가 암살당했다고 한다(〈엑스파일〉에서 그대로 채택한 부분 중 하나다).

쿠퍼의 UFO론을 구성하는 핵심 요소 중 하나는 이른바 '제3 대안'이라는 것인데, 아무도 진담으로 받아들이지 않게 농담을 한다는 것은 불가능하다는 법칙을 이것만큼 잘 보여주는 사례도 없다. 제3 대안은 한마디로, 세계의 엘리트 집단이 지구에 곧 닥칠 환경 재앙을 피하기 위해 지구를 버리고 탈출하는 계획을 진행 중이라는 설이다. 달과 화성에 이미 정착지가 건설되고 있으며, 정치 지도자와 초갑부들이 나머지 지구인들을 운명에 맡기고 우주선에 훌쩍 올라탈 날이 머지 않았다고 한다. 비록 외계인은 언급되지 않지만, 각국 정부가 외계인과 협력하고 있다는 UFO 음모론과 잘 맞아떨어지는 것을 알 수 있다.

그런데 이 제3 대안이라는 것은 실제로 무엇이었냐 하면, 1977년 영국 ITV에서 방송한 페이크 다큐멘터리였다. 시청자를 진짜로 속일 의도는 아니었다. 영국 TV 프로그램에는 가끔 재미삼아 거짓말을 진지하게 방송하는 전통이 있었다. 신뢰감 있는 뉴스 앵커나 다큐멘터리 진행자까지 동원하곤 했다. 그 시작은 1957년 만우절에 BBC에서 스파게티가 주렁주렁 열리는 나무 소식을 보도한 유명한 사건이었다. 급기야 1992년 할로윈에 BBC에서 내보낸 〈고스트워치〉라는 특집 프로그램은 생방송으로 초자연적 현상을 파헤치는 모양새를 취했다. 이 영상은 당시 영국 어린이들에게 트라우마를 남겼고*이 책의 저자 중 한 명도 여기에 속한다. 시청자 한 명이 심장마비로 사망한 것으로 알려지면서 공분을 불러일으켰다. 이 사건 이후 전통은 시들해지고 만다.

〈제3 대안〉도 원래는 4월 1일 만우절에 방송할 예정이었다. 그런데 애석하게도 방송이 연기되면서 결국 6월 20일에 방송됐다. 국영 TV 채널에서 시청자들에게 장난치기에 딱히 좋은 날짜는 아니었다.

순수한 픽션이었던 이 다큐멘터리의 내용이 사실로 여겨지게 된 데는 문화적 오해도 한몫했을지 모른다. 이것이 진짜 다큐멘터리가 아니라는 점은 프로그램에 과학자 역할로 출연한 이들이 모두 영국 TV에서 얼굴이 알려진 배우들이라는 것만 봐도 명백했다.*엔딩 크레딧에 배우들 이름도 나온다. 『푸르스름한 말』이 출간된 1991년 무렵, 지구 탈출 계획의 주모자라고 하는 '칼 게르슈타인 박사'가 나오는 영상을 접한 영국인들이라면 "아, 그 야한 나치 시트콤 〈알로 알로〉에 폰 스트롬 대령으로 나오는 배우네" 하면서 대부분 알아봤을 것이다. 하지만 미국인들은 안타깝게도 그 중요한 정보가 없었다. 그래서 쿠퍼가 자신의 책에서 "제3 대안은 현실이며 SF가 아니다"라고 단언할 수 있었던 것인지도.*SF가 맞다.

쿠퍼의 이론은 참으로 방대하다. UFO와 일루미나티에 관련된 내용뿐 아니라, HIV가 소수자를 말살하려는 음모라는 주장까지 들어 있다. 이 주장도 나름의 지지자들을 끌어모았고, 그중엔 불행히 남아 공의 보건장관도 있었다.

쿠퍼의 책이 성공한 이유는 바로 이 같은 마구잡이 전략 덕분이 라고 볼 수 있다. 논리적, 이념적 일관성을 크게 신경 쓰지 않고 실로 다양한 음모론에서 각종 요소를 뽑아 왔으니, 모든 사람의 구미에 맞 출 수 있었다. 정치 성향이 다양한 온갖 계층의 독자가 저마다 책에서 공감할 만한 구석이 있었다. 주류 사회가 방대한 음모론의 세계에 주 목하게 만든 점에서, 쿠퍼는 로버트 앤턴 윌슨의 『일루미나티 3부작』 이래 가장 큰 역할을 했다고 볼 수 있다.

여담으로, 음모론 팬들이 무척 흥미로워할 만한 역사적 조우가 있었다. 1991년 11월 쿠퍼는 미국 애틀랜타에서 열린 어느 회의에 참 석하여 주빈으로 초대된 윌슨과 자리를 함께하게 되었다. 당시 참석 자들에 따르면 쿠퍼는 윌슨에게 몹시 빠져서 "당신은 모든 게 다 장난 같지?"라고 소리쳤는데, 사실 정확한 지적이었다. 그러고는 이렇게 말 했다고 한다. "실컷 비웃으라고. 진짜 웃긴 걸 곧 보게 될 테니."[14]

이렇듯 쿠퍼가 지난 한 세기의 음모론에서 이런저런 재료를 가져 와 매끄럽게 요리하지는 못해도 자극적으로 버무림으로써 다양한 정 치 성향에 어필하는 재주가 있었다면, 그 점에서는 다음에 소개할 인물 도 만만치 않다. 자, 이제 바이에른의 문제아에서 세계의 지배자로 등 극한 일루미나티의 변천사를 마지막으로 수놓을 이야기를 살펴보자. 그 출발점은 제3 대안의 경우처럼 이번에도 영국의 TV 프로그램이다.

데이비드 아이크라는 BBC 스포츠 캐스터가 구세주를 자처하는 음모론자로 변신한 과정은, 성범죄자로 드러난 방송인 지미 새빌이나 야한 나치 시트콤 〈알로 알로〉처럼, 미국인이나 90년대 중반 이후에 태어난 사람들에게는 설명하기 어려운 밀레니엄 이전 영국 문화의 한 측면이라고 할 수 있다.

물론 요즘은 TV에 나오는 유명인이 현실 감각을 잃어가는 모습을 실시간으로 보고 싶으면 그 사람의 트위터에 들어가보면 된다. 그런 사례를 어렵지 않게 구경할 수 있다. 그러나 1991년은 그런 시절이 아니었다. 아이크가 BBC의 토크쇼에 출연해 황당한 주장을 펴자 관객들은 어리둥절했다. 당시에는 유명인이 종잡을 수 없는 행동을 하려면 혼자 안 보이는 곳에서 하곤 했다. 황금시간대 TV 방송에 나와 자신이 엄밀히 말해 하느님의 아들은 아니지만 예수와 마찬가지로 신성神性의 현현顯現이라고 설명하거나 하는 일은 없었다. 그런데 아이크가 딱 그렇게 했다.

아이크는 80년대 말에서 90년대 초에 격동의 시기를 겪었다. 인두세를 내지 않을 생각으로 BBC에서 퇴사했다. 환경 문제가 주류 정치 의제로 떠오르면서 인기가 급상승하던 녹색당의 주요 대변인 중 한 명으로 급부상하기도 했다. 심령술에 깊이 빠졌고, 자신이 임신시킨 심령술사와 아내까지 셋이서 함께 살았다. 또 청록색 옷만 고집하기 시작했는데, 청록색이 뿜는 힘이 사랑과 지혜의 에너지와 주파수가 같다는 이유에서였다. 게다가 다른 세상의 존재가 전해주었다는 예언을 말하기 시작했는데, 거대한 지질학적 재앙이 곧 영국에 닥칠 것이라고 했다.

이상에서 드러나듯이 아이크의 정치적 성향은 원래 웹스터, 웰치, 로버트슨 등과 매우 달랐다. 스포츠 캐스터에서 비주류 사상가로 변신하던 초기에는 확실히 좌파 쪽이어서, 빈곤과 환경 문제를 걱정하고 전쟁과 조직화된 종교에 반대했다.[*]당시 아이크가 세상을 보던 관점은 그가 토크쇼에서 했던 말에서 잘 드러난다. "예방 가능한 질병으로 2초마다 아이가 한 명씩 죽고 있습니다. 세계의 경제 체제는 지구를 파괴함으로써 유지되고 있습니다. 곳곳에 전쟁과 상처와 고통이 가득합니다. 이 지구를 좌지우지하고 있는 것이 과연 사랑과 지혜와 관용의 힘일까요? 아니면 증오와 폭력과 고통을 유발하고자 하는 힘일까요?"

그는 이른바 뉴에이지 운동으로 불리던 철학의 신봉자였다. 뉴에이지는 엄밀하게 정의되는 사상이라기보다 다방면에 걸친 운동으로, UFO와 정부의 은폐 공작뿐 아니라 크리스털을 활용한 치유 등 관심사가 다양했다. 아이크가 신성의 현현으로 커밍아웃한 후 처음 낸 책들도 뉴에이지 분위기가 물씬 풍겼다. 제목만 보아도 '진실의 에너지' '사랑이 모든 것을 바꾼다' 등이었고, 음모론 쪽보다는 영적, 초자연적 주제 그리고 크롭 서클을 훨씬 많이 다루고 있다.* 그가 『진실의 에너지 The Truth Vibrations』에서 밝힌 크롭 서클의 정체는 다름아닌 지구가 스스로 만들어낸 무늬다. 그 목적은 "에너지를 방출하여 대기와 오존층의 오염을 줄이고, 지구를 치유해줄 에너지를 끌어모으고, 약해져가는 레이 라인을 튼튼하게 하고, 기호를 통해 영혼의 기억을 일깨우는 것"이라고 한다.

이렇듯 우파 음모론자들과는 전혀 다른 정치관으로 출발한 아이크였지만, 결국은 그들의 이론을 고스란히 받아들인다. 음모론을 처음 본격적으로 파고든 그의 저서 『로봇의 반란The Robots' Rebellion』(1994)은 웹스터와 웰치 등이 구성한 서사를 그대로 수용하여 확장해 나간다. 책의 설명에 따르면, 비밀 결사들은 오래전부터 역사를 장악하고 있었다. 그 중심에 있는 최고 수뇌부가 바로 일루미나티로, 각종 음모가 층층이 엮여 있는 거대한 피라미드의 꼭짓점에 해당한다. 아이크는 그 음모의 총체를 가리켜 '형제단'이라는 용어로 부른다. 그리고 초음모적 세계관을 간단명료하게 제시한다. "최상층 일루미나티의 관점에서 보면 모든 비밀 결사는 하나의 조직인 셈이다."¹⁵

아이크는 웹스터 이래의 음모론가들처럼 일루미나티의 역사를 과거로 확장해 14세기에서 그 기원을 찾고, 일루미나티가 종교 개혁 등의 사건을 일으켰다고 주장한다(물론 모든 사건은 갈등을 부추기기 위한 것이라고). 또한 웹스터처럼 『시온 장로 의정서』를 세상이 돌아가는 원리의 정확한 해설서로 내세우고 있다. 다만 처음에는 그리핀과 쿠퍼의 선례를 따라 『시온 장로 의정서』를 일루미나티의 저작으로 간주해 반유대주의라는 비판을 피해가려 했다(아예 '일루미나티 의정서'로 지칭하고 있다). 아이크는 자신의 주장에 대해 "확실히 말하는데 결코 유대인의 음모가 아니다"라고 강조했다.[16] 이후에는 이 같은 거리두기가 흐지부지되면서, 점점 노골적인 반유대적 주장이 저서에 담기게 된다. *그럼에도 아이크는 자신이 반유대주의자가 아니라는 입장을 고수하고 있다. 마인드 컨트롤에 능한 도마뱀 외계 종족이 세계의 정치와 경제를 장악하고 있다고 한 말은 유대인을 빗댄 것이 아니라 문자 그대로 도마뱀을 의미한 것이라고 주장한다. 그 말이 맞다고 해도, 그의 저서에는 로스차일드 음모론에서 홀로코스트 허구설에 이르기까지 누가 봐도 반유대적인 단골 주장이 가득 담긴 것이 사실이다.

　　아이크의 이론에서 가장 유명한 요소는 아마 '4차원에서 왔으며 변신에 능한 파충류 외계인'이 세계를 지배하고 있다는 주장일 것이다. 이 주장이 그의 이론에서 큰 비중을 차지하게 된 것은 방대한 분야의 음모론을 하나로 통합하려고 시도한 야심작 『지상 최대의 비밀 The Biggest Secret』(1999)이 출간되면서였다. 광대한 역사를 망라한 책으로, 그 범위가 아시리아 왕조에서 다이애나 왕세자비 '암살'(메로빙거왕조 시대에 지어진 디아나 여신의 제단에서 살해되었다고 함)에 이르고 프랑스 혁명(일루미나티가 획책함), 링컨 암살(국방장관 에드윈 스탠턴의 지시에 의함), 백신은 세계정부 수립을 위한 인구 조절 수단(주도자는 유엔)이라는 설을 아우른다. 하지만 이 책에서 밝힌 가장 중요한 사실은, 용자리 성좌에서 왔으며 마인드 컨트롤에 능한 파충류 외계인이 세상을 지배하고 있다는 것이다. *성좌(별자리)는 물리적인 실체가 아니다. 지구에서 바라볼 때 일정한 형태를 띠는 별들의 무리를 가리키는 말일 뿐이다. 하지만 도마뱀 운운하는 이야기에 비하면 이건 차라리 사소한 문제 같다. 일루미나티를 이제 인간과 파충류의 피가 반반씩 섞인 엘리트 혈족 집단으로 재해석하고 있다. 그리고 이들은 순혈 파충류 외계 종족의 지시에 따른다고 한다. 역사 속의 유명한 인물 거의 전부가 일루미나티이자 파충류였다고. 그뿐 아니라, 이들 파충류는 아이의 피를 마신다. "오늘날 형제단의 지배층은 사탄 의식, 아동 인신 공양, 피 섭취 등의 극악한 행위에 몰두하고 있다"고 하니, 850년 전 노리치에서 시작되어 큰 해악을 끼친 '피의 중상' 음모론을 되풀이하고 있는 셈이다. 이들 사회 지도층이 피 섭취에 중독된 것은 '아드레날크롬'이라고 하는 물질 때문이며, 이 물질은 사람이 공포를 느낄 때 분비되므로 희생자가 제물이 되기 직전에 핏속으로 흡수된다고 한다.

아이크는 모든 유명인이 파충류이거나 파충류에 의해 마인드 컨트롤을 당하고 있으며(피통제자의 예로 마돈나, 엘비스 프레슬리, 바브라 스트라이샌드, 통제자의 예로 프랭크 시나트라, 밥 호프, 크리스 크리스토퍼슨을 들고 있다), 미국 대통령은 한 명도 빠짐없이 일루미나티이자 파충류였다고 주장한다. 힐러리 클린턴은 "일루미나티의 6단급 마녀이자 노예 통제관"이며, 토니 블레어는 "형제단의 간판 구실을 하는 인물"이라고 말한다. 특히 블레어는 1980년대 벨기에에서 열린 일루미나티의 인신공양 의식에 참석했고 그 자리에는 엘리자베스 왕대비, 이집트 재벌 모하메드 알파예드, 로스차일드 가문도 함께 했다고 한다. 블레어의 총리 선출일(1997년 5월 1일)도 일루미나티 창립일과 같은 날짜로 잡은 것이라고.[17]

아이크의 저술에서 독창적인 부분은 극히 적었고, 대부분은 기존의 음모론 문헌에서 베껴온 내용이었다. 하지만 아이크는 쿠퍼와 마찬가지로 다양한 계열의 음모론에서 가장 호소력이 있는 요소를 선별하고 종합하여 전파하는 데 능했다. 그의 뷔페식 이론은 뉴에이지 좌파에서 반동 우파에 이르는 다양한 지지층의 관심을 모았다. 팬의 면면 역시 라디오 진행자이자 음모론 설파자인 앨릭스 존스(그가 진행하는 프로그램에 아이크가 오랜 기간에 걸쳐 빈번히 출연했다)에서 퓰리처상 수상 작가이자 사회 운동가인 앨리스 워커에 이르기까지 다양하다. 아이크의 책은 수십만 부가 팔렸고, 대형 행사장에서 강연회가 열리면 수많은 군중이 모여들었다. 그는 시사 현안을 이용해 지지자를 늘리는 데도 능해서, 최근에는 코로나19 국면 초기부터 5G 음모론과 백신 음모론을 강력히 제기하기도 했다. *이 사람은 스포츠 캐스터일 때가 솔직히 더 괜찮았던 것 같다.

지금까지 20세기의 마지막 몇십 년에 걸쳐 음모론 문화가 폭발적으로 확장하던 시기에 특히 강력했던 몇 가지 사례를 살펴보았다. 이 시기에 모든 주요 음모론이 초음모론적 세계관으로 완전히 통합된 것은 아니었지만, 대부분은 그런 수순을 밟고 있었다. 그리고 굵직한 초음모론은 거의 전부가 일루미나티를 직접 언급하건 하지 않건, 18세기 바이에른의 한 야심만만한 학자에 대한 반발에서 비롯된 일련의 음모론에 어느 정도 기인한 형태였다.

21세기에 접어들면서 음모주의는 하나의 사고방식을 넘어 하나의 운동이 되었다. 배후 동기와 정치적 성향이 전혀 다른 기존 음모론들이 서로 영향을 주고받으며 맞물려 확대되고 있었다. 그러면서 하나의 '산업'이 형성되기에 이른다. 세계의 지배 세력에 관해 한층 더 흥미로운 스토리를 갈구하는 수요층이 꾸준히 늘면서 음모론 생산을 업으로 삼는 사람들이 생겨났다. 계몽주의에 대한 국내 정치적 반발에서 비롯되었던 현상이 이제 하나의 세계관이자 커뮤니티이자 비즈니스 모델이 되어 있었다.

그러던 2001년 9월의 어느 화창한 날 아침, 뉴욕의 청명한 하늘에 비행기 두 대가 나타났다.

12장

집단 착각의
전성기가 열리다

9월 11일 동부 시간 오전 8시 46분, 테러에 나선 첫 번째 비행기가 세계무역센터의 북쪽 타워에 충돌했다. 두 시간 만에 3000명에 달하는 사망자가 발생했다. 일곱 시간 만에 음모론이 돌기 시작했다.[1]

9·11 음모론의 시작

'제트연료의 연소로 강철 빔을 녹일 수 없다'는 것은 사실이다. 그 점에는 논란의 여지가 없다. 강철의 녹는점은 섭씨 1500도 정도이고 제트연료의 연소 온도는 보통 섭씨 1000~1200도의 범위니까. 더 따지고 말고 할 것도 없다.

하지만 누군가 의미심장한 표정으로 제트연료의 연소로 강철 빔을 녹일 수 없다는 말을 한다면, 재미난 잡학 상식을 알려주려고 하는 말은 아마 아닐 것이다. 그 주장은 9·11 테러 음모론의 핵심 논거였기 때문이다. 음모론에 따르면, 9·11 테러는 '알카에다 요원들이 비행기를 납치한 후 세계무역센터와 국방부 청사에 충돌시켜 일으킨 것'이 아니다. 음모자들이 테러 공격처럼 가장하기 위해 사전에 쌍둥이 빌딩에 폭약을 설치해놓고 폭파시켜 무너뜨렸다는 것이다. 테러 개시 몇 시간 만에 돌기 시작한 음모론이 바로 그것이었다. 9월 11일 오후 3시 12분, 데이비드 로스첵이라는 소프트웨어 컨설턴트가 인터넷 게시판에 글을 올렸다. "영상을 자세히 보세요. 이건 건물을 '폭파 철거'한 겁니다." 최초의 9·11 음모 주장이라고 볼 수 있는 글이었다. 이후 몇 년에 걸쳐 여러 사람이 이 주장을 구체화한 이론을 제기하면서 '강철 빔'은 누군가에게는 신념이 되고 누군가에게는 인터넷 밈이 되었다.

강철 빔이 녹지 않았다는 주장은 맞는 말이긴 한데, 큰 의미가 없다. '공식 설명'은 세계무역센터 건물이 '녹아내렸다'는 것이 아니기 때문이다. 대중과학지 《파퓰러 메카닉스》가 2005년에 각종 9·11 음모론을 검토한 특집 기사에서 지적한 것처럼, 강철은 뜨겁게 달궈지기만 해도 무게를 견디는 힘이 대폭 줄어든다. 녹일 필요까지 없다. 뜨거워질수록 점점 약해진다. 온도가 섭씨 400도만 넘으면 물러지기 시작해서 섭씨 600도가 되면 강도가 절반 가까이 줄어든다. 세계무역센터에 타오른 불길의 최고 온도인 섭씨 1000도에서는 강도가 10퍼센트로 떨어진다. 여기에 비행기 충돌의 직접적 충격으로 건물 하중을 지탱하던 기둥이 날아간 것과 철골의 팽창으로 구조가 뒤틀린 것까지 감안하면, 건물의 붕괴는 완벽히 설명이 가능한 현상이었다.[2]

'9·11 음모론'은 하나가 아니라 여러 형태가 존재하고, 서로 주장이 상충되기도 한다. 그중에는 완전히 현실성이 없지는 않은 것도 있는데, 예컨대 유나이티드 항공 93편은 승객들의 저항으로 인해 추락한 것이 아니라 군이 격추시켰다는 설이 그렇다(사실이 아니지만 원칙적으로 불가능한 시나리오는 아니어서, 필요시에 바로 그 작전을 수행하고자 전투기가 긴급 발진한 상황이었다). 그러나 절대다수는 허무

맹랑한 이야기다. 이를테면 비행기는 애초에 연루되지 않았으며 뉴스 영상에 비행기가 등장하는 장면은 모두 CG이거나 홀로그램으로 둘러싸여서 비행기처럼 보이는 미사일이라는 주장도 있다.[3]

'강철 빔은 녹지 않았다'는 주장처럼, 기존 설명의 모순점을 내세우지만 알고 보면 모순이 전혀 없는 경우가 많다. 예를 들면 유나이티드 항공 93편의 잔해가 단순한 추락치고 너무 넓은 지역에 흩어진 것으로 보아 미사일에 격추된 게 분명하다는 설이 있다. (고속으로 추락한 것을 감안하면 잔해가 흩어진 넓이는 정상적이었다. 대부분의 항공사고는 이륙 직후나 착륙 직전, 저속으로 운항 중일 때 일어난다.) 펜타곤이 파괴된 모습으로 볼 때 비행기 추락에 의한 피해가 아니라는 설도 있다. (아마도 비행기가 추락했으면 비행기 모양의 구멍이 생겨야 한다는 생각에서 나온 설인 듯하다. 만화영화에서 캐릭터가 벽을 뚫고 갈 때처럼.)

많은 음모론이 그렇지만, 기존 설명의 '구멍'이라는 것을 이것저것 엮어서 다른 가설을 구성하려다 보면 애초에 메우려고 했던 것보다 훨씬 큰 구멍이 생겨나기도 한다. 예컨대 CIA가 초고층 건물 여러 채를 무너뜨리기 위해 건물마다 대량의 폭약을 설치하는 수고를 한 것으로 모자라 비행기까지 충돌시킴으로써 테러처럼 그럴듯하게 가장했다고 하는데… 그냥 폭탄 테러로 가장하면 안 되는 것이었을까?

*테러 당일에 건물 폭파설을 제기한 데이비드 로스첵도 궁금해했다. "건물을 결국 폭파하려고 했다면 저 요란한 연출은 왜 한 걸까?"[4]

공식 설명에서 구멍을 찾으려고 하는 시도는 방향이 잘못된 경우가 많다. 버트런드 러셀이 케네디 암살에 의문을 제기했을 때처럼, '공식 설명'의 정의를 확장하여 사건 직후 우왕좌왕하는 가운데 나오는 보도를 모조리 포함시키기 때문이다. 뉴스 편집실이나 보도국에 있어본 사람이라면 알겠지만 사건 초기에 나오는 정보는 전혀 사실이 아닐 때가 많다. 루머, 혼선, 착각이 뒤범벅된 혼돈의 바다에서 진실의 파편을 건져 올리는 일은 말처럼 쉽지 않다. 아무리 꼼꼼한 기자라 해도 실수하기 마련이다.

그러나 음모론자가 보기에는 어떤 실수도 그냥 실수일 리가 없다. 모든 실수는 음모에 연루된 자들이 무심코 흘린 결정적 단서가 된다. 본의 아니게 음모론에 휘말렸던 신시내티 WCPO 방송국의 한 기자는 2006년에 당시 상황을 회고하며 다음과 같이 말했다. "그날 정오쯤까지는 나 이외에 웹사이트를 업데이트하는 사람이 아무도 없었고, 그 정도로 정신없는 상황은 처음이었다." 음모론의 내용은 유나이티드 항공 93편이 추락한 것이 아니라 클리블랜드 공항에 안전히 착륙했으며 승객들은 수수께끼처럼 사라졌다는 것이다.[5] AP 통신이 다른 비행기를 착각하여 오보를 낸 데서 빚어진 오해였다. AP 통신은 몇 분 만에 오보를 정정했지만, 정신없던 WCPO 기자는 이미 올린 기사를 미처 삭제하지 못했고, 그 기사는 착륙설의 유일한 근거 자료로 인터넷에 남았다.

기자가 이후에 자초지종을 설명한 블로그 글에 가장 먼저 달린 댓글이 '부시 행정부의 돈을 받았냐'는 비난인 것도 이상하지 않다. 누구든 음모론을 반박하려고 하면 그런 식의 험한 말을 듣기 일쑤였다. 《파퓰러 메카닉스》의 편집장은 살해 협박을 받기도 했고, "프리메이슨과 일루미나티 무리의 지령을 받고 특집 기사를 냈을 것"이라는 말도 들었다.[6]

9·11은 너무 극적이어서 단순 음모(테러 조직의 음모)로는 충분히 설명되지 않는다고 느껴지는 사건의 좋은 예였다. 그런데도 9·11 음모론은 두 시기로 나뉘어 유행했다는 점을 주목할 만하다. 9·11이 거대 음모라는 발상은 사건 후 몇 해가 지나서야 대중에게 인식되기 시작했다. 그토록 충격적인 만행이었건만 이른바 '진실규명파'로 불

리는 음모론자들도 대개 처음부터 음모를 의심하지는 않았던 것이다.

처음에 제기된 음모론은 주로 기존 음모론계에 국한되었다. 이미 자신의 신념이 확고하고, 온 세상이 음모에 의해 굴러간다고 보는 사람들이었다. 이들은 무엇이든 큰 사건이 일어나면 자신들의 초음모론으로 설명하려 했다. UFO 신봉자들은 현장 영상에서 UFO가 보인다고 주장했다. 앨릭스 존스는 신세계질서 세력을 배후로 지목했다(그리고 진행하던 대부분의 라디오 방송에서 속속 하차해야 했다). 밀턴 쿠퍼는 "군산복합체"를 배후로 지목했다.[7] 텍스 마스는 "사탄의 워싱턴 D.C. 일루미나티 형제단에 속한 악명 높은 자들"이 저지른 짓이라고 했다.[8]

데이비드 아이크도 처음에는 일루미나티의 소행이라고 했지만, 나중에는 더 복잡한 음모론으로 옮겨갔다. 독일 중앙은행, 모하메드 알파예드, 유전자공학으로 만들어낸 좀비 유명인 등이 연루되어 있으며 조지 부시와 토니 블레어가 심령적으로 연결되어 있다고 주장하기도 했다.[9] 공식 설명의 '허점'을 모아서 지적해놓은 웹사이트 몇 개가 생겨났지만, 처음에는 별 주목을 끌지 못했다. 9·11 음모론이 주류 담론에 그나마 근접했던 사례는 비영어권에서 찾아볼 수 있었다. 프랑스의 좌파 언론인 티에리 메상이 쓴 『9/11: 거대한 거짓말9/11: The Big Lie』 등이 그 예인데, 그 책조차 프랑스에서 널리 비판을 받은 비주류 서적이었다.

이 같은 음모론은 2004년경에야 진성 음모론자들의 테두리 밖에서 지지층을 크게 늘리기 시작했다. 9·11 음모론의 2차 유행기를 이끈 대표 주자는 〈루스 체인지〉라는 아마추어 다큐멘터리로, 2005년에서 2009년 사이에 여러 차례 개정을 거듭하며 공개되었다. 이 영상이야말로 9·11 음모론을 대중에게 널리 알림으로써 당시 떠오르던 진실규명 운동의 기본 텍스트가 되었다고 할 수 있다.[10] 이 영상에서 제기하는 주장의 대부분은 독창적인 내용이 아니라 기존 음모론 업계가 생산한 웹사이트, 서적, 다큐멘터리 등에서 거의 그대로 베껴온 것이다. 〈루스 체인지〉의 성공 비결이라면 기존의 주장을 해석하고 재가공하여 음모론 분야에 익숙하지 않은 대중이 이해하기 쉽도록 한 것이다. 또한 이후 수십 년간 전개될 음모론의 양상을 미리 선보였는데, 바로 아마추어 제작자가 기존의 각종 음모론을 재조합하고 재해석한 바이럴 콘텐츠를 유행시키는 형태다. (앨릭스 존스의 존재감도 크게 느낄 수 있는데, 존스는 〈루스 체인지〉의 첫 공개판에 모티프를 제공했고 이후 개정판의 제작을 재정적으로 지원하기도 했다.)

9·11 음모론은 왜 몇 년이 지나서야 주류 담론을 파고들 수 있었을까? 2005년경 9·11 음모론이 폭발적인 인기를 얻게 된 배경은 테러 이후에 일어난 두 가지 상황을 떼어놓고는 설명할 수 없다. 첫째, 2005년의 인터넷은 2001년의 인터넷과 많이 달라져 있었다. 미국 인구의 절반에 못 미쳤던 사용자가 3분의 2 정도로 크게 늘었고, 블로그의 등장으로 누구나 원하는 내용을 자유롭게 게시할 수 있게 되었다. 아마 가장 중요한 요인은 인터넷 동영상 기술의 발전이었을 것이다. 이제 손톱만 한 리얼 플레이어 영상을 두 시간 걸려 다운로드할 필요가 없게 되었다. 이는 〈루스 체인지〉 영상이 퍼지는 데 결정적으로 기여한 요인이다. 〈루스 체인지〉는 원래 DVD로 배포되었는데, 처음 널리 주목받은 것은 누군가가 당시 신생 플랫폼이던 구글 비디오에 영상을 업로드하면서였다.

둘째, 미국 정부가 15개월 동안의 헛된 수색 끝에 이라크에는 대량살상무기가 없는 것 같다고 공식적으로 인정했다. 정부가 전쟁을 벌일 명분을 만들기 위해 9·11을 기획했다는 설은 터무니없다는 게 대부분의 생각이었을 것이다.*한편 '약한' 형태의 9·11 음모론도 있다. 테러 계획이 있다는 경고에도 불구하고 미국 정부가 조치에 나서지 않은 것은 행정부 내 일부 호전적 세력이 테러를 용인한 데서 어느 정도 기인했다는 주장이다. 음모론계에서는 이 두 형태, 즉 기획설과 방관설을 각각 MIHOP: Made It Happen On Purpose 과 LIHOP: Let It Happen On Purpose이라는 약칭으로 부른다. 방관설은 기획설만 큼 설득력이 없지는 않지만, 역시 전적으로 추측에 불과하다. 그런데 이제는 조금 더 말이 되는 것 같아 보였다. 미국과 영국 그리고 동맹국들이 이라크의 대량살상무기를 거론하며 전쟁의 명분을 날조했다고 믿는 사람이 많아지면서다. 틀린 전제를 토대로 이라크 전쟁을 벌였다는 사실이 드러나면서 각종 음모론이 성행할 수 있는 마당이 활짝 열렸다. 실제로 〈루스 체인지〉 제작진 중 한 명은 이라크 전쟁에서 복무하며 처음에는 전쟁을 지지했다가 나중에는 깊은 환멸을 느꼈다고 한다.

이라크 전쟁의 당위성을 오도한 것이 과연 어느 정도 고의적인 기만(음모) 탓이고 어느 정도 첩보 부실과 정치적 동기가 깔린 집단 사고 탓인지는 여전히 미지수다. 아마 두 원인이 조금씩 다 작용했을 것으로 보인다.

사실 이라크가 대량살상무기를 개발 중이라는 주장 자체가 음모론이라고 볼 수도 있다. '저들이 은밀히 모의하여 치명적인 무기를 제조 및 은폐하고 있다'는 설은 확실히 음모처럼 들린다. 게다가 각국의 정치권과 정보기관이 이 문제를 다룬 방식도 전형적인 음모론자들과 다를 바 없었다. 미리 정해진 결론에 부합하는 증거만 채택하고, 나머지 증거는 무시하면서 채택된 증거를 과장하고 조작하고 왜곡하여 원하는 스토리에 꿰맞추는 식이었으니까.

그리고 음모론이 흔히 그렇듯이 이 주장도 묘하리만큼 강한 생명력을 보이고 있다. 반증하는 증거가 아무리 쌓여도 마찬가지다. 2015년의 한 설문조사에서는 공화당 지지자의 과반수를 포함, 미국인의 42퍼센트가 미군이 이라크에서 대량살상무기 프로그램을 '발견했다'고 믿는 것으로 나타났다.

여론이 갈린 국민투표

2004년 조지 W. 부시가 근소한 차이로 재선에 성공했을 때 민주당 지지층의 많은 사람이 결과를 받아들이기 어려워했다. 선거 다음 날 아침, 존 케리 후보에게 유리해 보였던 개표 초반 흐름이 사라지고 경합주의 승자가 뒤늦게 가려지면서 한 가지 설이 퍼지기 시작했다. 개표기 조작을 통한 선거 부정이 만연했으며 그 때문에 결과가 뒤집혔다는 것이다. 2005년 1월 6일, 상원 회의장에 의원들이 모여 대선 결과를 인증할 때 일부 민주당 의원들이 주요 결과에 이의를 제기하며 절차를 지연시켰다. 왠지 2020년 대선 사태와 판박이 같지 않은가?

그러나 이때는 부정선거론에 당 전체가 몰두하지 않았다. 존 케리는 신속히 승복했고, 선출직 공무원의 다수는 결과를 받아들였다. 민주당의 전반적 당론은 인정하고 넘어가자는 것이었다. 그럼에도 하원의원 31명과 상원의원 한 명은 대선 결과 인증에 반대표를 던졌다. 소수의 음모론자들도 의견을 굽히지 않고 선거의 정당성을 인정하지 않으며 부정선거의 증거를 찾는 데 수년간 몰두했다. 미국 선거의 안전성 문제에 대한 이들의 주장은 지극히 합리적인 부분도 있고 과장된 부분도 있었다. 결국 이 논의는 16년 후 다시 부각되고, 이들은 도널드 트럼프의 부정선거 주장을 지지할 것인지 여부를 놓고 의견이 갈리게 된다.[11]

여론이 갈린 국민투표는 지난 수십 년 동안 자연스레 늘 음모론의 소재가 되었다. 2014년 7월, 스코틀랜드가 영국으로부터 독립할 것인지를 놓고 국민투표를 치르기 몇 주 전에 데이비드 캐머런 영국 총리가 북해의 셰틀랜드제도를 찾았다. 이상한 방문이라고 보는 시각이 많았다. 투표 몇 주 전에 스코틀랜드에 방문하여 개입하는 모양새를 보이는 건 연합파 승리에 도움이 되지 않으리라는 것을 총리가 모르지 않았을 테니까.

총리는 왜 그곳에 갔을까? 곧 루머가 돌기 시작했다. 총리가 클레어 리지라는 북해의 거대한 유전을 방문했다는 것이다. 매장 가치가 높은 곳이라 스코틀랜드가 독립하면 노르웨이처럼 오일머니를 긁어 담을 수 있다고 했다. 유전 작업자들이 조업을 중단하고 비밀 유지 계약서에 서명할 것을 요구받았다고 주장하는 페이스북 게시물이 온라인상에 퍼졌다. 석유 매장지의 존재를 국민투표가 끝날 때까지 발설하지 않는다는 내용이었다고.

캠페인이 치열하게 전개되는 가운데, 독립파 일각에서는 연합파 정치인과 언론인이 진실을 숨기고 있다며 비난했다. 그들은 연합파 세력이 막대한 석유 매장고에 대해 일부러 입을 닫고 있다고 주장했다. 스코틀랜드 독립이 일단 부결되고 나면 런던 중앙정부가 유전의 존재를 발표할 것이고, 유전에서 생산되는 부를 얼마든지 잉글랜드로 넘길 수 있다는 것이다.

클레어 리지에 유전이 있는 것은 사실이다. 1970년대부터 석유 회사들이 채굴할 방법을 연구했지만, 큰 진전이 없었다. 국민투표를 앞둔 시기에도 상황은 수십 년 전과 다를 바 없었다. 이 글을 쓰는 현재도 아직 시추가 시작되지 않았고, 스코틀랜드는 여전히 영국에 속해 있다. 2014년에 스코틀랜드에 감춰진 자원이 있다는 설이 성행했던 것은 스코틀랜드 주민들 사이에 퍼져 있던 정서의 발로였을 것이다. 영국이 스코틀랜드의 석유를 수십 년째 수탈하고 있으며, 스코틀랜드가 독립국이었다면 그 수익으로 부자가 됐을 텐데 안타깝게도 자원을 허비하고 있다는 인식이 팽배했다. 노르웨이는 석유 수익으로 대규모 국부 펀드를 조성했는데 대처 정부는 그 돈을 감세 재원으로 쓰지 않았는가.

여론이 갈린 국민투표가 음모론을 낳은 사례라면 영국의 유럽연합 탈퇴, 즉 브렉시트를 빼놓을 수 없다. 그야말로 끊임없이 음모론이 쏟아져 나왔다. 탈퇴파 일각에서는 연필로 기표한 탈퇴 찬성표는 지워져서 무효가 된다는 설이 도는가 하면, 잔류파 사이에서는 탈퇴 추진의 진짜 동기가 헤지펀드가 시장 하락에 베팅할 수 있도록, 또는 해외 계좌 보유자가 곧 시행될 EU 법규 적용을 모면할 수 있도록 하기 위해서라는 설이 만연했다(모두 사실이 아니다). 그러나 브렉시트와 관련된 최대의 음모론은 유권자들이 미처 의식하지 못하는 깊숙한 차원에서 조종당하고 있다는 설이었다.

대략 이런 이야기다. '케임브리지 애널리티카'라는 베일에 싸인 정치 컨설팅 회사가 있는데, 페이스북의 방대한 개인 데이터를 불법 취득한 후 이를 이용해 정치 캠페인 방식의 무시무시한 혁신을 이루었다는 것. 입수한 데이터에 사이코그래픽스라는 선진 기법을 적용, 유권자 개개인을 '마이크로 타기팅'하여 각자의 성향에 꼭 맞춘 광고를 보여주며 마음속 깊은 공포심을 흔들고 표심을 바꾼다는 것이다. 이 같은 암흑의 심리 조종술을 통해 브렉시트 국민투표에서 탈퇴파의 승리, 그리고 미국 대선에서 도널드 트럼프의 승리라는 충격적인 결과를 이끌어낼 수 있었다고 한다. 즉 두 건 다 민주주의를 전복하기 위해 동일한 배후 집단이(러시아 또는 우파 재벌가, 혹은 둘 다) 벌인 공작이라는 것.

그런데 그중 사실인 내용은 거의 없다. 케임브리지 애널리티카가 수백만 명의 페이스북 개인 데이터(프로필 정보, 좋아요 등)를 구매한 것은 사실이다. 명시적인 동의 없이 수집된 데이터였다. 그리고 2015년에 《가디언》의 해리 데이비스 기자가 폭로한 바에 따르면 테드 크루즈의 2016년 공화당 대선 후보 경선 캠페인 중에 이 데이터를 활용한 것도 맞다.[12] 하지만 이 회사가 엄청난 능력을 발휘했다거나 영국과 미국의 유권자들에게 큰 영향을 미쳤다거나 하는 거창한 주장은 완전히 부풀려진 것으로 보인다.

사이코그래픽스란 개인의 관심사와 생활양식에 관한 정보를 분석해 심리 특성을 파악하고 각자의 성향에 맞추어 광고하는 기법으로, 선전은 요란하지만 실제 정치 캠페인에 성공적으로 적용한 사례는 아직 알려진 바가 없다. 심지어 소비자 제품 광고에 효과가 있다는 증거조차 희박하다(그리고 선호하는 주방 세제를 바꾸게 하는 것보다 정치관을 바꾸게 하는 것은 훨씬 어렵다). 현재로서는 다른 검증된 기법에 비해 효과가 훨씬 떨어진다. 케임브리지 애널리티카는 2013년에야 데이터 분야에 발을 들인 것으로 보이고, 이때는 데이터가 미국 선거에서 큰 역할을 한 지 10년이 넘은 시점이었으니 이 회사가 업계 최첨단을 달리고 있었다고는 보기 어렵다.[13] 크루즈의 실패한 경선 캠페인에 참여했던 내부자들의 말에 따르면 케임브리지 애널리티카는 수백만 달러를 지급받았음에도 약속했던 서비스를 전혀 제공하지 못했다고 한다(한 직원은 "일종의 내부 폰지 사기였다"고 말했다).[14]

이 모든 과정에서 케임브리지 애널리티카의 홍보 문구를 가장 곧이곧대로 믿은 사람은 그 비판자들이었다. 이 회사와 실제로 함께 일했던 사람들은 하나같이 회사의 기술에 시큰둥한 반응이었다. 케임브리지 애널리티카는 트럼프 대선 캠페인과도 협업했지만, 캠페인 내부자들의 반응은 크루즈 경선 캠페인 때와 비슷했다. 케임브리지 애널리티카는 순 허풍뿐이고 남이 한 일을 자기가 한 일처럼 내세우는 데 선수라는 것. 심지어 사이코그래픽스 데이터를 대선 캠페인에 활용했다는 증거조차 찾아볼 수 없다. 회사의 내부 문서로 볼 때 마이크로 타기팅과 전혀 관계 없는 일반적 방법만 썼다. 이를테면 경합주에서 광고를 게재하거나, 구글 광고를 구매해 '트럼프 경제 공약'을 검색하면 트럼프 경제 공약의 링크가 뜨게 하는 정도였다.[15]

브렉시트와 관련해서는 어땠을까. 영국 정보위원회의 조사 결과 케임브리지 애널리티카는 비공식 탈퇴 운동 단체 '리브Leave EU'와 사업 가능성을 타진하는 이메일 몇 건을 주고받은 것 외에는 캠페인에 사실상 전혀 관여하지 않은 것으로 드러났다. 케임브리지 애널리티카는 끔찍한 디지털 디스토피아를 초래한 암흑의 마법사가 아니었다. 업계 평판이 형편없는 치졸한 삼류 구식 업체였고, 데이터 기술에 한심할 만큼 뒤처져 있었기에 미검증된 기술에 모든 것을 걸었던 것이다. 당시 이 회사가 이룬 업적이라면, 미국 기독교 우파의 아이콘인 테드 크루즈가 도널드 트럼프라는 입버릇 나쁘고 성경 구절 한 줄도 외지 못하는 난봉꾼에게 복음주의 기독교 유권자의 표를 빼앗기게 만든 것이 전부다. 브렉시트와는 아무 관련이 없었고, 트럼프 대선 캠페인에서 한 일은 딱히 전문적인 것이 아니라 누구나 최근 여론조사를 훑어보기만 해도 할 수 있는 일이었다. 이 소동이 말해주는 교훈이 하나 있다. 약장수 말을 그대로 믿고 그 말 속에서 감춰진 진실을 발견했다고 착각해서는 안 된다는 것.

양국의 투표 결과에 놀라고 경악한 사람들이 설명을 찾아 나선 것도, 부정이 개입되었다는 설에 자연스레 이끌린 것도 이상한 일은 아니다. 하지만 두 사건에 특별한 설명이 과연 필요할까? '영국이 유럽을 별로 좋아하지 않는다'는 것과 '미국이 인종 갈등과 포퓰리즘에 잘 휘말린다'는 것은 특별히 새로운 사실이 아니다. 18세기 이래 교활한 악당의 여론 조작을 주장한 과거의 음모론들이 모두 그랬듯이, 케임브리지 애널리티카 음모론도 '세상에는 나와 생각이 다른 사람도 있다'는 자명한 사실의 배후에 사악한 세력의 장난이 있다고 상상한 결과였다.

심지어 모종의 음모가 거의 확실히 있었던 경우에도 더욱 거대한 음모를 상상하는 사람들이 있었다. 러시아가 2016년 미국 대선 판도에 영향을 미치려고 민주당 전국위원회의 이메일을 해킹하고 가짜 소셜미디어 계정을 통해 허위 정보를 퍼뜨리는 등 공작을 폈다는 사실은 부인하기 어렵다. 선거에 실제로 얼마나 영향이 있었는지, 트럼프 캠프가 어느 정도 관여했는지는 명확하지 않지만, 그 같은 시도 자체는 분명히 있었다.

이는 매우 놀랄 일은 아니다. '타국의 선거에 개입한다'는 것은 냉전 시절 미국에서나 소련에서나 통상적인 관행이었다. 한 연구에 따르면 1946년부터 2000년까지 미국과 소련은 전 세계에서 "국가 행정수반 선거에 9번 중 1번꼴로 개입했다"고 한다.[16] 미국 상원의원들이 러시아의 미국 선거 개입이 '전쟁 행위'나 다름없다고 선언했을 때, 세계 인구의 다수는 고개를 갸웃하며 "정말?" 하고 생각했을 만하다.

그러나 실제 증거로 밝혀진 것보다 훨씬 거대한 음모를 상상하는 사람이 많았다. 모든 곳에 러시아의 손길이 어른거리는 듯했다. 여러 해 동안 계속된 이 현상은, 러시아 '봇bot'이라는 골치 아픈 문제를 둘러싸고 가장 두드러지게 나타났다.

'봇'은 다소 잘못된 명칭이다. 여기서 이야기하는 가짜 계정은 대개 완전히 자동화된 프로그램이 아니라, 사람이 부분적으로 자동화된 도구를 이용해 관리하는 형태다. 한 사람이 방대한 수의 계정을 운영하고, 각 계정은 매우 빠른 속도로 활동을 벌인다. 어쨌든 그런 계정들은 실제로 존재하고, 러시아만 활용하는 것도 아니다.

그런데 이는 사실 별로 효과적인 방식이 아니다. 알려진 몇몇 계정은 용케 많은 팔로워를 확보하여 어느 정도 영향력을 행사했지만, 대부분의 계정은 팔로워가 거의 없었다. 허공 속의 외침에 지나지 않았던 셈이다.

봇을 둘러싼 공황 사태에서 드러난 진짜 문제는 봇의 효과가 엄청나다는 점이 아니라, 봇을 가려내기가 어렵다는 점이었다. 어떤 계정이 봇인지 아닌지 정확히 가려내기는 정말 엄청나게 어렵다. 봇이 사람 흉내를 기막히게 잘 내서가 아니라, 실제 사람들이 워낙 이상해서 봇과 구분이 잘되지 않기 때문이다. 특히 정치적 신념이 강하고 여유 시간이 많은 사람들이 그렇다.

대량의 봇으로 구성된 네트워크가 영국 정치에 개입하고 있다는 보도가 몇 해 동안 이어졌다. 그러나 자세히 들여다보면 사실이 아닌 경우가 많았다. 웹사이트 '바이라인'의 한 야심 찬 기자는 "러시아 정부의 선전을 퍼뜨리고 있는 외국의 트롤 계정"을 발견했다고 보도했는데, 이틀 후에 일간지 《스코츠맨》이 한 스코틀랜드 경비원이 소유한 계정이라고 밝혔다.* 계정 주인은 이렇게 말했다고. "사람들이 나와 의견이 다를 수는 있지만, 그렇다고 내가 러시아 트롤은 아니다."[17]

런던시티대학의 한 연구에서는 1만 3000개 봇으로 구성된 네트워크가 브렉시트 지지 활동을 벌였다고 주장했다. 근거로는 이들 계정이 국민투표 기간 트위터에 글을 대량으로 올리다가 그 직후에는 잠잠해졌다는 것을 들었다. 연구진은 논문과 보도 자료를 통해 가장 활동이 왕성했던 봇 다섯 개를 지목했는데, 그중 하나는 알고 보니 실제 사람으로, 영국 독립당의 국회의원 후보자였다.[18] 그가 국민투표 직후에 트위터 활동이 없었던 이유는 암으로 사망했기 때문이었다.

이런 결론을 내리지 않을 수 없다. 러시아의 공작 활동이 낳은 진짜 효과는 러시아가 원하는 대선 후보의 당선이 아니었을지도 모른다는 것. 그보다는 '인터넷상에서 나와 의견이 다른 사용자는 사람이 아니라 기계일 것'이라는 생각을 많은 사람에게 심어준 것이 아니었을까.

피자게이트와 큐어논

한편 러시아의 해킹으로 민주당 선대본부장이자 힐러리 클린턴의 오랜 측근인 존 포데스타의 이메일이 유출되었고, 그 내용을 위키리크스에서 2016년 대선을 앞두고 공개하면서 '피자게이트' 소동이 불거지는 계기가 되기도 했다. 피자게이트는 어이없는 음모론으로 가득한 이 책에서도 가장 어이없는 음모론이라고 할 수 있다.

개인 이메일이 유출되었으니 엄청난 비밀이 터질 것 같았지만, 정작 유출된 내용은 사무실에서 나누는 평범한 잡담이 대부분이었다. 당내 경선 관련 몇 가지 술수를 제외하면 그리 충격적인 내용은 나오지 않았다. 기껏해야 포데스타가 피자 토핑으로 호두 소스를 넣어 먹는 걸 아주 좋아한다는 사실 정도였다.*정말 맛있는지는 확인해보지 못했다. 조금 궁금하긴 하지만 우리도 사는 게 바쁘다.

그러나 별거 없는 이 이메일에서 비밀을 찾아내는 사람들이 있었다. 호두 소스가 열쇠였다. 한 백인 우월주의자가 트위터에서 제기한 루머를 바탕으로 민주당 내에 소아성애자 조직이 있다는 설이 인터넷에 이미 떠돌고 있던 차였다. 이메일에 등장하는 음식 관련 언급은 모두 암호라고 했다. '피자'는 여자아이, '파스타'는 남자아이, '소스'는 난교 파티를 뜻하며, 그렇게 이메일을 해석하면 워싱턴 중심부에서 소아성애자 일당이 활동 중이라는 사실이 드러난다는 것이다.

이상이다. 음모론의 근거는 그게 다였다. 아니, 그럼 '피자'를 핵물질, '파스타'를 납치된 핵물리학자, '소스'를 폭발 반경으로 해석해서 워싱턴 D.C. 반경 50킬로미터 내에서 당장 모두 대피해야 한다는 결론을 끌어내도 되는 것 아닐까?

어쨌거나 2016년 12월 4일, 이 허튼소리를 믿은 한 남자가 반자동 소총을 들고 워싱턴 D.C.의 한 피자 가게를 급습하여 지하실에 갇혀 있는 아이들을 구출하려고 총을 난사했다. 그 피자 가게에는 지하실이 있지도 않았다. 많은 사람이 허튼소리로 치부하는 온라인상의 루머도 현실에서 파장을 일으킬 수 있음을 보여준 충격적인 사건이었다. 그런데 그런 일은 처음이 아니었다.

2002년에도 비슷한 사건이 있었다. 한 무장 남성이 보헤미안 그로브라는 사설 캠프장에 침입했다가 체포된 것이다. 보헤미안 그로브는 전 세계의 남성 유력인사들의 친목 모임이 열리는 장소로, 음모론계에서는 수십 년 전부터 일루미나티, 오컬트 등 음흉한 활동과 관련되어 있다고 지목하고 있다. 리처드 매캐즐린이라고 하는 이 남성은 여러 정의 총기, 칼, 석궁, 폭발 장치로 무장하고 해골 마스크 등 자신의 분신인 슈퍼히어로 '팬텀 패트리엇(유령 애국자)'의 복장 차림으로 나타났다. 그곳에서 벌어지는 아동 학대와 인신공양 의식을 중단시키려는 의도였다. 살인도 불사할 생각이었으나, 목적을 이룰 수 없었다. 한겨울이라서 아무도 없었기 때문이다.

다친 사람은 없었지만, 매캐즐린은 방화, 절도, 경관 협박 등의 혐의로 유죄 판결을 받았다.[19] 그는 6년 동안 복역하며 팬텀 패트리엇 만화의 스토리를 썼다. 점프수트, 두건, 해골 마스크 등을 착용하고 캐릭터 같은 모습으로 찍힌 그의 사진도 있다. 그는 2018년에 사망했다.

매캐즐린은 왜 보헤미안 그로브에서 인신공양 의식이 벌어지고 있다고 믿었을까? 이는 음모론자 앨릭스 존스가 제작한 영상 때문이었다. 흐릿한 화면에 기이한 횡설수설로 점철된 영상으로, 작가이자 언론인인 존 론슨이 카메오로 출연한다(당시 존스를 다룬 다큐멘터리를 찍고 있었다). 끝부분에는 텍스 마스가 등장해 이 모든 것이 바이에른의 일루미나티에서 기원한다고 설명한다.

라디오에서 인터넷으로 진출한 존스는 2010년대 내내 자신의 웹사이트 '인포워스'를 통해 우파 음모론을 유포하면서, 정부의 기상 무기를 비판하는가 하면("15년쯤 전 텍사스에 홍수가 나서 하룻밤 사이에 서른 몇 명이 죽었는데, 공군의 소행으로 드러났다"), 러시아 미 대선 개입 사건을 수사했던 특별검사 로버트 뮬러의 악행을 주장하기도 했다("소문에 따르면 자신이 직접 아동과 성관계하는 것이 아니라 범행 전체를 지휘한다고 한다. 세상에 그런 흉악한 짓이 또 있을까?").[20] 그런 식의 콘텐츠로 독자를 많이 확보한 후에는 '슈퍼 남성 활력' 같은 이름의 건강보조식품 판매에 나섰고, 2014년에는 연 2000만 달러가 넘는

총수입을 신고했다.[21]

일각에서는 존스를 그저 괴짜로 보는 시각도 있었다. 존스는 2017년에 "미국 대부분 지역의 개구리는 현재 대다수가 동성애를 한다"라는 주장을 한 것으로 유명하다.*어떻게 그 사실을 확인했는지는 분명치 않다. 그러나 그의 음모론은 그냥 웃고 지나갈 일이 아니었다. 존스는 6~7세 아동 20명을 포함, 26명의 사망자를 낳은 2012년 샌디 훅 초등학교 총기 난사 사건이 연출된 것이라 주장했다. 총기 규제 지지 여론을 높이기 위해 이른바 '재난 배우'를*crisis actor. 원래는 방재 훈련에서 부상자 역할을 맡는 사람을 가리키며, 음모론계에서는 '테러 연출에 투입되는 배우'라는 뜻으로 쓰고 있다—옮긴이 기용해서 꾸민 사건으로, "완전히 가짜"라는 것이다.[22]

정부가 어떤 정책의 용이한 추진을 위해 거짓 사건을 연출한다는 '자작극' 개념은 물론 근거가 전혀 없지 않다. 이미 역사적으로 사례가 수두룩하다. 흔히 전쟁의 구실을 만들거나 외국의 쿠데타를 선동하는 목적에 이용되곤 했다. 그러나 음모론계에서는 그 개념을 온갖 사건에 적용하면서, 현실과 동떨어진 주장을 하는 것을 넘어 아예 현실을 부정하는 수단으로 삼고 있다. 어떤 큰 사건이든 자신들의 세계관에 맞지 않는 경우 부정해버리면 그만이다. 근래에는 2013년 보스턴 폭탄 테러에서 2015년 파리 테러까지 모두 자작극으로 설명된 바 있다. 실제 테러는 없었다고 믿는 음모론자들은 재난 배우 개념을 도입해 TV에서 생존자와 유족들이 발언하는 모습을 설명한다. 음모론을 한층 키워서 플롯 구멍을 메우려는 시도의 하나다.

그러지 않아도 트라우마에 시달리던 샌디 훅 사건의 유족들은 자신들이 슬픔을 연기하는 가짜라는 주장에 극심한 고통을 겪었고, 결국 여덟 명이 존스를 명예훼손으로 고소했다. (존스는 이후 말을 바꾸어 테러는 실제로 일어났지만 그 배후가 민주당이라고 주장했다.) 존스는 2018년 마침내 각종 소셜미디어에서 활동 금지를 당했고, 2021년에는 샌디 훅 소송에서 패소하여 배상금을 지급하라는 판결을 받았다.

2010년대에는 두 세기 가까이 다양한 형태로 존속했던 음험한 음모론이 되살아나기도 했다. 그 현대판인 '거대 대체론Great Replacement'은 프랑스 작가 르노 카뮈의 2011년 동명 저서에서 유래했다. 카뮈는 정치 권력층이 프랑스는 물론 유럽 전역의 백인 인구를 아프리카와 중동의 무슬림 이민자로 대체하고 있다고 주장했다.

거론되는 나라와 민족은 달라도, 그 개념 자체는 예로부터 존재했던 이민자 공포와 계보를 같이한다. 가톨릭교회가 이민자를 유입시켜 미국을 장악하려 한다는 1835년 새뮤얼 모스의 주장과 1886년 샤를 시니키의 비슷한 주장이 그 예다. 이는 넓게 보면 수세대에 걸쳐 내려온 '백인 학살론'의 한 갈래라고 할 수 있다. 이민자, 출생률, 비백인 집단의 정치력·경제력 획득 가능성 등에 대한 우려에서 빚어진 음모론으로, 그 모든 것을 어떤 숨은 무리가 지휘하고 있다고 주장한다. 흔히 유대인이 배후 세력으로 지목된다. 2017년 버지니아주 샬러츠빌에서는 횃불을 든 시위대가 "우리를 유대인으로 대체할 수는 없다"라는 구호를 외치며 행진하기도 했다.

거대 대체론은 누가 봐도 백인 민족주의적 개념이니 비주류에 머무르리라 생각하기 쉽지만, 그렇지 않다. 여러 나라의 주류 정치권에 당당히 입성해 있다. 유럽 각국의 정치인들이 이 이론을 직간접적으로 정책과 발언에 반영하고 있고, 주요 언론 매체에서도 완곡한 형태로 위장하여 제기하고 있다. 미국에서는 일부 우파가 주요 논리로 삼고 있어서, 이 이론을 공공연히 지지하는 뉴스 채널 폭스 뉴스 진행자 터커 칼슨은 "민주당이 기존의 유권자를 말 잘 듣는 제삼세계 유권자로 교체하려 한다"고 주장한다.

이 이론은 폭력과 살상을 유발하기도 했다. 세계 각지에서 일어난 총기 난사 사건 중 최소 세 건에서(미국 피츠버그의 시너고그 테러와 뉴질랜드 크라이스트처치의 모스크 테러 포함) 가해자가 범행 동기로 거대 대체론을 언급했다. 그러나 가장 우려스러우면서 파급력이 큰 현대의 음모론으로는 모든 것이 방대하게 뒤얽힌 음모 체계인 큐어논을 꼽아야 할 것이다. 2021년 1월 6일 털모자와 문신으로 치장하고 상원 회의장에 나타난 제이크 앤절리가 신봉했던 이론이기도 하다. 큐어논은 음모론 진화의 궁극적 형태라 할 수 있다. 거대하고 모순으로 가득한 초음모론 큐어논은 미국 국회의사당 폭동을 유발했을 뿐 아니라 신봉자들이 미국 국회의원으로 선출된 것으로 모자라, 국제적으로 퍼져나가면서 미국 정치라는 테두리를 훌쩍 넘어 진화하고 있다.

이처럼 크나큰 파장을 낳은 큐어논이 처음 어떻게 시작됐는지 알아볼 필요가 있다. 큐어논은 처음부터 포괄적인 세계관으로 출발하지 않았다. 그 기원은 인터넷에서 열렬히 활동하는 한 무리의 트럼프 지지자들이 자기들 대통령이 못하고 있는 게 아니라는 확신을 갖고자 생각해낸 설이었다.

2017년 10월, 아직 집권 초기인 트럼프 대통령은 총체적 난국을 맞고 있었다. "가장 유능하고 진중한 사람들"만 기용한다던 트럼프 행정부는 연이은 스캔들, 해임과 사퇴로 바람 잘 날이 없었다. 간판 공약이었던 멕시코 국경 장벽, 무슬림 이민 금지 등의 정책은 법원의 반대나 자기 당이 장악한 의회의 반대에 가로막혔다. 트럼프가 자초한 뮬러 특별검사의 수사 칼날이 행정부와 주변 인사들을 겨누면서, 다들 일에 집중하지 못하거나 징역형의 위기에 처했다. 진보 진영이 형편없는 대통령으로 생각하는 것만이 문제가 아니었다. 자신을 뽑았던 지지자들의 요구를 실현해주지 못하고 있는 게 더 큰 문제였다. 특히 인터넷에서 열렬히 활동하는 지지자들의 기대는 크게 빗나갔다. 적들에게 벌을 내릴 '신황神皇, God Emperor'을 뽑았다고 생각했는데, 뽑아놓고 보니 영 갈피를 못 잡고 그저 TV 보도에 투덜대는 노인이었다.

열성 지지자들이 기대와 현실의 괴리를 설명하려고 애쓸 바로 그때, 큐어논이 등장했다. 웹사이트 4chan의 익명 게시판에 글을 올린 사용자 Q는 큐어논 음모론을 새로 창작한 것이 아니라, 이미 게시판 사용자들에게 지지받고 인기를 끌던 설에 힘을 보탰을 뿐이다.

사태를 더 편안히 바라볼 수 있는 해석을 제공한 그 설은 과연 무엇이었을까? 최고의 전략가 트럼프가 멀리 보고 수를 두고 있다는 것이었다. 겉으로 보이는 사건들은 뒤에서 벌어지는 큰 싸움을 가리기 위한 연막이자 술수에 지나지 않는다. 그 큰 싸움이란 트럼프의 또 다른 공약이다. 그가 선거 운동 기간 내내 주장했듯, 뭔가 불명확하면서 끔찍한 범죄를 저지른 힐러리 클린턴과 사악한 패거리를 감방에 보내 법의 심판을 받게 하는 것이다. 이것이야말로 트럼프가 대통령으로서 추구하는 진정한 목표이고, 나머지는 모두 그 목표를 위한 수단이라는 게 지지자들의 결론이었다. 이 해석에 따르면 트럼프가 내세우는 실없는 갑부 한량의 이미지는 허울이자 연기일 뿐이다. 그 이면에 감춰진 그의 진짜 목적은, 범죄와 싸우고 악인들을 처벌하는 것. 한마디로 트럼프가 사실 배트맨인데, 평소에는 브루스 웨인인 척하고 있다는 얘기다.

2017년 10월 28일, 뮬러 수사팀의 첫 기소자 명단이 곧 발표되리라는 뉴스가 나오자, 4chan의 극우 성향 정치 게시판 '/pol/'에서 활동하는 트럼프 지지자들은 트럼프 관계자가 아니라 반대 진영 인사들이 명단에 오르리라고 기대했다. 이제야말로 영웅이 가면을 벗고 진짜 계획이 모습을 드러내면서, 적들이 통탄하여 절규할 순간이라고 생각했다.*실제 첫 기소자는 전 트럼프 선대본부장 폴 매너포트였다.

Q가 처음 올린 글은 이러한 기대에 부응하는 내용이었다. "HRC(힐러리 클린턴의 이니셜)의 타국 도주에 대비해 각국과 공조하에 신병인

도 절차가 어제부터 진행 중. 10/30 오전 12:01 부로 여권 단속 승인됨. 반발 세력의 대규모 폭동과 관계자들의 미국 탈출 행렬이 이어질 것."

이 글이 처음 올라왔을 때는 별다른 시선을 끌지 못했다. 4chan의 익명성을 이용해 마치 내부 정보를 알고 있는 군이나 정보기관의 고위 관계자인 것처럼 역할극을 하는 모습은 원래 흔했다. 그 게시판에서는 일종의 합의된 놀이와 같았다. 그 게시글 타래 안에서도 그런 식의 언급을 한 사용자가 Q뿐만이 아니었다. 그러나 Q는 역할을 계속 유지하면서, 그 후 수 주에 걸쳐 무언가 은밀한 내막을 알고 있는 듯한 언급을 감질나게 흘렸다.

10월 30일로 예고되었던 힐러리 클린턴의 체포는 물론 일어나지 않았고, 이후로도 Q의 예측은 계속 빗나갔다. 하지만 그때마다 물밑에서 음모가 점점 더 복잡해지고 있기 때문이라는 설명이 제시되었다. 새로운 적이 등장하고 새로운 정보가 부상하면서 이전보다 더 깊숙한 음모가 드러났다. 이론이 현실과 맞지 않을 때마다 새로운 요소가 덧붙여졌다.

따라서 큐어논은 다른 음모론과 반대로 작용했다. 즉 큐어논을 설명하기 위해 음모가 필요했다. 트럼프가 사악한 음모와 싸우고 있다는 것은 분명한데, 그 음모가 정확히 무엇이냐 하는 것은 상당히 유동적이었다. 그래서 큐어논은 기존의 모든 음모론을 닥치는 대로 빨아들여 흡수하기 시작했다. 심판의 날이 왜 아직 오지 않았으며 대통령이 왜 아직도 무능한 시늉을 하고 있는지를 설명할 수 있는 개념이라면 무엇이든 적극적으로 채택되었다.

베일에 싸인 음모론 주창자 Q는 **'Q' 계정 주인은 중간에 한 번 바뀌었을 가능성이 높다. 계정의 추종자가 상당히 많아진 후에 누군가가 계정을 탈취한 것으로 추측된다.** 자기가 직접 새 이론을 만들 필요도 없었다. 거듭된 예측 실패에 자존심이 상했는지, 점점 난해한 메시지를 올리기 시작했다. 이 메시지를 '해석'하는 일은 추종자들의 몫이었다. 부쩍 늘어난 추종자들은 앞다투어 무의미에서 의미를 찾아내려고 애를 썼다. 어떤 해석이 추종자들 사이에서 인기를 끌면 공식 이론에 포함되어 이후 Q의 메시지에서 언급되기도 했고, 아니면 그냥 무시되었다. 2000년대에 〈루스 체인지〉가 개정판을 거듭할 때 활용된 피드백 루프가 이제는 더 빠르게, 더 큰 규모로 돌아갔다. 〈루스 체인지〉 때 몇 달이 걸리고 그전에는 몇 년이 걸리던 과정이 며칠, 몇 시간으로 단축되었다.

그뿐이 아니다. 음모론의 주인공인 트럼프까지 피드백 루프에 가세했다. 트럼프는 음모론의 온상 구실을 하는 인터넷 매체와 언론 매체에서 얻은 정보를 다시 지지자들에게 전파했고, 지지자들은 이를 자신들이 옳다는 증거로 받아들였다. 앞서 살펴보았듯이 자고로 정치권력자들은 일이 뜻대로 풀리지 않으면 음모를 탓하곤 했다. 이제 대통령이 케이블 뉴스와 트위터에서 얻은 정보로 세계관을 형성하면서 흐릿하게나마 존재하던 주류 견해와 비주류 이론의 경계가 완전히 사라졌다. 자신의 영역에서 절대권력을 누리는 데 익숙한 데다 미국 정치가 돌아가는 원리에 무지한 대통령은 권력 분립이나 자유선거 같은 기본적 원칙을 자신을 겨냥한 딥 스테이트의 음모로 받아들였다.

그 결과 큐어논은 진정한 의미에서 '크라우드소싱' 방식으로, 즉 대중의 아이디어로 만들어진 거의 최초의 음모론이 되었다. 큐어논 신봉자들은 최근에 등장한 의외의 사태나 아리송한 메시지를 해석하려고 할 때 수백 년간 쌓인 기존 음모론을 얼마든지 참고하여 끌어올 수 있었다.

그리하여 피자게이트 음모론은 과거 사탄 공황과 아동 학대 음모론의 요소가 보태진 한편, 일루미나티 의식과 엘리트층의 공포 호르몬 '아드레노크롬' 중독설(철자는 '아드레날크롬'에서 살짝 바뀌었지만 데이비드 아이크가 약 20년 전에 주장했던 개념과 동일)을 가미하면서 진화해나갔다. 신세계질서와 딥 스테이트는 하나로 합쳐져 음모의 전체적인 뼈대를 이루었다. 대체의학을 논하는 뉴에이지 이론이 거대 대체를 논하는 백인우월주의 이론과 나란히 자리했다. 새로운 사건이 일어났을 때 큐어논 서사에 반영해 넣는 일은 어렵지 않았다. 코로나19 때는 백신 반대론과 5G 음모론이 추가되었다. 2020년 대선 때는 공화당이 예전부터 들먹였던 불법 투표설과 부시 시절 민주당이 주장했던 개표기 조작설이 합쳐졌다. 스토리텔링 측면에서 보면 큐어논은 간단한 스토리가 아니라 거의 마블 시네마틱 유니버스에 가까웠다.

　그렇게 하여 나온 결과물은 외부자가 보기엔 마치 무질서한 난장판 같았다. 인터넷 검색을 해보면 신봉자들이 큐어논 세계관을 도표로 만들어놓은 '지도'라는 것이 나온다. 인물, 단체, 사건, 사상을 빼곡히 적어놓고 서로 연결해놓은 그림으로, 마치 거대한 프랙털 이미지처럼 어느 부분이든 확대해서 자세히 보면 그 속에 또 하나의 음모론이 나타난다. 다이애나 왕세자비가 북미자유무역협정NAFTA과 나란히 놓여 있고, 국제 비정부기구인 삼극위원회가 레이 라인 근처에 있으며, '흑인의 생명도 소중하다', 수돗물 불소화, 가축 훼손, 1973년 석유 위기가 모두 하나의 거대한 계획에 속해 있는 모습이다. 그림을 보고 있자면 이 모든 음모를 총괄하는 일은 끔찍하게 복잡하겠다는 생각을 금할 수 없다. 이해관계자가 자그마치 석유채굴회사 핼리버턴, 유럽입자물리연구소CERN, 조지 소로스, 프란치스코 교황, 화성 식민지, 용자리의 파충류 외계인, 피라미드를 건설한 비밀 종족에 이르니 결정 하나에 동의를 받으려고 해도 업무가 만만치 않을 것이다.

　일반적인 관점에서는 말이 안 되지만, 이 초음모론을 이루는 모든 요소는 적어도 일부 사람들의 불안감을 달래주며 이해할 수 없는 세상의 일면을 만족스럽게 설명한다는 것이 입증되어 있다. 비록 전체적으로는 논리가 안 맞아도 모든 부분 하나하나가 인터넷에서 대규모 테스트를 마친 것이다. 따라서 큐어논은 궁극의 뷔페식 음모론이라 할 수 있다. 의문이나 우려를 품은 사람을 신봉 집단으로 끌어들일 진입점이 수없이 많다.

신봉자들은 그 장점을 십분 활용하여 전도 활동을 벌이고 있다. 전도 대상자에게 처음부터 전체 이론을 소개하지 않고, 공감될 만한 한 부분, 가령 아동 학대에 대한 공포 같은 것에 집중한다. 큐어논은 이러한 전략을 통해 애초의 뿌리인 트럼프 지지층을 훌쩍 뛰어넘어 확산될 수 있었다. 미국 정치라는 탄생 배경에서 벗어나 다른 나라로 퍼져나가면서 현지 사회의 불안감과 음모적 사고를 파고들었다. 영국은 유명인의 아동 성추행 폭로(다수는 사실, 일부는 허위)가 잇따른 지 불과 몇 년 후였기에 큐어논이 번성하기 특히 좋은 토양이 마련되어 있었다. 이에 따라 '세이브 더 칠드런'*동명의 자선 단체와는 아무 관계가 없다. 그 자선 단체는 이 사태가 많이 짜증스러웠을 듯. 이라는 구호를 공통적으로 내건 각종 아동 학대 음모론이 급부상했는데, 신봉자 다수는 자신들이 미국 대통령의 인기 하락과 연관된 거대 음모론의 한 갈래를 지지하고 있다는 사실조차 알지 못했다.

큐어논이 앞으로 어떻게 변화할지는 아직 알 수 없다. 트럼프의 정치적 운명에 따라 그 존속이 좌우될까? 세월이 흐르면서 차츰 사라질 것인가? 여러 분파로 갈라지거나 새로운 형태로 변모할 것인가? 바야흐로 새로운 종교가 탄생하고 있는 것인가? 큐어논이 앞으로 어떻게 되든, 향후의 음모론은 큐어논과 비슷한 모습이 될 가능성이 높아 보인다. 갈수록 탈중앙화되면서 대중에 의해 만들어지는 거대 음모론이 과거 수백 년간의 음모론을 닥치는 대로 흡수하고 재탕하면서 새로운 서사에 대한 우리의 욕구를 채워줄 것으로 보인다.

음모론 황금기

2017년 3월 《가디언》에 실린 기사의 제목은 "우리는 음모론의 황금기에 접어들고 있는가?"였다. 2020년 6월에는 《폴리티코》가 그 물음에 답하듯 "우리는 음모론의 황금기에 살고 있다"라는 기사를 실었다. 넉 달 후 CNN도 "팬데믹과 정치가 불러온 음모론의 황금기"라는 기사로 화답했다.[23] 유튜브, 코로나19, 도널드 트럼프의 부상 속에서 세계 언론은 이른바 '음모론의 황금기'가 시작되었다는 데 의견을 같이하는 듯했다.

하지만 이 책을 통해 우리가 배운 게 있다면, 그 같은 관점을 의문시하는 자세일 것이다. 물론 음모론은 지금 잘나가고 있는 게 맞다. 하지만 이런 시기는 처음이 아니다. 1960년대 말에서 1970년대의 미국에서는 베트남전, 정계 유력 인사의 암살, 워터게이트 등으로 정부에 대한 신뢰가 추락하면서 음모론에 대한 관심이 폭발했다. 1950년대에는 적색공포로 인해 관심이 한층 더 높았다. 1890년대에는 인종 갈등과 거대 기업에 대한 공포가 음모론에 불을 지폈다.[24] 음모론은 일진일퇴를 거듭한다. 경기 순환이 그렇고, 정치적 극단주의가 그렇고, 밀물과 썰물이 그렇듯이. 그리고 우리는 사이클이 바뀔 때마다 놀라곤 한다(밀물과 썰물의 경우를 제외하고).

그렇다면 이번 음모론 유행기의 고유한 특징이 있을까? 최근 수년간 도널드 트럼프나 자이르 보우소나루 브라질 대통령 같은 정치인들이 정치적 목적을 위해 음모론을 내세우면서, 좌우를 막론하고 정치 담론의 상당 부분이 음모론의 색채를 강하게 띠었다. 음모론이 정치에 미치는 영향을 연구하는 루이빌대학의 애덤 엔더스 교수는 《폴리티코》와의 인터뷰에서 이렇게 말했다. "수완 좋은 정치인들은 음모론적이고 포퓰리즘적인 정서를 부추겨 활용할 수 있음을 깨달았다. 다음과 같은 식이다. '여러분, 이러이러한 감정이 들 겁니다. 이런 감정이 느껴지지 않나요? 그 감정은 지금 벌어지고 있는 중요한 일과 무관하지 않습니다. 이를테면 곧 있을 선거나 곧 실행될 정책 등이지요.'"[25]

그렇지만 역시 새로운 현상은 아니다. 역사학자 리처드 호프스태터는 평론 「미국 정치의 편집증적 양상」(1964)에서 공화당 후보 배리 골드워터의 대선 캠페인이 음모론적 사고로 점철되어 있었다고 지적했다. 1950년대에 조지프 매카시가 정적들을 공산주의자로 낙인찍으려던 시도도 같은 예로 들었다. 1890년대의 포퓰리즘도, 1850년대의 반가톨릭주의도 그런 예였다. 미국뿐만이 아니다. 히틀러는 국회의사당 방화 사건을 독일 내에서 암약하는 공산주의자들의 소행으로 몰아붙여 나치 독일을 수립할 구실을 만들 수 있었다(실제로는 분노한 네덜란드인 한 명의 단독 범행인 것으로 보인다). 이 사건의 중요성을 가리켜 역사학자 리처드 에번스는 나치 독일이 "음모론의 토대 위에 세워졌다"고 주장하기도 했다.[26]

우리가 지금 음모론의 황금기에 살고 있는 것이 사실이라 해도, 이런 시기는 처음이 아니다. 안타깝지만 마지막도 아닐 것이다. 현재 우리가 정점을 지나고 있기를 바랄 뿐이다. 더 높은 산을 앞두고 나타난 작은 봉우리는 아니길. 그러나 현재 상황이 완전히 새롭지는 않다고 해도 뭔가 좀 다른 것 같은 느낌은 있다. 오늘날의 초음모론은 지난 수 세기의 음모론을 원천으로 삼고 있지만, 규모나 형태, 그리고 현실에서 괴리된 정도가 현격히 다르다.

이는 최근 수십 년간의 정치 상황에 기인한 것일 수도 있다. 9·11 등 각종 테러와의 전쟁, 연이어 일어난 금융 위기의 충격은 불안정과 양극화, 지속적인 공황 심리를 초래했다. 또 이러한 사건들은 세상이 우리의 통제 밖에 있는 힘으로 돌아간다는 의식을 키우기도 했다. 그럴 만도 하다. 아이슬란드의 은행이 플로리다 주택 시장에 투자를 잘못했다고 해서 갑자기 내가 실직하고 주변 공공시설이 문을 닫는 상황을 겪고 나면 그런 생각이 들지 않겠는가.

동시에 경제 구조의 변화에 따라 사람들이 특정 집단으로 뭉치면서 양극화가 심화되었다. 서비스 경제로 이행하는 과정에서 '좋은' 일자리가 점점 소수의 지역에 몰리면서, 지역적인 편차가 더욱 커졌다. 제조업 중심지는 인구가 고령화·보수화되는 한편, 대도시와 대학 도시는 저연령화·다양화·진보화되었다.

물론 가장 큰 변화는 인터넷이다. 인류 역사상 처음으로 거의 모든 사람이 항상 주머니에 넣고 다니는 장치를 통해 언제 어디서나 남의 집 고양이를 구경하고, 세계 인류와 대화하고, 정치적 극단주의에 빠질 수 있게 되었다.

온라인에서 생활하는 시간이 부쩍 늘면서 우리는 온갖 방식으로 사회적 통념에서 벗어나게 되었고, 그 일탈 양상은 인터넷 사용자의 수만큼이나 다양하다. 그런데 인터넷은 왜 사람들을 특히 음모론 쪽으로 끌어들였을까? 여기엔 몇 가지 큰 이유가 있다.

음모론자 양산 기지의 역할을 했다

소셜미디어에서 이용자에게 노출될 콘텐츠를 결정하는 알고리즘은 실리콘밸리의 최고 브레인들이 설계한 것으로, 그 목적은 이용자들이 최대한 오랫동안 사이트에 머물며 영상을 시청하거나 이곳저곳 클릭하게 만드는 것이다. 그리고 이용자의 참여도를 높이기에 가장 좋은 방법은 갈등을 유발하고 서사적 긴박감이 있는 콘텐츠를 보여주는 것이다. 또 이용자를 사이트에 오래 머무르게 하는 데 가장 좋은 방법은 사람들을 토끼굴에 빠뜨려 헤어나지 못하게 하는 콘텐츠를 보여주는 것이다. 그 두 가지 조건에 맞는 콘텐츠가 무엇일까? 짐작했겠지만, 음모론이다. (물론 그 밖에도 각종 쓰잘데없는 콘텐츠가 여기에 해당한다.)

그 결과, 유튜브 같은 사이트는 음모론자를 양산하는 공장이 되었다. 9·11 테러에 대해 그저 조금 자세히 알고 싶었던 사람이 어느 순간 하루 종일 페이스북에서 "제트 연료의 연소로 강철 빔을 녹일 수 없다" 같은 말을 읊조리는 사람으로 변해간다.

이러한 알고리즘 탓에 요즘 세상이 엉망이 되었다고 하는 의견이 많고, 그런 비판도 일리는 있다. 하지만 인터넷이 음모론의 양성소가 된 것은 알고리즘 때문만은 아니다. 가령 '와츠앱' 같은 모바일 메신저를 생각해보자. 지난 팬데믹 때 여실히 드러난 것처럼 모바일 메신저는 허위 정보를 퍼뜨리기 딱 좋은 매체고, 거기에 콘텐츠 추천 알고리즘 같은 것은 없다. 친구나 가족이나 동료들이 보낸 메시지가 전달될 뿐이다. 거기서 유일한 알고리즘은 우리 자신이다. 우리가 스스로를 토끼굴에 빠뜨리는 것이다.

기존의 믿음을 강화한다

논란이 많은 주제에 대해 트위터에 의견을 하나 올려보라. 동의하는 사람들이 좋아요 버튼과 리트윗으로 호응해줄 것이다. 또 (트위터답게) 반대하는 사람들이 분노와 욕설로 상대해줄 것이다. 어느 쪽이든 간에 당신은 의견을 더 강하게 고수하게 되기 쉽다. 어떤 반응을 듣더라도 당신의 그다음 트윗이 이런 내용이 될 가능성은 희박하다. "여러분, 제가 혹시 잘못 생각한 건가요?"

소셜미디어는 '소셜'한 특성 때문에 당신이 애초에 갖고 있었던 견해를 더욱 고착시키게끔 되어 있다. 그리고 당신이 갖고 있는 견해는, 미안하지만 꽤 황당한 것도 있다. 그중에는 음모론이라 할 만한 것도 있을지 모른다.

트롤링의 온상이 되었다

누가 속아 넘어가나 보려고 있지도 않은 이야기를 허위로 지어내는 사람은 늘 존재했다. 앞서 알아봤던 마인드픽 작전을 기억하는지? 인터넷은 이 같은 허위 자료의 스케일을 엄청나게 키워놓았다. 그 결과, '이런 걸 믿는 바보가 있으려나?' 하면서 낚시 삼아 올렸던 가짜 영상이나 게시글이 스스로 생명력을 획득하면서 음모론이 된 경우가 있다.

게다가 그런 음모론의 온상이 된 4chan과 8kun(예전 이름 8chan) 같은 사이트는 익명 사이트인 데다 한번 올린 게시글이 일정 시간이 지나면 자동으로 사라지게 되어 있다. 그렇다 보니 거기서 생겨난 독특한 문화가 있는데, 한마디로 말하자면 트롤링을 최대한 고약하게 함으로써 같은 집단의 일원임을 증명하는 것이다. 그곳에서 큐어논 음모론이 잉태된 것은 우연이 아니다.

정리하자면, 사람들이 인터넷에서 하는 말이 항상 꼭 자기도 옳다고 생각해서 하는 말은 아니다. 문제는 다른 사람들이 그 말을 믿는다는 것.

언론을 망가뜨렸다

옛날엔 글자로 된 뉴스는 대부분이 신문의 형태였다. 국내 뉴스, 해외 뉴스, 스포츠 등을 전부 한 패키지로 묶어서 일정 가격을 받고 팔았다. 그런데 인터넷이라는 게 등장하자 그런 방식이 지속 가능한 모델이 아니라는 게 분명해졌다. 동시에 어느 정도 전문적인 수준으로 콘텐츠를 제작하고 배포하는 일이 예전보다 훨씬 쉬워졌다.

그렇게 되니 광고 수익을 위해 독자들의 눈길을 붙잡으려는 경쟁이 날로 치열해지면서 뉴스 매체들은 '해외 르포'라든지 '팩트 체킹'처럼 돈만 많이 들고 인기가 없는 기사는 빼는 경우가 많아졌다. 그 대신 돈은 적게 들지만 인기가 좋은 즉석 논평이라든지 사회적 논란이 첨예한 주제로 이용자들의 클릭을 유도하는 방법에 눈을 돌렸다. 틈새 독자층을 겨냥한 신생 매체들은 독자들이 딱 원하는 이야기를 제공하는 방식으로 활로를 찾았다.

물론 언론이 그전에도 음모론을 부추기는 역할을 하지 않았던 것은 아니다. 역사 속에서 언론이 정말 정직하고 객관적이고 자신의 편향을 반성할 줄 알았던 시절이 있었다면… 아주 짧은 시절이었다. 어쨌거나 인터넷으로 인한 최근의 변화가 도움이 되지 않은 것은 사실이다.

무엇이든 찾을 수 있게 해주었다

옛날에는 오래된 음모론 하나가 부활하려면 어떤 프랑스 성직자가 수백 년 전에 쓴 어떤 책을 어떤 파시스트가 우연히 발견해야 했다. 이제는 과거에 존재했던 거의 모든 음모론을 구글이나 마이크로소프트 빙 검색 한 번으로 찾을 수 있다. 요즘 세상이 왜 이 모양인지에 대한 설명을 찾아 나선 사람은 자신의 구미에 가장 잘 맞는 스토리를 그 어느 때보다 쉽게 찾을 수 있게 되었다.

음모론 간에 다리를 놓아주었다

웹과 소셜미디어의 근본적 특성인 네트워킹 때문에 문제가 더 복잡해졌다. 이제 음모론은 각자의 소굴에 갇혀 있을 필요가 없다. 음모론 간의 경계가 허물어지면서 서로 섞이기도 쉬워졌고, 음모론 외부의 영역으로 파고들기도 쉬워졌다. 백신 음모론과 5G 음모론이 신세계질서 그리고 뉴에이지 운동계와 합쳐지기 시작한 것만 봐도 알 수 있다. 인터넷이 없던 시대에는 UFO론이 일루미나티 음모론과 합쳐지는 데 수십 년이 걸렸지만, 이제 통신 기술의 발달 덕분에 몇 주 만에 그런 일이 일어날 수 있게 됐다.

값진 피드백을 제공했다

콘텐츠를 온라인에 빠르게 게시할 수 있으니, 음모론이 피드백을 통해 개정되는 속도도 빨라졌다. 이제 지지자들의 제안을 받아서 그때그때 음모론에 반영할 수 있게 되었다. 〈루스 체인지〉도 그런 식으로 만들어졌고 큐어논은 한층 더 빠른 속도로 진화했다. 자연선택을 통한 진화 과정과 다를 바 없다. 인기 없는 이론은 사라지고 주목받는 이론은 번창하고 증식해나간다. 오늘날의 음모론자는 옛날 수도사 몬머스의 토머스처럼 20년 걸려 책을 집필하고 독자의 호응이 있기를 기다리는 지난한 과정을 밟지 않아도 된다. 이제는 자신의 이론에서 사람들이 가장 좋아하는 부분을 실시간으로 파악해 그 부분에 집중하면 된다. 저자가 딱히 존재할 필요조차 없다. 대중이 얼마든지 알아서 스토리를 만들어나갈 수 있다.

이 모든 요인이 합쳐져서 이제는 예전에 음모론이 만들어졌던 과정을 엄청난 속도로 똑같이 진행할 수 있게 되었다. 옛 방식은 누군가가 음모론을 구상해서 책으로 써낸 다음, 반향이 있는지 봐야 했다. 루머가 생겨나서 이 마을 저 마을로 퍼지기도 했지만 기록되지 않은 채 사라져버리곤 했다. 어떤 설이 한 지역에서는 통설로 굳어져도, 그 지역 밖으로 나가면 아무도 모르는 경우가 많았다.

오늘날의 음모론자는 전혀 다른 신세계에 살고 있다. 크라우드소싱, 리믹싱, 비교 테스트의 과정을 방대한 규모로 진행하면서 가장 인기 있는 요소를 채택하고 반향이 없는 요소는 버린다. 그 모든 음모론은 검색할 수 있고, 집단 간에 쉽게 전파될 수 있으며, 이용자 참여를 최대로 높이려는 소셜미디어와 잘못된 직감을 더욱 고수하려는 우리의 성향에 의해 부추겨진다. 그렇게 계속 돌아가다 보면 큐어논이 나오는 것이다. 마구잡이식이고 앞뒤가 안 맞는 것처럼 보이지만 신봉자를 끌어들이기에 최적화된 초음모론은 모든 음모론을 블랙홀처럼 빨아들인다.

그 결과는 음모론이 홍수를 이룬 세상이다. 그 속에서는 모든 것이 겉보기와 다르고, 모든 것이 연결되어 있다. 당신이 아무리 냉철하고 현명해서 평생 음모론 같은 것은 믿지 않을 사람이라고 해도, 당신 주변의 누군가는 믿고 있다. 당신과 정치적 신조가 같아서 본능적으로 같은 편으로 의식되는 사람들도, 이 장에 소개된 음모론 중 뭔가 하나는 틀림없이 신봉하고 있을 것이다.

그뿐만이 아니다. 누가 주도하지 않아도 인간 본성의 어떤 경향으로 인해 그 모든 과정이 끊임없이 반복되면서, 당신의 구미에 꼭 맞는 음모론이 이미 만들어져 어딘가에 존재할 것이다. 이제 우리는 모두 음모론자다.

우리 누구도 음모론에
빠지지 않는다는 보장은 없다

우리 주변 사방이 음모론 천지고, 누구도 음모론에 빠지지 않는다는 보장이 없다면? 때로는 음모가 실제로 존재하고, 현실이 유튜브의 황당한 댓글보다 더 황당하게 돌아갈 때도 있다면? 그렇다면 이렇게 묻지 않을 수 없다. 상상으로 지어낸 음모론과 진짜 음모를 어떻게 구분해야 하나?

우리 저자도 확실한 방법은 모른다(설령 안다고 해도 우리도 다 음모에 연루돼 있을 텐데 잘 알려주겠냐마는). 하지만 독자 스스로 생각해보면 좋을 질문 몇 가지를 제시할 수는 있다. 허튼소리를 백발백중 잡아낼 수 있는 절대적인 법칙은 아니다. 그래도 자신의 사고를 점검하고 더 나아가 토끼굴에 빠지지 않기 위한 길잡이로는 유용할 것이다.

① 반증이 가능한가?

가설을 검증해보고 틀린 것은 틀렸다고 할 수 있어야 과학적 연구다. 이 이론이 틀렸음을 증명하려면 무엇이 필요한가? 어떤 사실이 나와야 "어, 그건 이론에 안 맞네"라고 할 수 있는가? 이론에 따르면 다음에 어떤 일이 일어나리라고 예측되는가?

그런 반증 방법이 존재한다면, 다행이다. 그럼, 새로 드러나는 사실이 이론에 부합하는지, 또 이론에 따른 예측대로 잘 들어맞는지 정직하게 확인해보자. 반면 이론을 반증할 정보가 있을 수 없다면, 가령 '일루미나티가 배후가 아님'을 입증할 방법 자체가 없다면, 오로지 신념만으로 지탱되는 이론에 불과하다.

같은 맥락에서 다음 질문으로 이어가자.

② 반대 증거를 어떻게 처리하는가?

음모론이든 아니든 제대로 된 이론이라면 반대되는 증거가 나올 수 있다는 사실을 받아들여야 한다. 현실은 워낙 복잡하고 혼란스러운 데다, 좀 간단한 의문들(이를테면 중력, 아기는 어떻게 생겨나는가, 지구의 모양 등)은 인류가 이미 예전에 다 해결했다. *물리학자들이 한목소리로 "중력은 절대 간단하지 않아!" 하고 외칠 것 같은데, 옳은 지적이다. 여기서 말한 것은 '중력 시간 팽창'이나 '삼체문제' 수준보다는 '사과가 떨어진다' 수준의 이야기다. 정말 정직하게 진실을 찾으려는 사람이라면 자신의 이론과 좀 맞지 않는 불편한 사실이 있다는 것을 인정하고, 이에 대해 제대로 설명하려 한다. "그 사람들이야 당연히 그렇게 말하지"라며 일축해버리지는 않을 것이다. 어떤 음모론이 반대되는 증거를 계속 무시하거나 죄다 음모의 일부로 치부해버린다면 그런 음모론은 요주의 대상이다.

덧붙여서, 음모론에 부합한다는 증거들도 정말 그런지 확인해보자. 음모론자의 '연구'라는 것은 그저 허울뿐인 경우가 많다. 증거와 참고 문헌과 각주를 산더미처럼 나열하고 있어서 얼핏 보면 과학적이고 역사적으로 충실해 보인다. 하지만 증거 하나하나를 조금만 자세히 들여다보면 말이 되지 않는 경우가 허다하다. 벽돌이 허물어지면 집이 무너질 수밖에 없다.[1]

의아할 만큼 무의미한 각주의 바다를 만나면, 다음 질문도 던져 보자.

③ 그들만의 세계에 갇혀 있진 않은가?

만약 끝없이 이어지는 유튜브 영상과 장문의 웹페이지 속에 언급되는 자료 출처가 죄다 수상쩍을 만큼 비슷한 유튜브 영상과 장문의 웹페이지들로 이루어져 있다면… 어떤 상황인지 충분히 감이 올 것이다. 소수의 사람이 서로의 작업을 돌아가면서 계속 인용하는 폐쇄 고리 구조는 건강하지 않다. 음모론계나 언론계나 학계에 모두 적용되는 말이다.

④ 공식 설명에 적용하는 검증 기준을 음모론에도 똑같이 적용하고 있는가?

앞서 살펴보았듯이, 어떤 사건에 대한 기존 설명이나 공식 설명의 '구멍'을 집어내서 근거로 삼는 음모론이 많다. 거기까지는 좋다. 공식 설명의 허점은 물론 지적해야 옳다. 그런데 그때 주의할 점이 두 가지 있다.

하나는 앞에서 말했듯이 사후 확신 편향에 빠지지 않는 것이다. 모순점이라고 하는 것에 과도한 의미를 부여하지 않고, 사건 서술 속 모든 요소가 다 의미심장하고 필연적이어야 한다는 요구를 고집하지 않아야 한다. 또 하나는, 기존 설명을 그런 방식으로 세세히 따지려면 그 대안으로 제시하는 음모론에 대해서도 똑같이 세세히 따져야 한다는 것이다. 공식 설명이 설득력이 없어 보일 수는 있다. 그렇다면 음모론은 과연 조금이나마 더 설득력이 있는가?

그런 점에서, 제시된 음모를 놓고 현실적으로 생각해봐야 할 질문이 몇 가지 더 있다.

⑤ 이 음모에는 얼마나 많은 사람이 연루되어야 하는가?

그 사람들을 어떻게 입단속하고 있는가?

어떤 집단에 속한 사람들이 집단의 비밀을 지킬 수는 있다. 사람들은 조직적으로 거짓말을 하기도 한다. 경찰과 관련된 스캔들이 터졌을 때 경찰 내부에서 어떻게 대응할지 생각해보면 알 수 있다. 그런데 그게 쉬운 일이 아니다. 정보가 새기 마련이고, 내부 고발자가 나오기 마련이다. 집에 가서 남편이나 아내에게 오늘 직장에서 힘들었던 일을 털어놓는 사람도 있다. 때로는 범죄 내용을 수첩에 자세히 메모해놓는 사람도 있고, 범죄 현장의 사진을 찍어서 친구들에게 전송하는 사람도 있다. 요즘은 조깅 앱에 비밀 군사 기지의 위치가 노출되고, 인스타그램에 올린 사진으로 극비 군사 작전이 탄로 나는 세상이니, 비밀을 완벽히 지킨다는 것은 그 어느 때보다 더 어려워졌다.[2]

그러므로 이 음모가 돌아가려면 얼마나 많은 사람이 연루되어야 할지 생각해볼 필요가 있다. 한 사람 한 사람이 어디까지 정보를 알고 있어야 할까? 오로지 몇 명만 전모를 알게 한다는 게 가능할까? 핵심 관계자 이외의 사람이 뭔가 수상하다고 의심할 가능성은 없는가?

그리고 모든 사람의 입을 어떻게 단속하고 있는가? 처음부터 다들 자진하여 동참하기로 한 것일까? 아니면 사악한 기업에 신입사원이 들어올 때마다 '당신은 지금부터 사악한 기업에서 일하게 된다'라며 단단히 교육하고 있는 걸까? 들어온 사원이 한 명도 퇴사하지 않고 잘 다니고 있고?*하긴 사악하고 돈 잘 버는 회사라면 직원 복지가 끝내주긴 할 것이다. 구내 식당 반찬 잘 나오고 생일도 거하게 챙겨주고….

무엇보다, 아무도 이탈할 마음을 먹지 못하게 할 수 있을까? 가령 세계의 거대 제약회사들이 모두 백신에 마이크로 칩을 집어넣는 음모에 가담하고 있다면, 어느 한 회사가 약속을 깨고 음모를 고발할 생각을 하지 않을까? 나머지 경쟁사들을 전부 파산시키고 감방으로 보낸 후 혼자 시장을 독점할 수 있을 테니.

⑥ 주모자에게 터무니없을 만큼 뛰어난 능력이 있다고 보는가?

우리는 정부, 기업, 권력자들이 일반적으로 얼마나 유능한지 여러 증거를 통해 알 만큼 알고 있다. 즉, 그들은 그다지 유능하지 않다. 그렇다면 이렇게 묻지 않을 수 없다. 그런 단체나 사람들이 음모만 꾸몄다 하면 왜 갑자기 거의 전지전능해지는 것일까?

또, 주모자가 정말 천재라면 그런 재능을 정상적이고 사악하지 않은 목적에 이용할 때 훨씬 더 값지게 쓸 수 있지 않을까? 5G를 예로 들어보자. 소비자에게 인기가 대단히 높은 기술을 도입하는 데 굳이 음흉한 동기가 있어야 하는 것은 아니다. 통신사마다 5G를 주력 상품으로 내세우고 있다면, 이것을 은밀한 계략이라고 보기는 어려울 것이다.

⑦ 모든 단계가 뜻대로 되어야만 성공할 수 있는 계획인가?

음모론은 뒤에서 앞으로 거슬러 올라가며 만드는 경우가 많다. 이미 일어난 일련의 사건을 가지고 그것을 설명해줄 서사를 구축한다. 그렇다면 처음부터 시간 순으로 따져보았을 때도 말이 되는가? 만약 당신이 주모자로서 어떤 목표를 이루려고 한다면, 굳이 그런 방식으로 진행하겠는가? 중간에 아무도 실수하지 않

나가며

고, 예측할 수 없는 온갖 일들이 전부 맞아떨어져야만 성공할 수 있는 계획 아닌가?

만약 A라는 사건이 B라는 정부 정책을 낳고, 그 때문에 C라는 대중 저항이 촉발되고, 그로 인해 D라는 권력 공백이 발생하고… 하는 식으로 짜인 계획이라면, 아무래도 그것보다는 쉽고 확실하면서 감방에 갈 위험이 적은 다른 방법이 있지 않을까 하는 생각을 떨칠 수 없다. 영화 속에서라면 그런 스토리도 근사한 폭발 장면도 끼워 넣고 하면서 큰 문제 없이 넘어갈 수 있겠지만, 현실 세계가 돌아가는 방식을 설명하기에 알맞은 스토리는 아니다.

⑧ 주모자가 음모를 감쪽같이 숨기면서도 마치 경찰을 조롱하는 연쇄 살인마처럼 음모의 정체를 드러내는 은밀한 단서를, 이를테면 지폐에 무슨 심벌을 인쇄한다든지 하는 식으로 의도적으로 공공연하게 심어놓았는가?

그런 짓을 할 사람은 없다. 다음으로 넘어가자.

⑨ 음모의 배후 동기가 설득력이 있는가?

9·11 음모론에서 가장 설득력이 떨어지는 부분이 서방 국가들이 중동에서 군사 행동을 벌일 구실을 만들기 위해 사상 유례 없는 만행을 저질러야만 했다는 개념이다. 솔직히 말해, 역사적으로 서양의 외교 정책에서 중동 문제 개입을 자제하는 기조가 딱히 두드러졌던 적은 없었다.[3] 다 떠나서 그건 뭐랄까… 빈대 잡겠다고 초가삼간 태우는 격 아닐까? 그냥 대사 한 명을 암살한다거나 하면 안 되는 것이었을까? 그보다 훨씬 사소한 구실을 가지고도 역사적으로 전쟁은 얼마든지 많이 일어났다.

다시 말해, 주모자들의 동기를 따져볼 때는 그게 그들이 정말로 원하는 것인지, 그리고 그 목표를 이루기 위해 그런 음모가 실제로 필요하거나 적절했는지 생각해보자.

비슷한 맥락에서, 음모론적 사고에서 자주 볼 수 있는 '누가 득을 보느냐' 하는 질문이 있다. 어떤 사건이든지 그 수혜자를 따져보면 가장 유력한 용의자가 드러난다는 논리다. 문제는 세상 일이 그렇게 단순하지 않다는 것. 우연한 일은 항상 일어나고, 그저 운이 좋아서 득을 보는 사람도 있다. 가령 배달 회사, 화상회의 서비스, 실외 난방기구 제조사, 손 세정제 제조사 들이 결탁하여 코로나19를 일으킨 것은 아니다.

⑩ 공모자라는 사람들이 과연 실제로 손을 잡을 가능성이 높은가?

서두에서부터 음모론은 마음에 들지 않는 세력을 전부 한데 묶어서 모두 한통속으로 간주하는 경향이 있다고 말한 바 있다. 여기에 덧붙여서 '프로레슬링식 공적 담화 모델'이라고 할까, 모든 것은 연기이고 다들 각본에 따라 서로 적인 것처럼 행세하고 있다고 보는 음모론이 많은 듯하다. 다시 말해 대중 앞에서는 서로 의자로 머리를 때리고 하지만 사실은 다 사전에 짠 행동이고, 공연이 끝나면 서로 수고했다며 등을 두드려주는 관계라는 것이다. 물론 그와 비슷한 쇼가 프로레슬링 이외의 영역에서도 벌어지는 건 맞다. 경쟁 관계에 있는 기업들끼리 카르텔을 결성하기도 한다. 또 독재자가 대중의 불만을 손쉽게 통제하려고 꼭두각시 야당을 만들기도 한다. 그런가 하면 언론계나 정치권도 어찌 보면 상당히 화기애애한 집단처럼 비치기도 한다. 논객들이 카메라 앞에서는 격론을 벌이다가 촬영이 끝나면 대기실에서 한바탕 웃는 것처럼 말이다.

그렇지만 아무래도 겉으로 내보이는 것보다는 단합력이 떨어진다고 보는 게 통상적으로 볼 때 현명하다. 인류사를 통해 누누이

드러나는 교훈이 하나 있다면, 사람들을 한방에 모아놓고 잠깐 억지웃음을 짓게 하여 사진 찍는 것도 쉬운 일이 아니라는 것이다. 하물며 모든 사람이 눈앞의 잇속을 따지지 않고, 이념적 차이를 접어두고, 개인적 원한을 잠깐 잊고 공동의 목표 아래 손잡게 하는 일은 정말 쉽지 않다. 언론 앞에서 합의 사실을 발표하는 정치인들은 실제로 잘 합의해서 협력과 조화의 새 시대로 가는 발판을 놓았을 수도 있겠지만, 그중 누군가는 나머지 사람들 뒤통수칠 계략을 벌써 꾸미고 있을 가능성이 훨씬 높다.

아마도 그런 사소한 계략들이 세상에 존재하는 진짜 음모의 대부분을 차지할 것이다. 하찮고 쪼잔하며 사심이 깔린, 대학 다닐 때 누가 누구와 바람이 났다거나 누가 누구를 엿 먹였다거나 하는 이유에서 종종 비롯되는 유형 말이다.

⑪ 어떤 감정을 불러일으키는가?

경제학자 팀 하포드는 뉴스에 통계 자료가 나오면 제일 먼저 이렇게 물어보라고 했다.[4] 음모론에도 적용되는 말이다. "어떤 이야기를 읽었더니 내면에서 두려움, 분노, 혐오감 등의 강한 감정이 일어나는가?" 그럴 때는 조심해야 한다. 그 이야기가 거짓이기 때문이 아니라 그런 이야기는 우리의 경계를 허물기 때문이다. 우리는 감정을 자극하는 이야기를 접하면 그 정확성을 판단하는 능력이 떨어지고, 비판적으로 생각하기도 어려워진다. *보이스 피싱범이나 온라인 사기범은 그 점을 악용하는 데 능하다.

그럴 때는 잠시 숨을 고르고 산책을 갔다 와서 차분한 마음으로 다시 살펴볼 필요가 있다. 또 이렇게도 스스로 물어보자. '이야기가 서사적으로 만족스러운가?' 그렇다면 역시 조심하는 게 좋다. 현실은 보통 그렇지 않기 때문이다.

이야기가 나온 김에 한번 생각해보자. 이게 과연 그렇게 중요한 문제인가? 가령 주변의 어떤 친구가 CIA 케네디 암살설을 믿는다고 하자. 아니면 친척 중에 지구평면설을 믿는 엉뚱한 사람이 있다고 하자. 그 사람들이 사회에 피해를 주는 게 있나?

아마도 없을 것이다. 하지만 지금까지 거듭하여 수없이 살펴보았듯이, 음모론은 점점 확대되는 경향이 있다. 토끼굴 안을 살짝 들여다보기만 했는데 금방 안으로 빨려들 수 있다. 또, 일단 토끼굴에 빠지고 나면 벗어나기 어려운 경우가 많다. 그러다가 안타깝게도 인간관계가 깨지고 가족 간에 소원해지고 삶이 망가진 사람들의 이야기가 최근 수년간 넘쳐났다.

개인적 피해만 일으키는 것이 아니다. 사회에 뚜렷한 해악을 끼치는 음모론도 있다. 사람들이 코로나19 백신이 공중보건 대책이 아니라 인구 조절 수단이라고 믿는다면, 사회적으로 큰 문제다. 소수집단이 사회를 무너뜨리기 위해 계략을 꾸미고 있다고 생각한다면, 심각한 문제다. 선거 조작으로 결과가 뒤집혔다고 주장하면서 새 대통령 취임을 막으려 든다면, 중대한 문제다.

음모론을 심각하게 봐야 하는 이유는 또 있다. 음모론에 가려 진짜 문제가 주목받지 못한다는 것이다. 오늘날 세계의 많은 문제는 몇몇 사람으로 이루어진 단체가 사건을 주도하여 일으키는 것이 아니다. 문제의 뿌리는 더욱 넓고 깊다. '그들'의 문제가 아니라, '우리'의 문제다.

기후변화를 예로 들어보자. 세계의 이름 있는 과학 단체는 거의 하나같이 지구가 점점 뜨거워지고 있으며, 그 원인은 인간의 활동이라고 보고 있다. 반면 2021년 7월 현재 미국인의 3분의 1은 인간에 의해 기후변화가 일어나고 있다는 사실을 부정하고 있다.[5] 물론 기후변화가 일어나고 있지 않다거나 기후변화가 인간 탓이 아니라는 생각

자체는 음모론이 아니다. 하지만 왜 전 세계 기후학자의 97퍼센트가 기만극에 가담하고 있는지 설명이 필요하다.*가담하면 과학자들에게 무슨 득이 있는지도 분명치 않다. 어떤 기후학자든 이 기만극을 고발하려고 나선다면 석유회사들이 쌍수를 들어 반길 테니 떼돈을 벌 수 있지 않을까? 또한 기후변화가 일어난다고 생각하는 사람 중에도 그 원인을 세계 경제의 수요라는 비인격적 현상에서 찾기보다는 몇몇 못된 기업의 소행에서 찾으려는 경향이 일부 있다.*이런 주장을 하는 사람들이 자주 인용하는 자료가 「주요 탄소 배출자 보고서」(2017)인데, 이 자료는 지난 30년 동안 배출된 탄소의 70퍼센트 이상을 단 100개의 기업이 유발했다고 밝히고 있다. 그 분석 자체는 맞지만, 좀 더 정확한 맥락에서 이해할 필요가 있다. 보고서에 언급된 기업들은 화석연료를 '소비'하는 기업이 아니라 '추출'하는 기업이다.

복잡한 사회 문제를 풀기 위해 '소수의 악당들을 잡아내서 심판대에 세우기만 하면 된다'는 식으로 안이하게 생각한다면 크나큰 오산이다. 어떤 음모론의 토대가 된 문제에 관심이 있다면, 실제로 어떤 상황인지, 어떻게 상황을 개선할 수 있는지 조금 더 관심을 갖고 알아볼 필요가 있다.

1854년 런던 소호 지구에 콜레라가 창궐했을 때, 의사 존 스노는 지난 수십 년간 음모론과 폭동을 부추긴 빈곤과 질병의 패턴이 다시금 반복되고 있는 것을 보았다. 그는 부단한 노력으로 콜레라 희생자 한 명 한 명의 위치를 지도에 기록하고, 특정 위치를 중심으로 발병이 집중되었다는 사실을 알아냈다. 또 분뇨 구덩이에 너무 가까이 설치된 지하수 펌프 하나가 병의 발원지라는 사실을 밝혀냈다. 덕분에 런던의 콜레라 확산이 저지되었을 뿐 아니라, 전 세계가 콜레라 퇴치에 본격적으로 나서는 계기가 열렸다. 이는 공중보건 혁신과 근대 역학의 탄생으로 이어졌다.

변화가 하루아침에 일어나지는 않았다. 사람은 오랫동안 간직해

온 믿음을 포기하지 않으려는 경향이 있으니까. 그러나 세균 원인설은 점차 정설로 자리를 잡아갔다. 각국 정부는 공중위생의 중요성을 깨달았고, 런던을 필두로 여러 도시에 현대적 하수 설비가 구축되었다. 결국 한 세기 가까이 전 세계를 휩쓸었던 콜레라는 사그라들기 시작했다. 물론 우리는 아직도 콜레라를 완전히 퇴치하지 못했다. 얼마든지 치료 가능하고 예방 가능한 콜레라라는 질병으로 지금도 전 세계에서 매년 수만 명이 목숨을 잃는다. 그래도 이제 우리는 무엇을 해야 하는지 알고 있다. 그리고 이제는 콜레라 확산이 의사 탓이라고 생각하지 않는다.

그렇기에 우리는 음모론을 심각하게 간주해야 한다. 다른 사람들과 우리 자신의 생각 속에서 음모론을 인지하고 맞설 수 있어야 한다. 그러지 않고 간편한 서사에 매몰된다면, 가짜 패턴에 속는다면, 모든 불행의 배후에는 사악한 악당이 있다고 철석같이 믿는다면, 우리는 존 스노가 해냈던 일을 할 수 없다. 우리 삶을 좌우하는 숨은 힘의 진짜 패턴을 세심히 밝혀내는 작업을 할 수 없다. 그런 작업을 하지 않으면, 상황은 나아지지 않는다.

우리가 음모론의 본질을 이해한다면, 혹시 아는가? 어쩌면 토끼굴에서 벗어날 수 있을지도.

나가며

감사의 글

아무리 좋은 시절일지라도 책을 쓴다는 것은 참으로 고독한 작업이다. 지긋지긋한 팬데믹 속에서 책을 쓸 때는 고독감이 배가 된다. 혼자 쓰는 책이 아니어도, 사실상 각자 혼자 쓰게 된다. 크고 작은 여러 방면으로 고독감을 덜어준 모든 분에게 고마움을 전한다. 수많은 분의 이름을 일일이 언급하지 못하여 아쉬울 따름이다.

와일드파이어 출판사와 그 밖의 모든 관계자에게 감사드린다. 신속하고 세심하게 편집해준 앨릭스 클라크, 서리나 아서, 타라 오설리번 님을 비롯해, 특히 이 책이 나오기까지의 전 과정을 열정과 헌신을 담아 밝은 에너지로 이끌어준 엘라 고든 님에게 감사드린다. 이 모든 일은 우리 두 사람의 에이전트 앤터니 토핑이 아니었다면 불가능했다. 처음에 우리에게 이 책을 함께 써보라고 제안한 장본인이니 더없이 고마운 마음이다.

이 책은 수많은 학자와 언론인의 저술을 바탕으로 했다. 모든 저자의 부단한 노력과 통찰에 깊은 감사를 전한다. 본문에 이름이 언급된 저자도 있지만, 이 책의 초석이 된 저술의 일부일 뿐이다. 책 뒤의 주석에 실린 책과 기사들을 더 살펴보기를 적극 권한다. 물론 그 자료들을 잘못 해석하거나 과도하게 일반화한 오류가 있다면 전적으로 우리 책임이다.

존은 어머니 킴과 어머니의 반려자 앨런에게 감사드린다. 주변모든 친구와 동료들, 특히 스콧, 마누, 레이철, 브래드, 제임스, 재스퍼, 톰(공저자 말고), 제임스(앞의 제임스와 다른 사람), 맷, 랜스에게고마움을 전한다. 《뉴 스테이츠먼》 편집자들에게 감사드린다. 후련한토론 한판 벌이고 싶을 때 상대가 되어준 트위터 이용자들에게도 감사드린다. 다만 백신 반대론자들은 예외로 해야겠다. 마지막으로 헨리스캠피, 넌 정말, 진짜, 이 세상 최고의 개야. 애그니스, 당신은 정말최고야.

톰은 힘이 되어주고 너그럽게 참아준 가족들, 돈, 콜렛, 벤, 엘리에게 고마움을 전한다. 주제와 상관없이 흥미로운 이야깃거리를 나눠주고 격려해준 친구들, 특히 제임스, 마하, 크리스, 데이미언, 홀리, 샨, 애그니스, 그리고 구세주가 되어준 케이트에게 각별히 고맙다. 풀팩트의 옛 동료들에게 감사드린다. 덕분에 책의 주제에 관련된 생각을구체화할 수 있었다. 원고 작업을 했던 시기가 시기이니만큼, 집에서키우는 화초들에게도 감사의 말을 전한다. 켄, 릴리, 스파이디, 스파이디 2, 리틀 버티, 지금은 세상을 떠난 개러스. 개러스, 정말 미안해.

화이트 베어, 퓨지티브 모텔, 도그 하우스 등 런던의 선술집에서일하는 직원들에게도 감사드리고 싶다. 정말 큰 도움이 되었다. 거리두기 때문에 문을 연 날이 많지 않았지만.

마지막으로, 존과 톰은 서로에게 고마움을 전한다. 인내해주고, 의욕을 북돋아주고, 고생하고 미적대는 시간을 모두 함께해주었을 뿐 아니라, 값진 우정을 나눠주어 무엇보다 감사하다. 일부 사람들의 예상과는 달리 서로 칼부림 같은 것은 전혀 하지 않았으니, 서로 깊이 감사하고 있다.

들어가며: ──────────── 자꾸만 '훅'하게 되는 당신을 위한 안내서

1 도널드 트럼프의 2020년 11월 4일자 트윗(이후 삭제됨). 다음에 인용됨. Aaron Rupar, 'Trump signals he's counting on the Supreme Court to help him steal the election', *Vox*, 4 November 2020.

2 Li Cohen, '6 conspiracy theories about the 2020 election debunked', CBS News, 15 January 2021; Sam Levine, 'Arizona Republicans hunt for bamboo-laced China ballots in 2020 "audit" effort', *Guardian*, 6 May 2021.

3 Marshall Cohen, '"Things could get very ugly": Experts fear post-election crisis as Trump sets the stage to dispute the results in November', CNN, 21 July 2020; David A. Graham, 'The "Blue Shift" Will Decide the Election', *The Atlantic*, 10 August 2020.

4 Ipsos, 'Over half of Republicans believe Donald Trump is the actual President of the United States', ipsos.com, 21 May 2021.

5 Jonathan Swan, 'Scoop: Trump's plan to declare premature victory', Axios, 1 November 2020.

6 Amy Sherman and Miriam Valverde, 'Joe Biden is right that more than 60 of Trump's election lawsuits lacked merit', Politifact, 8 January 2021; Michael D. Shear and Stephanie Saul, 'Trump, in Taped Call, Pressured Georgia Official to "Find" Vote to Overturn Election', *New York Times*, 3 January 2021.

7 Joseph Roisman, *The Rhetoric of Conspiracy in Ancient Athens*, University of California Press, 2006; Victoria Emma Pagan, 'Conspiracy Theories in the Roman Empire', *Routledge Handbook of Conspiracy Theories*, Routledge, 2020.

8 Greg Miller, 'The enduring allure of conspiracies', *Knowable Magazine*, 14 January 2021; NPR, 'American Shadows', *Throughline*, 7 March 2019; Joseph E. Uscinski and Joseph M. Parent, *American Conspiracy Theories*, Oxford University Press, 2014, pp. 1–3.

9 Adam Smith, *The Wealth of Nations: Books 1–3*, Penguin Books, 1999, p. 12.

1장 ———————————————————— 집단적 흑역사의 출발

1 윌리엄의 살해와 이후 사건의 서술은 대부분 다음에서 참고했음. E. M. Rose, *The Murder of William of Norwich: The Origins of the Blood Libel in Medieval Europe*, Oxford University Press, 2015.

2 Michael Butter, 'There's a conspiracy theory that the CIA invented the term "conspiracy theory" – here's why', *The Conversation*, 16 March 2020.

3 Andrew McKenzie-McHarg, 'Conceptual History and Conspiracy Theory', *Routledge Handbook of Conspiracy Theories*, Routledge, 2020, p. 23.

4 Thomas of Monmouth, *The Life and Passion of William of Norwich*, Penguin Classics (Kindle edition), 2014.

5 Gavin I. Langmuir, 'Thomas of Monmouth: Detector of Ritual Murder', *Speculum*, Vol. 59, No. 4, October 1984, pp. 820–6.

6 Richard Hofstadter, 'The Paranoid Style in American Politics', Knopf Doubleday Publishing Group, 2008, p. 29.

7 Hofstadter, 'The Paranoid Style in American Politics', p. 36.

8 Rose, *The Murder of William of Norwich*, p. 206.

2장 ————————————— 인간은 왜 음모론에 사족을 못 쓸까

1 Mimi Swartz, 'The Witness', *Texas Monthly*, November 2003.

2 Arthur Goldwag, *Cults, Conspiracies & Secret Societies*, Vintage Books, 2009.

3 'What Aren't They Telling Us? Chapman University Survey of American Fears', blogs.chapman.edu, 11 October 2016.

4 'Democrats and Republicans differ on conspiracy theory beliefs', publicpolicypolling.com, 2 April 2013.

5 Art Swift, 'Majority in U.S. Still Believe JFK Killed in a Conspiracy', news.gallup.com, 15 November 2013.

6 Joel Rogers de Waal, 'Brexit and Trump voters are more likely to believe in conspiracy theories', YouGov.co.uk, 14 December 2018.

7 Joseph E. Uscinski and Joseph M. Parent, *American Conspiracy Theories*, Oxford University Press, 2014.

8 Mick West, *Escaping the Rabbit Hole*, Skyhorse, August 2020; Michael Shermer, *Conspiracies & Conspiracy Theories*, Audible, September 2019; David Robson 'Why smart

332 · 333

people are more likely to believe fake news', *Guardian*, 1 April 2019.

9 Joseph E. Uscinski, 'How playing on conspiracy theories can be key to electoral success', blogs.lse.ac.uk, 7 June 2016.

10 Sharon Parsons, William Simmons, Frankie Shinhoster and John Kilburn, 'A Test Of The Grapevine: An Empirical Examination Of Conspiracy Theories Among African Americans', *Sociological Spectrum*, Vol. 19, No. 2, 1999, pp. 201－2.

11 Sam Jackson, *Conspiracy Theories in the Patriot/Militia Movement*, extremism.gwu.edu, May 2017.

12 Michael Shermer, 'Why Do People Believe in Conspiracy Theories?', scientificamerican.com, 1 December 2014.

13 Uscinski and Parent, *American Conspiracy Theories*; Shermer, 'Why Do People Believe in Conspiracy Theories?'; Michail Zontos, 'Book Review: *American Conspiracy Theories* by Joseph E. Uscinski and Joseph M. Parent', blogs.lse.ac.uk, 25 February 2015.

14 Jan-Willem van Prooijen, 'Voters on the extreme left and right are far more likely to believe in conspiracy theories', blogs.lse. ac.uk, 24 February 2015.

15 'What Aren't They Telling Us?', blogs.chapman.edu.

16 Robert Brotherton, Christopher C. French and Alan D. Pickering, Goldsmiths University of London, 'Measuring belief in conspiracy theories: the generic conspiracist beliefs scale', *Frontiers in Psychology*, Vol. 4, 2013.

17 인지적 편향, 그리고 음모론과의 관계에 대한 논의는 대부분 다음에서 가져왔음. Shermer, *Conspiracies & Conspiracy Theories*.

18 다음 저서의 핵심 주장을 풀이할 때 흔히 쓰는 표현. Michael Barkun, *A Culture of Conspiracy*, *(Comparative Studies in Religion and Society)*, University of California Press, 2013.

19 Goldwag, *Cults, Conspiracies, & Secret Societies*.

20 Shermer, *Conspiracies & Conspiracy Theories*.

21 Tamotsu Shibutani, *Improvised News: A Sociological Study of Rumor*, The Bobbs-Merrill Company, 1966, p. 57.

22 Felix Light, 'Coronavirus Conspiracy Theories Flourish in Russia's Republic of North Ossetia', *Moscow Times*, 22 May 2020.

23 Joseph Melnyk, Sophia Pink, James Druckman and Robb Willer, 'Correcting Inaccurate Metaperceptions Reduces Americans' Support for Partisan Violence', OSF Preprints, 20 September 2021.

24 West, *Escaping the Rabbit Hole*.

25 David Robarge, 'DCI John McCone and the Assassination of President John F. Kennedy', *Studies In Intelligence*, Vol. 51, No. 3, September 2013, p. 13.

3장 ──────────────── 일루미나티: 세계적 음모론의 탄생

1 Jéôe Jamin, 'Cultural Marxism: A survey', *Religion Compass*, Vol. 12, January – ebruary 2018.

2 Leopold Engel, *Geschichte des Illuminatenordens*, 1906, p. 102, quoted in Klaus Epstein, *The Genesis of German Conservatism*, Princeton University Press, 1966, p. 91.

3 '*Einmal gefalt mir sein Gang nicht: seine Manieren sind roh un ungeshliffen...*' from Reinhard Markner, Monika Neugebauer-Wök and Hermann Schütler, *Die Korrespondenz des Illuminatenordens, Band I: 1776-1781*, De Gruyter, 2011, p. 8.

4 Adam Weishaupt, *A Brief Justification of My Intentions*, Justice Publications, 2014. Kindle edition.

5 Weishaupt, *A Brief Justification*.

6 Sisko Haikala, 'Denouncing the Enlightenment by Means of a Conspiracy Thesis: Gochhausen's *Enthullung der Weltburgerrepublik*', *Finnish Yearbook of Political Thought*, Vol. 4, No. 1, 2000, pp. 96 – 25.

7 Epstein, *The Genesis of German Conservatism*, p. 521.

8 Epstein, *The Genesis of German Conservatism*, p. 526.

9 Epstein, *The Genesis of German Conservatism*, p. 537.

10 Amos Hofman, 'The Origins of the Theory of the Philosophe Conspiracy', *French History*, Vol. 2, No. 2, 1988, pp. 152 – 72.

11 Amos Hofman, 'Opinion, Illusion, and the Illusion of Opinion: Barruel's Theory of Conspiracy', *Eighteenth-Century Studies*, Vol. 27, No. 1, Autumn 1993, pp. 27 – 60.

12 Augustin Barruel, *Memoirs Illustrating the History of Jacobinism*, Real View Books, 1995, p. 410, p. 68, p. 72.

13 John Playfair, 'Biographical Account of the Late John Robison, LL.D', *The Works of John Playfair*, Vol IV, A. Constable & Co, 1822, p. 163.

14 Elizabeth Wynne Fremantle, *The Wynne Diaries*, 1789 – 1820, (ed. Anne Freemantle), Oxford University Press, 1952, p. 168; Mark Dilworth, 'Horn, Alexander [name in religion Maurus] (1762 – 1820), Benedictine monk and political agent', *Oxford Dictionary of National Biography*, 23 September 2004.

15 Playfair, *The Works of John Playfair*, p. 161.

16 Kim A. Wagner, *The Great Fear of 1857: Rumours, Conspiracies and the Making of the Indian Uprising*, Peter Lang, 2010.

17 Aisha K. Finch, *Rethinking Slave Rebellion in Cuba*, University of North Carolina Press, 2015.

18 Tom Zoellner, 'How a wild conspiracy theory hastened the end of Texas independence', *Washington Post*, 14 May 2020.

19 Michael Taylor, 'British Conservatism, the Illuminati, and the Conspiracy Theory of the French Revolution, 1797‒802', *Eighteenth-Century Studies*, Vol. 47, No. 3, Spring 2014, pp. 293‒312.

20 Edmund Burke, in Barbara Lowe, P. J. Marshall & John A. Woods (eds), The Correspondence of Edmund Burke, Vol. X, Cambridge University Press, 1978, pp. 38‒39.

21 J. M. Roberts, *The Mythology of the Secret Societies*, 3rd ed., Watkins, 2008, p. 207.

22 Hofman, 'Opinion, Illusion, and the Illusion of Opinion: Barruel's Theory of Conspiracy'.

23 Jean Joseph Mournier, *On the Influence Attributed to Philosophers, Free-masons, and to the Illuminati, on the Revolution of France*, W. and C. Spilsbury, 1801, p. v.

24 Andrew McKenzie-McHarg, 'How to Sabotage a Secret Society: The Demise of Carl Friedrich Bahrdt's German Union In 1789', *The Historical Journal*, Vol. 61, No. 2, 2018, pp. 379‒402.

25 Thomas Jefferson, 'From Thomas Jefferson to Bishop James Madison, 31 January 1800', *Founders Online*, National Archives (Original source: *The Papers of Thomas Jefferson*, Vol. 31, 1 February 1799‒31 May 1800, ed. Barbara B. Oberg, Princeton University Press, 2004, pp. 349‒352).

26 Vernon Stauffer, *New England and the Bavarian Illuminati*, Good Press, 2019.

4장 ──────────────────── 연예인 음모론: 별들의 비밀

1 Matt Thompson, 'Paul is Dead', BBC Radio 4, first broadcast October 2014; Rob Sheffield, '"Paul Is Dead": The Bizarre Story of Music's Most Notorious Conspiracy Theory', *Rolling Stone*, 11 October 2019; Dorothy Bacon, 'Paul Is Still With Us', Life, 7 November 1969 (available online via the Paul McCartney Project: the-paul-mccartney-project.com/interview/the-case-of-the-missingbeatles-paul-is-still-with-us/); Avery Gregurich, 'Pop star's death rumor begins at Drake', *Times-Delphic*, April 2013.

2 Dorothy Bacon, 'Paul Is Still With Us'.

3 Rob Sheffield, '"Paul Is Dead"'.

4 Marina Hyde, 'Whoever hacked Rebekah Vardy's Insta was obviously never at Baden-Baden', *Guardian*, 10 October 2019.

5 Ovid, *Metamorphoses XV*, 840.

6 Greg Jenner, *Dead Famous: An Unexpected History of Celebrity from Bronze Age to Silver Screen*, Weidenfeld & Nicolson, 2020.

7 Michelle Ruiz, 'A Deep Dive Into Brad Pitt and Jennifer Aniston's Relationship ‒and

Our Obsession With It', Vogue, 21 January 2020.

8 'Paul is Dead,' BBC Radio 4.

9 'Celebrity Doppelgangers', doppels.proboards.com.

10 Larry Bartleet, 'Imposter alert! Nine ridiculous conspiracy theories about celebrity changelings', *NME*, May 2017.

11 Ryan Broderick, 'Here's How I Accidentally Made an Old Avril Lavigne Death Hoax Go Viral', buzzfeed.com, 2 October 2015.

12 'Avril Lavigne morreu e foi substituída por uma sósia?', Avril Esta Morta: A Teoria Da Conspiracao, avrilestamorta-blogspot-com, May 2011.

13 Ashley Feinberg, 'Did Avril Lavigne Die in 2003?: An Internet Conspiracy, Explained', blackbag.gawker.com, 2 October 2015; Ryan Bassil, 'Investigating the Conspiracy that Says Avril Lavigne was Killed Off and Replaced with an Actress', *Vice*, 1 October 2015.l

14 Kenneth Partridge, 'Suspicious Minds: The Bizarre, 40-year History of Elvis Presley Sightings', mentalfloss.com, 14 August 2017; Patrick Lacy, '1977 International Flight of Fancy', elvisdecoded. blogspot.com, 26 February 2012.

15 BuzzFeed Unsolved Network, 'The Mysterious Death of TupacShakur: Part 1', youtube.com.

16 이 부분에서 참고한 자료는 대표적으로 다음과 같다. Arit John, 'All the Illuminati References in Katy Perry's Dark Horse Video', *The Atlantic*, 20 February 2014; 'Katy Perry: I Want to Join the Illuminati!', *Rolling Stone*, August 2014.

17 Lindsay Grace, 'Games blamed for moral decline and addiction throughout history', theconversation.com, 9 October 2019.

18 Tess Barker and Barbara Gray, '"Me Time" :)', *Britney's Gram*, 4 April 2019.

19 'Britney Spears Checks in to Mental Health Facility… Distraught Over Dad's Illness', TMZ, 3 April 2019.

20 Tess Barker and Barbara Gray, '#FREEBRITNEY', *Britney's Gram*, 16 April 2019.

21 *When Louis Met … Jimmy*, director Will Yapp, writer Louis Theroux, BBC Two, 13 April 2000.

5장 ——————————————— 암살 음모론: 그 배후에는 누가 있나

1 William Hanchett, *The Lincoln Murder Conspiracies*, University of Illinois Press, 1986, p. 234.

2 Charles Chiniquy, *Fifty Years in the Church of Rome*, Craig & Barlow, 1885, p. 5, p. 668-669.

3 Hanchett, *The Lincoln Murder Conspiracies*, p. 164.

4 Jonn Elledge, 'The most dangerous job in America? US presidents have a fatality rate roughly 27 times that of lumberjacks', *New Statesman*, 25 October 2016.

5 John Smith Dye, *The Adder's Den, or, Secrets of the Great Conspiracy to Overthrow Liberty in America*, 1864, p. 91.

6 Manuel Eisner, 'Killing Kings: Patterns of Regicide in Europe, AD 600–800', *The British Journal of Criminology*, Vol. 51, No. 3, 2011, pp. 556–5277.

7 R. G. Hoffman, 'The Age of Assassination: Monarchy and Nation in Nineteenth-century Europe' in J. Ruger & N. Wachsmann (eds), *Rewriting German History*, Palgrave Macmillan, 2015.

8 Emma Graham-Harrison, Andreas Rocksen and Mads Brugger, 'Man accused of shooting down UN chief: "Sometimes you have to do things you don't want to …"', *Guardian*, 12 January, 2019

9 'Excerpts: Israeli security cabinet statement', news.bbc.co.uk, 11 September 2003.

10 Harry Enten, 'Most People Believe In JFK Conspiracy Theories', fivethirtyeight.com, 23 October 2017.

11 Bertrand Russell, *The Autobiography of Bertrand Russell*, Taylor and Francis, 2000, Kindle edition, pp. 663 and 699.

12 Karen Barlow, 'Holt disappearance theories resurrected online', abc.net.au, 25 September 2007.

13 Bridget Judd, 'Inside the disappearance of Harold Holt — one of the largest search operations in Australian history', abc.net.au, 31 October 2020.

14 Tom Frame, *The Life and Death of Harold Holt*, Allen and Unwin, 2005, p. 273.

15 I. R. Hancock, 'Holt, Harold Edward (1908–967)', Australian *Dictionary of Biography*, National Centre of Biography, Australian National University, first published 1996, accessed online 2 March 2021.

6장 ——————————— UFO 음모론: 정말 '그들'이 타고 온 걸까

1 John Winthrop, *The Journal of John Winthrop*, 1630–649, Laetiti Yeandle and Richard Dunn (eds), Belknap Press of Harvard University Press, 2009, p. 284.

2 Michael Barkun, *A Culture of Conspiracy (Comparative Studies in Religion and Society)*, University of California Press, 2013, p. 81; and Lydia Saad, 'Do Americans Believe in UFOs?', gallup. com, 20 May 2021

3 Barkun, *A Culture of Conspiracy*, 2013, p. 81; and Lydia Saad, 'Americans Skeptical of UFOs, but Say Government Knows More', gallup. com, 6 September 2019

4 For example: Helene Cooper, Ralph Blumenthal and Leslie Kean, '"Wow, What Is That?" Navy Pilots Report Unexplained Flying Objects', *New York Times*, 26 May 2019.

5 Daniel Drezner, ʻUFOs exist and everyone needs to adjust to that factʼ, *The Washington Post*, 28 May 2019.

6 ʻPreliminary Assessment: Unidentified Aerial Phenomenaʼ, Office of the Director of National Intelligence, dni.gov, 25 June 2021

7 John Winthrop, *The Journal of John Winthrop*, 1630－1649, p. 493.

8 Cotton Mather, *Magnalia Christi Americana*, Thomas Parkhurst, 1702, p. 25－26.

9 Jason Colavito, ʻThe UFO Battle over Nurembergʼ, jasoncolavito. com, 12 December 2012.

10 William J. Birnes, *The Everything UFO Book*, Everything, 2011, pp. 21－2.

11 Han Dae-gwang, ʻUFO incident in the Joseon Dynastyʼ, khan. co.kr, 18 July 2016.

12 Tomas Blahuta, ʻUfologist: Slovak fighters have already chased UFOs, the inter-dimensional gate is not far from the nuclear powerplant in Jaslovske Bohunice (Interview), refresher.sk, 15 February 2019.

13 Richard Stothers, ʻUnidentified Flying Objects in Classical Antiquityʼ, *The Classical Journal*, Vol. 103, No. 1, Oct－ov 2007.

14 Stothers, ʻUnidentified Flying Objects in Classical Antiquityʼ.

15 Donald R. Prothero and Timothy D. Callahan, UFOs, *Chemtrails, and Aliens: What Science Says*, Indiana University Press, 2017, p. xii.

16 Gregory L. Reece, *UFO Religion: Inside Flying Saucer Cults and Culture*, Bloomsbury, 2007, p. 213

17 ʻScience: Martians over Franceʼ, *Time*, 25 October, 1954.

18 Megan Garber, ʻThe Man Who Introduced the World to Flying Saucersʼ, The Atlantic, 15 June 2014; Quotation from the *Spokane Daily Chronicle, 27 June 1947.

19 다음 문헌에 소개된 이야기. Goldwag, *Cults, Conspiracies, & Secret Societies*.

20 Pew Research Centre, ʻBeyond Distrust: How Americans View Their Governmentʼ, pewresearch.org, 23 November 2015.

21 Lily Rothman, ʻHow the Roswell UFO Theory Got Startedʼ Time, 7 July 2015.

22 ʻTop 10 literary hoaxesʼ, *Guardian*, 15 November 2001.

23 Goldwag, Cults, *Conspiracies, & Secret Societies*.

24 Gideon Lewis-Kraus, ʻHow The Pentagon Started Taking UFOs Seriouslyʼ, *New Yorker*, 30 April 2021.

25 Helene Cooper, Ralph Blumenthal and Leslie Kean, ʻGlowing Auras and "Black Money"ʼ, *New York Times*, 16 December 2017.

26 Timothy Egan, ʻTerror In Oklahoma, In Congress: Trying to Explain Contacts With Paramilitary Groupsʼ, *New York Times*, 2 May 1995.

27 Patricia Sullivan, ʻMilitia-friendly Idaho Rep. Helen Chenoweth-Hage (Obituary),

Washington Post, 4 October 2006.

28 Rose Eveleth, 'Even Astronauts Have Accidents', *Smithsonian Magazine*, 11 June 2013.

29 James Ball, 'Alex Gibney on Kubrick and the Moon Landing', *The New Conspiracist*, season 2, episode 1, 23 April 2021.

30 Richard Godwin, 'One giant … lie? Why so many people still think the moon landings were faked', *Guardian*, 10 July 2019.

31 David Crookes, 'Yuri Gagarin: How the first man in space sparked a conspiracy theory', *All About Space* magazine/livescience.com, 12 April 2021.

32 위키미디어 공용(Wikimedia Commons)에서 볼 수 있음(en.wikipedia.org/wiki/Mowing-Devil#/media/File:Diablefaucheur.jpg).

33 Jeremy Northcote, *Spatial distribution of England's crop circles: Using GIS to investigate a geo-spatial mystery*, Edith Cowan University Australia, sieu.edu.

34 William Tuohoy, '"Crop Circles" Their Prank, 2 Britons Say', *Los Angeles Times*, 10 September 1991; Leon Jaroff, 'It Happens in the Best Circles', *Time*, 23 September 1991.

35 이 부분은 공저자 존이 2018년 《뉴 스테이츠먼》에 기고한 다음 글을 바탕으로 했음(당시 존은 개인적으로 매우 힘든 시기를 겪고 있었음). Jonn Elledge, 'What if the same force that created civilisation is the thing most likely to destroy it?', *New Statesman*, 3 August 2018.

7장 ——————————————— 팬데믹 음모론: 불신의 전염

1 Richard J. Evans, 'Epidemics And Revolutions: Cholera In Nineteenth-Century Europe', *Past & Present*, Vol. 120, No. 1, 1988, p. 129.

2 Heinrich Heine, *French Affairs: Letters from Paris (Vol. I)*, W. Heinemann, 1893, p. 169.

3 Alexandre Dumas, *My Memoirs (Vol. VI)*, trans. E. M. Waller, Methuen, 1907, p. 119.

4 Alexandre Boumard, 'Du cholera-morbus, ou De l'asthenie des organes gastriques', 1832, quoted in Francois Delaporte, *Disease and Civilization: The Cholera in Paris, 1832*, trans. Arthur Goldhammer, MIT Press, 1986, p. 48.

5 Dumas, *My Memoirs*, p. 119; Heine, French Affairs, p. 171.

6 Delaporte, *Disease and Civilization*, p. 56.

7 다음 문헌에 인용됨. Delaporte, *Disease and Civilization*, p. 53.

8 Heine, French Affairs, p. 170.

9 Samuel K. Cohn Jr, 'Cholera revolts: a class struggle we may not like', Social History, Vol. 42, No. 2, 2017, pp. 162-80.

10 Cohn, 'Cholera revolts'.

11 Samuel K. Cohn, Jr., *Epidemics: Hate and Compassion from the Plague of Athens to AIDS*, Oxford University Press, 2018, pp. 169 and 172; John Puntis, '1832 Cholera Riots' (letter), *Lancet*, Vol. 358, Issue 9288, 6 October 2001.

12 Cohn, *Epidemics*, p. 166.

13 Sean Burrell and Geoffrey Gill, 'The Liverpool Cholera Epidemic of 1832 and Anatomical Dissection – Medical Mistrust and Civil Unrest', *Journal of the History of Medicine and Allied Sciences*, Vol. 60, No. 4, October 2005, pp. 478 – 8; Geoffrey Gill, Sean Burrell and Jody Brown, 'Fear and frustration: the Liverpool cholera riots of 1832', *Lancet*, Vol. 358, Issue 2001, pp. 233 – 7.

14 Cohn, *Epidemics*, p. 172.

15 R. J. Morris, Cholera 1832 – The Social Response to an Epidemic, Holm & Meier, 1976, quoted in Burrell and Gill, 'The Liverpool Cholera Epidemic'; C. R. Goring, M.D., 'Cholera or No Cholera – Tricks of Some Governments' (letter), Lancet, Vol. 17, Issue 432, 10 December 1831, p. 377.

16 Alessandro Manzoni, I Promessi Sposi, Cosimo Inc, 2010, p. 534.

17 The New York Herald, European edition, 31 January 1890.

18 한 예로, 다음을 보라. *Richmond Palladium*, Vol. 43, No. 284, 11 October 1918, p. 2.

19 *New York Times*, 19 September 1918, p. 11.

20 Cohn, *Epidemics*, p. 546.

21 Pam Belluck, 'Red Cross Faces Attacks at Ebola Victims' Funerals', New York Times, 12 February 2015; Cohn, *Epidemics*, p. 261.

22 'The Epidemic of Plague in Hong Kong', *British Medical Journal*, Vol. 1, No. 1326, 16 June 1894.

23 E. Pryor, 'The Great Plague of Hong Kong', *Journal of the Hong Kong Branch of the Royal Asiatic Society*, Vol. 15, 1975, pp. 61 – 70.

24 Srilata Chatterjee, 'Plague and Politics in Bengal 1896 to 1898', *Proceedings of the Indian History Congress*, Vol. 66, 2005 – 006, pp. 1194 – 201; Natasha Sarkar, 'Plague in Bombay: Response of Britain's Indian Subjects to Colonial Intervention', Proceedings of the Indian History Congress, Vol. 62, 2001, pp. 442 – 9; Anita Prakash, 'Plague Riot In Kanpur – Perspectives on Colonial Public Health Policy', *Proceedings of the Indian History Congress*, Vol. 69, 2008, pp. 839 – 846; Ira Klein, 'Plague, Policy and Popular Unrest in British India', *Modern Asian Studies*, Vol. 22, No. 4, 1988, pp. 723 – 755

25 Margot Minardi, 'The Boston Inoculation Controversy of 1721 – 722: An Incident in the History of Race', *William and Mary Quarterly*, Third Series, Vol. 61, No. 1, January 2004, pp. 47 – 6.

26 Mark Best, Duncan Neuhauser and L. Slavin, '"Cotton Mather, you dog, dam you! I'l inoculate you with this; with a pox to you": smallpox inoculation, Boston, 1721',

Quality & Safety In Health Care, Vol. 13, No. 1, 2004, pp. 82 – 3; Matthew Nieder-huber, 'The Fight Over Inoculation During the 1721 Boston Smallpox Epidemic', *Science in the News (Harvard University)*, 31 December 2014.

27 John B. Blake, 'The Inoculation Controversy in Boston: 1721 – 1722', *New England Quarterly*, Vol. 25, No. 4, December 1952, pp. 489 – 06; Amalie M. Kass, 'Boston's Historic Smallpox Epidemic', *Massachusetts Historical Review*, Vol. 14, 2012, pp. 1 – 51.

28 Robert M. Wolfe and Lisa K. Sharp, 'Anti-Vaccinationists Past And Present', *British Medical Journal*, Vol. 325, No. 7361, 24 August 2002, pp. 430 – 2; Aaron Rothstein, 'Vaccines and their Critics, Then and Now', New Atlantis, No. 44, Winter 2015, pp. 3 – 27.

29 Dale L. Ross, 'Leicester and the anti-vaccination movement, 1853 – 889', *Transactions –The Leicestershire Archaeological and Historical Society*, Vol. 43, 1967, pp. 35 – 4; S. C. McFarland, 'The vaccination controversy at Leicester'/'The vaccination controver-sy at Leicester – Continued', Public Health Reports (1896 – 970), Vol. 15, No. 10, 9 March 1900, pp. 551 – 5.

30 Robert Bartholomew and Hilary Evans, *Panic Attacks: Media Manipulation and Mass Delusion*, The History Press, 2013.

31 Jesse Hicks, 'Pipe Dreams: America's Fluoride Controversy', *Distillations (Science History Institute)*, 24 June 2011.

32 A. R. Mushegian, 'Are There 1031 Virus Particles on Earth, or More, or Fewer?', *Journal of Bacteriology*, Vol. 202, No. 9, 9 April 2020.

8장 ──────────────── 괴담의 확산: 바이러스를 둘러싼 설들

1 Katie Shepherd, 'A man thought aquarium cleaner with the same name as the an-ti-viral drug chloroquine would prevent coronavirus. It killed him', *Washington Post*, 24 March 2020; Mohammad Delirrad and Ali Banagozar Mohammadi, 'New Methanol Poisoning Outbreaks in Iran Following Covid-19 Pandemic', *Alcohol and Alcoholism*, Vol. 55, Issue 4, July 2020, pp. 347 – ; Dickens Olewe, 'John Magufuli: The cautionary tale of the president who denied coronavirus', news.bbc.co.uk, 18 March 2021.

2 Leo Benedictus, 'There is no plan to combat the new coronavirus with helicopters spraying disinfectant', fullfact.org, 1 April 2020.

3 Jim Waterson and Alex Hern, 'At least 20 UK phone masts vandalised over false 5G coronavirus claims', Guardian, 6 April 2020; James Vincent, '5G coronavirus con-spiracy theorists are endangering the workers who keep networks running', The

Verge, 3 June 2020.

4 페이스북 게시물은 삭제되었고, 다음 자료에 이미지로 남아 있음. Victoria Bell, 'Face-book brands post linking Wuhan coronavirus to 5G "false information"', Yahoo! News, 31 January 2020.

5 Quinn T. Ostrom, Stephen S. Francis and Jill S. Barnholtz-Sloan, 'Epidemiology of Brain and Other CNS Tumors', *Current Neurology and Neuroscience Reports*, Vol. 21, Article 68, 24 November 2021; SSM's Scientific Council on Electromagnetic Fields, 'Recent Research on EMF and Health Risk: Fifteenth report from SSM's Scientific Council on Electromagnetic Fields, 2020', *Strålsäkerhetsmyndigheten*(스웨덴 방사선 안전관리국), ssm.se, 25 April 2021.

6 Grace Rahman, 'Here's where those 5G and coronavirus conspiracy theories came from', fullfact.org, 9 April 2020.

7 Graeme Wearden, '3G rollout threatened by mast protests', ZDNet, 19 April 2002; 'Mast pulled down by vandals', news.bbc. co.uk, 17 March 2003; 'Mobile mast protest in second week', news.bbc.co.uk, 14 November 2003; 'Controversial village mast hit in "'40,000 vandal attack', yorkpress.co.uk, 22 November 2007.

8 Frances Drake, 'Mobile phone masts: protesting the scientific evidence', Public Under-standing of Science, Vol. 15, No. 4, 2006, pp. 387 – 10.

9 Dennis K. Flaherty, 'The vaccine – utism connection: a public health crisis caused by unethical medical practices and fraudulent science', The Annals of Pharmaco-therapy, Vol. 45, Issue 10, 2011, pp. 1302 – ; Luke E. Taylor, Amy L. Swerdfeger and Guy D. Eslick, 'Vaccines are not associated with autism: an evidencebased meta-analysis of case-control and cohort studies', Vaccine, Vol. 32, Issue 29, 2014, pp. 3623 – .

10 Maddy Savage, 'Thousands of Swedes are Inserting Microchips Under Their Skin', All Things Considered, NPR, 22 October 2018.

11 Lauren Chadwick and Ric Wasserman, 'Will microchip implants be the next big thing in Europe?', euronews.com, 1 June 2021.

12 Deloitte, 'Mobile Consumer Survey 2019: UK', deloitte.com, 2019

13 Edward C. Holmes, Stephen A. Goldstein, Angela L. Rasmussen, David L. Robert-son, Alexander Crits-Christoph, Joel O. Wertheim, Simon J. Anthony, Wendy S. Barclay, Maciej F. Boni, Peter C. Doherty, Jeremy Farrar, Jemma L. Geoghegan, Xiaowei Jiang, Julian L. Leibowitz, Stuart J. D. Neil, Tim Skern, Susan R. Weiss, Michael Worobey, Kristian G. Andersen, Robert F. Garry and Andrew Rambaut, 'The origins of SARS-CoV-2: A critical review', Cell, Vol. 184, Issue 19, 2021, pp. 4848 – 6.

14 Kangpeng Xiao, Junqiong Zhai, Yaoyu Feng, Niu Zhou, Xu Zhang, Jie-Jian Zou, Na Li, Yaqiong Guo, Xiaobing Li, Xuejuan Shen, Zhipeng Zhang, Fanfan Shu, Wanyi Huang, Yu Li, Ziding Zhang, Rui-Ai Chen, Ya-Jiang Wu, Shi-Ming Peng, Mian Huang, Wei-Jun Xie, Qin-Hui Cai, Fang-Hui Hou, Wu Chen, Lihua Xiao and Yongyi Shen, 'Isolation of SARS-CoV-2-related coronavirus from Malayan pangolins', Nature, Vol. 583, 2020, pp. 286 - .

15 Kristian G. Andersen, Andrew Rambaut, W. Ian Lipkin, Edward C. Holmes and Robert F. Garry, 'The proximal origin of SARS-CoV-2', Nature Medicine, Vol. 26, 2020, pp. 450 - 52.

16 Kate E. Jones, Nikkita G. Patel, Marc A. Levy, Adam Storeygard, Deborah Balk, John L. Gittleman and Peter Daszak, 'Global trends in emerging infectious diseases', Nature, Vol. 451, 2008, pp. 990 - 93; D. Grace, F. Mutua, P. Ochungo, R. Kruska, K. Jones, L. Brierley, L. Lapar, M. Said, M. Herrero, P. M. Phuc, N. B. Thao, I. Akuku and F. Ogutu, 'Mapping of poverty and likely zoonoses hotspots (Zoonoses Project 4, Report to the UK Department for International Development)', International Livestock Research Institute, 2012.

17 Rachael Krishna, 'This is not a vaccine for the 2019 coronavirus', fullfact.org, 10 March 2020; Grace Rahman, 'The makers of Dettol did not know about the new Wuhan coronavirus before the rest of us', fullfact.org, 30 January 2020.

18 David Quammen, Spillover, Vintage, 2012, p. 512. of Norwich: The Origins of the Blood Libel in Medieval Europe*, Oxford University Press, 2015.

9장 ——————————————— 의혹의 땅: 지구가 숨겨둔 비밀들

1 Christine Garwood, *Flat Earth: The History of an Infamous Idea*, Pan 2007; Donald R. Prothero, *Weird Earth: Debunking Strange Ideas About Our Planet*, Red Lightning Books, 2020; Bob Schadewald, *The Plane Truth*, 2015, incomplete manuscript available at www. cantab.net/users/michael.behrend/ebooks/PlaneTruth/pages/index.html

2 Stephanie Pappas, '7 Ways to Prove the Earth Is Round (Without Launching a Satellite)', livescience.com, 28 September 2017.

3 Alfred Russel Wallace, *My Life: A Record of Events and Opinions*, Vol. 2, Chapman & Hall, 1905, p. 370.

4 Garwood, *Flat Earth*, p. 112.

5 Tony Reichhardt, 'The First Photo From Space', airspacemag.com, 24 October 2006.

6 Al Reinert, 'The Blue Marble Shot: Our First Complete Photograph of Earth', *The Atlantic*, 12 April 2011.

7 여러 문헌에 소개되었음. 한 예로, Prothero, *Weird Earth*.

8 David Yanofsky, 'The guy who created the iPhone's Earth image explains why he needed to fake it', qz.com, 27 March 2014.

9 존 엘리지와의 2021년 2월 인터뷰.

10 Rob Picheta, 'The flat-Earth conspiracy is spreading around the globe. Does it hide a darker core?', edition.cnn.com, 18 November 2019.

11 Richard Sprenger, James Bullock, Alex Healey, Tom Silverstone and Katie Lamborn, 'Flat Earth rising: meet the people casting aside 2,500 years of science' (video), *Guardian*, 5 February 2019.

12 SciJinks, 'Why Does the Atmosphere Not Drift off Into Space?', scijinks.gov. (어린이를 위한 미국 정부의 과학 웹사이트로, 이것이 얼마나 기초적인 과학에 해당하는 내용인지 알 수 있다.)

13 Michael Vollmer, 'Below the horizon – the physics of extreme visual ranges', *Applied Optics*, Vol. 59, Issue 21, July 2020.

14 NASA, 'The Deadly Van Allen Belts?', nasa.gov.

15 Mack Lamoureux, 'This Dude Accidentally Convinced the nternet That Finland Doesn't Exist', *Vice*, 12 August 2016.

16 [u/Raregan], 'What did your parents show you to do that you assumed was completely normal, only to discover later that it was not normal at all?' [online forum post], reddit.com.

17 [u/PM_ME_NICE_MESSAGES], 'The Finland Conspiracy and all you need to know about it.' [online forum post], reddit.com.

18 Jack May, 'The city that doesn't exist, and when Angela Merkel made a joke – the story of Bielefeld', Jack May, citymonitor.ai, 9 January 2017.

19 Kate Connolly, 'German city offers €m for proof it doesn't exist', *Guardian*, 5 September 2019.

20 '"Bielefeld exists!": How a German city debunked an old conspiracy', thelocal.de, 18 September 2019.

21 Brad Esposito, 'Everything You Need to Know about the Conspiracy Theory that Australia Does Not Exist, buzzfeed.com, 23 March 2017.

22 Tom Smith, 'Some People Think Australia Doesn't Exist — Here's Why', theculturetrip. com, 19 April 2018.

23 [Masterchef], 'Australia doesn't exist' [online forum post], theflatearthsociety.org, 10 November 2006.

24 다음에 인용됨. Lamoureux, 'This Dude Accidentally Convinced the Internet That Finland Doesn't Exist'.

25 E. G. R. Taylor and Mercator, 'A Letter Dated 1577 from Mercator to John Dee', *Imago Mundi*, vol. 13, 1956, p. 60.

26 John Dunmore, *Chasing a Dream: The Exploration of the Imaginary Pacific*, Upstart Press, 2016.

27 'The Phantom Isles of the Pacific; Cruiser Tacoma is Looking for Mysterious "Dangers to Navigation" – Hundreds of Illusions Charted as Land', *New York Times*, May 1904.

28 다음에 소개된 이야기. Malachy Tallack, *The Un-Discovered Islands: An Archipelago of Myths and Mysteries, Phantoms and Fakes*, Polygon, 2016.

10장 ─────────────── 세계사 조작설: 잃어버린 시간을 찾아서

1 이 부분에서는 여러 자료를 참고했으며, 예를 들면 다음과 같다. Katie Serena, 'Bizarre Phantom Time Hypothesis Theory Says it's Actually the Year 1720 Because the Early Middle Ages were Faked', allthat'sinteresting.com, 6 October 2017; 'Martin Belam, 'J.K. Rowling doesn't exist: conspiracy theories the internet can't resist', *Guardian*, 27 October 2017; James Felton, 'The "Historians" that Believe We're Currently Living in the Year 1724', iflscience.com, 27 January 2021.

2 Dr. Hans-Ulrich Niemitz, 'Did the Early Middle Ages Really Exist?', 10 February 1995.

3 Brian Koberlein, 'Astronomy, Charlemagne and the Mystery of Phantom Time', Forbes, 12 December 2016.

4 Anatoly Fomenko, *History: Fiction or Science? Chronology 1: Introducing the Problem*, Mithec, 2006.

5 Anthoney T. Grafton, 'Joseph Scaliger and Historical Chronology: The Rise and Fall of a Discipline', *History and Theory*, Vol. 14, No. 2, May 1975.

6 Isaac Newton, *The Chronology of Ancient Kingdoms Amended*, 1728 (available at gutenberg.org).

7 *Encyclopedia Britannica*, 'Jean Hardouin, French scholar', britannica.com.

8 Stephen Sorenson, 'Nikolai Alexandrovich Morozov', ctruth. today, 4 April 2019.

9 Fomenko, *History: Fiction or Science? Chronology 1*, p. 16.

10 Jason Colavito, 'Who Lost the Middle Ages?', jcolavito.tripod.com/ *Skeptic magazine*, Vol. 11, Issue 2, summer 2004, pp. 66 – 70.

11 Franck Tamdu, 'Publisher announces 10,000 USD cash reward for the solid scientific refutation of the New Chronology. Have a look at the advertising spot that History Channel TV refused to air', prweb.com, 14 January 2004.

12 Marlene Laruelle, 'Conspiracy and Alternate History in Russia: A Nationalist Equation for Success?', *The Russian Review*, Vol. 71, No. 4, October 2012, pp. 565 – 80.

13 카스파로프의 지지를 언급한 자료는 다양하며, 예를 들면 다음과 같다. 2001년 《데

일리 텔레그래프》 모스크바 통신원 마커스 워런(Marcus Warren)의 보도 여러 건; Anatoly Fomenko and Gleb. V Nosovsky, 'History of New Chronology' introductory essay to Fomenko, *History: Fiction or Science?* Vol. 1, 2003; Edward Winter, 'Garry Kasparov and New Chronology', chesshistory. com, 2014. Garry Kasparov [u/Kasparov63], 'Hello Reddit, I'm Garry Kasparov, former world chess champion, tech optimist, and an advocate both of AI and digital human rights. AMA!' [online forum thread], reddit.com, 18 May 2021.

14 Zach Mortice, 'Inside the "Tartarian Empire", the QAnon of Architecture', bloomberg.com, Bloomberg CityLab, 27 April 2021.

15 여러 곳에 소개된 설로, 출처의 예를 들면 다음과 같다. Gorgi Shepentulevski, 'Part 14: Tartaria was One Nation, One Country, One Race, One Language!', Tartaria Facebook group, facebook. com, 20 June 2021.

16 'National Cultural Development Under Communism', General CIA Records, June 1957 (available at cia.gov.uk).

11장 ——————————— 다시, 일루미나티: 누가 세상을 지배하는가

1 Nesta Webster, *Spacious Days*, Hutchinson, 1950, quoted in Martha F. Lee, 'Nesta Webster: The Voice of Conspiracy', *Journal of Women's History*, Vol. 17, No. 3, Fall 2005, p. 85.

2 Paul Hanebrink, *A Specter Haunting Europe: The Myth of Judeo-Bolshevism*, Harvard University Press, 2018, p. 15.

3 Claus Oberhauser, 'Simonini's letter: the 19th century text that influenced antisemitic conspiracy theories about the Illuminati', *The Conversation*, 31 March 2020.

4 Fred Morrow Fling, 'The French Revolution: A Study in Democracy by Nesta H. Webster', *The American Historical Review*, Vol. 25, No. 4, July 1920, pp. 714-715.

5 Rt. Hon. Winston S. Churchill, 'ZIONISM versus BOLSHEVISM: A STRUGGLE FOR THE SOUL OF THE JEWISH PEOPLE', *Illustrated Sunday Herald* (London), 8 February 1920, p. 5.

6 Gerald Burton Winrod, *Adam Weishaupt: A Human Devil*, Defender Publishers, 1935.

7 Robert Welch, *The Blue Book of The John Birch Society*, The John Birch Society, 2017, Kindle edition.

8 'Every Illuminati conspiracy theory is based on a hippie prank from the 1960s', wearethemighty.com, 9 February 2021.

9 Sophia Smith Galer, 'The accidental invention of the Illuminati conspiracy', BBC Future, 11 July 2020.

10 Robert Anton Wilson, 'The Illuminatus Saga stumbles along', first published in *Mys-

tery Scene Magazine, No. 27, October 1990, reprinted in *Prometheus: The Journal of the Libertarian Futurist Society*, Vol. 13, No. 2, Spring 1995.

11 James H. Billington, *Fire in the Minds of Men: Origins of the Revolutionary Faith*, Basic Books Inc., 1980, pp. 94–5, quoted in Terry Melanson, Perfectibilists: *The 18th Century Bavarian Order of the Illuminati*, Trine Day, 2008, Kindle edition.

12 John G. Schmitz, Introduction to Gary Allen and Larry Abraham, *None Dare Call It Conspiracy*, Dauphin Publications, 1971, p. 3.

13 Associated Press, 'Gary Allen, 50, Dies in West; Spread Conservatives' View', *New York Times*, 2 December 1986.

14 Mark Jacobson, *Pale Horse Rider: William Cooper, the Rise of Conspiracy, and the Fall of Trust in America*, Penguin Publishing Group, 2018, p. 164.

15 David Icke, *The Robots' Rebellion –The Story of Spiritual Renaissance*, Gill & Macmillan, 2013, p. 176.

16 Icke, *The Robots' Rebellion*, p. 175.

17 David Icke, *The Biggest Secret: The Book that will Change the World*, Ickonic Enterprises, 1999, Kindle edition.

12장 —————————————— 집단 착각의 전성기가 열리다

1 1 Anthony Summers and Robbyn Swan, *The Eleventh Day*, Transworld, 2011, p. 113

2 David Dunbar and Brad Reagan (eds), *Debunking 9/11 Myths: Why Conspiracy Theories Can't Stand Up to the Facts (USA Edition)*, Hearst 2011

3 전직 MI5(영국 보안국) 간부 데이비드 셰일러(David Shayler)의 발언으로, 다음에 인용됨. Brendan O'Neill, 'Meet the No Planers', *New Statesman*, 11 September 2006.

4 David Rostcheck, 'WTC bombing', USAttacked@topica.com (온라인 포럼, 2001. 9. 11.). 다음에 보존됨. serendipity.li/wot/davidr.html (2021. 12. 16.에 확인함).

5 Liz Foreman, 'WCPO.com's Flight 93 Story', Inside WCPO Blog, 8 February 2006 (다음에 보관됨. Internet Archive Wayback Machine, bit.ly/3KUidKp).

6 James B. Meigs, in Dunbar and Reagan (eds), *Debunking 9/11 Myths*, 2011.

7 다음에 인용됨. Barkun, *A Culture of Conspiracy*, p. 165.

8 Texe Marrs, 'The Mysterious Riddle of Chandra Levy', texemarrs. com, 29 January 2002.

9 David Icke, 'An Other-Dimensional View of the American Catastrophe from a Source They Cannot Silence', davidicke.com, 8 March 2002 (다음에 보관됨. Internet Archive Wayback Machine, bit.ly/3KPmHlj).

10 John McDermott, 'A Comprehensive History of "Loose Change" –and the Seeds it Planted in Our Politics', *Esquire*, 10 September 2020.

11 Joanna Weiss, 'What Happened to the Democrats Who Never Accepted Bush's Election?', politico.com, 19 December 2020.

12 Harry Davies, 'Ted Cruz using firm that harvested data on millions of unwitting Facebook users', Guardian, 11 December 2015.

13 Carole Cadwalladr, 'The great British Brexit robbery: how our democracy was hijacked', Observer, 7 May 2017.

14 Andy Kroll, 'Cloak and Data: The Real Story Behind Cambridge Analytica's Rise and Fall', Mother Jones, May/June 2018.

15 Paul Lewis and Paul Hilder, 'Leaked: Cambridge Analytica's blueprint for Trump victory', *Guardian*, 23 March 2018.

16 Dov H. Levin, 'Partisan electoral interventions by the great powers: Introducing the PEIG Dataset', *Conflict Management and Peace Science*, Vol. 36, Issue 1, 1 January 2019, pp. 88 – 106.

17 J. J. Patrick, 'We need to talk about identifying trolls ⋯', byline. com, 13 November 2017; 'I'm not a Russian troll – I'm a security guard from Glasgow', *Scotsman*, 15 November 2017.

18 Marco T. Bastos and Dan Mercea, 'The Brexit Botnet and User-Generated Hyperpartisan News', *Social Science Computer Review*, Vol. 37, Issue 1, 1 February 2019, pp. 38 – 4; '13,500-strong Twitter bot army disappeared shortly after EU referendum, research reveals' (press release), city.ac.uk, 20 October 2017.

19 'Man Convicted of Crimes at Bohemian Grove', *Los Angeles Times*, 18 April 2002.

20 Tucker Higgins, 'Alex Jones' 5 most disturbing and ridiculous conspiracy theories', cnbc.com, 14 September 2018.

21 Elizabeth Williamson and Emily Steel, 'Conspiracy Theories Made Alex Jones Very Rich. They May Bring Him Down.' *New York Times*, 7 September 2018.

22 Higgins, 'Alex Jones' 5 most disturbing and ridiculous conspiracy theories'.

23 Daniel Freeman and Jason Freeman, 'Are we entering a golden age of the conspiracy theory?', *Guardian*, 28 March 2017; Zac Stanton, 'You're Living in the Golden Age of Conspirac Theories', politico.com, 17 June 2020; A. J. Willingham, 'How the pandemic and politics gave us a golden age of conspiracy theories', edition.cnn. com, 3 October 2020.

24 Uscinski and Parent, *American Conspiracy Theories*.

25 다음에 인용됨. Stanton, 'You're Living in the Golden Age of Conspiracy Theories'.

26 Richard J. Evans, 'The Conspiracists', *London Review of Books*, Vol. 36, No. 9, 8 May 2014.

나가며: ————————— 우리 누구도 음모론에 빠지지 않는다는 보장은 없다

1 이 주는 독자가 정말 우리가 당부한 대로 참고 문헌을 훑어보았는지 확인하려고 달아 놓은 것이다. 잘했다! 나머지 주석도 확인해보기 바란다. 진짜 끝내주는 읽을거리들이 있다.

2 Alex Hern, 'Fitness tracking app Strava gives away location of secret US army bases', *Guardian*, 28 January 2018; Max Seddon, 'Does This Soldier's Instagram Account Prove Russia is Covertly Operating in Ukraine?', buzzfeednews.com, 30 July 2014.

3 'Iraq War (disambiguation)', en.wikipedia.org, retrieved 15 December 2021.

4 Tim Harford, *How to Make the World Add Up: Ten Rules for Thinking Differently About Numbers*, Bridge Street Press, 2020, chapter 1.

5 'A third of Americans deny human-caused climate change exists', *Economist*, 8 July 2021.

지은이 톰 필립스 Tom Phillips

런던에서 활동하는 언론인이자 작가다. 케임브리지대학에서 고고학 및 인류학, 그리고 역사 및 과학철학을 공부했다. 비영리 팩트체킹 기관 '풀팩트'에서 편집자로 일했고, 그전에는 인터넷 뉴스 매체 《버즈피드》 영국판 편집장을 지내면서 중요한 이슈에 대한 매우 진지한 기사와 우스갯소리 기사를 골고루 맡았다. 첫 책 『인간의 흑역사』는 30개 이상의 언어로 번역되었고, 후속작 『진실의 흑역사』는 세계 20개 지역에서 출간되며 베스트셀러 작가로 떠올랐다.

지은이 존 엘리지 Jonn Elledge

영국의 대중문화지 《빅 이슈》와 시사지 《뉴 스테이츠먼》에 정기적으로 글을 쓰고 있고, 《가디언》 《와이어드》 등에도 기고하고 있다. 매주 발송되는 '대략 모든 것의 뉴스레터Newsletter of (Not Quite) Everything'에도 글을 쓰고 있다. 그전에는 《뉴 스테이츠먼》의 부편집장으로 일했다. 저서로 『대략 모든 것의 개론서The Compendium of (Not Quite) Everything』가 있다.

옮긴이 홍한결

서울대학교 화학공학과와 한국외대 통번역대학원을 나와 책 번역가로 일하고 있다. 쉽게 읽히고 오래 두고 보고 싶은 책을 만들고 싶어 한다. 옮긴 책으로 『인간의 흑역사』 『진실의 흑역사』 『걸어 다니는 어원 사전』 『스토리 설계자』 『먼저 우울을 말할 용기』 『신의 화살』 『삶은 몸 안에 있다』 등이 있다.

썰의 흑역사
인간은 믿고 싶은 이야기만 듣는다

펴낸날 초판 1쇄 2024년 3월 25일

지은이 톰 필립스, 존 엘리지

옮긴이 홍한결

펴낸이 이주애, 홍영완

편집장 최혜리

편집1팀 문주영, 양혜영, 김하영, 김혜원

편집 박효주, 장종철, 한수정, 홍은비, 강민우, 이정미, 이소연

디자인 박정원, 김주연, 기조숙, 윤소정, 박소현

마케팅 김태윤

홍보 정혜인, 김철, 김준영, 김민준

해외기획 정미현

경영지원 박소현

펴낸곳 (주)윌북 **출판등록** 제2006-000017호

주소 10881 경기도 파주시 광인사길 217

전화 031-955-3777 **팩스** 031-955-3778

블로그 blog.naver.com/willbooks **포스트** post.naver.com/willbooks

트위터 @onwillbooks **인스타그램** @willbooks_pub

ISBN 979-11-5581-703-2 (03900)